Johannes Weyer
Techniksoziologie

Grundlagentexte Soziologie

Herausgegeben von
Martin Diewald und Klaus Hurrelmann

Der Juventa Verlag hat eine lange Tradition in der Publikation sozialwissenschaftlicher Texte. Bereits in den 1960er Jahren wurden mit der Reihe „Grundfragen der Soziologie" (hrsg. von Dieter Claessens) programmatische Akzente gesetzt. Die Reihe hatte einen prägenden Einfluss auf die damals noch in den Anfängen stehende Disziplin Soziologie.

Die Reihe „Grundlagentexte Soziologie" knüpft an diese Tradition an. Die Soziologie hat sich seitdem in Deutschland als theoretisch und empirisch reichhaltiges wissenschaftliches Fach etabliert. Es fehlt ihr aber an Einführungstexten und Übersichtsbänden für den Lehrbetrieb in Universitäten, Fachhochschulen, Fachschulen und anderen Bildungseinrichtungen.

Dieser Herausforderung stellt sich die Reihe „Grundlagentexte Soziologie". Von fachlich gut ausgewiesenen Wissenschaftlerinnen und Wissenschaftlern werden Texte vorgelegt, die die wichtigsten theoretischen Ansätze des Faches, methodische Zugänge und gesellschaftswissenschaftliche Analysen präsentieren. Die Bände sind so zugeschnitten, dass sie sich als Basislektüre für Vorlesungen, Seminare und andere Lehrveranstaltungen mit einführendem Charakter eignen, dabei aber gleichzeitig auf der Höhe der aktuellen Entwicklung des Faches sind..

Die Reihe „Grundlagentexte Soziologie" wird gemeinsam herausgegeben von Martin Diewald und Klaus Hurrelmann. Beide sind an der Universität Bielefeld tätig, Martin Diewald innerhalb der Fakultät für Soziologie, Klaus Hurrelmann in der Fakultät für Gesundheitswissenschaften.

Johannes Weyer

Techniksoziologie

Genese, Gestaltung und Steuerung
sozio-technischer Systeme

Juventa Verlag Weinheim und München 2008

Der Autor

Johannes Weyer, Dr. phil., Jg. 1956, ist Professor für Techniksoziologie an der Wirtschafts- und Sozialwissenschaftlichen Fakultät der Technischen Universität Dortmund.

Seine Arbeitsschwerpunkte sind Innovations- und Techniksoziologie, soziologische Theorie, Netzwerkforschung und Innovationsmanagement.

Bibliografische Information der Deutschen Nationalbibliothek

Die Deutsche Nationalbibliothek verzeichnet diese Publikation in der Deutschen Nationalbibliografie; detaillierte bibliografische Daten sind im Internet über http://dnb.d-nb.de abrufbar.

© 2008 Juventa Verlag Weinheim und München
Umschlaggestaltung: Atelier Warminski, 63654 Büdingen
Umschlagabbildung: Adolph von Menzel, Das Eisenwalzwerk, 1875
Printed in Germany

ISBN 978-3-7799-1485-3

Vorwort

Das vorliegende Buch basiert auf einer Einführungsvorlesung, die ich seit einigen Jahren an der Wirtschafts- und Sozialwissenschaftlichen Fakultät der Technischen Universität Dortmund halte. Mein Ziel ist es, sowohl SoziologInnen als auch Nicht-SoziologInnen das spezifische Anliegen der Techniksoziologie nahezubringen. Dabei geht es mir weniger darum, in Form eines kompendienhaften Überblicks sämtliche Schulen und Facetten der Techniksoziologie abzuhandeln, sondern anhand exemplarischer Texte und Fallbeispiele in das Themenfeld „Technik und Gesellschaft" einzuführen und eine Sensibilität für das spannungsreiche Wechselverhältnis von technischer und sozialer Dynamik zu wecken.

Dabei gibt es eine „hidden agenda", nämlich en passant einige Grundlagen des soziologischen Denkens zu vermitteln und den Theoriebaukasten der Soziologie vorzuführen, beispielsweise die Theorie sozialer Systeme, evolutionstheoretische Konzepte des technischen und sozialen Wandels oder steuerungstheoretische Modelle. Auch befasse ich mich immer wieder mit dem Wechselverhältnis von Mikro und Makro bzw. von Handlungs- und Strukturebene sozialer Systeme. Denn die Techniksoziologie, so wie ich sie verstehe, verfolgt das Anliegen, soziologische Theorien nicht nur auf einen spezifischen Gegenstand anzuwenden, sondern mit Hilfe der dabei gewonnenen Erkenntnisse auch die Theorieentwicklung voranzubringen. Dennoch wird derjenige enttäuscht sein, der ein Theoriebuch erwartet; hier kann ich nur auf den guten Überblick verweisen, den Ingo Schulz-Schaeffer in seiner „Sozialtheorie der Technik" vermittelt.

Das von der Techniksoziologie bestellte Feld ist sehr weitläufig; dies machte Schwerpunktsetzungen unumgänglich. So eignet sich beispielsweise die Actor-Network Theory, welche die Fachdebatte in den letzten zehn Jahren geprägt hat, meines Erachtens nicht für Einsteiger, weswegen sie in diesem Buch eine eher randständige Rolle spielt. Auch die Netzwerk-Thematik streife ich nur gelegentlich, da ich zu diesem Thema ein eigenes Lehrbuch verfasst habe.

In diesem Buch steckt etwas „Marburg" – meine Auseinandersetzung mit der „bürgerlichen Soziologie"; ganz viel „Bielefeld" – vor allem die Begegnung mit der System-, der Selbstorganisations- und der Steuerungstheorie; eine Portion „Bamberg" – meine Entdeckung der soziologischen Klassiker; und schließlich eine Menge „Dortmund" – vor allem das Ergebnis der Streifzüge, die ich in den letzten Jahren durch die Welt der autonomen Technik unternommen habe.

Mein Dank geht an Ingo Schulz-Schaeffer und Wolfgang Krohn für fachkundige Kritik und wertvolle Tipps, an Ross King für wichtige Hinweise zu Brunelleschis „Castello", an Boris Davidoff für ermüdungsfreies Korrekturlesen, an Peter Weingart, Harald Rohracher, Hartmut Hirsch-Kreinsen, Getraude Mikl-Horke, Georg Krücken und viele andere für wertvolle Gespräche, aufmunternde Worte und instruktive Hinweise, an das „Team Techniksoziologie" für die tägliche Unterstützung und nicht zuletzt auch an Petra Schulze-Bramey.

Dortmund/Menden, im Juli 2008   Johannes Weyer

Inhalt

1. Die technische Zivilisation als Gegenstand der Techniksoziologie

1.1 Technik und Gesellschaft

Die zunehmende Technisierung und Informatisierung aller Bereiche der Gesellschaft wirft Fragen nach den sozialen Ursachen und Folgen dieser Prozesse, aber auch nach der Gestaltbarkeit und Steuerbarkeit von Technikentwicklung auf. Diese Themen markieren den Gegenstandsbereich der Techniksoziologie, die sich insbesondere mit folgenden Fragestellungen befasst:

- *Technikgenese*: Wie entstehen neue Technologien, wie setzen sie sich durch, und in welchem Maße prägen soziale Prozesse die Entstehung und Entwicklung von Technik?

- *Soziale Strukturen von Technik*: Welchen Stellenwert haben soziale Faktoren für das Funktionieren technischer Systeme? Wie muss die Mensch-Maschine-Schnittstelle konstruiert sein, wie die Hersteller-Anwender-Schnittstelle? Wie funktioniert die Koordination der Akteure, die an einem Technikprojekt beteiligt sind? Und wie muss die Technik in ihren sozialen Kontext eingebettet sein, damit sie möglichst störungsfrei und risikoarm funktioniert?

- *Technikfolgen*: Welche Auswirkungen haben Prozesse der Technisierung auf gesellschaftliche Strukturen der Arbeits- und der Lebenswelt?

- *Technikgestaltung/-steuerung*: Mit welchen Mitteln lässt sich die Entwicklung von Technik steuern bzw. kontrollieren? Welche Rolle spielen dabei die Unternehmen, die Politik, aber auch die Techniknutzer und die breite Öffentlichkeit? Wie sieht ein Innovationsmanagement aus, das die Chancen neuer Technik nutzt und die mit ihr einhergehenden Risiken vermeidet?

Die Techniksoziologie wendet soziologisches Denken auf den Gegenstandsbereich Technik an. Unter den Begriff „Technik" werden dabei „alle künstlich hervorgebrachten Verfahren und Gebilde" (Rammert 1993b: 10) subsumiert, die es ermöglichen, einen Ursache-Wirkungs-Zusammenhang zu vereinfachen und dauerhaft möglichst effizient zu beherrschen (vgl. auch Halfmann 1996: 119f.). Auch für eine soziologische Definition von Technik ist die instrumentelle Dimension also unverzichtbar; der Hinweis von Werner Rammert, dass es dabei um Artefakte geht, die „in soziale Handlungszusammenhänge ... eingebaut" (1993b: 10) sind, verweist jedoch darauf, dass die Techniksoziologie sich weniger für das materielle Artefakt interessiert als für die sozialen Prozesse, die es verkörpert, vermittelt oder auslöst. In soziologischer Perspektive wird Technik als die *Verknüpfung eines Artefakts mit einer sozialen Handlungsform* aufgefasst, die in dem materiellen Objekt vergegenständlicht ist und von den Nutzern angeeignet werden kann. Ein technisches Artefakt wie das Telefon wird beispielsweise erst dann soziologisch interessant, wenn es für Kommunikationsprozesse genutzt wird. Es geht also um den Prozess des Telefonierens und nicht um das Telefongerät an sich (vgl. dazu ausführlich Kap. 2).

1.2 Die technische Zivilisation

Die Technik ist aus modernen Gesellschaften nicht mehr wegzudenken; wir erleben eine alltägliche Techniknutzung in allen nur denkbaren Lebensbereichen. Selbst ursprüngliche Körperfunktionen arbeiten mittlerweile mit technischen „Hilfsmitteln" und „Verstärkern":[1]

- Der menschliche Körper wird durch technische Apparaturen wie das Hörgerät oder den Herzschrittmacher, aber auch durch künstlich verpflanzte Organe zu einem technisch gestaltbaren „Gegenstand".
- Die menschliche Ernährung basiert zu immer größeren Teilen auf künstlich hergestellten Lebensmitteln sowie auf Produkten, die von der industrialisierten Landwirtschaft hergestellt werden, die wiederum auf das Know-how der Agrarchemie zurückgreift.
- Die zwischenmenschliche Kommunikation vollzieht sich zu großen Teilen über technische Medien wie das Telefon, den Fernseher oder das Internet.
- Die Mobilität moderner Gesellschaften ist durch die Verfügbarkeit hochtechnisierter Transportsysteme wie des Straßen- oder des Luftverkehrs erheblich gestiegen.
- Selbst in moralbesetzten Bereichen wie der Fortpflanzung hat mit chemischen Mitteln der Empfängnisverhütung, mit der In-vitro-Fertilisation sowie mit der Präimplantations-Diagnostik ein massiver Technisierungsschub eingesetzt, der Entscheidungen im Grenzbereich zwischen Leben und Tod immer mehr von der Verfügbarkeit technischer Hilfsmittel abhängig macht.

Darüber hinaus ist das kulturelle und soziale Leben der Gesellschaft von methodischen Verfahren aus dem Bereich der Kultur- und Sozialtechniken geprägt, die im Rahmen von Sozialisationsprozessen erlernt werden und deren Beherrschung ein wichtiges Kriterium für die Zugehörigkeit zu sozialen

---

1 Die Begriffe „Organersatz", „Organverstärkung" und „Organentlastung" stammen ursprünglich von Arnold Gehlen (1957, vgl. Halfmann 1996: 78ff., s. auch die Kritik von Popitz 1995).

Gruppen ist. Dazu gehören u.a. die Schreibtechnik, die Erziehungstechnik oder – man denke an die Universität – die Präsentationstechnik.

Ein weiteres Kennzeichen der technischen Zivilisation ist schließlich die Tatsache, dass „Natur" im ursprünglichen Sinne kaum noch vorzufinden ist. Nicht nur ist die Landschaft durch jahrhundertelange Gestaltung kulturell überformt; auch der Mensch ist durch die soziale Evolution geprägt und in vielfältiger Weise verändert, d.h. dem ursprünglichen Naturzustand entfremdet worden. Die technische Zivilisation wird zunehmend zur zweiten Natur: Freizeitaktivitäten finden beispielsweise in artifiziellen Landschaften statt, die nach bestimmten Vorstellungen von Natürlichkeit gestaltet worden sind. Es gibt auf unserem Planeten faktisch nur noch wenige Reservate, in denen sich ursprüngliche, vormoderne Lebensformen erhalten haben. Und es ruft immer wieder großes Erstaunen hervor, wenn Stämme von Ureinwohnern entdeckt werden, die von der technischen Zivilisation abgekoppelt waren.

Selbst die Technikkritik, die meist als Kritik an *neuen* Technologien auftritt, setzt in der Regel einen Maßstab für das zu Bewahrende an, der den aktuellen Stand der technischen Zivilisation widerspiegelt und nicht eine wie auch immer geartete „ursprüngliche" Natur. Die Kritiker des durch den Mobilfunk verursachten Elektrosmogs wollen ebenso wenig zum „Naturzustand" unmittelbarer Face-to-face-Kommunikation zurück (sondern zum guten alten Telefon) wie die Kritiker des Verkehrskollaps auf den Straßen, die als Alternative die Bahn oder das Rad empfehlen, also andere Formen gesellschaftlicher Techniknutzung.

Die massive Technisierung der Gesellschaft, die sich in mehreren Schüben vollzogen hat, erscheint heute derart selbstverständlich, dass es erstaunen mag, wenn man sich vergegenwärtigt, dass der Prozess der Durchdringung aller gesellschaftlichen Arbeits- und Lebensbereiche gerade einmal vor 350 Jahren eingesetzt hat. Und die enorme Intensivierung und Beschleunigung dieser Entwicklung ist kaum mehr als 100 Jahre alt. Sie hat aber eine stets wachsende Abhängigkeit der Gesellschaft von Technik (z.B. Auto, Telefon, Computer, Internet) mit sich gebracht, die immer wieder Gegenstand der Reflexion in Wissenschaft und Praxis ist und vielfältige Ansätze zur Gestaltung der Technikentwicklung hervorgebracht hat.

Allein anhand der Entwicklung der Produktionssektoren lässt sich die Dramatik der Entwicklung der letzten 100 Jahre nachvollziehen. War in vorindustriellen Gesellschaften noch der größte Teil der Bevölkerung in der Landwirtschaft tätig, so sind es in entwickelten Industriestaaten heute gerade noch 2,5%. Und mit der Wissensgesellschaft (vgl. Kap. 10) schreitet die Transformation weiter voran: Mittlerweile sind mehr Menschen in Dienstleistungsberufen (also im tertiären Sektor) beschäftigt als im produzierenden Gewerbe (dem sekundären Sektor).

Tab. 1: Erwerbstätige nach Wirtschaftsbereichen

Sektor	1882	1950	1970	1991	2004
primärer	43,4	22,1	9,1	4,2	2,3
sekundärer	33,7	44,7	49,4	41,0	30,8
tertiärer	22,8	33,2	41,5	54,8	66,9

Quelle: Statistisches Bundesamt 2006: 92

Die Technisierung war ein zentraler Motor dieser Entwicklungen. Dies mögen die folgenden Beispiele illustrieren.

1.3 Verkehrstechnik

Schienenverkehr

Die Entwicklung des Schienenverkehrs ist eng verwoben mit der *Entstehung der Industriegesellschaft*, aber auch des Nationalstaates (vgl. Mayntz 2001). Im 19. Jahrhundert trug das wachsende Schienennetz vor allem im zersplitterten Deutschland zur Entstehung und Konsolidierung des Deutschen Reiches als eines national integrierten Staates bei. Die Eisenbahn war das erste große technische System der Neuzeit: Um 1910 hatte das Schienennetz in Deutschland eine Länge von 61.000 km (Büllingen 1997: 31) – zum Vergleich: 2003 betrug die Länge des Streckennetzes der Deutschen Bahn noch 41.500 km (Statistisches Bundesamt 2006: 351).

Zudem bewirkte die Eisenbahn eine Beschleunigung der Zeitordnung; denn sie ermöglichte erstmals die Überwindung des Raumes. Sie fungierte als eine Art „Zeitmaschine" (Büllingen 1997: 40) und trug damit zur Entwicklung der „Tempo-Gesellschaft" bei (23, 42). Ferner wirkte die Eisenbahn integrierend, denn sie erforderte zeitlich aufeinander abgestimmte Fahrpläne, was zu einer Synchronisation der Zeitordnung führte. Die Greenwich-Zeit, ursprünglich als standardisierte Eisenbahnzeit eingeführt, wurde 1880 zur Standard-Zeit in Großbritannien (39).

Straßenverkehr

Eine ähnlich rasante Entwicklung, die den engen *Zusammenhang von technischem und sozialem Wandel* belegt, vollzog sich im Straßenverkehr. Im Jahr 1886 hatte Carl Benz das erste Auto mit Verbrennungsmotor konstruiert; 1950 waren auf westdeutschen Straßen bereits 540.000 Pkws und 385.000 Lkws unterwegs. Mit der zunehmenden Massenmotorisierung setzte dann in den 1960er Jahren eine intensive Diskussion über den Verkehrskollaps auf deutschen Straßen ein, die zur Ingangsetzung von Forschungsprogrammen über innovative Mobilitätslösungen wie den Transrapid führte (damals noch als Autoschienenbahn für Lkws konzipiert). Die Zahl der Pkws auf westdeutschen Straßen betrug 1970 bereits knapp 14 Mio.; im Jahr 2005 waren es dann im wieder vereinten Deutschland mehr als 45 Mio. Pkws und gut 2,5 Mio. Lkws.

Abb. 1: Kraftfahrzeugbestand in Deutschland

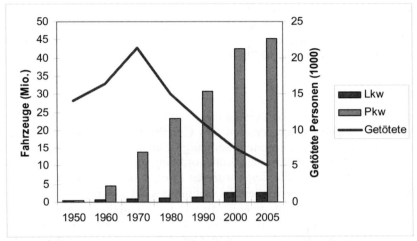

Quelle: Statistisches Bundesamt 2006: 356, bis 1990 früheres Bundesgebiet

Die Entwicklung des „modal split" (der Verteilung des Verkehrs auf die unterschiedlichen Verkehrsträger) zu Gunsten des motorisierten Individualverkehrs (MIV) und zu Ungunsten der Bahn ist ein anschaulicher Beleg für den *Zusammenhang von Politik und Technik*, denn diese Entwicklung wurde bereits im Nationalsozialismus angelegt, als das Hitler-Regime das Reichsbahn-Vermögen zum Bau der Autobahnen nutzte (Büllingen 1997: 83f.). Auch nach 1945 wurden die Prioritäten zugunsten der Straße und später des Flugzeugs gesetzt: Während die Bahn die Mittel für Behebung der Kriegsschäden selbst aufbringen musste und damit immer weiter in den Ruin getrieben wurde, flossen reichliche staatliche Subventionen zugunsten des Straßen- und des Luftverkehrs (87). Dies änderte sich erst mit der Renaissance des Schienenverkehrs in den 1980er Jahren.

Am Beispiel des Straßenverkehrs lässt sich zudem ein Phänomen anschaulich studieren, das man – in Anlehnung an Ulrich Becks Formel der „reflexiven Modernisierung" (Beck/Lau 2005) – mit dem Begriff der reflexiven Technisierung belegen könnte: Denn in zunehmenden Maße kommt neue Technik in bereits technisierten Kontexten zum Einsatz, um die unerwünschten Folgen der Nutzung existierender Technik zu verringern. Im Straßenverkehr hat der flächendeckende Einsatz sekundärer Sicherheitssysteme das Risiko des Autofahrens erheblich gesenkt: Seit Einführung der Gurtpflicht im Jahr 1976 ist trotz starker Zunahme des Verkehrs die Zahl der im Straßenverkehr getöteten Personen von über 21.000 Personen im Jahr 1970 auf knapp über 5.000 im Jahr 2006 gesunken (Statistisches Bundesamt 2006: 369, vgl. FAZ 24.02.2007: 7). Das Risiko, vor 100 Jahren bei einem Unfall im Straßenverkehr zu sterben, war – bezogen auf den Fahrzeugbestand – 56 Mal so hoch wie heute (FAZ 05.04.2006: 7). Eine ähnliche Wirkung hatte die Einführung des Electronic Stability Program (ESP), das zunächst als aufpreispflichtiges Extra angeboten wurde, dann aber nach dem „Elchtest" der Mercedes A-Klasse seit 2000 zur Serienausstattung aller Modelle der Marke Mercedes gehört und die Unfallzahlen um 42 Prozent gesenkt hat (ACE Lenkrad 12/2004: 29, vgl. Garancy 2005: 46).

Luftfahrt

In der Luftfahrt vollzog sich eine analoge Entwicklung: Die ersten funktionsfähigen Fluggeräte wurden von den Gebrüdern Wright 1903 getestet, und 1919 fand bereits der erste planmäßige Linienflug statt; ein kommerzieller Luftverkehr in relevanter Größenordnung entwickelte sich aber erst in den 1950er Jahren. Allerdings war das Fliegen damals noch mit einem hohen Risiko behaftet: Vor allem zu Beginn des Jet-Zeitalters, den die De Havilland Comet 1952 einleitete, häuften sich die Unfälle. Ähnlich wie im Straßenverkehr ist das statistische Risiko, bei einem Flugzeugunglück ums Leben zu kommen, im Laufe der Jahre erheblich gesunken; aber das Muster ist insofern anders, als die absolute Zahl der Unfälle und der getöteten Passagiere pro Jahr nahezu konstant geblieben ist und das relative Risiko vor allem deshalb abgenommen hat, weil der Luftverkehr seit den 1950er Jahren mit hohen Wachstumsraten zugenommen hat.[2] Dies war nur möglich durch eine permanente Verbesserung der Sicherheitsstandards (vgl. Abb. 2).

Die Luftfahrt ist ein weiteres Beispiel, wie sekundäre Sicherheitssysteme (Funkfeuer, Radar, Transponder, GPS etc.) dazu beigetragen haben, *technische Risiken* zu bewältigen und ein Verkehrssystem zu verbessern (vgl. Deuten 2003). Hier zeigt sich jedoch auch ein typisches Muster der Technisierung, an dem selbst große Katastrophen nichts ändern. Es gibt offenbar keinen Weg zurück – erst recht nicht in die Vormoderne –, sondern wir verlassen uns auf neue Technik (und auch neue Sicherheitstechnik), um die Risiken der Technik in den Griff zu bekommen. Dies erzeugt eine Endlosspirale der Technisierung, die mit jeder neuen Technikgeneration auch neuartige Risiken produziert, die wiederum mit technischen Innovationen bewältigt werden (vgl. auch Kap. 9).

Zudem gehen mit der Verfügbarkeit neuer Technik Veränderungen unserer Verhaltensweisen einher, denn wir sind im Vertrauen auf funktionierende

---

2 Die Luftfahrt zeigt auch deutlich, welche Rolle die subjektive Wahrnehmung von Risiken spielt, die vor allem von katastrophalen Ereignissen und deren medialer Aufbereitung beeinflusst wird.

Technik bereit, höhere Risiken einzugehen als zuvor: War eine Reise mit dem Flugzeug in den 1950er Jahren noch ein kostspieliges Vergnügen, das sich nur wenige Menschen leisten konnten, so gehört heute der Flug mit der Low-Cost-Airline geradezu zum Alltag eines wachsenden Teils der Bevölkerung.

Abb. 2: Accident Rates and Onboard Fatalities by Year. Worldwide Commercial Jet Fleet

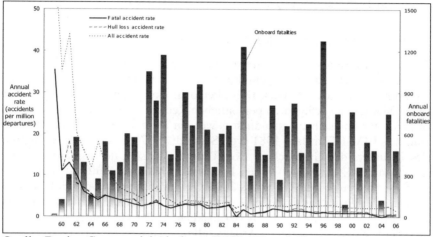

Quelle: Boeing Commercial Airplanes (2007: 17), vgl. Hanke (2005)

1.4 Informations- und Kommunikationstechnik

Telekommunikation

Das Telefon basiert auf einer Idee von Robert Hooke, der bereits 1664 für die Royal Society (vgl. Kap. 6.3) einen Experimentalapparat entwarf, um Theorien der Akustik zu überprüfen. Erst 200 Jahre später, mit der Verleihung des Patents an Graham Bell im Jahr 1876, entstand daraus das technische Gerät „Telefon", mit dem sich allerdings völlig unterschiedliche Nutzungsvisionen verbanden (vgl. Rammert 1993a): Das Transportkonzept sah im Telefon ein Mittel zur einseitigen Benachrichtung (und somit einen Ersatz für die Klingel), während das Radiokonzept das Telefon als Medium der Massenkommunikation verstand (und damit den Rundfunk vorweg nahm). Erst später kam das Verständigungskonzept hinzu, das im Telefon ein Gerät für das private Zwiegespräch sah. Die Durchsetzung der dritten Variante belegt anschaulich, dass Technik immer auch ein *soziales Projekt* ist, dessen konkrete Gestaltung von historischen und gesellschaftlichen Einflüssen abhängt. Auch die unterschiedlichen Diffusionsgeschwindigkeiten in den USA (1910: 7,6 Mio. Anschlüsse) und Deutschland (zur gleichen

17

Zeit 1,0 Mio.) belegen, in welch hohem Maße der soziale Kontext, insbesondere die unterschiedlichen nationalen Kulturen und institutionellen Strukturen, die Entwicklung technischer Systeme prägen (vgl. Rammert 1990: 21).

International vergleichende Studien zur Entwicklung des Bildschirmtexts in den 1980er Jahren (Mayntz/Schneider 1988) sowie des Internets in den 1990er Jahren (Werle 2005b) bestätigen diese Diagnose einer sozialen Prägung von Technik durch spezifische nationale Kontexte.

Computer – Internet – Mobilkommunikation

Das enorme Tempo der Technisierung, aber auch der gesellschaftlichen Umgestaltung durch neue Technik belegt wie kein anderes das Beispiel des Computers und des Internets. Den „Personal Computer" als prinzipiell für jeden Menschen verfügbaren persönlichen Rechner gibt es in der Form, wie er heute für uns selbstverständlich geworden ist, erst seit der Markteinführung des IBM-PC im Jahr 1981 (vgl. Schmidt 1997). Noch 1943, zu Beginn des Zeitalters der Großrechner, soll Thomas Watson, der damalige Chairman von IBM, einen weltweiten Bedarf von maximal fünf Geräten prognostiziert haben (zit. n. TA-Swiss 2003b: 1).[3] Mittlerweile verfügt knapp 70 Prozent der Privathaushalte in Deutschland über einen PC (Statistisches Bundesamt 2006: 128), und im Berufsleben ist der Computer mittlerweile zu einem selbstverständlichen Arbeitsmittel geworden.

Eine neue Qualität hat der Computer in dem Moment gewonnen, in dem er zum Bestandteil eines weltumspannenden Netzwerks für Datenkommunikation, des Internets, wurde (vgl. kritisch Rochlin 1997). Die dem Internet zugrunde liegende Technologie eines dezentralen Datennetzes war ab 1969 im Auftrag der Forschungsagentur des amerikanischen Verteidigungsministeriums, der ARPA, entwickelt worden (Leib/Werle 1997, Hellige 2006). Ziel war es, ein „hochflexibles, ausfallsicheres Datennetzwerk für das automatische Gefechtsfeld" (Hellige 2006: 13) zu schaffen, das eine gesicherte Datenkommunikation auch bei einem kriegsbedingten Ausfall von Teilen des Netzwerks gewährleisten konnte. Daneben standen jedoch von Beginn an auch andere, zivile Nutzungsszenarien wie etwa der Aufbau von Computernetzen für die Wissenschaft oder die Wirtschaft. Das Internet war also von Beginn an eine Dual-use-Technologie, die ab den frühen 1980er Jahren immer stärker für zivile Zwecke genutzt und von einer Graswurzel-Bewe-

---

3 Das Zitat gehört vermutlich ins Reich der Legenden; vgl. den Hinweis unter http://de.wikipedia.org/wiki/Thomas_Watson
Auch Thomas Edison wird die Behauptung zugeschrieben, der von ihm erfundene Phonograph, ein Gerät zur Aufzeichnung menschlicher Sprache, sei kommerziell wertlos (Basalla 1988: 141).

gung geprägt wurde, die das Ideal eines freien, nicht-kommerziellen Austauschs von Daten propagierte.[4]

1989 präsentierte der am europäischen Kernforschungszentrum CERN in Genf tätige Tim Berners-Lee die Idee für das World Wide Web, das es ermöglichen sollte, „Informationen im Computer nicht in Hierarchien oder Matrizen zu speichern, sondern in einer netzartigen Struktur zu verbinden" (Hellige 2006: 1); sein Ziel war, einen globalen Wissensaustausch innerhalb des internationalen Wissenschaftler-Netzwerks zu etablieren. Mit der Browsertechnologie war es dann ab 1993 auch Laien möglich, am freien Datenaustausch über Datennetze zu partizipieren. Diese Kultur des Internet veränderte sich jedoch mit dem Boom des elektronischen Geschäftsverkehrs („E-Commerce"), der ab dem Jahr 2000 einsetzte und insofern radikale Änderungen mit sich brachte, als nunmehr die kommerzielle Nutzung des Internets nicht mehr als anrüchig galt.

Im Jahr 1990 gab es weltweit 500.000 Internet-Nutzer, 1995 waren fünf Millionen, im Jahr 2000 bereits 100 Millionen Computer ans Internet angeschlossen; mittlerweile liegt die Zahl bei ca. 1,1 Mrd. Rechnern. Ende 2002 gab es allein in Deutschland 27 Millionen Internet-Nutzer; 2007 war diese Zahl bereits auf knapp 41 Millionen gestiegen (vgl. ARD/ZDF 2007, Bitkom 2007b). Ähnlich rasant verlief die Entwicklung der Mobilkommunikation: Das digitale D-Netz wurde 1992 als Nachfolger des analogen C-Netz freigeschaltet; 2001, also keine zehn Jahre später, überschritt die Zahl der Handy-Besitzer in Deutschland bereits die 50-Millionen-Marke, und 2007 kamen nach Angaben des Branchenverbands Bitkom auf 100 Einwohner 104 Mobilfunkanschlüsse, d.h. es gab erstmals mehr Handys als Einwohner (Hans 2005, Bundesnetzagentur 2007, vgl. Bitkom 2007a).

Fazit

Vergleicht man die Entwicklung der Eisenbahn mit der der Mobilkommunikation, so wird offenkundig, dass die Diffusionsgeschwindigkeit neuer Technologien erheblich gestiegen ist und wir auf diese Weise eine enorme *Beschleunigung* in allen Bereichen des Lebens und des Arbeitens erfahren haben. Die dargestellten Beispiele bestärken zudem die Diagnose, dass wir in einer technischen Zivilisation leben, deren Innovations-Dynamik immer wieder bestehende Grenzen sprengt.

Ein weiteres Beispiel für derartige Grenzüberschreitungen ist die 1977 gestartete Raumsonde Voyager, das erste vom Menschen geschaffene Objekt, welches das Sonnensystem verlassen hat. Aber nicht nur die äußeren, sondern auch die inneren Grenzen werden permanent überschritten, wenn der

---

4 Vgl. den informativen Eintrag „Geschichte des Internets" in Wikipedia, http://de.wikipedia.org/wiki/Geschichte_des_Internets.

Mensch sich selbst zum Gegenstand technischer Manipulationen macht; denn mit der Sequenzierung des menschlichen Genoms im Jahr 2000 rückt die Perspektive einer gezielten Veränderung des Erbguts sowie der Entwicklung künstlicher Lebewesen näher.

Oftmals scheint die Gesellschaft durch das Tempo der Technisierung überfordert zu sein, denn das Wissen um die Folgen und die Nebenwirkungen von Technisierungsprozessen hinkt häufig hinterher; und es benötigt meist eine gewisse Zeit, bis die entsprechenden Fähigkeiten zur Gestaltung und Beherrschung neuer Technik ausgebildet sind. Zweifellos hängt das Schicksal unserer technischen Zivilisation vom wissenschaftlich-technischen Fortschritt ab; aber gerade deshalb ist es unumgänglich, die Position des Menschen im Prozess der technischen Zivilisation immer wieder neu zu bestimmen.

Die Techniksoziologie betrachtet es als ihre Aufgabe, eine derartige Reflexion des Verhältnisses von Mensch und Technik, aber auch von Technik und Gesellschaft zu leisten (vgl. Kap. 1.6). Damit verbindet sich der Anspruch, durch profundes Wissen über die Logik und die Dynamik des technischen Wandels einen Beitrag dazu zu leisten, dass die Gesellschaft lernt, mit neuen Technologien umzugehen und diese in einer sozial- und umweltverträglichen Weise zu gestalten. Dies geschieht immer im Wissen um die Chancen, aber auch die Risiken von Technik, deren Beherrschung gerade in einer technischen Zivilisation zu einer Überlebensfrage werden kann.

1.5 Technik – kontrovers

Technik besitzt immer eine gewisse Ambivalenz, da sie neben positiven Auswirkungen stets auch Folgen mit sich bringt, die unbekannt und teilweise unerwünscht sind. Neue Technik entlastet uns einerseits von Mühsal und schützt uns vor Gefahren (z.B. Naturgewalten) und Risiken (z.B. Arbeitsunfällen); sie schafft zugleich aber auch neue Risiken, wenn beispielsweise der durch Computerarbeit verursachte Bewegungsmangel das Risiko von Herz-Kreislauf-Erkrankungen steigert. Auf der einen Seite nimmt unsere Abhängigkeit von der Natur ab; auf der anderen Seite wächst aber unsere Abhängigkeit von der technischen Kultur.

Neue Technik wurde stets kontrovers betrachtet und oftmals massiv bekämpft; bekannt sind etwa die Maschinenstürmer, die in den Jahren nach 1760 die mechanischen Webstühle zerstörten, weil sie ihre Arbeitsplätze bedroht sahen. Eine Zäsur in der gesellschaftlichen Bewertung von Technik war der Untergang der Titanic im Jahr 1912 mit 1.500 Toten, der mit auf die Hybris der Ingenieure und der Betreiber dieses Schiffes zurückzuführen ist. Dies war der erste GAU in der modernen Technikgeschichte, der deutlich machte, dass vermeintlich unfehlbare Technik überheblich macht (vgl. Brauner 1988). Dieser Nimbus der Unfehlbarkeit war mit dem Titanic-

Unglück dahin. Nicht nur in der Schifffahrt, sondern auch in der Luftfahrt wurden die Grenzen des Möglichen dennoch immer weiter ausgedehnt; Nachtflüge und die Instrumentenlandung seien hier als Belege dafür genannt, dass man – gestützt auf neue Technik – bereit ist, neue Risiken einzugehen und die Grenzen des Machbaren immer weiter auszudehnen.

Angesichts nicht auszuschließender negativer Folgewirkungen von Technik ist daher ein naiver Umgang mit Technik, der einseitig ihre Potenziale hervorhebt und im blinden Fortschrittsglauben mögliche Probleme ausblendet, nicht mehr zeitgemäß. Lässt man das 20. Jahrhundert Revue passieren, so kann man einen gesellschaftlichen Lernprozess diagnostizieren, in dem moderne Industriegesellschaften nicht nur gelernt haben, Kontroversen um neue Technik auszuhalten und auszutragen, sondern auch neuartige Verfahren und Institutionen geschaffen haben (von der Dampfkesselüberprüfung DÜV, dem Vorläufer des TÜV, bis hin zur organisierten Technikfolgenabschätzung zur Gentechnik). Derartige Verfahren tragen dazu bei, den durch Technik ausgelösten gesellschaftlichen Transformationsprozess in einer möglichst risikoarmen und nachhaltigen Weise zu gestalten. Ein Wendepunkt in dieser Entwicklung war zweifellos die Debatte um die Atomkraft in den 1970er Jahren.

Die Kontroverse um die Atomkraft

Mit dem Einsatz der Atombombe über Hiroshima am 6. August 1945, dem 200.000 Menschen zum Opfer fielen, hatte die Wissenschaft endgültig ihre Unschuld verloren (Herbig 1976); der simple Verweis auf die segensreichen Wirkungen neuer Technik war ab diesem Zeitpunkt schlicht nicht mehr akzeptabel. Unter dem Schock der Atombombe entstand noch im Herbst 1945 in den USA die „Federation of Atomic Scientists", der erste Wissenschaftlerverband der Neuzeit, der dezidiert ein politisches Anliegen verfolgte (Jungk 1985: 213, 219). Auch die Göttinger Erklärung von 1957, in der achtzehn deutsche Physiker sich gegen die Aufrüstung der Bundeswehr mit Kernwaffen aussprachen, ist ein weiteres Indiz für die Politisierung der Wissenschaft, die letztlich zu einer Polarisierung der Debatte über neue Technik führte, die nicht nur als wissenschaftliche, sondern auch als gesellschaftliche Kontroverse ausgetragen wurde.

Seine Fortsetzung fand diese Entwicklung in der AKW-Debatte der 1970er Jahre. Die Atomkraft war in mehrerlei Hinsicht ein Novum: Zum einen gab sie dem Gefühl einer fundamentalen Bedrohung durch eine unheimliche Technik Vorschub, da die atomare Strahlung für Laien nicht sichtbar ist und insbesondere die Langzeitfolgen ihres Einsatzes nur von Experten diagnostiziert werden können. Zum anderen aber waren ausgerechnet diese Experten bei der Bewertung der Risiken der Atomkraft in einer Weise uneinig, die es in der Geschichte der Technik bis dahin nicht gegeben hatte. Die Atomkraft führte zu einer beispiellosen *Politisierung der Wissenschaft*, womit die Wissenschaft ihre Neutralität verlor und Teil der gesellschaftlichen Auseinandersetzung wurde (vgl. Weingart 1983). Statt der Gesellschaft gesichertes Wissen zur Verfügung zu stellen, trug die Wissenschaft mit ihrer Spaltung in Pro- und Contra-Experten zu einer weiteren Verunsicherung der Gesellschaft bei. Die Kontroverse um die Atomkraft schuf zudem, wie Joachim Radkau (1988) gezeigt hat, das Muster, nach dem später auch die Debatte über die Gentechnik ablief.

In diesem Kontext wurde die sozialwissenschaftliche Wissenschafts- und Technikforschung in Deutschland institutionalisiert, um die sozialen Prozesse der Entstehung neuen Wissens und neuer Technik zu analysieren und der Politik Handlungsempfehlungen für die Steuerung von Wissenschaft und Technik zur Verfügung zu stellen (vgl. u.a. van den Daele et al. 1979). Zudem wurden Einrichtungen für Technikfolgenabschätzung und Politikberatung gegründet, in den USA 1973 das legendäre „Office of Technology Assessment" (OTA), das 1995 wieder aufgelöst wurde, und in Deutschland mit einer gewissen Verzögerung im Jahr 1990 das „Büro für Technikfolgenabschätzung beim Deutschen Bundestag" (TAB).

Das Katastrophenjahrzehnt der 1980er Jahre

In den 1980er Jahren trug dann eine Kette von schweren Unglücken, die sich in einem kurzen Zeitraum abspielten, dazu bei, das Gefühl einer fundamentalen Bedrohung durch Technik zu verbreiten. Die Technik schien außer Kontrolle zu geraten, und eine Umkehr auf dem beschrittenen Weg der Technisierung schien unausweichlich.

Im indischen Bhopal trat am 3. Dezember 1984 tödliches Methylisocyanat aus einer chemischen Fabrik der US-Firma „United Carbide" aus; als Folge dieses Unglücks starben über 3.300 Menschen, mehr als 200.000 Menschen wurden dabei verletzt, und die Spätfolgen sind bis heute unübersehbar.

Am 28. Januar 1986 explodierte die US-Raumfähre Challenger kurz nach dem Start, womit der in den USA kultivierte Mythos des Spitzenreiters mit einem Schlag verflogen war und sich wieder einmal das Gefühl breit machte, dass die technische Zivilisation zu weit gegangen war. Zudem deckten die späteren Untersuchungen erhebliche Schlampereien bei der NASA auf, die zu der Frage führten, ob eine bürokratische Organisation überhaupt in der Lage ist, ein derartiges Projekt sicher zu managen – Zweifel, die sich nach dem Columbia-Absturz im Februar 2003 verstärkten (vgl. Columbia Accident Investigation Board 2003).

Nur wenige Monate später, am 26. April 1986, ereignete sich dann im russischen Tschernobyl der erste atomare GAU, nachdem die USA 1979 in Harrisburg mit dem AKW „Three Mile Island" Glück gehabt hatten, da eine Kernschmelze in letzter Minute hatte verhindert werden können. Nach offizieller Lesart war zunächst von 31 Toten als Folge des Unglücks in Tscher-

nobyl die Rede; mittlerweile spricht man jedoch von mindestens 30.000 Toten, und die Langzeitfolgen sind erheblich und werden auch noch künftige
Generationen belasten.

Ein größerer Chemie-Unfall bei der Schweizer Firma Sandoz im gleichen
Jahr, der Abschuss eines vollbesetzten iranischen Airbus durch ein ameri-
kanisches Kriegsschiff am 3. Juli 1988 sowie die rätselhafte Unfallserie des
nagelneuen Airbus A320, des ersten computergesteuerten Passagierflug-
zeugs, Ende der 1980er/Anfang der 1990er Jahre (vgl. Kap. 9) waren weitere Ereignisse in dieser Kette von Unglücken, die das Gefühl verstärkten,
dass die Menschheit sich am *Rande einer Katastrophe* befindet. Die Technik schien verrückt zu spielen, die komplexen technischen Systeme waren
offenkundig nicht mehr beherrschbar. Die Technik, so schien es, geriet zunehmend außer Kontrolle.

Die Normalität der Katastrophe in den 1990er Jahren

Die Liste der technischen Katastrophen der 1990er Jahre zeigt ähnliche
Vorfälle, die insbesondere die Nervenstränge der modernen Zivilisation
betreffen, nämlich die Infrastruktursysteme im Bereich des Verkehrs, der
Energie- sowie der Informations-Netze. Der Untergang der Ostseefähre
Estonia am 28. September 1994 mit 852 Toten, das ICE-Unglück in Esche-
de am 3. Juni 1998 mit 101 Toten, der Tunnelbrand im Montblanc am 24.
März 1999 mit 39 Toten oder auch der Flugzeugzusammenstoß über dem
Bodensee am 1. Juli 2002 mit 71 Toten (vgl. Kap. 10.5) zeigen, dass das
Funktionieren hochtechnisierter Systeme keineswegs eine Selbstverständ-
lichkeit ist, ja dass eine technisierte Gesellschaft vor Überraschungen nicht
gefeit ist.

Das „I-love-you-Virus", das im Jahr 2000 einen Schaden von 8,7 Mrd. US-
Dollar anrichtete, aber auch der Zusammenbruch der Stromnetze in den
USA am 14. August 2003, im Münsterland am 25. November 2005 sowie
in größeren Teilen Westeuropas am 4. November 2006 zeigen jedoch auch,
welche gravierenden Konsequenzen selbst kleinere Störfälle in netzwerk-
förmigen Infrastruktursystemen haben, wenn sie sich wie eine Kettenreaktion ausbreiten und schließlich das gesamte Netz lahmlegen. Derartige Zwischenfälle demonstrieren die gewachsene Abhängigkeit der modernen Gesellschaft von funktionierender Technik, vor allem aber die Verletzlichkeit
komplexer Systeme; und hier spielen insbesondere die technischen Netzwerke eine prominente Rolle.

Allerdings zeigt ein Vergleich der Folgen des Challenger-Unglücks 1986
mit den Folgen des Columbia-Unglücks 2003, dass beim zweiten Mal die
amerikanische Nation weit weniger in Selbstzweifel und in eine Krisen-
stimmung gestürzt wurde als beim ersten Mal. Fast scheint es, als ob die
Fehlerhaftigkeit von Technik und das Versagen komplexer technischer Sys-

teme eine gewisse Normalität gewonnen hat. Das Gefühl der fundamentalen Bedrohung, das mit den Katastrophen der 1980er Jahre einherging, fand sich in dieser Form in späteren Jahren nicht wieder. Das Vertrauen in Technik schien weniger gestört zu sein als zuvor; im Wissen darum, dass Technik fehlerhaft ist und versagen kann, wurde sogar ein gewisses Risiko akzeptiert – so geschehen beispielsweise bei der Entscheidung, die US-Raumfähre Atlantis trotz erheblicher Risiken am 9. September 2006 zu starten (vgl. FAZ 31.08.2006: 8).

1.6 Die spezifische Perspektive der Techniksoziologie

Als Resümee dieses Kapitels lässt sich also festhalten, dass die moderne Gesellschaft in einer Weise von Technik geprägt und von dieser abhängig ist, dass man von einer technischen Zivilisation sprechen kann. Die beschriebene Ambivalenz der Technik bedeutet zugleich, dass bei der Entwicklung und beim Einsatz von Technik immer *Entscheidungsspielräume* existieren, die in unterschiedlicher Weise genutzt werden können. Dies verweist auf die Verantwortung von Managern und Politikern, die Entscheidungen über Technikprojekte treffen. Zudem vollzieht sich die technische Entwicklung in einem gesellschaftlichen Kontext, in dem nicht nur Politik und Wirtschaft, sondern auch die breite Öffentlichkeit eine wichtige Rolle spielen; insofern ist Technik in modernen Gesellschaften stets ein Politikum.

Die Techniksoziologie versteht sich als eine Wissenschaft, die *Reflexions- und Orientierungswissen* zur Verfügung stellen will. Angesichts der zunehmenden Technisierung und Informatisierung aller Bereiche der Gesellschaft wirft sie Fragen nach den sozialen Ursachen und Folgen dieser Prozesse, aber auch nach der Gestaltbarkeit und Steuerbarkeit von Technikentwicklung auf. Diese Themen markieren den Gegenstandsbereich der Innovations- und Techniksoziologie, die sich insbesondere mit der Genese, den sozialen Strukturen und den Folgen von Technik, aber auch mit dem Problem der Technikgestaltung befasst (vgl. die Liste der Fragestellungen in Kap. 1.1).

Einen Schwerpunkt techniksoziologischer Arbeiten bilden Studien zur *sozialen Konstruktion* von Technik. Hinter der These der sozialen Konstruktion steht die Behauptung, dass die Wahl zwischen alternativen soziotechnischen Systemen entscheidend von sozialen Akteuren, deren Strategien sowie den sich daraus ergebenden Interessenkonstellationen geprägt wird. Warum der Verbrennungsmotor sich Anfang des 20. Jahrhunderts gegen technische Alternativen durchsetzte oder warum der IBM-PC in den 1980er Jahren zum Industriestandard wurde, ist nicht hinreichend durch innertechnische Faktoren zu klären, sondern nur durch Rekurs auf die dahinter stehende „soziale Logik" (vgl. Kap. 8). Die Techniksoziologie analysiert derartige Prozesse der Technisierung und fragt auch nach Alternativen (z.B. zum klassischen Automobil mit Verbrennungsmotor), vor allem aber versucht sie, die Möglichkeiten abzuschätzen, durch eine Steuerung der Technikentwicklung derartige Alternative zu fördern (vgl. Kap. 11).

Die Techniksoziologie wird also praktisch wirksam, wenn sie mit ihrer spezifischen Ausrichtung auf die sozialen Aspekte von Technik an der Entwicklung gesellschaftlicher Zukunftsszenarien mitwirkt. Ein wichtiger – und zugleich schwieriger – Aspekt ist dabei die Bewertung der Potenziale und Risiken von Technik (im Sinne einer Technikfolgenabschätzung), wobei die Techniksoziologie vor allem auf mögliche gesellschaftliche Folgewirkungen technischer Innovationen schaut und damit versucht, einen Beitrag zur vorausschauenden Vermeidung unerwünschter Technikfolgen zu leisten. Dabei legt die sozialwissenschaftliche Technikfolgen- und Risikoforschung ihr Augenmerk insbesondere auf das Design der sozio-technischen Systeme (vgl. Kap. 9).

Die Techniksoziologie trägt auch dadurch zur Gestaltung des technischen Wandels bei, dass sie Technikkontroversen beobachtet und analysiert und ggf. die Moderation derartiger Prozesse übernimmt, um konsensfähige Ergebnisse bzgl. der Entwicklung und Nutzung innovativer Technik zu erzielen.

Um dies leisten zu können, brauchen TechniksoziologInnen ein breites theoretisches Fundament, ein fundiertes Wissen über die soziale Logik der Technikentwicklung, aber auch ein solides Handwerkszeug zur Durchführung empirischer Studien. Das vorliegende Buch versteht sich als eine Einführung, die zumindest die ersten beiden Aspekte abdeckt, über die behandelten Fallstudien aber auch einige Hinweise auf Methoden der techniksoziologischen Forschung geben will.

1.7 Überblick über die Kapitel des Buches

Das Kapitel 2 versucht, die Vielfalt soziologischer Definitionen des Begriffs „Technik" dahingehend aufzulösen, dass die instrumentelle und die diskursive Dimension der Technik in den Mittelpunkt gerückt werden. Technik in soziologischer Perspektive wird hier, wie bereits erwähnt, als die Verknüpfung eines Artefakts mit einer sozialen Handlungsform definiert, zugleich aber in das breitere Konzept des sozio-technischen Systems eingebettet.

In Kapitel 3 werden zwei Klassiker der deutschen Soziologie, Helmut Schelsky und Jürgen Habermas, vorgestellt, die mit ihrer spezifischen Form der Technikkritik das (technik-)soziologische Denken, aber auch den öffentlichen Technikdiskurs maßgeblich geprägt haben. Diese beiden Denker haben nicht nur grundlegende Analysen der wissenschaftlich-technischen Zivilisation vorgelegt, sondern mit der Figur des technischen Sachzwangs sowie der Technokratiethese wichtige Anstöße für eine Reflexion des Verhältnisses von Wissenschaft, Technik und Gesellschaft geliefert.

Kapitel 4 geht der Frage nach, welchen Beitrag die soziologische Systemtheorie Niklas Luhmanns zum Verständnis des Verhältnisses von Technik und Gesellschaft leistet. Denn die Systemtheorie hat wie kaum ein anderes soziologisches Paradigma zuvor den Anspruch auf Totaldeutung der Moderne erhoben, weist jedoch bei der Behandlung des Phänomens „Technik" überraschende Lücken auf. Die Kapitel 3 und 4 geben damit auch einen Überblick über wichtige Strömungen der deutschen Soziologie und einige der zentralen Konzepte soziologischen Denkens wie „System", „Handeln", „Steuerung" etc.

Das Anliegen der Kapitel 5 und 6 ist es, durch einen Rückblick in die Geschichte der Technik den historischen Prozess der Ausdifferenzierung der modernen Wissenschaft und Technik nachzuzeichnen und damit ein Bewusstsein für die Kontingenz dieser Entwicklung zu schaffen. Das Epochenschema von Heinrich Popitz wird zunächst dazu verwendet, grobe „Schneisen" in 10.000 Jahre Technikgeschichte zu schlagen, um dann in einem zweiten Schritt exemplarisch einige wichtige Stationen, insbesondere die Renaissance und das 17. Jahrhundert, noch einmal detaillierter zu betrachten.

In den Kapiteln 7 und 8 wird eine der zentralen Fragen der Techniksoziologie behandelt, nämlich wie neue Technik entsteht und wie sie sich durchsetzt. Zunächst kommt die evolutionäre Ökonomie zu Wort, die Anleihen bei der biologischen Evolutionstheorie macht und Technikentwicklung als eine Abfolge von Variation und Selektion beschreibt (Kap. 7). Sie operiert unter anderem mit Modellen der Pfadabhängigkeit und des Lock-in und macht damit deutlich, dass zufällige Ereignisse, aber auch soziale Prozesse eine wichtige Rolle für die Technikentwicklung spielen. Sowohl die Pfadmodelle als auch die Zyklenmodelle technischer Evolution stimmen darin überein, dass es Phasen der Unsicherheit und Offenheit gibt, in denen der weitere Kurs der Technikentwicklung maßgeblich von sozialen Aushandlungsprozessen abhängt. Damit stellt sich auch die Frage, wie ein Regimewechsel, also die Ablösung eines dominanten Designs durch ein anderes vonstattengeht.

Die sozialwissenschaftliche Technikgeneseforschung (Kap. 8) interessiert sich darüber hinaus für die Akteur-Netzwerke, die Innovationsprozesse anstoßen und tragen. Damit unterscheidet sie sich von einer auf heroische Einzelerfinder fixierten Technik-Geschichtsschreibung. Neben soziologischen Ansätzen, welche die Interaktions- und Koordinationsprozesse in Innovationsnetzwerken untersuchen, hat sich die Actor-Network Theory als eine Variante etabliert, die auf radikale Weise die Berücksichtigung auch nicht-menschlicher Wesen (z.B. technischer Artefakte) als Mitspieler und Interaktionspartner einfordert.

In Kapitel 9 geht es um die Bewältigung technischer Risiken, denn mit der Erzeugung neuen technischen Wissens wird stets auch neues Nicht-Wissen generiert, das die Gesellschaft mit Unsicherheiten und daraus resultierenden

26

Entscheidungsproblemen belastet. In gesellschaftstheoretischer Perspektive kann man mit Ulrich Beck die Frage nach dem Spezifikum der „Risikogesellschaft" stellen, während die sozialtheoretische Perspektive sich eher für die Charakteristika riskanter Entscheidungen interessiert. Letztlich geht es der sozialwissenschaftlichen Technikforschung jedoch darum, einen Beitrag zur vorausschauenden Vermeidung unerwünschter Technikfolgen zu leisten. Ob sich Risiken vermeiden lassen, hängt vor allem bei komplexen sozio-technischen Systemen in hohem Maße von deren Design ab. Charles Perrow hat darauf verwiesen, dass insbesondere eng gekoppelte Systeme, in denen komplexe Interaktionen ablaufen, im Störfall schwer zu beherrschen sind. Gene Rochlin und andere behaupten hingegen, dass es einen Typ von „high-reliability organizations" gibt, die in der Lage sind, auch Hochrisikosysteme zu managen.

Kapitel 10 befasst sich mit „intelligenter" bzw. „smarter" Technik, deren massenhafte Verbreitung einen Umbruch markiert, den die Techniksoziologie erst in Ansätzen verarbeitet hat. In dem Maße, in dem Entscheidungen, die bislang dem Menschen vorbehalten waren (wie etwa das Steuern eines Flugzeuges), von technischen Assistenzsystemen getroffen werden, verändert sich das Verhältnis Mensch-Technik von einem instrumentellen zu einem interaktiven Verhältnis. Die Technik wird dabei zunehmend zu einem (teil-)autonomen Partner und Mitentscheider in hybriden Systemen, in denen die Handlungsträgerschaft auf menschliche Akteure und technische Agenten verteilt ist. Wenn technische Systeme kontextsensitiv werden und ihr Verhalten situationsangepasst selbst steuern können, werden sie immer „lebendiger", zugleich aber in ihren Abläufen für außen stehende Beobachter immer intransparenter und unberechenbarer. Die Steuerung eines Systems autonomer Agenten erfordert daher andere Mechanismen als die Steuerung konventioneller technischer Systeme.

Schließlich bleibt in Kapitel 11 noch die wichtige Frage nach den Möglichkeiten einer staatlichen Techniksteuerung. Seit den beiden großen Technik-Projekten der 1940er Jahre, dem Bau der V-2-Rakete in Deutschland sowie der Atombombe in den USA, spielt der Staat eine zentrale Rolle bei der Entstehung neuer Technik. Auch nach dem Zweiten Weltkrieg blieben die Atom- und die Raumfahrttechnik die beiden Schwerpunkte der staatlichen Forschungsförderung; erst später kamen andere Technologiebereiche wie die Informationstechnik oder die Gentechnik hinzu. Aufgrund der massiven Kritik an den Fehlschlägen der auf Großtechnik fixierten Projektförderung (Bsp. Schneller Brüter) hat sich der Akzent des staatlichen Handelns jedoch teilweise auf andere Instrumente wie etwa die Moderation von Innovations-Prozessen verlagert, die weitgehend von den Akteuren bzw. den Akteur-Netzwerken selbst gesteuert werden. Zudem hat eine Kompetenzverlagerung in die Länder und Regionen, aber auch in Richtung EU stattgefunden, was mehr denn je die Frage provoziert, ob der Staat überhaupt in der Lage ist, die Technikentwicklung zielgerichtet zu steuern.

2. Soziologische Theorie der Technik

2.1 Was ist Soziologie?

Die Entstehung der Soziologie als akademischer Disziplin kann als Reflex der Modernisierungsprozesse des 19. Jahrhunderts verstanden werden, als sich mit dem Übergang von traditionellen Gesellschaften zur Moderne radikale Umbrüche in Gesellschaft, Politik und Ökonomie vollzogen (vgl. Mikl-Horke 1992, Degele 2002: 12ff.). Die Soziologie bot eine spezifische Sicht auf diese moderne Welt, und zwar in zweierlei Weise: Zum einen als *Strukturanalyse* moderner Gesellschaften, die sich insbesondere mit Fragen der Integration und Desintegration der Gesellschaft befasste (Simmel, Weber, Parsons), zum anderen als Analyse der gesellschaftlichen *Transformationsprozesse*, die dabei auch den technischen Wandel im Blick hatte (Marx, Comte, Durkheim).[5]

Das moderne soziologische Denken rekurriert immer wieder auf folgende Definition von Max Weber:

> „Soziologie ... soll heißen: eine Wissenschaft, welche soziales Handeln deutend verstehen und dadurch in seinem Ablauf und seinen Wirkungen ursächlich erklären will." (1985: 1)

Gemäß diesem Verständnis bilden die handelnden Individuen (Akteure) sowie deren Interaktionen den primären Bezugspunkt soziologischen Denkens, das vor allem auf den beiden Komponenten des „Verstehens" und des „Erklärens" basiert. Eine soziologische Analyse sozialen Handelns unterstellt, dass die Akteure mit ihrem Handeln einen (subjektiven) Sinn verbinden, also intentional handeln (vgl. Esser 1993). Durch diesen Bezug auf die *subjektiven* Intentionen der Akteure unterscheidet sich die Soziologie von der Psychologie und der Ökonomie: Sie interessiert sich allenfalls am Rande für die dahinter stehenden mentalen Prozesse sowie für die theoretische Fiktion ökonomisch rationalen Handelns.

Für ein Sinn-Verstehen ist eine Identifikation des (soziologischen) Beobachters mit dem subjektiv gemeinten Sinn jedoch nicht erforderlich. Der Verbrecher, dessen Handeln die Soziologie zwar erklären kann, nicht aber gut heißen muss, mag hier als Beispiel genügen, um die sachliche Distanz

---

5 Zudem war die Soziologie von Beginn an auf praktische Wirksamkeit ausgerichtet: Der Gründer der modernen Soziologie, August Comte (1798-1857), vertrat ein szientistisches Konzept, das die Soziologie als Eingriffswissenschaft verstand.

und Neutralität soziologischer Analysen zu illustrieren. Das Rationalitätspostulat, das in einer soziologischen Erklärung steckt, besteht lediglich in der Annahme, dass Handlungen auf plausible Gründe zurückgeführt werden können, dass es also auch für scheinbar irrationales Handeln wie die Terroranschläge des 11. September 2001 Gründe und Motive gibt, die es zu erforschen lohnt.

Soziales Handeln ist jedoch kein monadischer Akt; die Handlungen sozialer Akteure sind vielmehr wechselseitig aufeinander bezogen. Zudem erzeugen sie mit ihren Interaktionen intendierte, aber auch nicht-intendierte Effekte, die entweder folgenlos bleiben und rasch wieder verschwinden oder aber auf der Ebene der sozialen Strukturen Wirkungen zeigen. Diese Wirkungen können in manchen Fällen eine gewisse Dauerhaftigkeit gewinnen und sich gegenüber den Intentionen der beteiligten Akteure verselbständigen (Berger/Luckmann 1980).

Durch das intentionale Handeln strategischer Akteure auf der Mikroebene können also emergente Effekte auf der Makroebene entstehen, die dann wiederum die kontextuellen Randbedingungen künftigen Handelns bilden. Der Begriff „Emergenz" meint hier, dass die Makro-Effekte, die beim Zusammenwirken mehrerer Komponenten entstehen, eine eigenständige Qualität besitzen, die sich nicht auf die Qualitäten der Ursprungs-Komponenten reduzieren lässt. Ein Beispiel aus der Physik ist das Wasser, das völlig andere Eigenschaften hat als der Wasserstoff und der Sauerstoff; in der Soziologie kann man als Beispiele für emergente Effekte etwa die Panik oder die Warteschlange heranziehen (keiner will warten, aber jeder tut es und trägt dazu bei, dass andere warten müssen).

In einer etwas moderneren Diktion könnte das Weber-Zitat also folgendermaßen lauten: Soziologie ist die Wissenschaft, die das Handeln sozialer Akteure erklärt und zudem beschreibt, wie aus den Wechselwirkungen der Handlungen soziale Strukturen entstehen.

Eine Soziologie, die strukturelle Effekte aus den Interaktionen autonomer Akteure erklärt, kann beispielsweise die Entstehung von Normen im Sinne eines Systems von Verhaltenserwartungen beschreiben. Die Norm des Rechtsverkehrs reguliert beispielsweise das System „Straßenverkehr" sehr effizient und ermöglicht eine enorme Beschleunigung sozialer Interaktionen. (Man führe das Gedankenexperiment durch, dass die InteraktionsRegel bei jeder Begegnung zweier Fahrzeuge neu ausgehandelt werden müsste.) Auch die Institutionalisierung der Ehe sowie die sukzessive Auflösung dieser Institution seit den 1970er Jahren kann ein derartiger Ansatz soziologischen Denkens erklären.

Die so geschaffenen sozialen Normen und Institutionen sind strukturelle Randbedingungen, die ihrerseits auf das Handeln der Akteure zurückwirken und damit – neben dem Eigeninteresse – einen wichtigen Faktor für die Erklärung des individuellen Handelns darstellen.

Eine Soziologie, die die Wechselwirkungen von Wahlhandlungen (choices) und limitierenden, aber auch Optionen eröffnenden Strukturen (constraints) ins Blickfeld rückt, kann also beide Mechanismen erklären: die soziale Konstruktion von Wirklichkeit durch das Handeln der Akteure sowie die gesellschaftliche Prägung der Akteure durch die institutionellen Strukturen. Zudem kann sie Ansatzpunkte für Veränderungen und steuernde Eingriffe benennen. Denn wenn man die beiden Mechanismen kennt, kann man gezielt intervenieren, um beispielsweise unerwünschte Wirkungen des strategischen Handelns von Akteuren zu verhindern, die ja primär bestrebt sind, ihren eigenen Nutzen zu maximieren.[6] Insofern hat die Soziologie einen aufklärerischen Impetus, als ihr daran gelegen ist, soziale Missstände durch profunde Analyse und gezielte Intervention zu beseitigen.

Das hier ausgebreitete Programm einer handlungstheoretisch fundierten Soziologie ist allerdings nicht unumstritten; die konkurrierende Schule zumindest innerhalb der deutschen Soziologie ist die soziologische Systemtheorie, die den Akt der Kommunikation (und das rekursive Anschließen von Kommunikation an Kommunikation) als Ausgangspunkt der Bildung sozialer Systeme betrachtet. Dieser Prozess kann, so die Systemtheorie, ohne Akteure konzipiert werden, d.h. für die Herstellung der Anschlussfähigkeit von Kommunikationen sind menschliche, intentional handelnde Akteure nicht zwingend erforderlich. Eine Handlung ist demnach eine Zuschreibung kommunikativer Ereignisse auf ein System (Luhmann 1984: 228). Die Leistungsfähigkeit dieses Ansatzes, der in der (Technik-)Soziologie einen nicht zu unterschätzenden Stellenwert besitzt, werden wir in Kapitel 4 diskutieren.

2.2 Techniksoziologie zwischen Technik- und Sozialdeterminismus

Die Techniksoziologie ist diejenige soziologische Teildisziplin, die soziologisches Denken auf den spezifischen Gegenstand Technik anwendet. Dabei befasst sie sich insbesondere

- mit (technisch induzierten) gesellschaftlichen Transformationsprozessen, also dem Verhältnis von Technik und sozialem Wandel,
- mit der Strukturanalyse sozio-technischer Systeme, also dem technisch vermittelten Handeln und den Prozessen der gesellschaftlichen Technikerzeugung und Techniknutzung, sowie

---

6 Derartige Interventionen führen allerdings nicht immer zum gewünschten Ergebnis, denn auch Steuerungshandeln ist Teil des gesellschaftlichen Prozesses, der oftmals nicht-intendierte Effekte produziert.

- mit den gesellschaftlichen Technikdiskursen, also der gesellschaftlichen Kommunikation und Reflexion über Technik, deren Einsatz und Verwendung sowie deren Folgen.

Der Techniksoziologie geht es also immer um die Verknüpfung von Technik und sozialem Handeln. Das Artefakt an sich ist nicht Gegenstand der Techniksoziologie, sondern die sozialen Prozesse, die es verkörpert, trägt, auslöst, vermittelt etc.

Die ersten tastenden Versuche, die Identität und den Standort der jungen Bindestrich-Soziologie zu bestimmen, spielten sich in Form von Grundsatzdebatten über das Verhältnis von Technik und Gesellschaft ab. In fundamentalistischer Manier wurde in den 1980/90er Jahren um die Frage gestritten,

- ob und in welchem Ausmaß die Gesellschaft durch die technische Entwicklung geprägt oder sogar determiniert wird oder
- ob und in welchem Ausmaß die Technik durch gesellschaftliche Faktoren (Akteurkonstellationen, Machtverhältnisse etc.) geprägt oder sogar determiniert wird.

Als Argument für den *Technikdeterminismus*[7] wurde häufig auf die Brücken des Moses verwiesen (s.u.); aber auch die Erfindung des Steigbügels im frühen Mittelalter, welcher die Entstehung des Berufsstandes der Ritter ermöglichte und somit ein wichtiger Faktor für die Entwicklung der feudalistischen Gesellschaft war, wurde oftmals als Beleg herangezogen (White 1962, Degele 2002: 23). Analog wäre ohne die Technologien des Personal Computers und des Internets die rasante Entwicklung der modernen Wissensgesellschaft des 21. Jahrhunderts kaum vorstellbar gewesen. Und auch mit Blick auf die Gentechnik behauptet beispielsweise Wolfgang van den Daele, dass neue Techniken sich „unaufhaltsam" (1989: 197) durchsetzen und mit den Mitteln staatlicher Regulierung nicht „in den Griff zu bekommen" (222) seien (vgl. ähnlich Mai 2004: 60f. sowie Schelskys Ausführungen zum technischen Sachzwang, Kap. 3.2).

Die These des *Sozialdeterminismus*, also die entgegengesetzte Behauptung einer sozialen Prägung der Technikentwicklung, wurde vor allem von sozialkonstruktivistischen Ansätzen wie dem SCOT-Konzept (vgl. Kap. 8.2) aufgestellt, die das Bild einer nahezu beliebig durch soziale Einflüsse gestaltbaren Technik zeichneten. Sie speiste sich zudem aus Fallstudien, in denen beispielsweise der Einfluss des militärisch-industriellen Komplexes auf die Entwicklung der Atomkraft nachgewiesen wurde. Die Entscheidung für den Leichtwasserreaktor, aber auch für den „Schnellen Brüter" in Deutschland in den 1960/70er Jahren basierte nicht auf technischen Sach-

---

7 Wenn im Folgenden von Technikdeterminismus die Rede ist, dann immer im Sinne des konsequenziellen Technikdeterminismus (vgl. Schulz-Schaeffer 2000b: 21).

zwängen, sondern entsprang einer genuin sozialen Logik, die auf die Interessen der beteiligten Akteure sowie auf den Verlauf der von ihnen geführten Aushandlungsprozesse bezogen werden kann (zu den historischen Hintergründen vgl. u.a. Radkau 1978, Kitschelt 1980, Keck 1984). Diese Diagnose einer sozialen Prägung von Technik hat den Optimismus gespeist, dass eine aktive Gestaltung des Kurses der Technikentwicklung möglich sei (vgl. Rammert 1992, Dierkes et al. 1998 sowie kritisch Grunwald 2007).

In den 1980er und 1990er Jahren hat die Techniksoziologie intensive Debatten über die Frage geführt, welche der beiden Logiken dominant ist; eine Variante diese Debatte war die Kontroverse, ob die technische Entwicklung die Gesellschaft vorantreibt („technology push") oder ob die gesellschaftliche Nachfrage nach neuer Technik die zentrale Antriebskraft ist („demand pull", vgl. Rammert 1992, Schmoch 1996, Degele 2002: 9). Nicht erst im Nachhinein erscheinen diese Gegenüberstellungen sehr vergröbernd, denn es zeigt sich, dass sich die Frage nach dem Verhältnis von Technik und Gesellschaft nicht einseitig in eine der beiden Richtungen auflösen lässt. Beide Konzepte, das des „Technikdeterminismus" wie auch das des „Sozialdeterminismus", sind offenkundig verkürzend und vereinseitigend. So wenig die sozialen Einflüsse auf Technik wie auch die technische Prägung sozialer Strukturen geleugnet werden können, so wenig gibt es direkte Abhängigkeitsverhältnisse, die dazu verleiten sollten, mit dem Begriff „Determinismus" zu operieren.

Die These des Technikdeterminismus steht auf schwachen Füßen; denn viele Fälle gescheiterter bzw. nicht realisierter Inventionen (Concorde, Transrapid, Skytrain, Neige-ICE u.v.a.m.) belegen, dass Technik an sich keine soziale Gestaltungsmacht hat. Technikkonstruktion bleibt bei aller Eigendynamik von Technik immer ein sozialer Konstruktionsprozess, in dem technische Optionen genutzt bzw. nicht genutzt werden. Die Potenziale, die die technische Entwicklung bietet, bilden eine wichtige Ressource; es wäre aber kurzsichtig, das Auftauchen einer neuen Technik unmittelbar mit gesellschaftlichem Wandel zu assoziieren. Der Prozess ist wesentlich vielschichtiger, und nur eine detaillierte Betrachtung des Verlaufs von Technikprojekten kann verdeutlichen, welche Rolle die Technik und welche die Akteure in diesem Prozess spielen. Bereits ein Blick in die Studie von Lynn White (1962) zum Steigbügel zeigt, dass diese neue Technik zwar vielen Zivilisationen bekannt war, aber ausschließlich im Frankenreich um das Jahr 800 die erwähnten sozialen Konsequenzen nach sich zog. Die Rolle der Kultur bei der Durchsetzung einer neuen Technik (vgl. Rammert 1993a) verdeutlicht folgendes Zitat:

> „Die Annahme oder Ablehnung einer Innovation … hängt gleichermaßen von den gesellschaftlichen Bedingungen und den Visionen ihrer Führer wie vom Charakter des technischen Gegenstandes selbst ab." (White 1962: 28)

Dies macht zugleich deutlich, dass die Etikettierung von White als Technikdeterminist nur auf der Unkenntnis seiner Arbeiten beruhen kann.

Dies gilt ebenfalls für das klassische Beispiel, das immer wieder als Beleg für die These des Technikdeterminismus herhalten muss: die zu niedrig gebauten Brücken, mit denen der Architekt Robert Moses die schwarze Bevölkerung in den 1930er Jahren angeblich davon abhalten wollte, mit öffentlichen Verkehrsmitteln zu den Stränden zu gelangen, die den Weißen vorbehalten waren (Degele 2002: 36f.). Langdon Winner, der Urheber dieser These, spricht zwar wortgewaltig vom „Momentum großer technischer Systeme" und fordert, „die technischen Artefakte ernst zu nehmen", da die Dinge an sich „politischen Charakter" besäßen (1985: 26f.). Bereits seine eigene Darstellung des Falls lässt jedoch Zweifel aufkommen; denn er beschreibt anschaulich, dass es rassistische Vorurteile von Moses waren, die dessen Entscheidung für die konkrete Gestaltung der Brücken prägten und nicht der inhärent politische Charakter dieser Technik (28f.). Auch die mehrfach verwendete Formel „Technologien sind Verfahren, um Ordnung in die Welt zu bringen" (30) belegt, dass es sich hier um einen aktiven Prozess der Technikgestaltung handelt. Zugleich wird jedoch niemand bestreiten wollen, dass dieser Prozess Spuren hinterlässt, die gesellschaftlich folgenreich und in ihren Wirkungen manchmal sogar unumkehrbar sind.

Bei genauerer Betrachtung erweist sich das Beispiel also als ein schlagendes Gegenargument zur These der gesellschaftlichen Prägekraft der Technik. Denn die Technik an sich hätte es durchaus erlaubt, die Durchfahrtshöhe so zu konzipieren, dass auch die Busse der Schwarzen hätten passieren können. Für das konkrete Resultat waren also soziale Konstruktionsakte und nicht die Eigenmächtigkeit der Technik verantwortlich. Zudem gehört die gesamte Geschichte mittlerweile ins Reich der Legenden. Wie Bernward Joerges (1999) herausgefunden hat, lässt sich eine derartige intentionale Strategie des Brückenbauers zum Ausschluss der Schwarzen nicht nachweisen. Der Architekt Moses wollte vielmehr „im Umkreis von New York eine autogerechte Naherholungszone" schaffen und die Eingriffe in die Natur möglichst gering halten (Wagner 2000); ein freier Zugang der Schwarzen zu den Stränden war durch eine U-Bahn-Verbindung ohnehin gegeben.

Auch Lock-in-Prozesse wie im Falle der QWERTY-Tastatur sind ebenfalls schlechte Kandidaten für einen Technikdeterminismus, belegen sie doch, dass die Pfade nicht Resultat einer innertechnischen Dynamik, sondern lang wirkende Effekte sozialer Dynamiken sind, die zugegebenermaßen schwer zu verändern sind, aber dennoch immer die Möglichkeit zulassen, dass ein dominantes Design an Stärke verliert und von einem neuen Kandidaten abgelöst wird (vgl. Kap. 7.7). Die Debatte um den Hybrid-Antrieb, die seit dem Jahr 2005 an Schwung gewonnen hat, ist ein instruktiver Beleg dafür, dass selbst versteinert wirkende Pfade wie der des Automobils plötzlich und unerwartet in Bewegung geraten können.

Technik an sich löst keinen sozialen Wandel aus, aber sie ist ein wichtiger Faktor, der sozialen Wandel ermöglicht. Technische Systeme können durchaus determinierend wirken (sie sind ja in der Regel eigens dafür konstruiert, einen bestimmten Effekt zu bewirken, vgl. Kap. 2.3); aber das technologische Konzept bzw. das technische Konstruktionsprinzip ist prinzipiell gestaltungsoffen, d.h. es bietet verschiedene Optionen, und die Art und Weise der Nutzung der Technik ist nicht deterministisch in sie eingegraben.

Im Folgenden soll daher die Rede von „Determinismen" vermieden werden, sondern eher von einer *Wechselwirkung von gesellschaftlicher und technischer Prägung* bzw. von einer Koevolution von Technik und Gesellschaft ausgegangen werden (vgl. Popitz 1995, Disco/Meulen 1998b, Dolata/Werle 2007), die besagt, dass

- einerseits Technik ein gesellschaftliches Konstrukt ist, dessen Entwicklung ohne die vielfältigen sozialen Einflüsse sowie die prägenden Wirkungen des Handelns der Technikkonstrukteure und Techniknutzer nicht denkbar wäre,
- andererseits die gesellschaftliche Entwicklung in hohem Maße von Prozessen der Technisierung geprägt, beeinflusst und vorangetrieben wird, und zwar in einer Weise, dass es keine natürlichen Formen sozialer Ordnung mehr gibt, sondern „jede Gesellschaft artifiziell" (Popitz 1995: 12) ist, da im Laufe der Geschichte ein kontinuierlicher „Einbau" von Technik in Gesellschaft und damit eine schrittweise Evolution technisch vermittelter Strukturen „makrosozialer Ordnung" (Latour 1998b: 62) stattgefunden hat.

Die beiden Ebenen sind also in einer Weise miteinander verwoben, die es wenig sinnvoll erscheinen lässt, nach einem determinierenden Faktor zu suchen.

Jenseits dieser Fundamental-Diskurse versucht der nächste Abschnitt daher zunächst, sich Schritt für Schritt einer soziologischen Definition von Technik zu nähern, um damit eine Grundlage für weiter gehende Fragen nach dem Verhältnis von Technik und Gesellschaft zu schaffen.

2.3 Soziologischer Technikbegriff

Das Beispiel des Hammers

Eine Annäherung an eine soziologische Definition von Technik geht davon aus, dass das technische Artefakt an sich keine (oder nur eine geringe) soziale Bedeutung hat, sondern diese erst durch seinen Einsatz und seine Nutzung gewinnt. Ein Hammer ist zunächst nichts weiter als ein lebloses Artefakt, das aus einem Stück Eisen und einem Stück Holz besteht. Betrachtet man jedoch Menschen, die mit diesem Hammer einen Nagel einschlagen, so sieht man wesentlich mehr: Das Kind greift den Stiel sehr weit vorne und versucht eher, die Nägel mit Gewalt in das Holz zu drücken; der Profi hingegen greift den Stiel im hinteren Bereich und nutzt den Rotationsimpuls geschickt, um den Hammer elegant und mit geringem Kraftaufwand auf den Hagel niedersausen zu lassen. Wendet man den Blick also vom Artefakt Hammer zum Prozess des Nagel-Einschlagens, der von einem Akteur und einem Artefakt (in Interaktion mit dem Nagel, dem Werkstück, der Werkbank etc.) gemeinsam vollzogen wird, so erweist sich der Hammer als ein ausgesprochen vielschichtiges Gebilde, das eine Reihe *sozialer Dimensionen* besitzt:

- Erstens bedarf es offenbar gewisser individueller Fähigkeiten und Fertigkeiten in der Handhabung des konkreten Artefakts, um den Nagel mit wenigen Schlägen einzuschlagen; hierin unterscheiden sich Laien und Experten, und es hängt stark vom jeweiligen Stand des Vorwissens ab, wie das Artefakt genutzt wird.

- Zweitens ist die Qualifikation zum Umgang mit einem Hammer erlernbar.

- Drittens bedarf es eines Motivs bzw. eines Ziels (Intention), um ein technisches Artefakt zu verwenden.

- Viertens ist in den Hammer kulturelles und gesellschaftliches Wissen inkorporiert, das auf einer langen Tradition der Technikaneignung und Technikkonstruktion basiert. So hat der Hammer beispielsweise eine spitze und eine stumpfe Seite (deren Bedeutung den meisten Nutzern bekannt sein dürfte); er hat aber auch einen geschwungenen Stiel, der verschiedene Griffmulden bildet (womit die wenigsten Nutzer etwas anzufangen wissen). In diesen konstruktiven Details steckt das tradierte Wissen vieler Generationen von Technikherstellern und Techniknutzern, die den Hammer im Laufe einer jahrtausendelangen Evolution verändert, verbessert und verfeinert haben.[8]

Dieses Wissen steht dem Nutzer teils sofort zur Verfügung, oder er kann es durch intensives Studium des Gerätes aus diesem „herauslesen" (intuitive Nutzung); teils kann er es sich durch eigene Experimente und die damit einhergehende Sammlung von Erfahrungen aneignen, aber auch durch die Imitation kompetenter Techniknutzer, deren implizites Wissen er auf diese Weise übernimmt (experimentelle Nutzung); teils benötigt er jedoch eine systematische Anleitung und professionelles Training durch andere Personen, um zu verstehen, wie ein Hammer funktioniert (angeleitete Nutzung).

Technik wird also erst durch ihre sozialen Bezüge zu einem Gegenstand der Soziologie. Der Hammer, der ungenutzt in der Werkzeugkiste liegt, bleibt

---

8 George Basalla verweist in seiner Studie zur Evolution der Technik auf die große Diversität dieses technischen Gerätes, die mit unterschiedlichen Nutzungsweisen einhergeht (1988: 1-25).

ohne mit ihm assoziierte soziale Handlungen soziologisch uninteressant. Soziologisch relevant wird der Hammer erst, wenn er Bestandteil sozialer Handlungsvollzüge ist. So könnte man beispielsweise fragen, wie er in die Werkzeugkiste gekommen ist, warum er nicht genutzt wird, ob es andere Werkzeuge gibt, die stattdessen verwendet werden, etc. Zu soziologisch interessanten Ergebnissen gelangt man auch, wenn man recherchiert, welche Bedeutung die beteiligten Akteure dem Hammer beimessen und wie sie untereinander über den Einsatz von Werkzeugen kommunizieren. Die Tatsache, dass der Hammer materielle Qualitäten hat, ist dabei sekundär; die Soziologie interessiert sich vorrangig für die Handlungsformen, in diesem Fall also den Prozess des Nagel-Einschlagens.

In einer ersten Annäherung an einen soziologischen Begriff von Technik soll daher unter Technik die *Kombination eines Artefakts mit einer sozialen Handlungsform* verstanden werden.

Exkurs: Die Debatte über die Materialität von Technik

In der Techniksoziologie hat – ebenfalls in den 1980er und 1990er Jahren – eine intensive Debatte über die Materialität von Technik und die vermeintliche Technikvergessenheit der Soziologie stattgefunden, der vorgehalten wurde, dass sie sich vorrangig auf soziale Prozesse der Konstruktion und Nutzung von Technik bzw. der Kommunikation über Technik konzentriere und so die Gegenständlichkeit der Objekte wie auch deren spezifische materielle Qualität ignoriere (vgl. u.a. Joerges 1989, Grundmann 1994, Rammert 1998, Ropohl 2002, Degele 2002). In Abgrenzung von Ansätzen, die sich mit der Sozialität von Technik befassten, wurde daher die intensivere Auseinandersetzung mit der Materialität von Technik („Sachtechnik", „Realtechnik") gefordert – eine Debatte, die sich mit Bruno Latours (1996c) emphatischer Forderung nach einer Mitberücksichtigung der „non-humans" noch einmal intensivierte (vgl. Kap. 8.7).

Die Debatte führte allerdings zu dem Ergebnis, dass das Kriterium der Materialität kein sauberes Abgrenzungskriterium bildet, das eine Soziologie der Technik trennscharf von anderen Bindestrich-Soziologien (bzw. von anderen disziplinären Zugängen zum Thema „Technik") abgrenzt. Denn neben materiell verfassten Techniken wie dem Auto, dem Fließband, dem Computer etc. fallen in den Gegenstandsbereich der Techniksoziologie offenkundig auch technische Produkte und Verfahren, die sich nicht (oder nur partiell) materiell vergegenständlichen lassen, wie beispielsweise Software, aber auch Erziehungstechnik, Schreibtechnik etc. Bereits Max Weber hatte in seiner Auflistung in „Wirtschaft und Gesellschaft" (1922) auf diese Vielfalt der modernen Technik aufmerksam gemacht, als er den Begriff „Technik" auf „alles und jedes Handeln" anwandte, das die verfügbaren Mittel möglichst zweckmäßig zur Erreichung eines vorgegebenen Ziels einsetzt, und folgende Beispiele auflistete: „Gebetstechnik, ... Denk- und Forschungstechnik, … Erziehungstechnik, … Verwaltungstechnik, erotische Technik, Kriegstechnik …" (Weber 1985: 32). Gerade die scheinbare Beliebigkeit dieser Aufzählung verweist darauf, dass ein simples Kriterium wie das der Materialität kaum befriedigende Ergebnisse für eine soziologische Befassung mit dem Gegenstand liefern kann.

Abb. 3: Technikbegriff

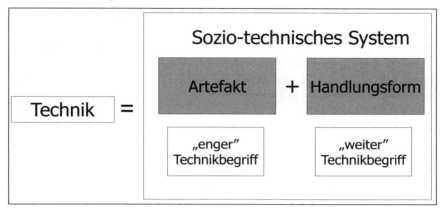

Werner Rammert hat daher vorgeschlagen, einen „engen" und einen „weiten" Technikbegriff zu unterscheiden (1993b: 10f.). Technik im engeren Sinne sind für ihn „die sachlichen Artefakte", während Technik im weiteren Sinne auch alle sonstigen „Verfahrensweisen eines Handelns und Denkens" umfasst, „die methodischen Operationsregeln folgen und strategisch einen bestimmten Zweck anstreben" (10f.). Er konzediert allerdings, dass diese Typologie Mängel hat, weil der enge Technikbegriff den Gegenstandsbereich zu sehr auf die materiellen Artefakte einschränkt, während der weite Technikbegriff „das Untersuchungsfeld auf die Gesamtheit gesellschaftlicher Phänomene hin … entgrenzt" (11). Jegliches methodische, zielorientierte Handeln wäre somit Technik, also auch das Grüßen eines Nachbarn, womit jedoch das Spezifikum der techniksoziologischen Perspektive verloren ginge.

Das Konzept des sozio-technischen Systems

Einen Ausweg aus dieser Problematik bietet das Konzept des sozio-technischen Systems, das der Technikhistoriker Thomas P. Hughes (1979, 1986, 1987) und der Technikphilosoph Günter Ropohl (1979, 1988, 1998) entwickelt haben (vgl. auch Schulz-Schaeffer 2000b: 92ff.). Dieses Konzept löst den Dualismus von Materialität und Sozialität insofern auf, als hier nicht die technischen Artefakte im Mittelpunkt stehen, sondern deren Verknüpfung mit anderen Komponenten zu (funktionierenden) sozio-technischen Systemen (vgl. Mayntz 1988b: 236). Die Frage, ob die Technik materiellen oder immateriellen Charakter hat, wird also irrelevant, weil sozio-technische Systeme stets aus einer Kombination materieller und sozialer Komponenten bestehen. Hughes schreibt beispielsweise:

> „Die technologischen Systeme der Systemkonstrukteure, beispielsweise das System der Elektrizitätsversorgung, verknüpfen so unterschiedliche Komponenten wie physikalische Artefakte, Bergwerke, Herstellerfirmen, Elektrizitätsversorger, akademische Forschungslabors und Investmentbanken." (1986: 287)

Die Kunst des Systemkonstrukteurs, des „system builders", besteht darin, die Kopplung dieser heterogenen (technischen *und* sozialen) Komponenten zu bewerkstelligen, d.h. ein „nahtloses Netz" (seamless web) zu schaffen, welches ein reibungsloses Funktionieren des Systems gewährleistet. In seiner Fallstudie zu Thomas A. Edison hat Hughes (1979) beispielsweise überzeugend dargelegt, dass dessen Leistung nicht nur darin bestand, die Glühbirne zu erfinden, sondern das gesamte System der elektrischen Beleuchtung mit all den dafür erforderlichen technischen und nicht-technischen Komponenten (vgl. auch Kap. 7.5); im konkreten Fall des Elektrizitätssystems waren dies beispielsweise auch Hersteller und Stromversorger (1987: 52) sowie Manager, Arbeiter, Finanziers, Ingenieure (54), ferner der Handel und der Kundendienst (64). Zum sozio-technischen System gehören also nicht nur Artefakte, sondern auch soziale und organisationale Komponenten, die man normalerweise der Umwelt des Systems zurechnen würde (53, vgl. 1979: 131f.).

Wie Hughes zeigt, gelang es Edison zudem, im Prozess des Erfindens Aspekte von Technologie und Ökonomie zu integrieren: Eine detaillierte Kostenanalyse und betriebswirtschaftliche Kalküle waren zentrale Bestandteile des Erfindungsprozesses, die die Suche nach technischen Lösungen prägten (1979: 133ff.).

Die Art des Zusammenwirkens der im obigen Zitat genannten Komponenten beschreibt Hughes wie folgt:

> „Diese Komponenten bilden ein System, weil sie unter eine zentrale Kontrolle fallen und zweckgemäß funktionieren, um ein Systemziel zu erreichen oder zum Output des Systems beizutragen." (1986: 287)

Über die Frage, ob ein sozio-technisches System notwendigerweise zentral kontrolliert werden muss, mag man geteilter Meinung sein; hier soll jedoch vor allem der Aspekt interessieren, dass Hughes die Komponenten nicht nach ihrer spezifischen Qualität (materiell, sozial usw.), sondern ausschließlich aus der Perspektive ihres Beitrags zum Funktionieren des Systems beurteilt. Dieser Systemansatz rückt also die Vernetzung von Komponenten und deren Interaktionen in den Mittelpunkt; damit sind sowohl das System als auch dessen Komponenten keine statischen Einheiten mit fixen

Eigenschaften, sondern ihre Eigenschaften hängen wechselseitig voneinander ab und verändern sich mit der Art der Vernetzung:

> „Wenn eine Komponente aus dem System entfernt wird oder wenn ihre charakteristischen Merkmale verändert werden, ändern sich die Eigenschaften der anderen Artefakte des Systems entsprechend." (Hughes 1987: 51)

Ein Elektrizitätsversorgungssystem funktioniert nicht mehr, wenn die Generatoren ausfallen; dasselbe ist der Fall, wenn die Investmentbank ausfällt (1986: 287).

Von Günter Ropohl stammt der Vorschlag, derartige Netzwerke als „soziotechnische Systeme" zu bezeichnen, weil „alle technischen Sachsysteme … in soziotechnischen Handlungszusammenhängen" stehen (1988: 159). Die spezifische Leistung eines sozio-technischen Systems besteht Ropohl zufolge darin, das „Zusammenwirken von Mensch und Sachsystem" zu leisten (1998: 62).

Betrachtet man unter dieser Perspektive etwa den mobilen Individualverkehr, so besteht dieser nicht nur aus technischen Artefakten wie dem Auto, der Straße und den Verkehrszeichen; hinzu kommen vielmehr Normen und Regeln (z.B. DIN-Normen zur Beleuchtung der Fahrzeuge oder die Straßenverkehrsordnung mit dem Rechtsfahr-Gebot), das individuelle, durch Institutionen wie die Fahrschule vermittelte Fahrkönnen, die Straßen- und Rettungsdienste, der Verkehrsfunk und vieles andere mehr.

Auch am Beispiel der Luftfahrt lässt sich anschaulich demonstrieren, dass es nicht um singuläre technische Artefakte (Flugzeuge) geht, sondern um vernetzte und integrierte sozio-technische Systeme, deren reibungsloses Funktionieren höchst voraussetzungsvoll ist und auf einer Kombination einer Vielzahl technischer, ökonomischer, sozialer, normativer und weiterer Komponenten basiert. Dies erklärt auch, warum die Erfindung einer neuen Technik oftmals folgenlos bleibt. Innovationen basieren nicht (nur) auf neuen Artefakten, sondern auf der Erfindung eines *neuen Systems*, das nicht nur technische Geräte, sondern auch weitere Komponenten enthält – sowie das (System-)Wissen um die Verknüpfung dieser Komponenten zu einem funktionierenden Ganzen.

Das Konzept des sozio-technischen Systems verwendet also einen Technikbegriff, der die *Kombination von Artefakten und sozialen Handlungsformen* beinhaltet und somit die Debatte um den „engen" bzw. „weiten" Technikbegriff wie auch die „Materialität" bzw. „Sozialität" von Technik hinter sich lässt (vgl. Mayntz 1993a: 98, Krohn 2007b).

Das Konzept verfolgt zudem einen relativistischen Ansatz, der sich für ontologische[9] Fragen nach dem Status der Technik wenig interessiert, sondern eher danach fragt, welche Konstruktionsleistungen die Akteure erbringen und wie sie ein funktionierendes System schaffen. In methodologischer Hinsicht hat dies zudem den Vorteil, dass sich der Systembegriff – je nach Erkenntnisinteresse – beliebig skalieren lässt: Wenn das Auto im Mittelpunkt steht, dann kann man es als sozio-technisches System dekomponieren; wenn es hingegen um den Straßenverkehr geht, wird das Auto als eine Komponente dieses Systems betrachtet, die nicht weiter ausgeleuchtet werden muss. Man kann also den Systembegriff auf mehreren, übereinander geschichteten Ebenen verwenden und nahezu beliebig „zoomen". Welche der Ebenen von Interesse ist, ist beobachterabhängig, hängt also davon ab, welche Prozesse der sozialen Konstruktion von Technik der soziologische Beobachter betrachtet.

2.4 Dimensionen von Technik

Nach diesen Vorabverständigungen soll nun systematisch ein soziologisches Konzept von Technik entwickelt werden. Es soll auch dazu beitragen, die Verwirrung um die Vielzahl von Technikbegriffen aufzulösen, die Technik als Medium, als Installation, als Artefakt, als Handlungsform etc. begreifen. Hier soll der Vermutung nachgegangen werden, dass ein soziologisches Technikverständnis eine instrumentelle Dimension und eine diskursive Dimension von Technik unterscheiden sollte. Wenn man zudem die instrumentelle Dimension in die beiden Teilaspekte der Herstellung und der Nutzung von Technik unterteilt, gelangt man zu drei Komponenten einer soziologischen Beschreibung von Technik, die in einem zirkulären Bedingungsverhältnis stehen:

- die zielgerichtete *Konstruktion* sozio-technischer Systeme als Instrument zur Beherrschung eines Ursache-Wirkungs-Zusammenhangs („instrumentell-konstruktive Dimension"),

- das *Handeln* mit (funktionierender) Technik, d.h. die Aneignung und – oftmals eigensinnige – Nutzung sozio-technischer Systeme („instrumentell-operative Dimension"), sowie

- das *„Reden über Technik"*, also die gesellschaftlichen Diskurse über Technik und deren Folgen, aber auch die Aushandlungsprozesse, in denen es um alternative Optionen technischer Entwicklung geht („diskursive Dimension").

---

9 Die Ontologie als die Lehre von den Wesensbestimmungen des Seienden (so der Duden) interessiert sich z.B. für die Frage, was den Menschen vom Tier bzw. den Menschen vom Roboter unterscheidet.

Abb. 4: Dimensionen der soziologischen Beschreibung von Technik

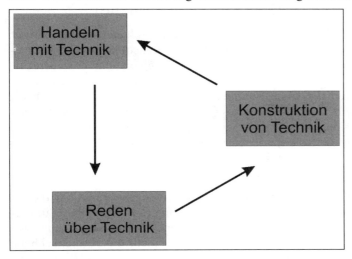

Instrumentell-konstruktive Dimension (Konstruktion von Technik)

Ausgangspunkt ist die zielgerichtete Konstruktion sozio-technischer Systeme durch einen oder mehrere Technikkonstrukteure. Technische Artefakte und Systeme werden intentional geschaffen, um einen Zweck zu erfüllen, d.h. einen Ursache-Wirkungs-Zusammenhang möglichst effizient zu beherrschen. Der Handlungsbezug, die Intentionalität und die instrumentelle Funktion[10] sind wesentliche Merkmale des soziologischen Technikbegriffs, der mit der Annahme startet, dass Technik *Mittel* zur Erfüllung eines *Zwecks* ist und soziale Handlungen unterstützt bzw. ersetzt (vgl. Weber 1985: 32f., Schulz-Schaeffer 2008: 2f.). Damit ist er weitreichend kompatibel mit dem Technikbegriff der Ingenieurwissenschaften, aber auch mit unserem Alltagsverständnis von Technik.

Ein Beispiel: Der Professor konstruiert einen Apparat, der die Studierenden daran hindern soll, während der Vorlesung einzuschlafen, etwa indem dieser Apparat einen unangenehmen Piepton aussendet, wenn ein Studierender laut schnarcht. Der Handlungsvollzug eines menschlichen Akteurs wird durch einen Automatismus („Wenn-dann-Regel") ersetzt, der in vordefinierten Situationen wiederholbare Effekte produziert. Probleme können auftreten, wenn ein Studierender Asthma oder eine starke Erkältung hat und dies Fehlfunktionen des technischen Gerätes auslöst.

Ein Technikkonstrukteur hat also ein Interesse an der Wiederholbarkeit und Berechenbarkeit vordefinierter Effekte durch Technik, die ihn damit in die

---

10 Vgl. die gegenteilige Position von Jost Halfmann (1996: 15f.) sowie die Relativierung des instrumentellen Technikbegriffs bei Ingo Schulz-Schaeffer (2008: 6f.).

Lage versetzt, Prozesse und Strukturen in einer von ihm gewünschten Weise zu kontrollieren und zu steuern (vgl. Luhmann 1991: 105).

Die Logik der Technisierung besteht nunmehr aus folgenden drei Schritten (vgl. Popitz 1995: 18ff.): Erstens schlägt der Konstrukteur eines technischen Gerätes bzw. Systems zunächst einen Umweg ein, d.h. er steuert sein Ziel nicht direkt an, sondern schafft zunächst ein Werkzeug, z.B. eine Anti-Einschlaf-Vorrichtung, einen Hammer oder eine Stromversorgung für die elektrische Beleuchtung eines Hauses (vgl. Latour 1998b: 32, Popitz 1995: 8, 18f.). In der Konzeption der Anlage definiert er somit *vorab* die Situationen, in denen die Technik operieren soll, und er antizipiert die *später* eintretenden Effekte. Der Konstruktions- und der Verwendungszusammenhang werden also durch Technik zeitlich entkoppelt.

Wenn dieses Werkzeug vorhanden ist (und reibungslos funktioniert), bewirkt es – zweitens – eine enorme Vereinfachung bzw. Verkürzung des ursprünglichen Prozesses („kausale Simplifikation" im Sinne Luhmanns, vgl. Kap. 4.4). Im Falle des Lichtschalters lautet nunmehr die Formel schlicht: „Schalter ein, Licht an". Dies führt zu einer Steigerung von Wirkungszusammenhängen, weil jeder Bewohner eines Hauses nunmehr in der Lage ist, innerhalb kürzester Zeit das Licht ein- und auszuschalten; er muss nun nicht mehr jedes Mal Feuer machen oder Petroleum besorgen oder Stromkabel verlegen, sondern verlässt sich auf die Verfügbarkeit und die Funktionsfähigkeit der vorhandenen Installationen. Dies entlastet enorm, und zwar nicht nur von Mühsal und Arbeit, sondern auch von weiteren Sinnbezügen (vgl. Halfmann 1996: 117-121, Schulz-Schaeffer 2000b: 44-47): Der Techniknutzer muss nicht mehr verstehen, was sich innerhalb der Apparatur abspielt, sondern er kann sie als Blackbox ansehen und „naiv", d.h. ohne Bezug auf den Ursprungssinn, nutzen (vgl. Latour 1998b: 39).

Wenn die Technik im praktischen Betrieb zuverlässig funktioniert, wird drittens die Effizienzsteigerung – quasi naturwüchsig – zum neuen Ziel der technischen Weiterentwicklung, wobei es dann meist um die Verbesserung des Wirkungsgrades, die Steigerung des Outputs oder die Erhöhung der Auslastung geht (Weber 1985, Hughes 1987).

Technik erfüllt eine instrumentelle Funktion für den Technikkonstrukteur, der mit Hilfe des geschaffenen Instruments bezweckt, einen Ursache-Wirkungs-Zusammenhang dauerhaft und möglichst effizient zu beherrschen. Man kann daher auch von „Vergegenständlichung" sprechen, denn in die technischen Artefakte werden (implizite) Handlungsprogramme bzw. Nutzungsszenarien eingeschrieben, die auf den Intentionen des Konstrukteurs basieren und die Erwartung beinhalten, dass die Technik wie geplant funktioniert und die erwünschten Effekte erzielt.[11] Damit ist noch keine Ga-

---

11 Das Begriffspaar „Vergegenständlichung" und „Aneignung" (s.u.) stammt ursprünglich aus dem Kontext der frühmarxistischen Schriften zur Kritik der Entfremdung

rantie verbunden, dass das technische Gerät tatsächlich planmäßig funktioniert. Im Idealfall, d.h. bei funktionierender Technik, ist jedoch keine Kommunikation mehr nötig, um eine Technik anzuwenden. Technik wird vielmehr reduziert auf die Wenn-dann-Regel und operiert losgelöst vom Konstrukteur, der auch nicht mehr physisch anwesend sein muss (denn er ist ja indirekt, in Form der vergegenständlichten Handlungsprogramme anwesend).

Die Actor-Network Theory (vgl. Kap. 8.7) schließt hieraus auf ein Mit-Handeln der Technik. Bruno Latour (1998b) zufolge besitzt jedes in die Welt entlassene Artefakt, z.B. die Bodenschwelle, die das Tempo der Autofahrer drosseln soll, bereits die Fähigkeit, eine Veränderung zu bewirken. Im Rahmen seines Symmetriepostulats stellt Latour daher die nichtmenschlichen Aktanten auf eine Stufe mit menschlichen Akteuren. Er klammert damit allerdings die Intentionen aus und konzentriert sich ausschließlich auf das Funktionieren von Technik (wie auch von Menschen).

Meiner Auffassung zufolge kommt ein soziologisches Verständnis von Technik hingegen nicht ohne Rekurs auf die Intentionen der beteiligten Technikkonstrukteure aus; denn technische Geräte funktionieren im Prinzip im Sinne des Erfinders – und damit als gegenständlicher Träger dessen Intentionen. Es gibt lediglich drei Ausnahmen, nämlich (a) wenn das Gerät defekt ist, (b) wenn es eigensinnig genutzt wird und damit in fremde Handlungsprogramme (intentional handelnder Akteure) eingebaut wird oder (c) wenn es über die Möglichkeit der autonomen Entscheidung verfügt, wie dies beispielsweise bei smarter Technik der Fall ist (dazu siehe Kap. 10). Für die vierte Variante eines Mit-Handelns selbst trivialer Technik, wie sie Latour vorsieht, ist in diesem Modell daher kein Platz. (Soviel als Vorgriff auf spätere Ausführungen in Kap. 8.7).

Instrumentell-operative Dimension (Handeln mit Technik)

Mit der Installation einer Wenn-dann-Regel wird Technik jederzeit und für jedermann verfügbar; sie wird zudem offen für die Nutzung durch Anwender, die *kein Konstruktionswissen* mehr besitzen müssen. Man muss beispielsweise nicht wissen, wie es funktioniert, wenn man Auto fährt. Wichtig ist lediglich die Vermutung, dass es eine überindividuell verfügbare Beschreibung des Mechanismus, der Konstruktionsweise und der Verfahrensprinzipien gibt, die man im Prinzip abrufen könnte.[12] Dies ist die Basis des

---

des Arbeiters, der sich per Arbeit „entäußert" und in seinen Produkten „vergegenständlicht", aber aufgrund der kapitalistisch geprägten Entfremdung von den Produkten seiner Arbeit daran gehindert wird, sich diese selbst anzueignen (vgl. Marx 1844).

12 Insofern könnte man statt „Vergegenständlichung" auch den Begriff „Verobjektivierung" verwenden, um zu kennzeichnen, dass damit auch nicht-gegenständliche Formen der Sedimentierung von Wissen gemeint sind.

Vertrauens in Technik, die mit der jederzeitigen, herstellerunabhängigen Verfügbarkeit einhergeht und deren Kehrseite das blinde Vertrauen in Technik ist.

Tab. 2: Dimensionen der soziologischen Beschreibung von Technik

Dimension	Beschreibung
instrumentell	
instrumentell- konstruktive Dimension	*Konstruktion* instrumentell handhabbarer Technik
instrumentell-operative Dimension	*Handeln* mit Technik, die (soziale) Handlungen unterstützt bzw. ersetzt
mediale Dimension (Sonderfall)	*Handeln* via Kommunikationstechnik, die (soziale) Kommunikation unterstützt bzw. ersetzt
diskursiv	
diskursive Dimension	*Reden* über Technik: gesellschaftliche Thematisierung von Technikeinsatz und -folgen

Mit der Vergegenständlichung „verschwinden" die sozialen Prozesse, sie werden quasi „unsichtbar". Dies gilt sowohl für die ursprünglichen Handlungsvollzüge, die erforderlich waren, um die Technik herzustellen, als auch für die Konstruktions- und Gestaltungsprinzipien, die für den Anwender nun nicht mehr unmittelbar erkennbar bzw. einsehbar sind. Dies hat Vor- und Nachteile: Der unbestreitbare Vorteil des technischen Fortschritts besteht darin, dass es für den einzelnen Anwender nicht mehr erforderlich ist, den gesamten gattungsgeschichtlichen Prozess der Entstehung eines technischen Artefakts individuell nachzuvollziehen; er ist dadurch entlastet, dass er auf den bestehenden kulturellen Errungenschaften der Gesellschaft aufbauen und sie für Weiterentwicklungen nutzen kann. Dies ist wiederum die Basis für technischen und gesellschaftlichen Fortschritt: Der Flugzeugingenieur kann sich darauf verlassen, dass der Computer funktioniert, und der Computerwissenschaftler kann sicher sein, dass das Flugzeug ihn sicher zur internationalen Fachtagung befördert.

Die Kehrseite dieser Entwicklung ist die wachsende Spezialisierung und Fragmentierung der Technik, die immer größere Zonen der Intransparenz erzeugt, weil niemand mehr den vollständigen Überblick hat. Zudem wird die technische Zivilisation in zunehmendem Maße von Technik (und vom stetigen technischen Fortschritt) abhängig; selbst für die Bewältigung der Folgeprobleme der Technisierung ist immer mehr technisches Wissen erforderlich.

Trotz der universellen Verfügbarkeit instrumentell handhabbarer Technik ist deren „Aneignung" – als komplementärer Vorgang zur „Vergegenständlichung" – jedoch kein trivialer Vorgang. Wie jeder Fahrschüler erlebt hat, bedarf es gewisser Anstrengungen, um den Umgang mit einer Technik so zu lernen, dass man sie im Alltag problemlos nutzen kann. Die gekonnte Nutzung von Technik erfordert meist eine – oftmals langwierige – Aneignung des expliziten Wissens, das für den praktischen Einsatz erforderlich ist, aber auch des impliziten Know-hows (des „Gewusst-wie"), über das man verfügen muss, wenn man sie erfolgreich verwenden will (vgl. Kap. 2.3). Man muss also den Umgang mit einem technischen Gerät erlernen, um damit zielgerichtet handeln zu können.

Allerdings gibt es verschiedene Grade der Aneignung einer Technik durch ihre Nutzer, die über unterschiedliche Niveaus des Wissens über die Funktionsweise des technischen Systems verfügen (Perrow 1987: 101f., Weyer 2008b):

* Das *Bedienpersonal*, also die Operateure, welche das System aktiv nutzen (z.B. die Piloten in einem Flugzeug), benötigen ein gewisses Maß an Systemwissen, um das sozio-technische System erfolgreich steuern zu können (vgl. Faber 2005).

* Die passiven *Nutzer* hingegen (z.B. die Flugpassagiere) müssen nicht über die Fähigkeit verfügen, das System auch zu steuern; für den Status eines Konsumenten sozio-technischer Systemleistungen reicht ein viel oberflächlicheres Nutzungswissen.

* Der *Konstrukteur* schließlich ist ein Sonderfall; wenn er in die Rolle des Nutzers der von ihm geschaffenen Technik wechselt, verfügt er bereits in der Regel über ein hohes Maß an Systemwissen, aber auch an Nutzungswissen.

In vielen Fällen ist die Wissensaneignung zudem ein voraussetzungsvoller Prozess, der sich nicht lediglich auf das individuelle Lernen von Fertigkeiten beschränkt. Denn die Nutzung von Technik, insbesondere von neuer Technik, beinhaltet stets einen Transfer in andere Kontexte, z.B. vom Labor-Kontext des Konstrukteurs in den Alltags-Kontext der Anwender oder auch von einem Anwendungskontext (z.B. der militärischen Luftfahrt) in einen anderen (z.B. den zivilen Straßenverkehr). Was unter idealen Versuchsbedingungen bei versierten Anwendern noch reibungslos funktionierte, klappt plötzlich bei der alltäglichen Nutzung der Technik durch mehr oder minder geschulte Laien nicht mehr. Adaptive Cruise Control, die automatische Geschwindigkeitsanpassung im Pkw, in der ein elektronisches Assistenzsystem für den richtigen Abstand zum vorausfahrenden Fahrzeug sorgt, funktionierte im Test so schlecht, dass die renommierte Fachzeitschrift „auto motor sport" dieser Zusatzausstattung schlechte Noten gab (Bloch 2006, vgl. Hack 2004). Ähnlich verhält es sich mit dem Einparkassistenten, der sich in Praxistests völlig unberechenbar verhielt und ein beherztes Eingreifen des Fahrers erforderte, um Kollisionen mit anderen Fahrzeugen zu vermeiden (FAZ 06.06.2006: T4).

Oftmals gelingt es im Laufe der Zeit, sich an neue Technik zu gewöhnen, was meist mit einer Umstellung gewohnter Routinen und Verhaltensweisen einhergeht. (Man denke z.B. an den Umstieg von der Dreigang-Naben- zur Kettenschaltung beim Fahrrad oder an die Umstellung vom analogen Vier-Mann-Cockpit zum digitalen Zwei-Mann-Cockpit in der Luftfahrt; vgl. Kap. 10).

In etlichen Fällen ist jedoch eine umfassende Umgestaltung des Anwendungskontextes sowie eine weit reichende Anpassung der Anwender erforderlich (vgl. Popitz 1995: 31). Bruno Latour (1983) hat in seiner Studie über die Erfindung des Milzbrand-Impfstoffs durch Louis Pasteur nachgewiesen, dass der Erfolg des neuen Impfstoffes sich erst in dem Moment einstellte, als die Hygiene-Standards des Labors in die bäuerliche Praxis transferiert wurden. In den Ställen mussten laborähnliche Bedingungen geschaffen werden, um den Erfolg der neuen Technik zu gewährleisten. Ähnlich verhält es sich bei der Einführung neuer IT-Systeme in Unternehmen, die häufig erst dann reibungslos funktionieren, wenn eine Reorganisation der Prozesse und Strukturen innerhalb des Unternehmens stattgefunden hat.

Zudem wird jede Entlastung, die mit neuer Technik einhergeht, durch neue Anpassungszwänge erkauft (Schelsky 1965, Popitz 1995). Die E-Mail ist ein gutes Beispiel für diesen Zusammenhang, denn man kann nun beliebig kommunizieren (Steigerung der Wirkungen) und muss nicht mehr Briefmarken kaufen und zum Briefkasten laufen (Entlastung), sondern kann den gesamten Vorgang bequem vom heimischen Computer aus erledigen. Dies hat jedoch neue Belastungen und Zwänge zur Folge, die beispielsweise in der Bewältigung der wachsenden Zahl von E-Mails, aber auch der Flut an Spam-Mails bestehen.

Die Aneignung von Technik als der komplementäre Vorgang zur Vergegenständlichung ist nicht nur voraussetzungsvoll und folgenreich. Etliche Beispiele zeigen zudem, dass die Umsetzung nicht immer Eins-zu-eins erfolgt, sondern ein kreativer Lernprozess ist, der mit einer „eigensinnigen" Techniknutzung und Technikaneignung einhergehen kann (Hörning 2001: 151).[13]

Trotz ihres instrumentellen Charakters enthält Technik keine zwanghaften Nutzungsformen, sondern eröffnet stets auch Handlungs- und Gestaltungsspielräume, die von den Herstellern nicht antizipiert bzw. von ihnen nicht intendiert worden waren. Ein schönes Beispiel ist der Short Message Service (SMS), der in den ursprünglichen Konzeptionen der Entwickler des Mobilfunks nur eine untergeordnete Rolle spielte, dann aber von den Jugendlichen als Mittel zum Austausch kleiner Textnachrichten entdeckt wurde und

---

13 Auch dies ist m.E. kein Argument für ein – wie auch immer geartetes – Mit-Handeln der Technik, denn der „Eigensinn" liegt ja nicht in den Artefakten, sondern im kreativen Umgang der Nutzer mit ihnen begründet.

sich schließlich über diesen Jugendkult hinaus zur Basis kommerzieller Produkte in den Bereichen Telematik oder Fuhrparkmanagement entwickelte, die auf der SMS-Technik aufsetzen.

Es ist also ein Spezifikum von Technik, dass die Nutzungsweisen durch die in dem Artefakt vergegenständlichten Handlungsprogramme *nicht deterministisch festgelegt* sind, dass Technik vielmehr eine gewisse *Offenheit und Flexibilität* ihres Einsatzes, aber auch ihrer Adaption und Weiterentwicklung besitzt, dass also immer mehrere Alternativ-Optionen möglich sind. Das immer wieder zitierte Beispiel, dass man mit einem Messer sowohl Brot schneiden als auch einen Menschen töten kann, mag diesen Zusammenhang illustrieren – allerdings in unbefriedigender Weise. Denn in soziologischer Perspektive kommt es, wie bereits erwähnt (vgl. Kap. 2.3), wesentlich auf die Verknüpfung eines Artefakts mit einer sozialen Handlungsform an; und in dieser Hinsicht unterscheidet sich die Technik des Brotschneidens deutlich von der Technik des Mordens.

Ohne die Möglichkeit, Technik *eigensinnig-kreativ* zu nutzen und dabei etwas Neues entstehen zu lassen, wäre technischer Fortschritt schwer denkbar. Gäbe es die oben genannten Spielräume bei der Aneignung von Technik nicht, so wäre die enorme Dynamik der technischen Entwicklung kaum zu erklären; denn technischer (und damit auch gesellschaftlicher) Fortschritt zehrt – neben anderen Quellen – wesentlich von dieser Offenheit von Technik, d.h. der Möglichkeit, die bestehenden Optionen flexibel zu nutzen und in einer Weise zu kombinieren, die Neues entstehen lässt (z.B. die Kombination von Telekommunikations- und Informationstechnik zu Telematik-Systemen für die Verkehrssteuerung). Die Techniknutzung ist nicht eindimensional festgelegt, sondern enthält immer – z.T. überraschende – Optionen für alternative Nutzungen und Rekombinationen.

Dies erklärt zugleich die *Riskanz der Moderne*. Obwohl wir Technik schaffen, um einen Ursache-Wirkungs-Zusammenhang effektiv zu beherrschen, also Kontrolle über die Wirklichkeit zu erlangen, werden wir wegen der Nicht-Antizipierbarkeit von Folgewirkungen, aber auch wegen der eigensinnigen Techniknutzung immer wieder mit Überraschungen konfrontiert – und zwar in Form neuer Chancen wie neuer Risiken.

Das Argument der eigensinnigen Techniknutzung sollte jedoch nicht zur Annahme einer totalen Beliebigkeit der Technikentwicklung verleiten; denn es gibt gewisse Sachzwänge (vgl. zugespitzt Schelsky 1965, siehe Kap. 3.2), weil sich im Laufe der sozio-kulturellen Entwicklung bestimmte Muster (z.B. der räumlichen Mobilität in Form des straßengebundenen Individualverkehrs) verfestigen, die sich zunehmend verselbständigen und damit eine gewisse Eigendynamik gewinnen. Hier greift das bereits in Kapitel 2.1 vorgestellte Choice-Constraint-Modell: Die Akteure konstruieren zwar die Welt, in der sie leben, durch ihre eigenen Handlungen, aber sie tun das nicht im gesellschaftsfreien Raum, sondern im Rahmen der bestehenden, durch vorangegangenes Handeln geschaffene Strukturen (vgl. Weyer 1993a, b). Spontane, eigensinnige Abweichungen reichen allein nicht aus, um innovative sozio-technische Handlungsformen zu schaffen und damit den etablierten Institutionen etwas Neues entgegenzusetzen. Man riskiert oftmals lediglich, sich aus den bestehenden Strukturen auszugrenzen bzw. sich sogar selbst zu gefährden (wenn man beispielsweise notorisch auf der linken Spur fährt). Die Transformation eines sozio-technischen Systems benötigt zwar Abweichler und Querdenker, aber es müssen andere Faktoren hinzukommen, damit ein Systemwechsel stattfinden kann (dazu ausführlich Kap. 7 und 8).

Exkurs: Mediale Dimension (Technik als Medium)

Neben ihrer instrumentellen Funktion kann Technik auch als Medium fungieren, das kommunikative Vermittlungsleistungen erbringt, und zwar in zweierlei Hinsicht:

(a) Zum einen im konventionellen Sinne eines *technischen Übertragungsmediums*, das beispielsweise Sprachkommunikation über Distanzen hinweg ermöglicht (Telefon), aber auch in anderer Weise zur Unterstützung, Optimierung und Steigerung von Kommunikation beiträgt (Rundfunk, Fernsehen, Internet). Hier steht die *Transportfunktion* im Mittelpunkt. Dabei kann der Einsatz neuer Technik durchaus vormalige Formen der Kommunikation ersetzen: Die SMS verdrängt das Kurztelefonat, die internet-gestützte Auftragsabwicklung (mit den dadurch möglichen „untouched orders") die Bestellung per Fax.

(b) Zum anderen kann Technik auch im eher metaphorischen Sinne als Medium wirken: Ein sportliches Cabrio, ein superschneller Laptop oder eine futuristische Espressomaschine sind mehr als nur Gerätschaften zur Erfüllung eines bestimmten Zweckes. Sie signalisieren zugleich ein gewisses Selbstbild und Sozialprestige des Besitzers, d.h. sie vermitteln eine *symbolische Bedeutung*, die über die rein instrumentelle Funktion hinausgeht.

Wenn wir von technisch mediatisierter sozialer Interaktion sprechen, sollten also immer die beiden Aspekte berücksichtigt werden: die Übertragungsbzw. Transportfunktion und die symbolische Funktion.

Elena Esposito operiert in ihrer Studie „Der Computer als Medium und Maschine" mit einer etwas anders gelagerten Differenz, und zwar zwischen der Maschine, die etwas produziert, verändert und umwandelt, und dem Medium, das „so wenig wie möglich verändern" soll, weil es sonst „ein schlechtes Medium (ist), ein ‚geräuschvolles' Medium" (1993: 339). Esposito zufolge erfüllten alle bisherigen Kulturtechniken der Kommunikation (Sprache, Schrift und Buchdruck, 340ff.) primär die Funktion der medialen Verbreitung von Kommunikation. Der Computer hingegen führt zusätzlich maschinelle Operationen durch, etwa in Form von Datenbankabfragen, die überraschend neue Informationen generieren können (350). Sie kommt daher zu dem Ergebnis, dass der Computer „Maschine und Medium zugleich" (339, 351) ist. Inwiefern sich dies mit ihrer Ausgangs-Definition vereinbaren lässt, bleibt jedoch offen – und damit auch die Frage nach dem Wert der Leit-Unterscheidung.

Die Differenz Medium/Maschine ist vor allem von Systemtheoretikern immer wieder aufgegriffen worden. Nina Degele zufolge zeichnet sich das Medium durch seine „Geräuschlosigkeit" aus und tritt „idealiter gar nicht in Erscheinung". Sie behauptet daher, „dass ein Medium eine Transportfunktion innehat, es verändert nichts" (2002: 149f.).[14] Technik werde, so Degele weiter, erst als Maschine sichtbar, wenn sie ausfällt; dann „wird sie zur Installation, die Kommunikation irritieren kann" (150).

Diese schematische Gegenüberstellung vermag nicht zu überzeugen; denn erstens vermischen sich bei Degele – wie auch bei Jost Halfmann (1996) – zwei unterschiedliche Medienbegriffe, der des technischen Übertragungsmediums (im konventionellen, ingenieurtechnischen Sinne, s.o.) sowie der des symbolisch generalisierten Kommunikationsmediums (im Sinne der Luhmann'schen Systemtheorie, vgl. Kap. 4).[15] Zweitens ist Technik – egal ob als Maschine oder als Medium – immer eine Blackbox, deren Funktionsweise erst dann zum Problem wird, wenn sie nicht funktioniert (vgl. Latour 1998b). Normalerweise verlassen wir uns darauf, dass der an den Laptop angeschlossene Beamer funktioniert; erst wenn dies nicht der Fall ist, müssen wir uns damit befassen, wie die Datenübertragung zwischen den beiden Geräten organisiert ist.

Drittens verändert ein Medium die Kommunikation, und dies ist den Nutzern – trotz aller Prozesse der Veralltäglichung und Gewöhnung – in der Regel auch bewusst. Ein Telefonat mit der Freundin ist etwas anderes als eine persönliche Begegnung mit ihr, und eine Fernsehübertragung des Robbie-Williams-Konzerts ist für den eingefleischten Fan kein Ersatz für den Besuch eines Live-Auftritts. Derartige Technologien der medialen Kommunikation bewirken einerseits eine Steigerung der Möglichkeiten (man kann Robbie Williams sehen und hören, ohne zum Konzert fahren zu müssen), andererseits aber einen Verlust an Informationsqualität (die Stimmung in der Arena kommt im Fernsehen nicht richtig rüber). Ebenso ermöglicht das Handy mittlerweile, Telefonate vom Auto aus zu führen und die Ge-

---

14 Dies ist eine deutliche Zuspitzung: Esposito zufolge sollte das Medium nur „so wenig wie möglich" verändern; es ist also nicht vollkommen wirkungslos.

15 Halfmann spricht beispielsweise von „Technik als Medium der Kommunikation" (1996: 117) – im Sinne eines Übertragungsmediums –, behauptet dann aber, dass „soziale Systeme … Technik als Medium der Reduktion sinnhafter Komplexität" (118) verwenden, rekurriert hier also auf den systemtheoretischen Begriff des Kommunikationsmediums (vgl. Kap. 4, wo diese dritte Bedeutung des Begriffs „Medium" behandelt wird).

sprächspartner an jedem beliebigen Ort zu erreichen (Steigerung der Optionen), was jedoch mit Einbußen der Empfangsqualität bzw. mit Verbindungsabbrüchen erkauft wird (Verlust an Informationsqualität); hierbei spielt auch das Fehlen der mimischen und gestischen Anteile der Kommunikation eine Rolle. Zudem verändern sich soziale Beziehungen durch die Verfügbarkeit technischer Medien: Man kann sich täglich ohne großen Aufwand nach dem Gesundheitszustand der kranken Mutter erkundigen; Jugendliche hingegen empfinden die soziale Kontrolle durch ihre Eltern, die durch das Handy möglich wurde, als lästig und erfinden Ausreden wie „Akku leer", um sich dieser Kontrolle zu entziehen.

Das Medium verändert also die Kommunikation und die darauf basierenden sozialen Beziehungen; es ist mehr als eine technische Vermittlung, die nicht auffällt bzw. in Erscheinung tritt. Zudem ist Technik nicht entweder Medium *oder* Maschine, wie Degele es suggeriert (2002: 149), sondern immer beides zugleich (Esposito 1993: 351, Halfmann 1996: 116). Sie funktioniert als Gerät im Sinne eines Wenn-dann-Zusammenhangs, und sie vermittelt soziale Kommunikation bzw. symbolische Bedeutung. Eigentlich hat daher die Funktionalität (in Form des geräuschlosen Operierens) nichts mit ihrem Charakter als Medium zu tun, sondern eher mit ihrem Charakter als instrumentellem Konstrukt. Oder etwas vereinfacht gesprochen: Wenn das Telefon in Ordnung ist (instrumentelle Dimension), kann es das Telefongespräch übermitteln (mediale Dimension).

Schließlich macht es wenig Sinn, die Thematisierung von Technik (als Folge ihres Nicht-Funktionierens) unter die Rubrik „Technik als Medium" zu fassen, wie Degele es tut. Es macht einen Unterschied, ob man mittels des Telefons kommuniziert oder – auf welche Weise auch immer – sich darüber austauscht, dass das Telefon nicht funktioniert, und erörtert, welche Maßnahmen zu treffen sind. Im letzteren Fall wird die Kommunikation nicht *durch* Technik vermittelt, sondern es findet auf der Meta-Ebene ein Diskurs *über* Technik statt (siehe den Abschnitt „Reden über Technik").

Zu soziologisch spannenden Fragestellungen gelangt man, wenn man beispielsweise fragt, wie sich soziale Interaktion durch den Einsatz von Medien verändert, wenn es z.B. möglich ist, jemanden per Handy an jedem Ort zu erreichen. Daraus ergeben sich neuartige Formen der Interaktion, aber auch neuartige Erwartungen wie die jederzeitige „Erreichbarkeit", die zum lästigen Zwang werden kann (geradezu visionär Popitz 1995: 38). Zugleich vollziehen sich Prozesse der Normalisierung des Technikeinsatzes, die mit der Stabilisierung neuartiger Erwartungen einhergehen: Es gilt mittlerweile beispielsweise als Selbstverständlichkeit, dass ein Unternehmen im Internet präsent ist und man dort entsprechende Informationen abrufen kann. Wer nicht online ist und über die bekannten Suchmaschinen nicht gefunden werden kann, wird nicht mehr wahrgenommen und ist damit, weil kommunikativ nicht erreichbar, praktisch nicht mehr existent.

Die mediale Dimension von Technik ist also in gewisser Weise ein Sonderfall der instrumentellen Dimension (vgl. Tab. 2): Während technische Geräte und Verfahren generell dazu dienen, soziale Handlungen zu unterstützen bzw. zu ersetzen, dienen technische Geräte und Verfahren der *Kommunikation* dazu, *soziale Kommunikation* zu unterstützen bzw. zu ersetzen. Technik fungiert hier ebenfalls als ein Instrument, aber in der Sphäre, die das Spezifikum des Sozialen ausmacht: der Kommunikation – dem „Stoff", aus dem die Gesellschaft gemacht ist.

Diskursive Dimension (Reden über Technik)

Neben der instrumentellen Dimension, die sich in den beiden Facetten der Konstruktion und der Nutzung von Technik niederschlägt, gibt es mit der diskursiven Dimension einen weiteren soziologischen Zugang zum Gegenstand, der die reflexive Thematisierung von Technisierungsprozessen in den Mittelpunkt rückt (und damit auf einer Beobachtungsebene zweiter Ordnung liegt, vgl. Schulz-Schaeffer 2008: 9). Der Begriff „Reden über Technik" (Weyer 1989) zielt auf die gesellschaftlichen Diskurse über Technik, also auf Aushandlungsprozesse, in denen Technik zum Thema wird, sei es weil sie versagt hat, sei es weil richtungweisende Entscheidungen über die Entwicklung bzw. den Einsatz innovativer Technik anstehen. Wir beginnen mit Letzterem und ziehen den Transrapid als Beispiel heran:

(a) Gesellschaftliche Diskurse über die Technik der Magnetschwebebahn finden immer dann statt, wenn Entscheidungen über konkurrierende technische Varianten gefällt werden müssen, beispielsweise beim Systementscheid 1977, bei dem sich die elektromagnetische Antriebstechnologie gegenüber der Variante des elektrodynamischen Schwebens durchsetzte (Kirchner/Weyer 1997: 241). Auch die öffentlich geführten Verhandlungen über den Bau von Referenzstrecken fallen in diese Kategorie: Der Streit um die Transrapid-Versuchsanlage Ende der 1970er Jahre, die nicht im bayerischen Donauried, sondern schließlich im Emsland gebaut wurde; die Kontroverse um die Transrapid-Strecke Hamburg-Berlin in den frühen 1990er Jahren; das Ringen um das Projekt „Metrorapid" für das Ruhrgebiet sowie um die Variante eines Transrapid-Zubringers für den nur zehn Minuten vom Hauptbahnhof entfernten Münchener Flughafen (Stoiber 2006) – all das sind Beispiele für „Reden über Technik", also für ein diskursives Verhandeln technischer Optionen und Varianten, in denen es um mehr geht als lediglich die Nutzung der Möglichkeiten, die die neue Technik bietet. Hier kommen vielmehr auch die Interessen der beteiligten Akteure ins Spiel, also der Herstellerfirmen, der Bundes- und Landespolitiker, der potenziellen Betreiber (Deutsche Bahn), der Umweltverbände u.v.a.m. In diesen Diskursen geht es darum, technische Optionen in soziale Optionen umzuwandeln, die als Angebote an andere Akteure adressiert werden – in der Erwartung, dass diese mit komplementären Offerten darauf reagieren. Wenn die Erwartungen unterschiedlicher Akteure wechselseitig aneinander anschließen, kann sich dies zu einem Akteur-Netzwerk verdichten, das eine der technischen Varianten stabilisiert und zu einem Technologie-Pfad verfestigt, der dann das Bild der neuen Technik prägt (vgl. Weyer et al. 1997 sowie Kap. 8).

(b) Auch das Versagen von Technik ist immer wieder Auslöser gesellschaftlicher Diskurse, die insofern große Unsicherheiten mit sich bringen, als hier sogar grundsätzliche Fragen nach dem Sinn und Zweck dieser Technologie aufgeworfen werden können. Die Concorde sei hier als Beispiel zitiert, bei dem der erste Totalverlust am 25. Juli 2000 bei Paris dazu führte, dass drei Jahre später der Betrieb des einzigen Überschall-Passagierflugzeugs, das sich im regulären Linieneinsatz befand, gänzlich eingestellt wurde. Bei den Untersuchungen kam nicht nur heraus, dass der Betrieb dieses Flugzeugtyps mit hohen Risiken behaftet war; denn die Concorde hatte zwei offenkundige Schwachstellen: a) den gegen äußere Einwirkungen schlecht geschützten Tank, der b) zudem in der Nähe der zu schwach ausgelegten Reifen lag. Diese Risiken waren spätestens seit einem ähnlichen Zwischenfall bekannt, der sich am 3. Oktober 1979 in Washington D.C. ereignet und beinahe zum Verlust einer Concorde geführt hatte. Doch weder die Herstellerfirma noch die französische Regierung hatten daraus die entsprechenden Konsequenzen gezogen (Wiegel 2005, FAZ 28.09.2006: 11).

Beim Transrapid war es das Unglück auf der Versuchsanlage im Emsland am 22. Sept. 2006 (mit 23 Toten), das zu einem heftigen Wiederaufleben der Debatten führte und auch die Grundsatzfrage nach dem Sinn einer Technologie wieder hochkommen ließ, die selbst im Probebetrieb offenkundig nicht in der Lage ist, ihre vermeintlichen Vorzüge gegenüber der konventionellen Rad-Schiene-Technik nachzuweisen. So stellte sich nach dem Unglück beispielsweise heraus, dass die Bergung der Opfer von einem aufgeständerten Fahrweg weitaus schwieriger ist als von einem ebenerdigen Schienenweg. Zudem geriet das Postulat der inhärenten Sicherheit des Transrapid-Konzepts, der aufgrund der „Umklammerung" des Fahrwegs durch das Fahrzeug nicht entgleisen kann, ins Wanken. Auch hier kamen überraschende Tatsachen ans Licht der Öffentlichkeit, beispielsweise dass die Versuchsanlage im Emsland ohne die im Schienenverkehr übliche moderne Sicherungstechnik betrieben wurde – und dennoch Fahrgäste an Bord des Transrapid gewesen waren (vgl. FAZ 26.09.2006: 9, 28.09.2006: 11, 14.10.2006: 11).

Unfälle bergen immer das Risiko, dass gesellschaftliche Diskurse wieder aufbrechen und scheinbar erledigte Fragen neu gestellt werden – bis hin zu der Frage nach der Existenzberechtigung einer Technik, die sich im Lichte neuer Risiken sowie möglicher Alternativen erneut bewähren muss. Aber auch existenziell wahrgenommene Bedrohungen wie das Versiegen der Energievorräte, die Umweltverschmutzung oder der Klimawandel sind derartige „Trigger", die gesellschaftliche Debatten über Technik auslösen können; man denke beispielsweise an die Kontroversen über die Windkraft, das Drei-Liter-Auto oder den Dieselruß-Partikelfilter.

In den gesellschaftlichen Diskursen über Technik geht es also um die Gestaltung neu zu entwickelnder Technik, um den praktischen Einsatz von Technik sowie um den Umgang mit deren Folgen.[16] All dies sind Aspekte, die technikimmanent nicht entschieden werden können, sondern die einer sozialen und politischen Logik folgen (vgl. Kap. 8). Die soziologische Perspektive verhilft dazu, diese gesellschaftlichen Thematisierungsprozesse zu beobachten und zu analysieren, führt also auf eine Beobachterebene zweiter Ordnung. Soziologische Analysen zeigen, wie die Gesellschaft – bzw. Teile derselben: das Parlament, die Öffentlichkeit, verschiedene Akteurgruppen etc. – über Technik reflektieren und debattieren und welche Mechanismen bei den Entscheidungsprozessen wirksam sind.

Derartige Diskurse können zu Entscheidungen über die Konstruktion neuer Technik, deren Einsatz, deren Verbot, deren Regulierung etc. führen; sie sind oftmals aber auch folgenlos. Man könnte also leicht auf den Gedanken kommen, dass Diskurse überflüssiges „Gedöns" sind, die die Technikentwicklung lediglich stören. Eine derartige Haltung verkennt jedoch die Chancen, die sich aus Technikdiskursen ergeben können, denn die Artikulation gesellschaftlicher Bedürfnisse und Erwartungen lässt sich zum einen als Indikator für eine nicht befriedigte Nachfrage und damit als Chance für die Entwicklung innovativer Produkte sowie die Schaffung neuer Märkte nutzen (vgl. Jenner 2004). Zudem ist es für Technikkonstrukteure ratsam, bei der Entwicklung neuer Technik die Kunden und deren Bedürfnisse angemessen zu berücksichtigen, wenn sie nicht später mit unlösbaren Akzeptanzproblemen konfrontiert werden wollen, wie es beispielsweise im Fall der innovativen elektronischen Bremse SBC von Mercedes der Fall war (vgl. Haertel/Weyer 2005). Schließlich wäre es geradezu töricht, das Bedürfnis von Politik und Öffentlichkeit an einer Mitwirkung bei der Gestaltung von Technik zu ignorieren. Denn gesellschaftliche Debatten über Technik, vor allem aber die politische Regulierung von Technik sind durchaus folgenreich und können die Randbedingungen des Handelns der Unternehmen erheblich beeinflussen. Die Regulierung der Telekommunikation (Werle 2001), aber auch das kontrovers diskutierte Stromeinspeisungsgesetz der rot-grünen Bundesregierung (Mautz 2007) belegen deutlich, wie stark politische Interventionen bestehende Märkte prägen, aber auch neue Märkte schaffen können (vgl. dazu auch Kap. 11).

---

16 Es handelt sich hier also um Formen der reflexiven Kommunikation bzw. der gesellschaftlichen Selbstbeobachtung (vgl. Luhmann 1984).

Wie aus Diskursen neue Technik entsteht

Begreift man Technikentwicklung als sozialen Prozess (Weingart 1989), so kann man zeigen, wie aus Diskursen und Verhandlungsprozessen konkrete Technikprojekte hervorgehen, wie es also zur Konstruktion soziotechnischer Systeme kommt, die dann wiederum instrumentell, d.h. ohne Bezug auf den Herstellungskontext, genutzt werden können. Damit schließt sich der Kreis (vgl. Abb. 4), und die diskursive Dimension einer soziologischen Technikanalyse führt wieder zur instrumentellen zurück.

Die Techniksoziologie rekonstruiert und dechiffriert die Mechanismen der *sozialen Konstruktion von Technik*. Im Fall des Telefons (vgl. Kap. 1.4) geht es beispielsweise um den Wettstreit konkurrierender Systeme, die Entscheidung zugunsten einer der zur Verfügung stehenden Alternativen, die Durchsetzung eines dominanten Designs, die gesellschaftsweite Diffusion der neuen Technik sowie – in einer späteren Phase – deren Ablösung bzw. Transformation durch innovative Technologien wie etwa das Mobiltelefon oder das Internet.

Die Techniksoziologie geht dabei über die heroischen Erfindergeschichten der Historiker hinaus und zeigt, dass es komplexe Aushandlungsprozesse sind, die letztlich zur Entscheidung für eine von mehreren technischen Optionen führen, mit der sich ein bestimmtes Szenario gesellschaftlicher Entwicklung verbindet. Damit setzt sich nicht immer das technisch Optimale durch, sondern zumeist das Projekt, das einen Konsens einer starken und gut vernetzten Gruppe von Akteuren ("closure") erreichen kann. Der Siegeszug des VHS-Systems für Videorekorder über das technisch überlegene Beta-System ist nur eines von vielen Beispielen für die These der Entscheidung für eine suboptimale Technik, die man nur verstehen kann, wenn man die Prozesse der sozialen Konstruktion von Technik begreift.

Die Funktionsfähigkeit der technischen Artefakte ist dabei eine notwendige, nicht aber hinreichende Bedingung für das Funktionieren des Gesamtsystems. Denn die technische Entwicklung folgt insbesondere bei der Entscheidung über Alternativen keiner innertechnischen, sondern einer sozialen Logik, die sich über die Beobachtung bzw. Rekonstruktion der Technikdiskurse dechiffrieren lässt, die in der Gesellschaft bzw. in Innovationsnetzwerken stattfinden (vgl. ausführlich Kap. 7 und 8).

Zusammenfassung: Eine soziologische Definition von Technik

In Anlehnung an Werner Rammert sollen unter den Begriff „Technik" nunmehr „alle künstlich hervorgebrachten Verfahren und Gebilde" subsumiert werden, die „in soziale Handlungszusammenhänge ... eingebaut" (1993b: 10) sind und es ermöglichen, einen Ursache-Wirkungs-Zusammenhang zu vereinfachen, dauerhaft möglichst effizient zu beherrschen und so die angestrebten Wirkungen zu steigern.

Dabei handelt es sich in der Regel um sozio-technische Systeme, die aus einer Vielzahl heterogener – technischer wie sozialer – Komponenten bestehen. Mit diesem Konzept lässt sich die Tatsache am besten einfangen, dass Technik in soziologischer Perspektive eine Kombination aus Artefakten und sozialen Handlungsformen darstellt.

Die auch für eine soziologische Betrachtung zentrale instrumentelle Dimension von Technik verweist zudem auf die Intentionen des Technikkonstrukteurs, die als implizites Handlungsprogramm in den technischen Artefakten und Systemen enthalten sind („Vergegenständlichung"), die den Anwender jedoch nicht deterministisch binden. Charakteristisches Kennzeichen von Technik ist vielmehr, dass sie in unterschiedliche Kontexte transferiert werden kann, wo sie unabhängig von ihrem Konstrukteur durch Anwender eingesetzt wird, die sich die neue Technik aneignen, d.h. den Umgang mit der Technik erlernen bzw. diese in ihre Handlungskontexte einbauen. Dies ermöglicht eigensinnige Nutzungen und kann zu Folgen führen, die der Konstrukteur nicht antizipiert bzw. intendiert hat.

Nunmehr kann auch die Frage nach dem Spezifikum des soziologischen Innovationsbegriffs gestellt werden.

2.5 Soziologischer Innovationsbegriff

Bislang war weitgehend von Technik bzw. sozio-technischen Systemen die Rede, seltener von Innovationen. In soziologischer Perspektive umfasst der Begriff „Innovation" die Erfindung, Erprobung und erfolgreiche Durchsetzung eines *neuen* sozio-technischen Systems. Er ist also nicht so trennscharf wie die in den Wirtschaftswirtschaftswissenschaften übliche, strikte Unterscheidung zwischen der *Invention* (der Erfindung einer neuen Technik) und der *Innovation* (deren Umsetzung in ein marktfähiges Produkt).[17] Dies hat seinen Grund darin, dass die Techniksoziologie, wie oben dargelegt, sich weniger für einzelne technische Neuerungen interessiert, sondern eher für deren Einbettung in soziale Handlungsvollzüge, weniger für das isolierte Artefakt, sondern mehr für das sozio-technische System, also die Kombination heterogener Komponenten zu einem funktionierenden Gesamtensemble.

Zudem hat der Innovationsbegriff in soziologischer Perspektive eine dynamische Komponente, d.h. er zielt auf den technischen wie auch den mit ihm einhergehenden *sozialen Wandel*. Die Soziologie interessiert sich mehr als die Wirtschaftswissenschaft für die sozialen Voraussetzungen und Konsequenzen von Innovationen, vor allem aber für die gesellschaftlichen Dynamiken und Transformationen, die sich aus dem Einsatz und der Nutzung innovativer Technik (im Rahmen sozio-technischer Systeme) ergeben. Die

---

17 Vgl. u.a. – unter Bezug auf Joseph Schumpeter – Nelson/Winter 1977: 61.

Techniksoziologie interessiert sich also stärker als andere Disziplinen für den Zusammenhang von technischen und sozialen Innovationen.

Das eigentliche Spezifikum des soziologischen Innovationsbegriffs besteht jedoch in der Kombination dieser beiden Perspektiven, also der Systemperspektive und der Ausrichtung auf Fragen des Wandels: Unter Rückgriff auf Modelle des Paradigmenwechsels (Kuhn 1976) bzw. der Konkurrenz von Forschungsprogrammen (Lakatos 1974) in der Wissenschaftssoziologie legt die soziologischen Innovationsforschung ihr Augenmerk besonders auf den *Systemwettstreit*, also die Auseinandersetzung konkurrierender sozio-technischer Systeme (Gleichstrom vs. Wechselstrom, Elektroantrieb vs. Verbrennungsmotor). Dies lenkt den Blick vor allem auf die Frage, wie sich ein innovatives sozio-technisches System (z.B. das der elektrischen Beleuchtung) gegen ein bestehendes durchsetzt – eine Frage, mit der sich die ökonomische Innovationsforschung insofern schwer tut, als das „Neue" zum Zeitpunkt seines Auftretens als Herausforderer des „Alten" oftmals schlechter dasteht, zumindest wenn man rein ökonomische Kriterien anlegt. Dies gilt für den Hybridmotor des Jahres 2007 genauso wie für den Verbrennungsmotor des Jahres 1900. Wenn man zu Beginn des 20. Jahrhunderts mit dem Automobil unterwegs war, musste man einige Nachteile in Kauf nehmen, denn Wasser für die Pferde gab es überall, Benzin hingegen nicht. In derartige Phasen des Umbruchs ist zudem oft unklar, welche Kriterien für den Vergleich von „Altem" und „Neuem" herangezogen werden sollen, im Falle des Hybridantriebs etwa: der Benzinverbrauch, der CO_2-Ausstoß, die Herstellungskosten, die Recyclingkosten etc. (vgl. dazu Kap. 7).

Was innovativ ist, bemisst sich also einerseits am herrschenden Stand der Technik, andererseits aber auch am Glauben an das überlegene Problemlösungspotenzial eines neuen sozio-technischen Systems, dessen Qualitäten sich nicht anhand fixer Maßstäbe vermessen lassen. Selbst der direkte Vergleich mit dem jeweiligen Konkurrenten ist oftmals schwierig, weil nicht nur die faktisch nachweisbare Leistungsfähigkeit, sondern auch das vermutete bzw. unterstellte Potenzial für die Lösung offener Probleme, die das neue System aus der Perspektive relevanter Akteure enthält, bei dieser Bewertung eine wichtige Rolle spielen. Es kommen also soziale Faktoren ins Spiel, die mit Kriterien einer ökonomischen Rationalität nur schwer zu erfassen sind.

Eine *radikale Innovation* ist für die soziologische Innovationsforschung demzufolge die Erfindung einer neuen Technik, welche die Grundlage für die Entstehung für ein neues sozio-technisches System bildet, das in der Lage ist, ein bestehendes System herauszufordern oder gar zu verdrängen (vgl. Hughes 1987: 57). Neben der Kreation einer innovativen Vision und der Lösung technologischer Schlüsselprobleme geht es also immer um die Identifikation der technischen und sozialen Komponenten, die für die Realisierung der Vision erforderlich sind, und deren Kombination zu einem funktionsfähigen sozio-technischen System (vgl. Weyer et al. 1997).

Eine *inkrementelle Innovation* ist hingegen die Weiterentwicklung einer etablierten Technologie im Rahmen eines sozio-technischen Systems, die vor allem dazu beiträgt, das bestehende System zu verbessern und Wachstum zu generieren (Hughes 1987: 57f., 62). Damit ist keine negative Wertung verbunden, denn auch inkrementelle Innovationen können enorm wertvoll sein (vgl. auch Spath 2003). Die soziologische Perspektive schaut also vor allem auf den Beitrag neuer Technik zur Entstehung neuer sozio-technischer Systeme.

Mit der Durchsetzung eines innovativen sozio-technischen Systems entsteht ein neuer Modus sozialen Handelns, der sozial folgenreich ist und zu grundlegenden Veränderungen der Gesellschaft führen kann (vgl. Popitz 1995 sowie Kap. 5). Man denke nur an die Einführung des Automobils (hier als „Platzhalter" für ein sozio-technisches System), des Telefons oder des Internets. In den Kapiteln 7 und 8 werden einige Beispiele derartiger Innovationen intensiver diskutiert. Zuvor sollen jedoch einige zentrale Theorie-Ansätze der soziologischen und sozialphilosophischen Befassung mit Technik (Kap. 3-4) sowie die historische Genese des Systems der modernen Technik (Kap. 5-6) behandelt werden.

3. Antimodernistische und antikapitalistische Technikkritik

3.1 Einleitung

Eine der Wurzeln der modernen Techniksoziologie ist die kritische Analyse und Reflexion gesellschaftlicher Technisierungsprozesse. Bereits im politischen Kontext der Arbeiterbewegung des 19. Jahrhunderts war eine *Technikkritik* entstanden, die sich vor allem in den Schriften von Karl Marx manifestiert. Das legendäre 13. Kapitel „Maschinerie und große Industrie" des ersten Bandes des Buches „Das Kapital. Kritik der politischen Ökonomie" (Marx 1972) von 1867 – in den 1970er Jahren Pflichtlektüre für Linksintellektuelle – schildert detailliert die Rolle der Maschinentechnik bei der Entstehung des kapitalistischen Produktionssystems und kritisiert zugleich in deutlichen Worten die damit verbundene Ausbeutung der Arbeiter.

Eine akademische bzw. intellektuelle Technikkritik jenseits von Marx, die jedoch zum Teil Marx'sche Denkfiguren aufgriff (z.B. das Denken in dialektischen Figuren), entwickelte sich in Deutschland in den 1920er Jahren. Hintergrund waren die Auswirkungen der technologischen Revolution, die spätestens seit der Jahrhundertwende deutlich spürbare Konsequenzen auch jenseits der industriellen Produktion nach sich zog – man denke nur an die rapide Veränderung der Städte.

Für die Intelligenz war vor allem der Erste Weltkrieg eine Zäsur, da hier erstmals in großem Maßstab Giftgas eingesetzt wurde und die zerstörerischen Wirkungen der modernen Technik zum Vorschein kamen. Zudem war mit dem Untergang des Kaiserreichs die „alte Ordnung" endgültig zerfallen; ihr folgte eine demokratische Republik, mit der sich viele Intellektuelle nur schwer anfreunden konnten. Schließlich traten nach 1918 die so genannten „totalitären" Ideologien des Faschismus und des Sozialismus zunehmend als politische Kräfte auf, die den Anspruch vertraten, die Gesellschaft planvoll zu gestalten und dabei auf die Mittel der modernen Technik zurückzugreifen.

Wladimir I. Lenin, der mit der sozialistischen Revolution 1917 in Russland an die Macht gekommen war, war hochgradig technikgläubig und verstand die moderne Technik als ein Instrument des Klassenkampfes (vgl. ausführlich McDougall 1985):

„Jeder, der aufmerksam das Leben auf dem Lande beobachtet und es mit dem Leben in der Stadt verglichen hat, weiß, daß wir die Wurzeln des Kapitalismus nicht ausgerissen und dem inneren Feind das Fundament, den Boden nicht entzogen haben. Dieser Feind behauptet sich dank dem Kleinbetrieb, und um ihm den Boden zu entziehen, gibt es nur ein Mittel: die Wirtschaft des Landes, auch die Landwirtschaft, auf eine neue technische Grundlage, auf die technische Grundlage der modernen Großproduktion zu stellen. Eine solche Grundlage bildet nur die Elektrizität. *Kommunismus – das ist Sowjetmacht plus Elektrifizierung des ganzen Landes.* Sonst wird das Land ein kleinbäuerliches Land bleiben … Erst dann, wenn das Land elektrifiziert ist, wenn die Industrie, die Landwirtschaft und das Verkehrswesen eine moderne großindustrielle technische Grundlage erhalten, erst dann werden wir endgültig gesiegt haben." (Lenin 1964: 513)

Das berühmte Lenin-Zitat aus dem Jahr 1920 steht also im Kontext einer umfassenden Modernisierungstheorie, die den politischen Kampf für eine neue Gesellschaftsordnung mit der Entwicklung moderner Technik verknüpft.

Auch der Nationalsozialismus war von einer Technikbegeisterung geprägt, die vom Regime geschickt genutzt wurde und sich beispielsweise im Bau von Autobahnen, Volks-Wagen oder neuartigen Waffensystemen (V-Waffen etc.), aber auch im Ausbau des Rundfunks zu einer Waffe der Massenpropaganda manifestierte (vgl. Schäfers 1993: 176). Allerdings war dieses Verhältnis zur modernen Wissenschaft und Technik ambivalent und wurde teils überlagert von einer rassistischen Ideologie, die beispielsweise die Nutzung der Erkenntnisse der modernen Atomphysik behinderte (vgl. u.a. Mertens/Richter 1980, Weyer 1985); hinzu kam ein mangelndes Verständnis der Funktionsweise wissenschaftlicher Forschung etwa auf Seiten Adolf Hitlers, bei dem sich blinde Technikbegeisterung und naive Allmachtsphantasien paarten.

Die konservative bürgerliche Intelligenz in Deutschland reagierte auf diese als bedrohlich wahrgenommenen technischen und politischen Entwicklungen unter anderem mit sozialphilosophischen Reflexionen, wie sie sich in Oswald Spenglers kulturpessimistischer Diagnose vom „Untergang des Abendlandes" (1918/1922) finden. Spenglers Theorie zufolge „durchlaufen die verschiedenen Kulturen einen Lebenszyklus, der dem biologischen Kreislauf lebender Organismen gleicht"; in seiner Analyse der Geschichte Westeuropas zeigte er, „dass die abendländische Kultur ihre letzte Stufe, eine Ära der technologischen und politischen Expansion, erreicht habe" (Gerdsen 2000: 113). In den 1920er Jahren verdichtete sich dieses Denken bei vielen Intellektuellen zu einer „reaktionären Modernität" (Eisfeld 1996: 41), die sie in hohem Maße anfällig für die NS-Ideologie machte.

In den 1930er und 1940er Jahren entwickelten sich zwei große Strömungen, die die technikphilosophischen Debatten bis weit in das letzte Viertel des 20. Jahrhunderts prägten, nämlich:

- eine Technikkritik von „rechts", die antimodernistisch eingestellt war, insbesondere die „Leipziger Schule" um Hans Freyer, Arnold Gehlen, später auch Helmut Schelsky (vgl. Lepsius 1981, Papcke 1986);
- eine Technikkritik von „links", die in den Traditionen der Aufklärung stand und eine antikapitalistische Orientierung besaß, insbesondere die „Frankfurter Schule" um Max Horkheimer, Theodor W. Adorno, später auch Jürgen Habermas und Herbert Marcuse und schließlich – in deren Tradition stehend – Ulrich Beck und andere Soziologen der Gegenwart.

Die Entwicklung der Techniksoziologie in Deutschland ist nur vor dem Hintergrund dieser Schulen, Personen und der von ihnen entwickelten Paradigmen zu verstehen. Insbesondere Schelsky und Habermas haben grundlegende Denkfiguren des techniksoziologischen Denkens des 20. Jahrhunderts generiert. Sie waren die beiden wichtigsten Repräsentanten einer politischen Soziologie der Technik der 1960er Jahre, deren Arbeiten immer noch zu den klassischen Texten der Techniksoziologie gehören. Ihre Kritik an der modernen Technik war zugleich immer auch Gesellschaftskritik im Sinne einer grundlegenden Infragestellung der „wissenschaftlich-technischen Zivilisation", die – zumindest auf Seiten der „Linken" – mit gesellschaftlichen Utopien einer gerechten Gesellschaft verbunden war. Trotz aller Unterschiede verbanden die beiden Strömungen auch etliche Gemeinsamkeiten, beispielsweise ihre Kritik an der anonymen Technokratie.

Im Folgenden soll daher eine Auseinandersetzung mit diesen beiden geistigen Vätern der modernen Techniksoziologie geführt werden.

3.2 Helmut Schelsky: Die Technokratiethese

Helmut Schelsky (1912-1984) war ein einflussreicher Denker, der – oftmals in provokanter Weise – den Zeitgeist mit griffigen Formeln wie „nivellierte Mittelstandsgesellschaft" (1953) oder „skeptische Generation" (1957) auf den Punkt brachte und so weit über das Fach Soziologie hinaus Aufmerksamkeit erzielte. Schelsky vermochte es auf brillante Weise, Zeitdiagnose und Zeitkritik, aber auch Sinnstiftung miteinander zu verknüpfen. Er war einer der großen Sozialphilosophen, der sich auch mit Fragen der Technik befasst hat. Politisch rückte er im Laufe seines Lebens immer weiter nach rechts; aufgrund seiner Art, durch polternde Zwischenrufe immer wieder auf sich aufmerksam zu machen, kann man ihn durchaus als den Franz-Josef Strauß der deutschen Soziologie bezeichnen.

Schelsky war zudem ein einflussreicher Wissenschaftspolitiker und Hochschulreformer. Ab 1960 leitete er die Sozialforschungsstelle Dortmund, das damals größte außeruniversitäre soziologische Forschungsinstitut Europas, das sich u.a. mit arbeits- und stadtsoziologischen Themen befasste (Weyer 1984b). Später war er maßgeblich an der Planung der 1969 neu gegründeten Universität Bielefeld beteiligt, die nicht nur eine große soziologische Fakultät erhielt (mit dem Rechtssoziologen Niklas Luhmann als erstem Professor), sondern auch mit neuartigen Konzepten der Forschungsorganisation experimentierte, beispielsweise in Form des „Zentrums für interdisziplinäre Forschung" (ZiF). An der Fakultät für Soziologie, die faktisch durch Auflösung der Sozialforschungsstelle und ihre Verlagerung von Dortmund nach Bielefeld entstanden war, sorgte Schelsky zudem dafür, dass Praxisschwerpunkte – u.a. für Wissenschafts- und Bildungsplanung – eingerichtet wurden, die eine Ausrichtung des Soziologiestudiums auf die spätere Berufspraxis der Studierenden gewährleisten sollten. Auf diese Weise wurde die Wissenschaftsforschung erstmals an einer westdeutschen Universität etabliert und später, in den 1980er Jahren, dann zur Wissenschafts- und Techniksoziologie ausgebaut.

Der Mensch in der wissenschaftlichen Zivilisation (1961)

Ein zentrales und einflussreiches Werk, in dem sich Schelskys Denken wie in einem Brennglas bündelt, ist die Abhandlung „Der Mensch in der wissenschaftlichen Zivilisation" von 1961. Hier bringt Schelsky nicht nur den damaligen Zeitgeist auf den Punkt, sondern er demonstriert zugleich anschaulich, wie rechtsintellektuelles, konservatives Denken „funktioniert". Die folgende Analyse lehnt sich daher eng an Schelskys Argumentationsgang an, um die geschickte Dramaturgie des Textes zu dechiffrieren.

Schritt 1: Das technische Zeitalter

Der Rüstungswettlauf des Kalten Krieges, der sich Ende der 1950er/Anfang der 1960er auf seinem Höhepunkt befand und mit immer schrecklicheren Massenvernichtungswaffen das Ende der Menschheit bedrohlich näher rücken ließ, bildet den historischen Kontext, in dem Schelsky sein Werk verfasste. Darüber hinaus signalisierte jedoch der Wettlauf ins All, der 1957 mit dem Start des sowjetischen Sputnik eingeläutet worden war, den Beginn einer neuen Epoche, in der Wissenschaft und Technik zu bedeutenden Faktoren der gesellschaftlichen Entwicklung werden würden (Schelsky 1965: 455, vgl. McDougall 1985).

Schelsky spricht in diesem Zusammenhang von der „Verwissenschaftlichung unserer Welt und des Lebens" und postuliert zugleich, dass diese Entwicklungen folgenreich seien, weil dadurch „ein neuartiges Verhältnis von Mensch und Welt" (1965: 439) entstehe. Und er erläutert diese These mit Hilfe einer langen Liste von Suggestivfragen, die sich auf Folgeprobleme der Modernisierung beziehen, z.B.:

„Was bedeutet es, daß diese technische Macht, mit der der Mensch sich selbst und seine Umwelt ständig umarbeitet und verwandelt, bis zu einem Maße gediehen ist, das ihm erlaubt, sich als Art und seine Welt in einem Akt restlos zu zerstören?" (441)

Er verweist aber nicht nur auf die Gefahr der Selbstzerstörung der Menschheit, sondern auch auf weniger dramatische Entwicklungen, die sich im Alltag abspielen, wenn beispielsweise die Jugendlichen „heute die Nachrichten über Fußballergebnisse als Sensation ansehen, nicht aber das Fußballspiel, an dem sie selbst teilnehmen" (441f.). Der Prozess der Technisierung manifestiert sich für ihn also auch in der technisch vermittelten Kommunikation, die zunehmend die unmittelbare Kommunikation ersetzt:

„Was bedeutet es, daß die Kinder die Welt der Erwachsenen heute weniger aus deren Erzählungen und Lehren, schon gar nicht vom Zusehen und Mitmachen, sondern vor allem aus dem Lautsprecher oder vom Fernsehschirm her kennenlernen?" (442)

Man ersetze in diesem Zitat „Fernseher" durch „Computer" und staune über die ungebrochene Aktualität der Schelsky'schen Thesen. Auch die gegenwärtige Kritik an neuer Technik beklagt oftmals den Verlust der Ursprünglichkeit bzw. des Authentischen, wenn beispielsweise das integrierte Konzept-Album der Langspielplatte der 1970er Jahre (charakteristisch etwa bei Pink Floyd) den fragmentierten MP3-Downloads der Gegenwart gegenübergestellt wird (vgl. Reents 2005, Dickopf 2004). Auch hier zeigt sich die von Schelsky diagnostizierte Ambivalenz der Technisierung, die neben der Steigerung der Leistungsfähigkeit immer auch einen Verlust des Ursprünglichen mit sich bringt.

Schelsky zufolge handelt es sich bei dieser Verwissenschaftlichung der Welt um einen allgemeinen Trend, der sich in der Entwicklung von Produktionstechniken, aber auch von Sozial- und Humantechniken niederschlägt (442, vgl. 444). Er betrachtet diese Tendenzen einer zunehmenden Technisierung auch von Bereichen, die bislang „dem technischen Zugriff entzogen waren" (444) – nämlich der Natur und des sozialen Lebens –, daher als Indiz für den Anbruch eines *neuen Zeitalters*, in dem mit Hilfe von Sozial- und Psychotechniken selbst die technische Manipulation des Menschen möglich werde. Schelsky verwendet hier also einen weiten Technikbegriff (vgl. Kap. 2.3).

Schelsky geht jedoch über diesen Topos der Technikkritik hinaus, indem er als eigentliches Novum des neuen, technischen Zeitalters das analytisch-synthetische Prinzip begreift, das zu scheinbar grenzenloser Wirksamkeit gelangt. Er definiert als Technik die „analytische Zerlegung des Gegenstandes oder der Handlung" in unnatürliche Elemente und deren „Synthese nach dem Prinzip der höchsten Wirksamkeit" (445). Dabei grenzt er sich deutlich von Gehlens Theorie des Organersatzes ab und postuliert vielmehr die *Kon-*

struktion künstlicher Welten durch (vom Menschen betriebene) Prozesse der Technisierung:

> „Diese technische Welt ist in ihrem Wesen Konstruktion, und zwar die des Menschen selbst." (446)

Sehr pointiert beschreibt Schelsky daher den Menschen als – gottgleichen – Schöpfer der Welt:

> „Gott schuf Erde, Wasser, Bäume, Tiere, also die Natur, aber der Mensch schuf Eisenbahnen und Asphaltstraßen, Flugzeuge und Rundfunk, Sputniks und Parteiorganisationen …" (446)

Und unter Rückgriff auf Marx'sche Gedanken der Entäußerung und Vergegenständlichung behauptet Schelsky schließlich, dass

> „in der technischen Zivilisation … der Mensch sich selbst als wissenschaftliche Erfindung und technische Arbeit gegenüber(tritt). Damit ist aber in der Tat ein neues Verhältnis des Menschen zur Welt und zu sich selbst gesetzt, das sich mit der technischen Zivilisation über die Erde verbreitet." (446)

Schritt 2: Der technische Sachzwang

An diesem Punkt „kippt" nun die Argumentation: Hat Schelsky seine Leser bislang in eine neue Welt geführt, die trotz allen Unbehagens über einzelne Auswüchse doch als das Produkt bzw. Konstrukt menschlichen Handelns erscheint, so wird diese technische Welt im Folgenden immer stärker zum „Agens", das den Menschen beherrscht. Das vermeintliche Reich der Freiheit wird – quasi unter der Hand – zu einem Reich des Zwangs und der Unterwerfung.

Der Wendepunkt im Text ist die Behauptung, dass mit der technischen Produktion der neuen Gesellschaft und des neuen Menschen „Sachgesetzlichkeiten" entstünden, die, obwohl der Mensch sie „selbst in die Welt gesetzt hat", ihm nun als „soziale, als seelische Forderung" entgegenträten, welche nur eine technische, d.h. von der Sache her vorgeplante Lösung zuließe (449). Folgende Formel bringt diesen Gedanken treffend auf den Punkt:

> „Der Mensch löst sich vom Naturzwang ab, um sich seinem eigenen Produktionszwang wiederum zu unterwerfen." (449)

Was Marx als Entfremdung des Arbeiters beschrieb und was moderne Choice-Constraint-Ansätze als Wechselspiel von Handlung und Struktur beschreiben (vgl. Kap. 2.1), spitzt Schelsky hier also auf eine Dominanz der Techno-Strukturen zu. Zwar erkennt er den dialektischen Zusammenhang zwischen Schöpfer und Geschöpf an, wenn er betont, dass die Technik „ihrem Wesen nach der sich entäußernde Mensch selbst ist" (450). Aber spätestens ab der folgenden Textpassage bezieht Schelsky eine deutliche Position, in der der technische Sachzwang gegenüber der menschlichen Gestaltungsfreiheit dominiert:

„Der Mensch ist den Zwängen unterworfen, die er selbst als seine Welt und sein Wesen produziert ..." (450)

Der von Schelsky postulierte Zusammenhang, dass Technik sich zunehmend verselbständigt und die Entscheidungsspielräume sich damit verringern, kann kaum bestritten werden. Ein schönes Beispiel ist die Uhr, die im 19. Jahrhundert die Zeitordnung synchronisierte und eine beispiellose Disziplinierung der Arbeiter ermöglichte; auch die E-Mail, die binnen kürzester Zeit den Sachzwang des täglichen Lesens (und Beantwortens) der Geschäftspost etabliert hat, illustriert diese Entwicklung anschaulich. Und betrachtet man die moderne Pränataldiagnostik, so ist es mittlerweile regelrecht zum Sachzwang geworden, dass werdende Eltern die verfügbaren technischen Verfahren anwenden (Bogner 2005b). Heinrich Popitz (1995) hat daher, ähnlich wie Schelsky, diagnostiziert, dass der Mensch in immer stärkerem Maß durch seine eigenen Schöpfungen fremdbestimmt wird (vgl. Kap. 5.1). Und dennoch überzeichnet Schelsky seine Thesen in einer Weise, die typisch ist für konservatives Denken, weil sie das Gefühl einer Ohnmacht des Menschen erzeugt und zugleich den Wunsch nach einer einfachen Lösung für eine scheinbar ausweglose Situation aufkommen lässt.[18]

Schritt 3: Die technokratische Herrschaft

Durch geschickte und fast unmerkliche Verschiebung der Argumente war Schelsky von der These der „Konstruktion künstlicher Welten" zunächst zur These des technischen Sachzwangs gelangt. Nunmehr „dreht" Schelsky seine Argumentation noch einmal ein Stück weiter und kommt zu den politischen Schlussfolgerungen, die sich aus seiner spezifischen Gegenwartsdiagnose ergeben. Er diagnostiziert eine Erosion der politischen Staatsform der Demokratie, da „an die Stelle der politischen Normen und Gesetze ... Sachgesetzlichkeiten der wissenschaftlich-technischen Zivilisation treten" (453), über die nicht politisch entschieden werden könne. Auf diese Weise, so Schelsky weiter, werde der Staat immer mehr „technischer Staat" (453). Er verweist dabei auf die Ausdehnung der Staatsaufgaben, die in den 1960er Jahren auch in nicht-sozialistischen Ländern einsetzte, z.B. in Form der Einrichtung staatlicher Großforschungseinrichtungen für die Atomforschung, in Form des staatlichen Rundfunkmonopols, aber auch in Form der „verstaatlichten Erziehung" (454). Mit der „Verschmelzung von Staat und moderner Technik" habe sich daher das „Wesen des Staates grundsätzlich verändert" (454).

---

18 In ähnlicher Weise finden sich derartige Denkfiguren in Hans Freyers „Revolution von rechts" (1931).

Auch diese Tendenzen mag man kaum leugnen; es überrascht vielmehr der Weitblick, mit dem Schelsky diese Entwicklungen bereits Anfang der 1960er Jahre diagnostizierte. Dennoch bleibt auch hier ein Unbehagen, dass Schelsky die Dinge überzeichnete, um sie dann in einer spezifischen Weise zuspitzen zu können, nämlich in Form der Technokratie-These, also der Behauptung, dass die Demokratie überflüssig und durch eine Herrschaft der Experten abgelöst werde. Denn diese Schlussfolgerung ergibt sich keineswegs zwingend aus der Diagnose des technischen Staates.

Schelsky beschreibt das Modell der Technokratie folgendermaßen:

> „Die moderne Technik bedarf keiner Legitimität; mit ihr ‚herrscht' man, weil sie funktioniert und solange sie optimal funktioniert. Sie bedarf auch keiner anderen Entscheidungen als der nach technischen Prinzipien …" (456)

Das sind plakative Setzungen, aber keine Argumente, die beispielsweise die (Gegen-)These widerlegen könnten, dass man über die Entwicklung und den Einsatz von Technik politisch entscheiden könnte, wie dies beispielsweise im Fall der Atomtechnik, aber auch der Gentechnik geschehen ist.

Schelsky hingegen propagiert hier eine Entpolitisierung der Politik, die sich an den „Sachgesetzlichkeiten" (457) orientieren müsse, sodass keine politischen Entscheidungen mehr erforderlich seien, die sich auf eine demokratische Willensbildung stützen. Der Politiker wird zum Anwender von Technik – und somit in gewisser Weise überflüssig.

Auch hier spricht Schelsky Entwicklungen an, die kaum zu bestreiten sind, etwa dass die Spielräume politischer Entscheidungen oftmals durch Gutachten wissenschaftlicher Experten eingeengt werden. Aber von Sachgesetzlichkeit zu sprechen, ist eine weitere Überzeichnung, denn die technische Rationalität ist nicht das einzige Entscheidungskriterium, sondern bricht sich an ethischen Maßstäben, dem Wissen um Folgeprobleme, den Interessenpositionen der Mitspieler etc. Im Gegensatz zu Schelsky würde man also heute eher von Entscheidungsprozessen sprechen, die sich in einem Spannungsfeld von technischer und sozialer Logik abspielen.

Schritt 4: Die Antiquiertheit der Demokratie und der Ideologien

Schelsky benötigt aber die Übertreibung, um sein nächstes Argument zu platzieren. Denn nun wendet er die Technokratie-These *normativ* gegen die Demokratie. Was bislang eine (deskriptiv-analytische) Tatsachenbehauptung war, wird unter der Hand zu einer (normativen) Handlungsaufforderung. Denn nunmehr diagnostiziert er eine „Kluft" zwischen dem „technischen Staat" und dem – offenbar doch noch existierenden – „Staat der Interessengruppen" und spielt die „sachlich-technische" gegen die „politische Lösung" aus (458). Die Ablösung der Demokratie durch die Technokratie ergibt sich also nicht durch eine Art Automatismus, sondern muss offenbar kämpferisch durchgesetzt werden (vgl. wiederum Freyer 1931). Denn, so Schelskys Argument, der Staat, der den Weltanschauungen folgt und nicht den Sachgesetzlichkeiten, gehe zugrunde (1965: 458). Damit akzeptiert Schelsky jedoch implizit Wahlmöglichkeiten zwischen zwei Regierungs-formen, was eigentlich gegen eine Dominanz der Sachzwänge sprechen müsste.

Schelsky hingegen legt sich unzweideutig fest, dass der „,technische Staat' …, ohne antidemokratisch zu sein, der Demokratie ihre Substanz" entziehe (459). Seiner Auffassung zufolge könnten „technisch-wissenschaftliche Entscheidungen … keiner demokratischen Willensbildung unterliegen", da sie „auf diese Weise nur uneffektiv" würden (ebd.). Dies kann ebenfalls als ein impliziter Hinweis auf eine Konkurrenz der beiden Herrschafts-Modelle verstanden werden, aber auch als deutliches Indiz, wo Schelsky sich poli-tisch verortet.[19] Er misstraut der Urteilsfähigkeit des Staatsbürgers, der durch Überinformation und Meinungsmanipulation längst entpolitisiert sei (ebd.), vor allem aber den Weltanschauungen und alten Ideologien, die ei-nen Fremdkörper im Konzept der Technokratie darstellten. Denn das Weiterbestehen von Parteien und normativen Programmen widerspricht der Schelsky'schen Projektion einer quasi naturwüchsigen Durchsetzung der technokratischen Herrschaft. Er wendet daher den Kunstgriff an, den neuen „technischen Staat … im alten Gehäuse" (460) entstehen zu lassen; d.h. der technische Staat ignoriert die alten Ideologien und marschiert an ihnen vor-bei in seine Zukunft – auch wenn dies einen Widerspruch zwischen der wissenschaftlichen Zivilisation und der rückwärts gewandten „metaphysi-schen Erinnerung des Menschen" (468) produziert. Auf diese Weise kann Schelsky seine Theorie geschickt mit der – gar nicht passenden – Wirklich-keit versöhnen.

Schritt 5: Dauerreflexion als Konsequenz

Schelskys Schlussfolgerungen bestehen im Wesentlichen aus der Diagnose, dass der Mensch angesichts der neuen Situation Halt braucht, den er in ei-ner rückwärts gewandten Sehnsucht zu finden glaubt (468). Schelsky stellt dieser Tendenz wie auch der Flucht in Heilslehren eine andere Form der Sinnstiftung entgegen, die „metaphysische Dauerreflexion" (471), also die intellektuelle Befassung mit den Grundfragen der wissenschaftlichen Zivili-sation. Damit deutet er zugleich die Idee der Institutionalisierung einer der-artigen Reflexionswissenschaft an, die dann später an der Universität Biele-feld umgesetzt wurde. Die Abhandlung kann also auch als ein Plädoyer für den Aufbau einer Wissenschafts- und Techniksoziologie in Deutschland ge-

---

19 Wenn dann noch das „Volk" zum „Objekt der Staatstechniken" wird (459), so weckt dies düstere Assoziationen. Zur politischen Verortung Schelskys siehe u.a. Weyer 1984a, 1986.

lesen werden, die auf dem Umweg über die Drohkulisse der technokratischen Herrschaft ein persönliches Anliegen Schelskys transportierte.

Diese überraschende Wende am Schluss des Textes hinterlässt jedoch auch Zweifel, denn wenn eine Dauerreflexion über Prozesse der Technisierung möglich ist (und ggf. sogar Folgen für Politik und Gesellschaft hat), so spricht dies im Prinzip gegen eine technische Logik, die sich sachzwangartig durchsetzt. Man kann diesen Schluss daher als eine indirekte Selbstwiderlegung der Schelsky'schen Thesen begreifen.

Fazit und Kritik

Schelskys Text reflektiert die Verwissenschaftlichung und Technisierung der Gesellschaft, die in den 1960er Jahren an Tempo gewann und letztlich zur modernen Wissensgesellschaft geführt hat. Er nimmt Bezug auf die Bedrohung durch Technik, aber auch auf die gewachsene Abhängigkeit von Technik, die in umfassender Weise alle Bereiche des Lebens prägt. Anders als Peter Weingart (1983), der 20 Jahre später eine Verwissenschaftlichung der Politik *und* eine komplementäre Politisierung der Wissenschaft diagnostiziert, interpretiert Schelsky den Prozess der Verwissenschaftlichung eindimensional als Auflösungsprozess gesellschaftlicher Strukturen, beispielsweise als Delegitimierung traditioneller Formen der politischen Willensbildung.

Neu – und dies findet man in ähnlicher Weise auch bei Horkheimer/Adorno (vgl. Kap. 3.3) – ist die Medienkritik, die sich zur Kritik der Maschinentechnik hinzu gesellt. Schelskys Zeitdiagnose ist in vielen Punkten erstaunlich aktuell; aber letztlich bleibt er in einer Position verfangen, die überzogen wissenschaftsgläubig ist und daher den technischen Sachzwang einseitig überbetont. Die Wechselwirkungen zwischen technischen und sozialen Prozessen bleiben auf diese Weise unterbelichtet. Niemand wird die Existenz technischer Sachzwänge leugnen wollen; aber die technische Logik bricht sich immer wieder an einer sozialen und politischen Logik, d.h. sie setzt sich nicht eindimensional und unvermittelt durch.

Ein anschauliches Beispiel für die Verwissenschaftlichung lebensweltlicher Praktiken ist die Geburtenkontrolle. Noch vor 50 Jahren war die Schwangerschaft ein Schicksal, und die Definition der Werte und Normen, welche die Zeugung von Leben umgaben, lag größtenteils in der Kompetenz der Kirchen. Heute ist die planmäßige Erzeugung von Nachwuchs, gestützt auf wissenschaftliche Expertise, fast schon Normalität, und alte Autoritäten und Gewissheiten spielen kaum noch eine Rolle. Allerdings ist die Wissenschaft der Pränataldiagnostik nicht in der Lage, endgültige Gewissheiten zu produzieren (vgl. Bogner 2005b); alle Informationen, die werdende Eltern auf diese Weise erhalten, basieren auf Wahrscheinlichkeitsberechnungen. Niemand kann mit Sicherheit prognostizieren, ob beispielsweise eine Krankheit, für die eine genetische Disposition beim Fötus festgestellt wurde, bei diesem Individuum tatsächlich ausbricht, vor allem aber, mit welcher Wahrscheinlichkeit dies der Fall sein und wann dies eintreten wird (vgl. Wehling 2005, Wieser 2006). Wissenschaftliche Forschung produziert keine eindeutigen Antworten, sondern generiert mit jedem Erkenntnisfortschritt stets auch neue Unsicherheiten sowie – bedingt durch die Verschiebung der Grenze zwischen dem Wissen und dem Nicht-Wissen – stets auch neues Nicht-Wissen (Bogner 2005a, Weyer 2005a).

Die *Verwissenschaftlichung der Lebenswelt* hat also trotz allen Erkenntnisfortschritts an dem Dilemma nichts ändern können, dass beispielsweise über Grundfragen des Lebens und des Todes in einer Weise entschieden werden muss (und zwar auf der gesellschaftlichen wie auf der individuellen Ebene), die sich an politischen oder moralischen Normen bzw. an ethischen Werten orientiert. In gewisser Weise ist das Gegenteil der von Schelsky prognostizierten Entwicklung eingetreten: Da die Experten nicht in der Lage sind, eindeutige Antworten zu liefern, erweist es sich als unmöglich, Entscheidungen über ethische und politische Fragen allein auf Basis wissenschaftlicher Expertise zu fällen. Dies führt nicht nur zu einer Repolitisierung der Wissenschaft; es impliziert zugleich, dass die Politik auch im technischen Staat unentbehrlich ist, weil die Technik an sich den Kurs der gesellschaftlichen Entwicklung nicht eindeutig vorherbestimmt, sondern sich stets Alternativen eröffnen, über die politisch entschieden werden muss (vgl. dazu auch Kap. 7.8-7.9 und 11.3-11.4).

Diese Entwicklungen hat Schelsky nicht gesehen bzw. noch nicht sehen können (bzw. wollen); er vertrat vielmehr eine durchweg optimistische Position, die vollständig auf die Segnungen der modernen Wissenschaft und Technik vertraute.

Epilog: Zur Logik des konservativen Denkens

Es ist lohnenswert, abschließend noch einmal einen Blick auf die Argumentationsstruktur und -strategie der Schelsky'schen Abhandlung zu werfen, denn sie enthüllt einige Merkmale des konservativen Denkens und verdeutlicht, wie es seine Anziehungskraft entfaltet.

Schelskys Ausgangspunkt, mit dem er seine Leser (ein-)fängt, sind bekannte empirische Phänomene, die er in suggestiver Sprache kritisch beleuchtet. Dabei knüpft er an verbreiteten Wahrnehmungs- und Deutungsmustern sowie an latenten Unzufriedenheiten an. Er hantiert geschickt mit dem theoretischen Erbe (von Marx über Weber bis Gehlen) und greift zudem Argumentationsfiguren der intellektuellen (bzw. politischen) Gegner auf, wendet diese dann aber gegen sie (etwa im Fall des Marx'schen Theorems der Entäußerung).

Ist dieser Punkt erreicht, so werden ganz unmerklich die Dinge auf den Kopf gestellt, wobei suggestive Formeln an die Stelle überzeugender Argumente treten: Das technische Produkt wird unter der Hand zum Agens, das zunehmend zur eigenständigen Macht wird – und damit zu einer Wirklichkeit sui generis. Der eigentliche „Trick" besteht nun aber darin, dass die Konfrontation des Modells mit der empirischen Wirklichkeit (die sich diesem Modell nicht fügen mag) nicht zu einer Infragestellung des Modells, sondern zu einer Degradierung des Faktischen führt. Hier operiert das rechtsintellektuelle Denken gerne mit pauschalen Unterstellungen gegen die „Ideologen", denen vorgehalten wird, dass sie eine Fiktion (z.B. die der Klassengesellschaft) inszenieren, um ihre eigenen Interessen zu wahren. So spricht Schelsky beispielsweise von einer „Kluft zwischen Wirklichkeit und Selbsteinschätzung" (1953: 229) und behauptet, dass die Klassenkonflikte von den Ideologen künstlich inszeniert würden (1977: 232, 244). Der „Trick" funktioniert stets so, dass die realen (Macht-)Verhältnisse als Fiktion der Ideologen entlarvt und gegen eine tiefer liegende Wirklichkeit ausgespielt werden, die nur der Sozialphilosoph erkennen kann. Dies alles ist zwar sehr suggestiv und vermittelt eine „Totaldeutung" (Degele 2002: 31) von Gesellschaft, die zweifellos intellektuell stimulierend ist, der es jedoch an empirischer Konkretisierung mangelt.

3.3 Max Horkheimer/Theodor W. Adorno: Dialektik der Aufklärung

Um die „linke" Technikkritik richtig zu verstehen, ist ein kurzer Blick auf das „Manifest" dieser Denkrichtung nötig, die „Dialektik der Aufklärung" – eine Schrift, die Max Horkheimer (1894-1973) und Theodor W. Adorno (1903-1969), die Gründer der „Frankfurter Schule", 1944 im US-amerikanischen Exil verfasst hatten.[20] Diese Schrift ist kein wissenschaftlicher Text im engeren Sinne, sondern eher eine Aphorismen-Sammlung. Seine Bedeutung ergibt sich jedoch aus der radikalen Kritik der instrumentellen Vernunft, d.h. des Denkens, das sich für jeglichen Zweck zur Verfügung stellt (Horkheimer/Adorno 1977: 21). Damit zielten die beiden Autoren auf Perversionen des Denkens, wie sie sich in den Menschenexperimenten, die der Nazi-Arzt Robert Mengele in Konzentrationslagern durchführte, aber auch im Einsatz der Atombombe gegen die Zivilbevölkerung manifestierten – wobei festzuhalten ist, dass die „Dialektik der Aufklärung" diese Entwicklungen regelrecht antizipiert hat, denn der Text wurde verfasst, bevor die Öffentlichkeit Kenntnis von Mengele bzw. von der Atombombe erhielt.

Horkheimer und Adorno unterbreiten eine düstere, pessimistische Analyse; sie beschreiben eine Welt, die in Barbarei und Chaos versinkt. Und sie füh-

---

20 Zur Geschichte der Frankfurter Schule siehe u.a. Jay 1976, Weyer 1984b, Wiggershaus 1986, Dubiel 1992, Mikl-Horke 1992.

ren diese Entwicklungen auf den Geist der Aufklärung zurück, der – so ihre Diagnose – in totalitären Gesellschaften erst zur vollen Entfaltung gekommen sei und damit seine destruktive Seite unter Beweis gestellt habe: „Die Aufklärung verhält sich zu den Dingen wie der Diktator zu den Menschen." (12) Als totalitär bezeichnen sie überraschenderweise die Gesellschaften sowohl der USA als auch Deutschlands, da hier gleichermaßen eine Manipulation der Bevölkerung durch Massenmedien und Massenkonsum stattfinde (4) – ein neuer Aspekt in der Technikkritik, der auf die Nutzung der Massenmedien als Propaganda-Instrument durch das Nazi-Regime, aber auch auf zuvor unbekannte Formen der Befriedung der US-amerikanischen Bevölkerung durch massenhaft verfügbare Konsumartikel Bezug nimmt.

Horkheimer/Adorno geißeln die Inhumanität einer entfesselten Moderne, bieten aber in ihren Arbeiten über diese – von der Studentenbewegung später begierig aufgegriffene – Kritik an den herrschenden Verhältnissen hinaus wenig konkrete Perspektiven an. Ihre Arbeit enthält zudem wenig detaillierte Analysen der Gesellschaft der Gegenwart, was sicherlich auch darin begründet ist, dass ihr Denken von einem Misstrauen gegenüber den Tatsachen geprägt ist, weil diese ja bereits „gesellschaftlich präformiert" (Horkheimer 1988: 174) seien und einen Teil des „gesellschaftlichen Verblendungszusammenhangs" (Horkheimer/Adorno 1977: 40) darstellten.

Zum Thema „Technik" findet man in ihren Arbeiten kaum Hinweise, wohl aber zur modernen Wissenschaft, der sie vorhalten, dass sie auf die Beherrschung der Natur und des Menschen ausgerichtet sei, was in zugespitzter Form auf eine Konditionierung und Manipulation des Menschen hinauslaufe und damit per se die Tendenz der Inhumanität beinhalte (12, 36).

Die Arbeiten von Horkheimer und Adorno, insbesondere die „Dialektik der Aufklärung", hatten eine enorme Wirkung auf die deutsche, aber auch die US-amerikanische Intelligenz. Obwohl die beiden Vordenker eine gewisse Distanz zur Studentenbewegung hatten, waren sie doch deren intellektuelle Kronzeugen; und sie prägten das Denken einer ganzen Generation von Wissenschaftlern, die aus der „Frankfurter Schule" hervorgingen – von Jürgen Habermas über Claus Offe bis hin zu Günter Ropohl und Ulrich Beck.

3.4 Jürgen Habermas: Kritik der technokratischen Zweckrationalität

Der prominenteste Vertreter der zweiten Generation der kritischen Theorie ist Jürgen Habermas (*1929), der mit seiner kommunikations- und sprachtheoretischen Wende jedoch einen Paradigmenwechsel innerhalb der „Frankfurter Schule" vollzog. Habermas ist einer der wichtigsten Denker der Gegenwart; die Frankfurter Allgemeine Zeitung bezeichnete ihn als den „in Frankreich einflussreichsten deutschen Philosophen seit Marx, Nietzsche und Heidegger"; er spiele dort die Rolle, die Jean-Paul Sartre früher in

(West-)Deutschland spielte, nämlich die des „öffentlichen Gewissens der politischen Kultur" (FAZ 23.01.03: 35).

Habermas mischt sich immer wieder mit fundierten Stellungnahmen in aktuelle Debatten ein, z.B. in die Debatte über den EU-Beitritt der Türkei. Auch mit seiner prononcierten Stellungnahme zur Gentechnik und Gendiagnostik von 2001 beweist er, in welchem Maße das Denken in Kategorien der „Frankfurter Schule" dazu verhilft, Position in aktuellen politischen Debatten zu beziehen. So kritisiert er die „Technisierung der menschlichen Natur, die ein verändertes gattungsethisches Selbstverständnis provoziert – eines, das mit dem normativen Selbstverständnis selbstbestimmt lebender und verantwortlich handelnder Personen nicht mehr in Einklang gebracht werden kann" (2002: 76). Er fordert daher den Schutz des selbstbestimmten Subjekts vor einer technisch-instrumentellen Zurichtung des Körpers wie auch die Einbettung der Praktiken der (Gen-)Forschung in einen normativen gesellschaftlichen Diskurs (63).

Der Paradigmenwechsel, den Habermas mit dem Modell des „kommunikativen Handelns" vollzogen hat, ist nur vor dem Hintergrund zu verstehen, dass die Gründer der „Frankfurter Schule" einen zentralen Punkt im Unklaren gelassen hatten, und zwar die Frage,

- ob die auf den Ideen der Aufklärung basierende Moderne das *Übel an sich* sei, also Form und Inhalt in eins fallen (was zugleich impliziert, dass moderne Technik immer ein Instrument der kapitalistischen Herrschaft ist), oder

- ob die Moderne und mit ihr die Idee der Aufklärung durch den Kapitalismus nur *deformiert* sei, was eine Trennung von Form und Inhalt bedeutet (und zugleich impliziert, dass Technik unterschiedlichen Zwecken dienen kann).

Herbert Marcuse – ein weiterer wichtiger Vertreter der zweiten Generation – knüpft in seiner Technikkritik an die erste Position an; er propagiert eine radikale Negation des Bestehenden und eine ebenso radikale Abkehr von der Moderne, wie sie sich in der Wissenschaft, der Wirtschaft, dem Recht etc. der kapitalistischen Gesellschaft manifestiert. Damit geht dann die Forderung nach einer völlig neuen, alternativen Wissenschaft und Technik einher.

Jürgen Habermas ist – in dezidierter Frontstellung gegen Marcuse – einen anderen Weg gegangen, indem er an die zweite Position anknüpfte. Sein Anliegen war es stets, gesellschafts-transzendierende Perspektiven zu finden, die die Moderne nicht grundsätzlich verwerfen, sondern nach dem Urgrund zu suchen, der sich hinter der kapitalistisch deformierten Gesellschaft befindet und somit den Ausgangspunkt für eine befreite Gesellschaft bieten könnte. Für Habermas ist die Moderne nicht grundsätzlich substituierbar; Alternativen liegen nicht *jenseits* dieser Gesellschaft, sondern *in ihr* verborgen, und zwar in den Kommunikationsstrukturen der Gesellschaft. Ein derartiger Ansatz, wie Habermas ihn vertritt, macht also eine konkrete, detaillierte Analyse der Gegenwarts-Gesellschaft erforderlich; und er benötigt ein positives Gegenmodell, das Habermas mit seinem Konzept des „kommunikativen Handelns" gefunden hat.

Die Grundzüge des Modells sind in einem Aufsatz „Technik und Wissenschaft als Ideologie" aus dem Jahr 1968 enthalten, der eine der zentralen Arbeiten von Habermas darstellt. Die zweibändige „Theorie des kommunikativen Handelns" von 1981 vertieft diese Konzeption wesentlich und bettet sie stärker als zuvor in die Sprechakt-Theorie ein. Habermas' Leistung besteht darin, die Idee eines verständigungsorientierten Diskurses entwickelt zu haben, die insofern folgenreich war, als sie die theoretische Basis für verständigungs- und konsensorientierte Modelle bildet, die nicht nur von der politischen Theorie aufgegriffen wurden, sondern auch in vielen praktischen Verfahren des Konfliktmanagements angewandt wurden („Runde Tische", dialogorientierte Verfahren bei Technikkonflikten, internationales Konfliktmanagement etc.; vgl. Kap. 11.3).

Habermas' Analyse von Technik ist stets in (breiter angelegte) gesellschaftstheoretische Überlegungen eingebettet. Dabei lassen sich zwei Bezugspunkte identifizieren: a) die Modernisierungstheorie, die Habermas zu einer historischen Herleitung der gegenwärtigen Gesellschaftsform sowie ihres Umgangs mit Technik führt, und b) eine Handlungstypologie, die eher kategorial-typologisch angelegt ist, um auf diese Weise das Spezifikum der kapitalistischen Moderne – aber auch die über sie hinausweisenden Perspektiven – zu identifizieren.

Handlungstypologie

Habermas knüpft in seinen Überlegungen zu einer Typologie sozialen Handelns an die bekannte Typologie von Max Weber an, der traditionales, affektuelles, wertrationales und zweckrationales Handeln voneinander unterschieden hatte. Habermas geht über Weber insofern hinaus, als er seinen Begriff des zweckrationalen Handelns[21] über eine Abgrenzung von Arbeit (zweckrationales Handeln) und Interaktion (kommunikatives Handeln) gewinnt und dann innerhalb der Kategorie des zweckrationalen Handelns eine weitere Unterscheidung, nämlich zwischen dem technisch-instrumentellen und dem strategischen Handeln einfügt. In einer grafischen Übersicht gelangt man daher zu folgendem Bild:

---

21 Das zweckrationale Handeln orientiert sich, Weber zufolge (1985: 13), an Zwecken (Zielen) und wägt den Einsatz der Mittel zur Erreichung dieser Ziele rational ab.

Tab. 3: Handlungstypen nach Habermas

Handlungssituation	Handlungsorientierung	
	erfolgsorientiert (Arbeit)	verständigungsorientiert (Interaktion)
nicht-sozial	instrumentelles Handeln	--- *(adaptives Verhalten?)* *
sozial	strategisches Handeln	kommunikatives Handeln

Quelle: Habermas 1981a: 384 (* modifiziert, J.W.)

Zweckrationales Handeln, so Habermas, „verwirklicht definierte Ziele unter gegebenen Bedingungen" (Habermas 1968: 62), allerdings auf zwei sehr unterschiedliche Weisen:

(1) Das *instrumentelle Handeln* orientiert sich an „technischen Regeln, die auf empirischem Wissen beruhen". Das Einschlagen eines Nagels mit einem Hammer (vgl. Kap. 2.3) ist ein typisches Beispiel für ein Handeln, das ohne ein gewisses Vorwissen sowie die Fähigkeit, die eintretenden Ereignisse treffend zu prognostizieren, nicht zum Erfolg gelangt. Wenn das Gewicht des Hammers oder die Härte des Holzes falsch eingeschätzt wird, die Prognosen also fehlerhaft sind, oder wenn die Mittel „unangemessen" sind (Spielzeughammer), ist das instrumentelle Handeln zum Scheitern verurteilt. Dieser Handlungstypus findet sich somit überwiegend im nicht-sozialen Bereich, wenngleich auch soziale Situationen denkbar sind, in denen eine mechanische Beeinflussung stattfindet (z.B. in Form der Verkehrsampel, die das Verhalten der Verkehrsteilnehmer steuert). Die zentrale Frage ist immer, ob die „Mittel ... angemessen oder unangemessen sind nach Kriterien einer wirksamen Kontrolle der Wirklichkeit" (alle Zitate: Habermas 1968: 62).

(2) Das *strategische Handeln* ist ebenfalls erfolgsorientiert (und somit ein Subtypus des zweckrationalen Handelns), aber es gibt hier keine eindeutigen und unzweifelhaften Wahrheiten. Denn beim strategischen Handeln kommt es auf die „korrekte Bewertung möglicher Verhaltensalternativen" an, was nur möglich ist, wenn man über „analytisches Wissen" (z.B. bezüglich der Präferenzen anderer Akteure) verfügt und auf dieser Grundlage eine Entscheidung für eine der denkbaren Alternativen fällen kann. Strategisches Handeln ist monadisch, d.h. mit einem singulären Akteur denkbar; so kann man z.B. darüber nachdenken, ob es eine kluge Strategie ist, eine kurze Wegstrecke mit dem Auto zurückzulegen statt mit dem Fahrrad. Beides ist möglich – immer vorausgesetzt der technisch-instrumentelle Teil des Handlungsvollzugs funktioniert reibungslos. Aber die Bewertung der Handlung hängt vom Erfolgskriterium (schnell ankommen oder die Umwelt schonen) ab, also letztlich vom zu Grunde liegenden Wertsystem. Haber-

mas spricht daher auch von „rationaler Wahl", was impliziert, dass es stets mehrere plausible Möglichkeiten gibt, die aus den Präferenzen und Wertsystemen „entweder korrekt oder falsch abgeleitet" sein können (alle Zitate: Habermas 1968: 62).

Aber erst im sozialen Raum gewinnt der Begriff des strategischen Handelns seine tiefere Bedeutung. Denn hier kommt es auf die Bewertung nicht nur der eigenen Verhaltensoptionen, sondern auch auf die Antizipation der Verhaltensweise potenzieller Interaktionspartner an (die ja ihrerseits individuelle Präferenzen sowie sich daraus ergebende Handlungsalternativen besitzen).[22] Ob es eine kluge Strategie für einen Professor ist, den Herausgeber einer soziologischen Fachzeitschrift mit einem ansehnlichen Geldbetrag dazu zu bewegen, einen mittelmäßigen Artikel zu publizieren, mag dahingestellt sein; aber das Beispiel zeigt, worauf es ankommt, nämlich auf ein Kalkül, das die erfolgreiche Durchsetzung der eigenen Ziele von der möglichst präzisen Einschätzung der Resonanz abhängig macht, die das eigene Handeln bei anderen Akteuren auslöst. Und natürlich von den möglichen Folgewirkungen derartigen Handelns.

Niklas Luhmann hat für diesen Zusammenhang später den Begriff der „Erwartungserwartung" (1984: 413) geprägt, also die Fähigkeit, (a) abschätzen zu können, was der andere von mir erwartet, und (b) das eigene Handeln entsprechend darauf einzustellen. Auch die Interaktions- und Netzwerkforschung operiert mit dem Begriff der Reziprozität, also der Annahme, dass man in sozialen Interaktionszusammenhängen nur dann etwas erreicht, wenn auch die anderen Beteiligten von der Kooperation profitieren (vgl. Weyer 2000). Dieses Verständnis strategischer Interaktion geht allerdings über die Definition hinaus, die sich in Habermas' Frühwerk findet.

Den beiden Subtypen des zweckrationalen Handelns stellt Habermas nun einen gänzlich anderen Typus, den des kommunikativen Handelns, gegenüber und schafft damit ein Begriffspaar, das konstitutiv für sein Denken ist.

(3) Unter den Begriff des *kommunikativen Handelns* fasst Habermas die „symbolisch vermittelte Interaktion", die sich „nach obligatorisch geltenden Normen (richtet), die reziproke Verhaltenserwartungen definieren und von mindestens zwei handelnden Subjekten verstanden und anerkannt werden müssen" (62). Die beiden Schlüsselbegriffe, die diesen Handlungstypus eindeutig vom Typ 2 abgrenzen, sind „Normen" und „anerkannt". Kommunikatives Handeln, so Habermas, spielt sich stets in einem normativen Rahmen ab, d.h. einem allgemeingültig anerkannten System von Werten

---

22 An diesem Punkt weiche ich ein wenig von Habermas' Begrifflichkeiten ab, auch um sie dem heute gängigen Sprachgebrauch innerhalb der Soziologie anzupassen: Unter Interaktion verstehe ich sowohl (a) die strategische Interaktion, die im Prinzip einseitig sein kann und nicht notwendigerweise eine Komponente der Verständigung beinhalten muss, als auch (b) die kommunikative Interaktion, die wechselseitig angelegt ist und explizit auf Verständigung zielt.

und Regeln, das alle Interaktionspartner bindet, sobald sie die daraus abgeleiteten Verhaltensvorschriften (Normen) akzeptieren – und damit auch bereit sind, sich im Falle der Normverletzung den dann greifenden Sanktionen zu unterwerfen.

Das strategische Handeln (Typ 2) kann sich rein theoretisch in einem normfreien Raum abspielen (was faktisch nie der Fall sein wird); maßgeblich sind jedoch in erster Linie die eigenen Präferenzen und Werte und die daraus abgeleiteten Kalküle. Wenn ich jemanden umbringen will und dazu das Messer statt der Pistole verwende, so ist dies ein – normverletzendes – strategisches Handeln. (Die eigentliche Tatausführung ist allerdings wiederum ein Fall instrumentellen Handelns.) Zudem bin ich nicht auf die Zustimmung des „Partners" angewiesen und erst recht nicht auf eine wie auch immer geartete Reziprozität.

Kommunikatives Handeln ist also eindeutig ein interaktiver Prozess, den man sich *nur* im sozialen Raum vorstellen kann.[23] Kommunikatives Handeln basiert auf der wechselseitigen Anerkennung der Subjekte als gleichberechtigte Interaktionspartner sowie auf der Unterstellung, dass (a) eine intersubjektive Verständigung über die Geltung gesellschaftlicher Normen möglich ist und (b) auf Basis dieser geteilten Normen ein Konsens zu erzielen ist (vgl. 63). Dies mag angesichts der Machtunterschiede in der Gesellschaft utopisch und illusionär klingen; aber Habermas insistiert darauf dass es jenseits der Differenzen, die der Welt des zweckrationalen Handel s zuzurechnen sind, einen gemeinsamen „Urgrund" gibt, in dem sich a e Gesellschaftsmitglieder wiederfinden können und auf dessen Basis si herrschaftsfrei miteinander kommunizieren können: Dies ist für ihn di „umgangssprachliche Kommunikation" (63) oder auch die „herrsch tsfreie Diskussion" (98).

Man mag es für naiv halten zu glauben, dass sich beispielsweise ' rtreter mächtiger Industriekonzerne und betroffene Bürger auf einer geme samen Plattform des herrschaftsfreien Diskurses treffen und gemeinsam l sungen aushandeln, die auf der Unterstellung basieren, dass jeder Betei gte das gleiche Mitspracherecht hat. Und doch zeigen viele der M iations-Verfahren, die in den letzten Jahrzehnten durchgeführt worden ad, z.B. zur Freisetzung gentechnisch veränderter Organismen (für einen i erblick siehe Ammon/Behrens 1998), dass ein Konsens und damit eine A flösung

---

23 Eine Möglichkeit, die Leerstelle im oberen rechten Quadranten der Tab. 3 zu füllen, bestünde darin, die Interaktion mit intelligenten Maschinen als Form des verständigungsorientierten Handelns im nicht-sozialen Raum zu interpretieren (vgl. Weyer 2008b). Hier könnte man ggf. den Typus des adaptiven Verhaltens ergänzen, denn der Mensch wird in einer derartigen Interaktionssituation zu einem Verhalten genötigt, das primär auf Anpassung ausgerichtet ist (vgl. dazu Kap. 10). Interessanterweise findet sich der Begriff des „adaptiven Verhaltens" im Sinne einer Ablösung kommunikativen Handelns durch „konditionierte Verhaltensweisen" bereits bei Habermas (1968: 83).

von Innovationsblockaden nur dann zu erreichen ist, wenn man sich wechselseitig als gleichberechtigter Partner anerkennt (vgl. u.a. Feindt et al. 1996).

Habermas hat sich vor allem in seiner „Theorie des kommunikativen Handelns" (1981) darum bemüht, das theoretische Fundament seines Modells nachzubessern; dabei zeigt er im Detail, wie kommunikative Verständigung funktioniert, nämlich über die Annahme von Sprechaktangeboten und der in ihnen enthaltenen Geltungsansprüche (1981a: 386f., 1981b: 184). Doch diese Arbeiten führen zu weit aus der Techniksoziologie hinaus, als dass sie hier im Detail dargestellt werden können (vgl. Treibel 1993: 153ff.).

Tab. 4: System und Lebenswelt

	System		Lebenswelt (institutioneller Rahmen)
Handlungs-typus	zweckrationales Handeln		kommunikatives Handeln
Medium	kontextfreie Sprache (später: symbolisch generalisierte Kommunikationsmedien)		gemeinsame Alltagssprache
Ziel	Erfolg		Verständigung (und Stabilisierung der Institutionen)
Orientierung an	technischen Regeln (instrumentelles Handeln)	Strategien (strategisches Handeln)	Normen
Erfolg	empirische Überprüfung		Intersubjektivität der Verständigung
Folgen von Regelverletzung	Scheitern an Realität		Sanktionen
Integrations-typus	Systemintegration		Sozialintegration
sozialstrukturelle Verortung	Technokraten		Studentenbewegung (später: Runde Tische)

Quelle: Habermas 1968: 64 (modifiziert und ergänzt)

System und Lebenswelt (Teil 1)

Die Gegenüberstellung von zweckrationalem und kommunikativem Handeln erlaubt es Habermas nunmehr, die gesellschaftlichen Systeme danach zu unterscheiden, welcher „der beiden Handlungstypen ... in ihnen ... überwiegt". Dabei trennt er den „institutionellen Rahmen einer Gesellschaft", in dem die „sprachlich vermittelte Interaktion" dominiert, von den „Sub-Systemen" wie dem Wirtschaftssystem oder dem Staatsapparat, in denen das zweckrationale Handeln vorherrscht (alle Zitate: Habermas 1968: 63). Die „sozio-kulturelle Lebenswelt" – ein Begriff, den Habermas quasi synonym für den „institutionellen Rahmen" verwendet – bildet dabei den Kontext, in den die Sub-Systeme „eingebettet" sind (65). Trotz der analytischen Trennung besteht also ein systematischer Zusammenhang zwischen diesen beiden sehr unterschiedlichen Sphären der Gesellschaft. Um diesen Zusammenhang zu verstehen, ist ein kurzer Exkurs in die Modernisierungstheorie erforderlich.

Exkurs: Modernisierungstheorie

Habermas entwirft ein Szenario der sozio-kulturellen Entwicklung der modernen Gesellschaft, das aus vier Stadien besteht (vgl. 92f.) und die historische Genese der gesellschaftlichen Sub-Systeme erklären soll:

- In der *Frühgeschichte* der Menschheit habe es kaum zweckrationales Handeln gegeben (92).
- Erst in den Hochkulturen der *Vormoderne* habe sich eine „Differenzierung von Arbeit und Interaktion" (93) entwickelt; allerdings sei der institutionelle Rahmen der Gesellschaft durch diese Entwicklungen nicht in Frage gestellt worden (67).
- Dies sei erst mit dem Übergang zur *Moderne* geschehen, den Habermas ähnlich wie Weber als einen Rationalisierungsprozess beschreibt, der mit einer Säkularisierung der Welt sowie einer Entzauberung und Delegitimierung tradierter Autoritäten einherging, durch die auch der institutionelle Rahmen unter Druck geraten sei. Viele traditionale Bereiche (Arbeit, Verkehr, Kommunikationsnetzwerke, Finanzverwaltung, Familie etc.) seien dabei einem „Modernisierungszwang" und somit sukzessive „der instrumentalen oder der strategischen Rationalität unterworfen" worden. Dies verlange in zunehmendem Maße von jedem Einzelnen, „jederzeit von einem Interaktionszusammenhang auf zweckrationales Handeln ,umschalten' zu können" (71).[24]
- Eine neue Qualität habe sich erst mit der Phase des *Spätkapitalismus* ergeben, der sich u.a. durch die zunehmende „Verwissenschaftlichung der Technik" (79) und deren Entwicklung zur eigenständigen Quelle von Mehrwert auszeichne, was Habermas zufolge im Widerspruch zur Marxschen Theorie stehe und daher ein neues Herrschaftsmodell erfordere. Habermas verweist auf den „quasi-autonomen Fortschritt von Wissenschaft und Technik" (80) und beruft sich dezidiert auf Schelskys Tech-

---

24 Die ist ein weiterer Hinweis, dass es sich hier nicht um völlig getrennte Sphären, sondern um unterschiedliche gesellschaftliche Bereiche handelt, zwischen denen man hin- und herschalten kann.

nokratie-These – allerdings in kritischer Intention (81). All diese Tendenzen trügen, so Habermas, zu „einer schleichenden Erosion" (83) des institutionellen Rahmens bei, also einer Verdrängung des politischen Staates durch die Technokratie, der Lebenswelt durch die Systeme, der normativen Verhaltenskontrolle durch technisch konditioniertes und reizgesteuertes Verhalten usw.

Dies alles klingt ein wenig nach Verschwörungstheorie, denn Habermas lässt offen, wer die Technokraten sind und wie sie ihre Herrschaft ausüben (74, 91). Offenbar sind geheimnisvolle Mächte am Werk, die über weitreichende Fähigkeiten verfügen, die Dinge zu inszenieren und zu manipulieren (85, 100).[25] Später spricht Habermas – wiederum abstrakt und soziologisch amorph – von der „strukturellen Gewalt" (1981b: 278, vgl. 293), die sich in Form der systematischen Einschränkung von Kommunikation bemerkbar mache, welche durch die Herrschaft der Systemimperative möglich werde. Ähnlich wie bei Schelsky spricht dies für eine Position, die stark von der Idee einer Eigenlogik bzw. Eigendynamik der technischen Herrschaft geprägt ist (vgl. Degele 2002: 32f.).

Mit seinen historischen Analysen hat Habermas also die Verwissenschaftlichung und Technisierung der modernen Welt als einen der wesentlichen Treiber einer Entwicklung gekennzeichnet, die nicht nur eine Entpolitisierung und Entdemokratisierung der Gesellschaft zur Folge hat, sondern auch tendenziell zu einer Auflösung der „Sphäre sprachlich vermittelter Interaktion" (84), also der Lebenswelt, führt.

System und Lebenswelt (Teil 2)

System und Lebenswelt stehen bei Habermas in einem spannungsreichen Verhältnis, was auch damit zusammenhängt, dass Habermas den Begriff „Lebenswelt" sehr schillernd und vieldeutig benutzt:

(1) Die Lebenswelt ist für ihn erstens die Umgangssprache, also das allen Gesellschaftsmitgliedern zur Verfügung stehende Sprachspiel, das nicht den Zwängen des zweckrationalen Handelns unterworfen ist (91).

(2) Zweitens wird die „Lebenswelt" synonym mit „institutionellem Rahmen" verwendet, also im Sinne einer normativen Basis, die einen Vorrat an Deutungsmustern, aber auch ein Reservoir an Selbstverständlichkeiten für den alltäglichen Umgang miteinander darstellt, das allen Gesellschaftsmitgliedern gleichermaßen zur Verfügung steht.

(3) Drittens ist die Lebenswelt eine Art Integral, aus dem sich – historisch – die Subsysteme ausdifferenziert haben, in das sie aber weiterhin – struktu-

---

25 Bereits bei Horkheimer/Adorno (1977) blieben die „Herrschenden" soziologisch merkwürdig unbestimmt.

rell – eingebettet sind. In gewisser Weise versucht Habermas auf diese Weise, ein Problem zu vermeiden, mit dem die soziologische Systemtheorie stets zu kämpfen hat, dass es nämlich nichts gibt, was die ausdifferenzierten Teilsysteme zusammenhält (vgl. Kap. 4.3). Die Systemtheorie Niklas Luhmanns hat hier eine deutliche Leerstelle, die Habermas mit dem Konzept der Lebenswelt füllt.

(4) Viertens schließlich ist die Lebenswelt – trotz der steten Bedrängnis durch die ausufernden Sub-Systeme – eine Art Gegenentwurf zu den herrschenden Verhältnissen, das ein Reservoir für die Kritik des technokratischen Staates bildet, und zwar in Form des herrschaftsfreien Diskurses (91, 98).

Ebenso schillernd wie die Definition von Lebenswelt bleibt der Zusammenhang zwischen Lebenswelt und System. Habermas selbst spricht von einem „Paradox", dass nämlich „die rationalisierte Lebenswelt ... die Entstehung und das Wachstum der Subsysteme (ermöglicht), deren verselbständigte Imperative auf sie selbst destruktiv zurückschlagen" (1981b: 277), und argumentiert damit ähnlich wie Schelsky (vgl. Kap. 3.2). Nach meiner Lesart finden sich bei Habermas drei verschiedene Versionen:

- *Entkopplung* von System und Lebenswelt – Die Systeme verselbständigen sich im Laufe des Modernisierungsprozesses gegenüber ihrer Ursprungsbasis.

- *Kolonialisierung* der Lebenswelt[26] – Die Ausdehnung der Subsysteme zweckrationalen Handelns führt zu einer tendenziellen Verdrängung und Auflösung der Lebenswelt.

- *Rückkopplung* – Die Systeme bleiben auf ein lebensweltliches Fundament angewiesen, d.h. ohne die Lebenswelt ist keine Entfaltung bzw. Stabilisierung von Systemen möglich.

Damit drängt sich zugleich die Frage nach der Perspektive der gesellschaftlichen Entwicklung auf: Soll die kritische Theorie (und die ihr verbundene soziale Bewegung) die weitere Ausbreitung der Systeme verhindern und damit den Prozess der Modernisierung anhalten bzw. sogar rückgängig machen? Habermas scheint diese Perspektive eher abzulehnen. Oder soll sie – mit welchen Maßnahmen auch immer – zur Stärkung des verständigungsorientierten Teils der Gesellschaft beitragen, in dem kommunikatives Handeln praktiziert wird?

Diese Frage bleibt bei Habermas letztlich unbeantwortet; und es bleibt damit auch offen, ob das kommunikative Handeln mehr ist als eine abstrakte Utopie. Habermas selbst liefert wenige empirische Belege für dieses Hand-

---

26 Dieser Begriff taucht in „Technik und Wissenschaft als Ideologie" (1968) noch nicht auf, spielte aber in der Habermas-Rezeption eine wichtige Rolle (vgl. Dubiel 1992: 112ff.).

lungsmodell, die sich zudem allesamt auf archaische Gesellschaften bzw. auf den vormodernen, autoritären Staat beziehen, der als Identifikationspunkt für eine linksintellektuelle Bewegung wohl kaum in Frage kommt.

Zudem drängt sich immer wieder die Frage auf, ob das kommunikative und das strategische Handeln so strikt getrennt werden können, wie Habermas es getan hat. Wie man nicht erst aus den Forschungsarbeiten zur sozialen Einbettung von Märkten weiß (Granovetter 1985), enthält jeder Kauf, der durch einen Vertrag besiegelt wird, ebenfalls ein Element von Verständigung etwa derart, dass man bereit ist, den institutionalisierten Rechtsrahmen anzuerkennen und sich im Streitfall vor Gericht zu treffen.

Selbst bei Habermas findet sich ein deutlicher Hinweis, dass die beide Handlungstypen miteinander verschränkt und in gewisser Weise sogar aufeinander angewiesen sind. In der „Theorie des kommunikativen Handelns" heißt es:

„Konstitutiv für verständigungsorientiertes Handeln ist die Bedingung, daß die Beteiligten ihre Pläne in einer gemeinsam definierten Handlungssituation einvernehmlich durchführen. Sie suchen zwei Risiken zu vermeiden: das Risiko der fehlgeschlagenen Verständigung und das Risiko des fehlschlagenden Handlungsplanes, also des Mißerfolgs. Die Abwendung des ersten Risikos ist eine *notwendige Bedingung* für die Bewältigung des zweiten. Die Beteiligten können ihre Ziele nicht erreichen, wenn sie den für die Handlungsmöglichkeiten der Situation erforderlichen Verständigungsbedarf nicht decken können – jedenfalls können sie ihr Ziel dann nicht mehr auf dem Wege kommunikativen Handelns erreichen." (1981b: 194, Herv. J.W.)

Dieses Zitat spricht für die Vermutung, dass die (strategische) Zielerreichung und die (kommunikative) Verständigung in starkem Maße aufeinander bezogen sind, ja dass die Verständigung der Akteure kein Selbstzweck, sondern ein Mittel der Zielerreichung ist (vgl. auch Schimank 1992). Die Akteure, so muss man m.E. das Zitat lesen, suchen die Verständigung nicht um ihrer selbst willen, sondern aus eigennützigen Kalkülen; und sie müssen miteinander reden, weil sie allein durch die Verfolgung ihrer eigennützigen Pläne nicht zum Ziel gelangen. Dies spräche jedoch gegen den emphatischen Begriff einer intersubjektiven Verständigung, die frei von strategischen Kalkülen ist. Diesen Fall mag es in bestimmten Ausnahmesituationen geben, aber er wäre dann allenfalls ein Sonderfall und nicht eine tragende Säule eines gesellschaftstheoretischen Modells, das sich in den Traditionen der kritischen Theorie verortet.

Fazit und Kritik

Trotz dieser Einschränkungen bleibt festzuhalten, dass Habermas mit der Differenzierung von zweckrationalem und kommunikativem Handeln eine

Typologie entwickelt hat, die das moderne soziologische Denken geprägt hat. Auch wenn Habermas selbst keinen genuin soziologischen Technikbegriff entwickelt hat, so bietet seine Typologie doch einen Bezugspunkt für die Unterscheidung einer instrumentellen und einer diskursiven Dimension von Technik (vgl. Kap. 2.4). Allerdings muss offen bleiben, inwiefern es sich im Fall des zweckrationalen und des kommunikativen Handelns um distinkte Typen handelt; denn in realen Situationen vermischen sich die analytisch gewonnenen Kategorien immer wieder. Dies hat in ähnlicher Weise für den Zusammenhang von strategischem und instrumentellem Handeln, denn das strategische Handeln hat nur dann eine Erfolgschance, wenn auch der instrumentelle Teil des Handlungsvollzugs funktioniert.

Habermas' Typologie erlaubt es zudem, das soziale Handeln in einen normativen Rahmen zu stellen, von dem aus es bewertet und ggf. kritisiert werden kann; Habermas' Technikkritik ist also in einer umfassenden Sozial- und Gesellschaftstheorie verankert. Mit dem Konzept der Lebenswelt ist es ihm zudem gelungen, das Problem der Einheit der Gesellschaft zu lösen, für das die Systemtheorie (vgl. Kap. 4) keine befriedigende Lösung anbieten kann.

Allerdings bleibt bei Habermas ungeklärt, wie der konsensuelle Bezug auf eine gemeinsame Lebenswelt funktioniert, wenn man die ideale Welt der Sprechakte verlässt und sich in die (reale) Welt der gesellschaftlichen Interessenkonflikte begibt. Auf der Theorie-Ebene bleibt hier eine Lücke, die dennoch nicht verhindert hat, dass das Modell in der Praxis erfolgreich angewendet wird.

Kritisch ist zudem anzumerken, dass Habermas' Theoriegebäude sich auf einem sehr hohen Abstraktgrad bewegt. Bezüge auf empirische Fälle oder gar auf „echte" Akteure wird man bei ihm vergeblich suchen. Die von ihm analysierten Prozesse bleiben damit oftmals soziologisch amorph, seine Hinweise auf Hintergründe und Hintermänner meist vage und eher assoziativ; und das mahnende Beschwören fundamentaler gesellschaftlicher Transformationen ersetzt meist die akribische Detailanalyse. An diesem Punkt lassen sich gewisse Ähnlichkeiten mit den Gegenwartsdiagnosen Schelskys, aber auch mit den Theoriegebäuden Luhmanns feststellen.

4. Systemtheorie der Technik

Niklas Luhmann (1927-1998) war unbestritten der bedeutendste deutsche Soziologe der 1980er und 1990er Jahre, der die Theorielandschaft wie kein anderer geprägt hat. Mit Jürgen Habermas verband ihn, obwohl sie theoriepolitisch Antipoden waren, eine lebenslange Freundschaft. Anders als bei Habermas, der die Konzeption der funktional ausdifferenzierten Teilsysteme in sein Modell integriert hat, findet man bei Luhmann keine Anleihen etwa beim Habermas'schen Konzept der Lebenswelt. Was Luhmann zudem grundlegend von Habermas unterscheidet, ist das Fehlen einer politischen Perspektive jenseits der modernen Gesellschaft. Luhmann verstand sich vielmehr als Analytiker, der die Gesetzmäßigkeiten der Moderne dechiffriert, ohne damit dezidiert politische Ambitionen zu verfolgen. Allerdings hatten seine Analysen stets etwas Affirmatives, denn sie kamen meist zu dem Schluss, dass die Dinge so zu funktionieren haben, wie sie nun einmal (gemäß den Prämissen der Systemtheorie) funktionieren müssen, und dass jeglicher Versuch der Intervention, z.B. aus ökologischen Motiven, unsachgemäß sei, weil er gewaltsam versuche, den Prozess der Modernisierung aufzuhalten bzw. zurückzudrehen. Man tut Luhmann also kein Unrecht, wenn man ihn als einen konservativen Intellektuellen bezeichnet.

Luhmann hat ein umfangreiches, schwer überschaubares Œuvre hinterlassen; es gibt kaum ein Thema, zu dem er sich nicht geäußert hat, und kaum ein gesellschaftliches Teilsystem (Wirtschaft, Wissenschaft, Recht, Kunst, Erziehung), das er nicht mit einer voluminösen Monografie bedacht hat. Insofern überrascht seine Abstinenz in punkto „Systemtheorie der Technik"; hier finden sich nur wenige, verstreute Fragmente, die kein konsistentes Bild ergeben, sondern eher den Eindruck eines Flickenteppichs hinterlassen. Dennoch hat die Luhmann'sche Systemtheorie – als eine Form der Totaldeutung von Gesellschaft – einen großen Einfluss auch auf die Techniksoziologie gehabt (insbesondere in Fragen der politischen Steuerung von Technik). Insofern kommt man nicht umhin, sich mit der Systemtheorie zu befassen. Und dazu ist es zunächst nötig, einen kurzen Blick auf die Grundlagen des systemtheoretischen Denkens zu werfen.

4.1 Grundlagen

Luhmanns Anliegen, das er vor allem in den 1980er Jahren massiv verfocht, bestand darin, innerhalb der Soziologie eine systemtheoretische Wende herbeizuführen, sie also von antiquierten Vorstellungen der Einheit des gesellschaftlichen Ganzen und von organizistischen Modellen (Teil/

Ganzes) auf moderne Konzepte der Differenz von System und Umwelt um-
zustellen (1984: 21ff.). Dies beinhaltete eine gewisse Zumutung für seine
Leser, wie folgendes Zitat belegt:

> „Gegenstand der Soziologie ist dann nicht das Gesellschaftssystem, son-
> dern die Einheit der Differenz des Gesellschaftssystems und seiner Um-
> welt." (1986: 23)

Trotz dieser Zumutungen ist es das bleibende Verdienst Luhmanns, dass er
das Denken in den Kategorien von System und Umwelt, wie es sich beispielsweise in der modernen Biologie oder der Hirnforschung findet, in die
Soziologie transferiert und sie damit für andere Disziplinen anschlussfähig
gemacht hat. Mit dieser theoretischen Wende nahm Luhmann nicht nur Abschied von alten Denkgewohnheiten, sondern bettete die soziologische
Theorie sozialer Systeme zugleich in die allgemeine Systemtheorie ein, und
zwar wie folgt:

Abb. 5: Soziale Systeme

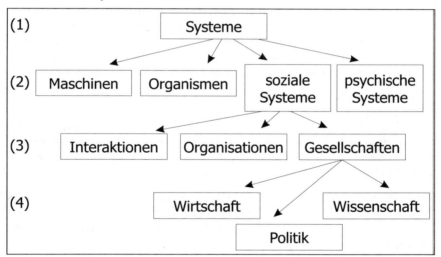

Quelle: Luhmann 1984: 16

Das Schaubild, das ich um die Ebene 4 ergänzt habe, verdeutlicht, dass
Luhmanns Systemtheorie im Grunde aus zwei Varianten besteht:

- einer *allgemeinen Theorie* sozialer Systeme (Ebene 2), die sich auf einer
  Ebene mit der Theorie der Maschinen, der Organismen und der psychi-
  schen Systeme befindet (oder in Disziplinen gesprochen: der Ingenieur-
  wissenschaft, der Biologie und der Psychologie) und die es erlaubt, sich
  – in einheitlicher Theoriesprache – mit den drei Formen sozialer Systeme, nämlich Interaktionen, Organisationen und Gesellschaften (Ebene
  3), zu befassen;

- einer *speziellen Theorie* moderner Gesellschaften (Ebene 3), die sich mit der Ausdifferenzierung der Gesellschaft in funktionale Teilsysteme (z.B. Wirtschaft, Wissenschaft, Politik) befasst (Ebene 4).

Luhmann selbst legt diese Interpretation einer Existenz zweier unterschiedlicher Versionen der Systemtheorie nahe, wenn er folgendes postuliert:

> „Es gibt deshalb zwei verschiedene Möglichkeiten, die Dekomposition eines Systems zu betrachten: Die eine zielt auf die Bildung von Teilsystemen ... im System. Die andere dekomponiert in Elemente und Relationen. Im einen Falle geht es um die Zimmer des Hauses, im anderen Falle um die Steine, Balken, Nägel usw." (1984: 41)

Luhmann präsentiert hier also zwei verschiedene Varianten des systemtheoretischen Denkens: einen *Differenzierungsansatz* (Teilsysteme im System) und ein *Emergenzmodell*, demzufolge durch Relationierung von Elementen (Steine etc.) etwas Neues entsteht, das über eigenständige Qualitäten verfügt (ein Haus ist mehr als die Summe der Steine). Mit dem Differenzierungsansatz rückt Luhmann in eine gefährliche Nähe zum „alten Denken" in Kategorien des Teil/Ganzes; dies wirkt nicht nur erstaunlich konventionell, sondern beinhaltet auch eine gehörige Portion Realismus in Form einer Referenz auf *real* existierende Systeme. Im Gegensatz dazu ist der Emergenzansatz radikal konstruktivistisch und damit theoriepolitisch innovativ.

Allerdings – dies als vorweg genommene Kritik an Luhmanns Ansatz – gibt es in seinem Werke kaum Verknüpfungen zwischen den beiden Ebenen bzw. Betrachtungsweisen. Die Entstehung des Wissenschaftssystems hat Luhmann (1981) beispielsweise historisch als Prozess der Ausdifferenzierung interpretiert, nicht aber als Prozess der Entstehung eines neuen Systems durch rekursive Relationierung von Elementen.

Im Folgenden werden daher die beiden Systemtheorien, die sich im Werk Niklas Luhmanns finden (und von ihm auch immer separat behandelt werden), nacheinander betrachtet, bevor dann in Kap. 4.4 das Thema „Technik" abgehandelt wird.

4.2 Theorie funktionaler Differenzierung

Das Luhmann'sche Modell der funktionalen Differenzierung knüpft zwar an die Arbeiten des US-amerikanischen Strukturfunktionalisten Talcott Parsons an, geht aber deutlich über ihn hinaus, wenn Luhmann als Spezifikum der gesellschaftlichen Teilsysteme die exklusive Verfügung über einen Kommunikations-Code behauptet:

> „Die wichtigsten Funktionssysteme strukturieren ihre Kommunikation durch einen binären, zweiwertigen Code, der unter dem Gesichtspunkt der jeweils spezifischen Funktion universelle Geltung beansprucht und dritte Möglichkeiten ausschließt ..." (1986: 75f.)

Konkret heißt dies beispielsweise für das Rechtssystem, dass es mit dem Code von Recht und Unrecht operiert, was zweierlei bedeutet, dass nämlich (a) dieser Code *nur im Rechtssystem* verwendet wird (Exklusivitätspostulat) und (b) das Rechtssystem *nur diesen Code* verwendet (Identitätspostulat – beides meine Formulierung, J.W.). Vor Gericht kommt es also – in dieser idealen Konstruktion eines gesellschaftlichen Teilsystems – nicht darauf an, ob man reich oder arm ist; denn Recht kann man nicht kaufen. Und wenn doch, dann ist dies – so Luhmann – keine Kommunikation innerhalb des Rechtssystems, sondern eine Zahlung, die per Definition dem Wirtschaftssystem zuzurechnen ist.

Tab. 5: Gesellschaftliche Teilsysteme

System	Medium	Code	Funktion (in der Gesellschaft)	Leistung (für die Gesellschaft)
Wissenschaft	Wahrheit	wahr/ unwahr	Erkenntnisgewinn	Technik
Politik	Macht	Regierung/ Opposition	Herstellung kollektiv verbindlicher Entscheidungen	Normen
Wirtschaft	Geld	Zahlen/ Nicht-Zahlen	optimale Ressourcenallokation	Güter/ Dienstleistungen

Die moderne Gesellschaft, die von stratifikatorischer (i.e. vertikal geschichteter) auf funktionale Differenzierung umgestellt hat, ist also in verschiedene, nicht-kommensurable Sphären eingeteilt, die nicht miteinander getauscht werden können. Die jeweiligen Systeme besitzen vielmehr eine Art Alleinvertretungsanspruch für die betreffenden Sphären, d.h. sie entscheiden autonom, welche Kommunikation zulässig ist und welche nicht. Diese hohe Autonomie der funktionalen Teilsysteme, die Luhmann – ähnlich wie Habermas, allerdings in unkritischer Weise – als ein Kennzeichen der Moderne betrachtet, ermöglicht eine enorme Leistungssteigerung; denn die Teilsysteme sind nunmehr in der Lage, die gesellschaftliche Komplexität zu reduzieren, indem sie sich auf eine Sorte (spezifisch codierter) Kommunikation spezialisieren. Konkret bedeutet dies etwa, dass der Wissenschaftler, der Forschung betreibt, sich ausschließlich auf Wahrheitsfragen konzentrieren und alle anderen Bezüge (Geld, Recht, Macht) ausblenden kann. Dies ermöglicht wiederum eine enorme Steigerung der Komplexität, weil die Forschung, die von externen Sinnbezügen befreit ist, wesentlich stärker in die Tiefe und ins Detail gehen kann.

Ein prototypisches Beispiel für diesen Prozess ist die Ausdifferenzierung und Autonomisierung der Wissenschaft im 17. Jahrhundert (vgl. Kap. 6.3), die dazu führte, dass zum einen über Fragen der Erkenntnis nur noch innerwissenschaftlich entschieden wurde (und nicht durch andere Instanzen wie König und Kirche) und zum anderen außerwissenschaftliche Zusammenhänge wie der Nutzen, die Risiken, die Kosten, aber auch die Folgen von Forschung im Prinzip ausgeblendet werden konnten. Man kann dies als eine Art Musterfall der funktionalen Differenzierung interpretieren, den Luhmann auf andere gesellschaftliche Sphären übertragen hat, wobei jedoch immer Zweifel blieben, ob dies in anderen Fällen ebenso stimmig gelungen ist.

Trotz der Autonomie, die konstitutiv für die gesellschaftlichen Teilsysteme ist, bleiben diese jedoch wechselseitig voneinander abhängig:

> „Gerade funktionale Differenzierung steigert Interdependenzen und damit eine Integration des Gesamtsystems, weil ja jedes Funktionssystem voraussetzen muss, dass andere Funktionen woanders erfüllt werden ... Operationsketten können daher blitzschnell vom Rechtscode zum politischen Code, vom Wissenschaftscode zum Wirtschaftscode umschalten usw." (1986: 86f.)

Dieses Zitat ist in doppelter Hinsicht interessant: Zum einen wegen der überraschenden Referenz auf ein Gesamtsystem, zum anderen wegen des Hinweises, dass gesellschaftliche Kommunikation offenbar beliebig zwischen verschiedenen Systemreferenzen hin- und herschalten kann. Das mag theoriebautechnisch sinnvoll sein, weil sonst zentrale Prämissen der Systemtheorie verletzt würden (dass nämlich im Wissenschaftssystem keine Zahlungen stattfinden dürfen); wie man sich das praktisch vorstellen soll, bleibt jedoch Luhmanns Geheimnis. Offenbar ist das Wirtschaftssystem also doch in irgendeiner Form im Wissenschaftssystem präsent, wie dies beispielsweise im Interpenetrationskonzept von Richard Münch (1984) der Fall ist; oder aber gesellschaftliche Kommunikation findet immer und überall zugleich statt – dies widerspräche jedoch den Prämissen der Theorie der funktionalen Differenzierung. Zudem bleibt offen, wie sich diese blitzschnelle Umcodierung von Kommunikation vollzieht, vor allem wenn man das obige Zitat mit folgender Aussage konfrontiert, die wiederum eine „harte" Abgrenzung der Systeme postuliert:

> „Aber diese Vorstellung (einer politischen Steuerung von Gesellschaft, J.W.) kollidiert hart mit dem Faktum funktionaler Differenzierung, das es ausschließt, dass Systeme wechselseitig füreinander einspringen." (Luhmann 1988: 325)

Hier weist Luhmann jeglichen Gedanken einer Vermengung der Systemreferenzen (z.B. durch politische Steuerung) kategorisch von sich; und derartige Aussagen über die Unmöglichkeit der Intervention in soziale Systeme gehören zu den Glaubenssätzen, die Luhmann stets gebetsmühlenartig wiederholt und mit denen er konkurrierende Theorien diskreditiert hat.

Eine derartige Konzeption hat Konsequenzen für die Frage der gesellschaftlichen Integration; auch in dieser Frage grenzt sich Luhmann von seinem Lehrer Parsons insofern ab, als er keine normative Integration von Gesellschaft unterstellt (1984: 149f.), wie es das AGIL-Schema tat, das für diese Integrationsaufgabe sogar ein eigenes gesellschaftliches Teilsystem vorgesehen hatte (vgl. Parsons 1972: 20, 1986: 50-53). Dadurch entsteht jedoch die oben bereits erwähnte Leerstelle an dem Punkt, an dem Habermas die „Lebenswelt" platziert (vgl. Kap. 3.4). Gesellschaft wird von Luhmann zwar stets als Einheit gedacht, ohne dass es ihm jedoch gelingt darzulegen, wie diese Einheit hergestellt und gesichert wird (vgl. auch Fuchs 1992). Die Behauptung, dass jede Kommunikation per se Gesellschaft sei, konnte dieses Defizit jedoch ebenso wenig ausgleichen wie Luhmanns Spätwerk mit dem Titel „Die Gesellschaft der Gesellschaft" (1997), das als integrierendes Werk gedacht war, diesem Anspruch jedoch nur bedingt genügt.

Obwohl Luhmann die Frage der Integration der Gesellschaft nicht positiv beantworten kann, macht er dennoch eine Aussage, mit der er sich ex negativo von anderen Konzepten abgrenzt. Die Gesellschaft operiere, so behauptet er, „ohne Spitze und ohne Zentrum" (1997: 803); trotz der Verflechtung der Teilsysteme untereinander könne keines von ihnen „eine gesellschaftliche Sonderposition, eine Art Führungsrolle" (1986: 174) beanspruchen, auch nicht das politische System, dem man diese Rolle typischerweise zuordnen würde. Denn auch dieses System „kann nicht außerhalb der eigenen Autopoiesis, außerhalb des eigenen Code oder ohne eigene Programme handeln" (ebd.).[27]

Denkt man diesen Gedanken weiter, dann gelangt man zur Idee einer „multizentrischen" Gesellschaft (1984: 284), in der das politische System strukturell gleichberechtigt mit anderen Teilsystemen ist. Ein derartiger Ansatz, der eine monopolartige Stellung eines Systems verneint und stattdessen von einer Vielzahl steuernder Instanzen ausgeht, die sich wechselseitig beeinflussen (vgl. Willke 1984, Weyer 1993a), bewahrt vor Trivialisierungen, z.B. in punkto politische Steuerung; er macht es zudem zu einer Herausforderung, die Prozesse der interaktiven Steuerung zu analysieren und in eine – über Luhmann hinausgehende – Theorie der Steuerung moderner Gesellschaften zu integrieren, wie es beispielsweise der Systemtheoretiker Helmut Willke (1989, 1995) getan hat. Denn es ist keineswegs ausgemacht, dass sich aus der Tatsache des Fehlens einer zentralen Steuerungsinstanz die generelle Unmöglichkeit der Steuerung von Systemen ergibt. Später im Kapitel zur Systemtheorie der Technik (4.4) werden wir uns mit den praktischen Implikationen des Luhmann'schen Modells der Steuerbarkeit sozialer Systeme näher beschäftigen.

---

27 Das Wort „handeln" mag Irritationen auslösen, denn es bildet in gewisser Weise einen Fremdkörper innerhalb einer Soziologie, die keine handelnden Einheiten, sondern nur Kommunikationen kennt.

4.3 Theorie autopoietischer Systeme

Kommunikation

Mit seiner Theorie der Selbsterhaltung (Autopoiesis) von Systemen setzt Luhmann einen deutlichen Akzent gegen Parsons, denn er stellt von Handlungen auf Kommunikationen als zentrale Elemente und zugleich Operationen des Systems um, wobei er unter Kommunikation den Dreiklang von Information, Mitteilung und Verstehen versteht (1984: 191ff.).[28]

> „Ein soziales System kommt zustande, wenn immer ein autopoietischer Kommunikationszusammenhang entsteht und sich durch Einschränkung der geeigneten Kommunikationen gegen eine Umwelt abgrenzt. Soziale Systeme bestehen demnach nicht aus Menschen, auch nicht aus Handlungen, sondern aus Kommunikationen." (1986: 269)

Diese Definition beinhaltet insofern eine Radikalisierung des Kommunikationsbegriffs, als Kommunikation subjektfrei konzipiert wird: Luhmann interessiert nur der Kommunikationsakt bzw. der Prozess des Kommunizierens, nicht jedoch die dahinter stehende Intention des kommunizierenden Subjekts, wie dies beispielsweise bei Hartmut Esser (1993) der Fall ist. Ähnlich wie Georg Simmel reduziert Luhmann Gesellschaft damit auf die elementaren Prozesse bzw. Wechselwirkungen.

Den Menschen aus Fleisch und Blut verbannt er in die Umwelt des Systems: Für die Stoffwechselvorgänge sei die Biologie, für die mentalen Prozesse die Psychologie und die Hirnforschung zuständig. All dies falle nicht in den Verantwortungsbereich der Soziologie, die sich damit auf das eigentlich Soziale, die Kommunikation in ihrer reinen Form, konzentrieren könne. Man gelangt damit konsequenterweise zu einer akteurfreien Soziologie – ein Ansatz, den Luhmann allerdings nicht konsequent durchhält, weil er immer wieder darauf angewiesen ist, sich in einer Sprache mitzuteilen, die Akteurbezüge enthält (z.B. „man kommuniziert"; vgl. die TAZ-Glosse von Dachs 1987). Zudem bemüht er immer wieder die Formel der „strukturellen Kopplung" von Bewusstsein und Kommunikation (1990: 38) – oder etwas salopper und gänzlich un-Luhmannisch: von Denken und Handeln – und nähert sich damit einem konventionellen Akteurbegriff. Denn das (im Gehirn verortete und daher außer-soziale) Bewusstsein besitzt keinen eigenen Umweltkontakt, sondern ist auf Kommunikation angewiesen, um Informationen aus seiner Umwelt zu erhalten.

Dieser Ansatz einer akteurfreien Soziologie ist – wie vieles bei Luhmann – gewöhnungsbedürftig und zwingt zu einer Umstellung der Denkgewohnheiten; das Luhmann'sche Gedankenexperiment erschließt sich somit nur,

---

28 Zu dieser Vermengung von Element und Operation siehe auch die Kritik von Krohn/ Küppers (1989).

wenn man sich auf seine Prämissen einlässt. Und diese beinhalten eine radikale Abkehr von einer subjektzentrierten Soziologie zugunsten einer Systemtheorie, in der sich alles um die Selbsterhaltung und Reproduktion von Systemen – und damit auch von sozialen Systemen – dreht.

Autopoiesis (Teil 1)

Statt von Akteuren und deren Intentionen auszugehen, rückt Luhmann in einer ungewohnten Radikalität die Frage nach dem Selbsterhalt (Autopoiesis) eines Systems in den Mittelpunkt, also der „Reproduktion der Einheiten des Systems" (1984: 61) durch das System selbst. Dabei rekurriert er auf ein Konzept, das die beiden Chilenen Humberto Maturana und Francesco Varela während ihres erzwungenen Exils in den 1980er Jahren in Europa populär gemacht hatten (vgl. Schmidt 1987). Anders als der Strukturfunktionalismus (Parsons), dessen zentrales Anliegen die Stabilität einer Gesellschaft war und der daraus die notwendigen Funktionen ableitete, die von den Teilsystemen (z.B. dem Polizeiapparat) zu erbringen waren, lenkten Luhmann und andere Vordenker des *radikalen Konstruktivismus* ihren Blick auf die Prozesse der (Selbst-)Stabilisierung von Systemen. Die Frage lautet nunmehr, wie Systeme die Prozesse selbst organisieren, die notwendig sind, um sich am Leben zu halten (d.h. die Fortsetzung der eigenen Operationen zu ermöglichen) – mit der logischen Konsequenz, dass ihnen der Systemtod droht, falls sie das nicht schaffen. Der Fokus liegt also auf Prozessen der Selbsterzeugung, der Selbsterhaltung und der Selbststeuerung.

Der zentrale Mechanismus, mittels dessen ein System seine Identität konstruiert und behauptet, ist demzufolge die *rekursive Schließung*, die zweierlei beinhaltet: Den Anschluss der systeminternen Operationen aneinander sowie die Abgrenzung des Systems gegenüber seiner Umwelt.

> „Wenn Operationen aneinander anschließen, entsteht ein System. Der Anschluss kann nur selektiv erfolgen, denn nicht alles passt zu jedem. Und er kann nur rekursiv erfolgen, indem die folgende Operation berücksichtigt und dann voraussetzt, was gewesen ist." (Luhmann 1990: 271)

Wie dies genau geschieht, darüber macht Luhmann keine Aussagen; denn es steht im freien Ermessen eines jeden Systems, einen beliebigen Kommunikationszusammenhang durch rekursive Schließung zu stabilisieren. Die Umwelt dieses Systems ist jedoch nicht statisch, sondern besteht ihrerseits aus autopoietischen Systemen, die ebenfalls ihren Selbsterhalt bewerkstelligen müssen. Daher gilt:

> „Jede Änderung eines Systems ist Änderung der Umwelt anderer Systeme ..." (1984: 243)

Somit entsteht das Bild einer bunten Vielfalt nicht nur von Systemen, sondern auch von Blickwinkeln auf dieses Geschehen:

„Umwelt ist ein systemrelativer Sachverhalt ... Daher ist die Umwelt eines jeden Systems eine verschiedene ... Die Umwelt enthält eine Vielzahl von mehr oder weniger komplexen Systemen, die sich mit dem System, für das sie Umwelt sind, in Verbindung setzen können. Denn für die Systeme in der Umwelt des Systems ist das System selbst Teil ihrer Umwelt ...“ (249)

Dies wirft allerdings wiederum das oben bereits diskutierte Problem der Synchronisierung der Systeme, aber auch das Problem der Integration der Gesellschaft auf.

Das Luhmann'sche Konzept der Autopoiesis dreht sich also zum einen um Prozesse der Selbsterzeugung von Systemen per spontaner Emergenz in Situationen doppelter Kontingenz (wechselseitiger Unbestimmtheit). Zum anderen geht es um die Frage der Steuerung bzw. Steuerbarkeit von Systemen (und damit um ein Thema, das die Techniksoziologie in hohem Maße betrifft). Radikaler als andere Theoretiker vertritt Luhmann die These, dass autopoietische Systeme insofern vollständig autonom sind, als sie ihre Elemente selbst erzeugen, ihre Einheit selbst herstellen und zudem sich selbst steuern – womit jeder Einfluss von außen ausgeschlossen ist.

„Im Unterschied zu älteren Vorstellungen, die von Autonomie nur mit Bezug auf die Ebene der Strukturbildung ... sprachen, wird damit (mit dem Begriff der autopoietischen Autonomie, J.W.) auch die Produktion der Elemente des Systems durch das Netzwerk der Elemente des Systems einbezogen.“ (1990: 291)

Exkurs: Theorien der Selbstorganisation

Um Luhmanns Ansatz einordnen zu können, muss man drei Ebenen von Autonomie innerhalb der Theorie der Selbstorganisation von Systemen unterscheiden – eines Denkansatzes, der ursprünglich aus den Naturwissenschaften stammt und auf unterschiedliche Weise in die Sozialwissenschaften Eingang gefunden hat.

(a) Das Konzept der *Selbstorganisation* im engeren Sinne (nämlich dem der Selbsterzeugung bzw. Selbstherstellung von Systemen) interessiert sich für die spontane Entstehung von Ordnung aus Chaos. Hier geht es um Prozesse der Muster- und Strukturbildung, wie sie auch in der unbelebten Natur, beispielsweise beim Wachstum von Eiskristallen, zu beobachten sind. Ein klassisches Beispiel ist der Laser, dessen Theorie Hermann Haken 1962 beschrieb und für die er später den Nobelpreis erhielt (vgl. Haken/Wunderlin 1986). Haken fand heraus, dass kohärentes Licht entsteht, weil die Atome ab einem bestimmten Energieniveau ihre Emissionen synchronisieren. Seine revolutionäre Entdeckung war, dass sie das selbsttätig und selbstorganisiert tun; d.h. die Strukturbildung innerhalb des Systems vollzieht sich unbeeinflusst von äußeren Eingriffen. Derartige selbstorganisierende Systeme sind jedoch nicht dauerhaft stabil. Sie sind nicht selbsterhaltend, sondern zerfallen oft nach kurzer Zeit (vgl. Hejl 1987: 306-309, Roth 1986: 152-158).

(b) Ein *selbsterhaltendes* System hingegen löst dieses Problem, indem es über eine zyklische Verknüpfung interner Prozesse eine dauerhafte Stabilität erzeugt. Hiermit betreten wir den Bereich der lebenden Systeme beziehungsweise der Organismen (wie etwa der Zelle), bei denen die Resultate eines Prozesses die Ausgangsbedingungen des nächsten, darauf folgenden Prozesses bilden. Selbsterhaltende Systeme sind also „Systeme, in denen selbstorganisierende Systeme sich selber in operational geschlossener Weise erzeugen" (Hejl 1987: 307); oder anders ausgedrückt: Systeme, die auf Grundlage interner Prozesse in der Lage sind, sich beständig zu reproduzieren.

Eine Zelle funktioniert beispielsweise nach einem internen Bauplan (dem genetischen Code), der den Rand zwischen System und Umwelt festlegt und somit zur Ausbildung einer unverwechselbaren Identität des Systems beiträgt. (Man denke beispielsweise an den Unterschied zwischen einer Haut- und einer Nervenzelle.) Diese autonomen Prozesse sind zwar auf eine Energiezufuhr angewiesen, nicht aber auf eine Informationszufuhr. Das System ist energetisch offen, aber operational geschlossen (Krohn et al. 1987: 446), d.h. die von außen zugeführte Energie steuert nicht die internen Prozesse.

In dieser Fähigkeit zur Selbsterhaltung unterscheiden sich Lebewesen beispielsweise von Maschinen, die sich nicht selbst herstellen und selbst erhalten können, sondern auf externe Inputs angewiesen sind. Ein selbsterhaltendes System hingegen konstituiert seine Einheit selbst, indem es einen Rand zwischen System und Umwelt bildet. Um dies leisten zu können, muss das System eine Art „Bewusstsein" seiner selbst besitzen, oder in der Sprache der Systemtheorie: es muss selbstreferenziell operieren.

(c) Selbsterhaltende Systeme sind also immer *selbstreferenziell*, aber nicht alle selbstreferenziellen Systeme sind auch selbsterhaltend. Leider besteht unter den konstruktivistischen Systemtheoretikern eine Art babylonischer Sprachverwirrung, denn manche nehmen eine scharfe Trennung der beiden Begriffe vor (Hejl 1987), andere hingegen verwenden sie nahezu synonym (Roth 1986). Selbstreferenzialität bedeutet vor allem, dass das System seine eigenen Zustände rekursiv beziehungsweise zirkulär miteinander verknüpft, was bedeutet, dass es selbstbestimmt operiert und nicht von außen beeinflusst beziehungsweise gesteuert werden kann (vgl. Kieser 2002: 296ff.). Selbstreferenzialität bedeutet somit, dass das System eine Systemidentität ausbildet, mit der es sich nicht nur gegenüber der Umwelt abgrenzt, sondern zugleich die Grundlage dafür legt, dass seine Lebensdauer die der einzelnen Komponenten übersteigt (vgl. Roth 1986: 156).

Wie bereits erwähnt, sind jedoch nicht alle selbstreferenziellen Systeme auch selbsterhaltend; dies gilt beispielsweise für das Gehirn, das seine internen Prozesse zwar hochgradig autonom steuert, seine Komponenten aber nicht selbst herstellt. Das Gehirn, das von der Neurophysiologie als ein neuronales Netz beschrieben wird, ist zugleich ein anschauliches Beispiel dafür, zu welchen Leistungen selbstreferenzielle Systeme in der Lage sind. Denn das Gehirn bildet die Wirklichkeit nicht ab, indem es Sinneseindrücke verarbeitet, sondern es konstruiert Wahrnehmung, indem es „an sich bedeutungsfreien neuronalen Prozessen" (Roth 1986: 170) Bedeutungen zuweist. Es konstruiert also Wirklichkeiten allein auf Basis seiner internen Zustände (Roth 1986: 168ff., Hejl 1987: 309ff.).

Bekanntermaßen steht bei einem Neugeborenen das Bild, das sich auf der Netzhaut abbildet, zunächst auf dem Kopf; erst nach etwa sechs Wochen wird es „umgedreht". Auch die „Verdrahtung" der Synapsen des Gehirns ist bei der Geburt noch nicht festgelegt; sie ergibt sich vielmehr durch vielfältige Einflüsse aus der Umwelt, aber auch die senso-motorischen Erfahrungen, die das Kleinkind macht. Die Vorstellungen, die wir uns von unserer Außenwelt machen, hängen vom internen Zustand unseres Gehirns ab; und die wiederum ist Resultat der eigenen Interaktionsgeschichte. Jeder von uns sieht die Farben anders, und die Verarbeitung bestimmter Wahrnehmungen als „Hören" oder „Sehen" ist das Resultat der „topologischen Struktur" (Hejl 1987: 310) des Gehirns und nicht die Widerspiegelung einer wie auch immer gegebenen objektiven Realität.

Man kann Illusionen erzeugen, z.B. durch Chemikalien oder Drogen, die keinerlei Entsprechung in der Wirklichkeit besitzen. Auch dies ist ein Beleg dafür, dass es keine direkte, kausale Beziehung zwischen Umwelt(-reizen) und den systeminternen Prozessen gibt.

Die schwierigste Frage, die ein radikal-konstruktivistischer Ansatz beantworten muss, besteht nunmehr darin, wieso derartige Konstrukte erfolgreich sein können, also wie es uns mit Hilfe unseres Gehirns gelingt, die Realität erfolgreich zu bewältigen (vgl. Hejl 1987: 309f.). Der Konstruktivismus dreht diese Frage in gewisser Weise um und fragt danach, wie es einem System gelingt, effektiv im Sinne seiner Selbsterhaltung zu operieren (312), und wie es der Evolution durch Steigerung der internen Komplexität gelungen ist, die systeminternen Möglichkeiten zur Erzeugung neuer Realitäten zu verbessern (313f.).

Autopoiesis (Teil 2)

Luhmann unterscheidet zwar explizit zwischen dem traditionellen Begriff der Selbstorganisation im Sinne von Strukturbildung und dem Begriff der

Autopoiesis im Sinne der selbstreferenziellen Fortsetzung der Operationen des Systems (1984: 60, Luhmann/Baecker 2004: 101, 108). Sein Konzept der Autopoiesis rekurriert jedoch oftmals auf Aspekte aller drei oben dargestellter Varianten von Selbstorganisation. Autopoiesis im Luhmann'schen Sinne meint in der Regel Selbstherstellung *und* Selbsterhaltung, aber immer auch Selbstreferenz.

Aus Sicht der soziologischen Theorie bleibt damit allerdings eine wichtige Frage ungeklärt, nämlich ob auch *soziale* Systeme im strengen Sinne selbsterhaltend sind; denn wenn das Individuum – und damit auch das Gehirn – aus dem sozialen System ausgeschlossen wird, bleibt offen, wie die Operationen (i.e. die Kommunikationen) zustande kommen, die den Selbsterhalt des Systems bewirken, es sei denn, man spricht Kommunikationen Eigenschaften zu, „die traditionellerweise kognitiven Systemen (,Gehirnen') vorbehalten werden" (Hejl 1987: 324). Wieder einmal treten die Probleme einer akteurfrei konzipierten Soziologie offen zu Tage.

Luhmann nutzt das Konzept der Autopoiesis vor allem, um auf den fragilen Charakter sozialer Systeme hinzuweisen; auch soziale Systeme seien nicht auf Dauer angelegt, sondern eher unbeständig. Das Grundproblem von Systemen liegt für Luhmann in der „Anschlussfähigkeit" (1984: 62) der systeminternen Operationen, durch die es die – eher unwahrscheinliche (und erklärungsbedürftige) – Fortexistenz des Systems sichert. Ein System, das diese Anschlussfähigkeit ermöglicht, kann sich reproduzieren; gelingt dies nicht, dann hört das System augenblicklich auf zu existieren. Es gibt ja keinerlei institutionelles Fundament, das unabhängig von den momentanen Operationen die Stabilität und Dauerhaftigkeit des Systems garantieren könnte. Ein System existiert immer nur im Moment seines Operierens – und nur so lange, wie die rekursive Schließung gelingt. Man kann hier deutliche Anleihen beim Modell der Zelle, aber auch bei dem des Gehirns erkennen.

Der prototypische Fall eines autopoietischen Systems ist, wie oben bereits erwähnt, das Wissenschaftssystem. In diesem Fall wird jedoch auch die Perspektivverengung deutlich, welche die systemtheoretische Betrachtungsweise mit sich bringt. Denn das Wissenschaftssystem ist nur solange ein operational geschlossenes System, wie man vom normativen Ideal der Gelehrtenrepublik ausgeht, die alle Prozesse intern (d.h. über den Wahrheitscode) reguliert, also nur wahrheitsfähige Kommunikation als dem System zugehörig markiert, und dabei künstliche Welten konstruiert. Zweifel sind jedoch angebracht, wenn man den Blick von der Systemebene zur Alltagspraxis der Forschung, also zur Handlungsebene, wendet (vgl. Krohn/Küppers 1989).

Hier zeigen sich gänzlich andere Muster wie beispielsweise das Buhlen um öffentliche Aufmerksamkeit, um Forschungsaufträge etc., die durch die systeminterne Logik eines operationell geschlossenen, autopoietisch operierenden sozialen Systems nicht hinreichend beschrieben werden. Anschlussfähig ist hier offenbar wesentlich mehr, als das System eigentlich erlauben dürfte.

Die Frage drängt sich auf, ob man nicht die *Handlungsebene* des Wissenschaftssystems von der institutionellen Ebene trennen müsste, denn zum einen reguliert die allgemeine normative Orientierung am Code keinesfalls die Alltagspraxis, und zum anderen verschwinden die Institutionen nicht augenblicklich mit dem Versiegen wissenschaftlicher Kommunikation, sondern besitzen ihr eigenes Momentum. Derartige Prozesse der *Institutionalisierung* liegen jedoch außerhalb des Blickfeldes der Systemtheorie, die Soziales eher von den Prozessen her denkt und Strukturen allenfalls als funktional ausdifferenzierte Teilsysteme kennt.

Operationale Geschlossenheit und Intersystembeziehungen

Zudem hat das Modell der operationalen Geschlossenheit und der Autopoiesis Konsequenzen für das Verständnis der Intersystembeziehungen. Luhmann hat das Parsons'sche Konzept der „Selbstgenügsamkeit" (Parsons 1972: 16) von Systemen derart radikalisiert, dass Austauschvorgänge, die bei Parsons noch eine wichtige Rolle spielten, nunmehr irrelevant erscheinen. Wie schon mehrfach angedeutet, zwingt dies zu analytischen Abstraktionen und wirklichkeitsfremden Konstrukten, die aus der Perspektive einer empirisch orientierten Sozialforschung problematisch erscheinen. Grenzüberschreitungen wie beispielsweise die Industrieforschung, verstanden als wissenschaftliche Tätigkeit im Rahmen von Strukturen, die auf Gewinnmaximierung ausgerichtet sind, kann ein derartiger Ansatz aus systematischen Gründen nicht in den Griff bekommen.

Luhmann geht das Thema der Intersystembeziehungen anders an: Ihm zufolge produzieren die Systeme ihre spezifischen System-Umwelt-Differenzen, weil sie – zum Zwecke ihres Selbsterhalts – ihre Grenzen selbst konstruieren (1984: 243, 249).[29] Folgende Textpassage macht anhand des Wissenschaftssystems noch einmal deutlich, wie dies genau funktioniert. Luhmann befasst sich zunächst mit der Finanzierung der Wissenschaft, ihrer politischen Reglementierung, den Karriere-Interessen der Forscher, der öffentlichen Meinung etc. und fügt dann hinzu:

„Das alles mag für den Erfolg der Wissenschaft ... wichtig sein, ändert aber nichts daran, dass die Wissenschaft, wenn sie als System operiert, autonom operiert; denn nirgendwo sonst kann mit der für Wissenschaft spezifischen Sicherheit ausgemacht werden, was wahr und was unwahr ist. Andere Funktionssysteme greifen in die Wissenschaft zwar ein, wenn

---

29 Dabei bleibt jedoch unklar, ob die Umwelt ein reines Systemkonstrukt ist oder ob die Systeme in der Umwelt des Systems eine ontologische Qualität besitzen, wie es die Formel nahelegt: „Die Umwelt *enthält* eine Vielzahl von ... Systemen ..." (1984: 249, Herv. J.W.).

sie in Erfüllung ihrer eigenen Funktionen operieren und ihren eigenen Codes folgen. Aber sie können ... nicht selbst festlegen, was wahr und was unwahr ist ..." (Luhmann 1990: 293)

Man kann hier den Dreh- und Angelpunkt der Luhmann'schen Systemdefinition erkennen, nämlich die Alleinzuständigkeit der Systeme für den Code, die jedoch rein axiomatisch („wenn") und nicht unter Verweis auf empirische Evidenzen behauptet wird. Wie das Zitat zudem zeigt, geht es in den Funktionssystemen offenbar recht munter zu; die Grenzen erscheinen hier eher durchlässig als hermetisch geschlossen (wobei offen bleibt, wie das „Eingreifen" genau funktioniert). Aber trotz derartiger Interferenzen gelangen die Fremdsysteme an das „Allerheiligste", den Code, nicht heran.

Dies ist das zentrale Axiom der Luhmann'schen Systemtheorie, die jedoch kaum Bezüge zur empirischen Realität besitzt, sondern sich als ein analytisch reines Konstrukt präsentiert, das wenig über die reale Welt der Wissenschaft aussagt. Und in gewisser Weise ist es sogar tautologisch zu behaupten, dass nur solche Kommunikationen anschlussfähig sind, die vom System als systemzugehörig erkannt werden. Denn damit wird das Problem faktisch wegdefiniert. Das System erscheint hier zudem als Schiedsrichter, als Wächter über den Wahrheits-Code, der – so muss man diesen Gedanken weiterdenken – darüber wacht, dass beim Prozess der Reproduktion nur „Elemente des Systems" und nicht „irgendetwas anderes" (1984: 63), also nicht quasi aus Versehen etwas Nicht-Systemkonformes geschaffen wird.

Konsequenterweise kann es daher auch keinerlei Steuerung von bzw. Intervention in Systeme geben (1988: 325); aber dieser Gedanke hat nunmehr etwas Triviales derart, dass einerseits Eingriffe von Fremdsystemen offenbar an der Tagesordnung sind (von der Systemtheorie aber nicht systematisch in das Theoriegebäude eingebaut werden) und andererseits die Autonomie sich ausschließlich auf Fragen des Codes bezieht. Das ist jedoch trivial, denn das Wissenschaftssystem konstituiert sich per Definition über seinen Code. Zu den soziologisch spannenden Fragen z.B. der Steuerung von Wissenschaft durch Politik und Wirtschaft, aber auch durch Ethik gelangt man auf diese Weise nicht. In welcher Weise beispielsweise politische Normen – verstanden als Leistungen des politischen Systems (vgl. Tab. 5) – Folgen in anderen Systemen zeitigen, kann die Systemtheorie offenkundig nicht klären.

Vermutlich hat Luhmann die Analogie zum genetischen Code überzogen; denn hier gilt (bzw. galt bis zu den Erfolgen der Gentechnik), dass in den Bauplan der Zelle von außen nicht eingegriffen werden kann, sondern das System sich auf Basis des Codes autonom reguliert – auch wenn es auf Energiezufuhr aus seiner Umwelt angewiesen ist.

Fazit

Bis hierhin ist der Ertrag der Systemtheorie für eine empirisch orientierte Techniksoziologie eher gering. Zu kritisieren ist vor allem die reduzierte Perspektive, die sich lediglich mit den abstrakten Funktionsprinzipien sozialer Systeme befasst, zur komplexen sozialen Wirklichkeit jedoch nicht vordringt (vgl. auch die Kritik von Mayntz 1987, siehe Kap. 11.6). Positiv ist hingegen hervorzuheben, dass die Systemtheorie zu analytischer Klarheit zwingt; sie bietet zudem einen Immunschutz vor leichtfertigen Thesen der Interdependenz (Steuerung etc.) und produziert schließlich das „Rätsel" (Kuhn 1976), derartige Mechanismen präziser zu beschreiben. Leider hat Luhmann sich an der Lösung dieses Problems jedoch nicht beteiligt.

Zu den Mysterien der Systemtheorie gehören ihre komplizierte Geheimsprache und die oftmals umständliche Reformulierung simpler Sachverhalte. Das Modell ist wenig intuitiv, und die Theorie verbietet vieles und nötigt dazu, Dinge anders zu denken, als man es normalerweise täte, wobei immer unklar bleibt, worin der Gewinn des neuen Denkens besteht. Schließlich gelangt man durch Selbstanwendung der Luhmann'schen Systemtheorie zu der kaum beantwortbaren Frage, ob sie wahr bzw. wahrheitsfähig (also im Popper'schen Sinne: falsifizierbar) ist und worin – gerade angesichts der enormen Zumutungen – ihre Anschlussfähigkeit innerhalb des Wissenschaftsdiskurses besteht.

Bis hierher haben wir uns mit den Grundlagen des systemtheoretischen Denkens befasst und bereits erste Zweifel formuliert, ob ein derartiger Ansatz für die Techniksoziologie fruchtbar gemacht werden kann. In den folgenden Kapiteln soll nun gezeigt werden, welche Resultate die Anwendung der Systemtheorie auf den Gegenstand Technik produziert.

4.4 Systemtheorie der Technik?

Niklas Luhmann wählt bei der Annäherung an den Gegenstand „Technik" eine völlig andere Herangehensweise als Schelsky oder Habermas, die frei von jeglicher Technikkritik ist. Überraschenderweise ist Technik für Luhmann kein gesellschaftliches Teilsystem,[30] sondern eine evolutionäre Errungenschaft der Gesellschaft, die auf eine schwer zu beschreibende Weise quer zu den sozialen Systemen steht (vgl. 1997: 526). Technik „gehört zur Umwelt" (Esposito 1993: 338) der Gesellschaft und ist damit ein außersoziales Phänomen, weil eben Gesellschaft all das (und auch nur das) ist, was kommunikativ erreichbar ist (Degele 2002: 142).

---

30 Die Entscheidung der Systemtheorie, bestimmte Ausschnitte der Gesellschaft als funktional ausdifferenzierte Teilsysteme zu betrachten, andere hingegen nicht, ist oftmals unbefriedigend und lässt sich mit den Mitteln der Theorie selbst auch nicht hinreichend begründen.

Diese definitorische Ausklammerung eines zentralen Bereichs moderner Gesellschaften hat einerseits innertheoretische Gründe, weil die Systemtheorie nicht nur menschliche Akteure, sondern auch die materielle Basis des Sozialen per Definition nicht zum Gegenstandsbereich der Soziologie rechnet (vgl. Kap. 4.3). Sie hat andererseits jedoch auch damit zu tun, dass sich Niklas Luhmann für Technik lange Zeit nicht interessiert hat.

Dies änderte sich schlagartig mit dem atomaren Super-GAU in Tschernobyl am 26. April 1986. Hatten die Systemtheoretiker zuvor jegliche Technikkritik mit dem süffisanten Verweis auf die autopoietische Geschlossenheit sozialer Systeme unterlaufen und alle Warnungen vor negativen Technikfolgen als „Angstkommunikation" (Luhmann 1986: 240, vgl. Beck 1988: 641) diskreditiert, so war nun kaum noch zu leugnen, dass gesellschaftliche Kommunikation über Technik stattfindet und die Technik somit kommunikativ anschlussfähig ist. Die Wirklichkeit mochte sich offenbar dem (systemtheoretischen) Modell nicht beugen; und so reagiert Luhmanns Buch „Ökologische Kommunikation" aus dem Jahr 1986 nicht nur mit der Wahl des Titels erstmals deutlich auf die Tatsache, dass gesellschaftliche Kommunikation auch außersoziale, nämlich ökologische Aspekte betreffen kann.

In dem Buch „Die Wissenschaft der Gesellschaft" (1990) findet sich dann erstmals ein längerer Abschnitt zum Thema „Technik" (252-267), nachdem Luhmann zuvor Fragen der Entwicklung von Wissenschaft und Technik eher aus der Perspektive der Wissenschaftssoziologie behandelt hatte (1981). Dem folgte dann in der „Soziologie des Risikos" (1991) eine intensive Auseinandersetzung mit den Risiken der modernen Technik, die allerdings überraschenderweise eine handlungs- und keine systemtheoretische Fundierung hat. Auch in dem Werk „Die Gesellschaft der Gesellschaft" (1997), das Luhmanns Lebenswerk abschließt, findet sich ein kurzes Kapitel „Technik" (517-536), das jedoch kaum an die vorherigen Ausführungen anschließt, zudem nur wenige weiterführende Ideen enthält und nicht nur Luhmann-Anhänger enttäuscht hat, die auf klärende Worte des großen Meisters in der mittlerweile intensiv geführten Debatte über Technik und deren Folgen gewartet hatten.

In den verstreuten Textfragmenten, in denen Luhmann sich mit dem Thema „Technik" befasst hat, finden sich recht unterschiedliche Herangehensweisen an den Gegenstand (vgl. auch Degele 2002: 143ff.), die im Folgenden ausführlicher betrachtet werden sollen.

Technikbegriff: Technik als funktionierende Simplifikation

Luhmann zufolge ist Technik „funktionierende Simplifikation im Medium der Kausalität" (1991: 97). Technik beinhaltet für ihn also zunächst den Aspekt der „Vereinfachung" ursprünglich komplizierter Zusammenhänge, die sich an der Leitunterscheidung „fehlerfrei/fehlerhaft" (1990: 263) orientiert. Technik, die nicht funktioniert bzw. nicht zu einer Simplifikation ursprünglicher Handlungsvollzüge beiträgt, verletzt demnach eines oder mehrere der zentralen Definitionsmerkmale. Zudem verweist der Begriff „Kausalität" darauf, dass auch Luhmann einen instrumentellen Technikbegriff verwendet, der Technik als „Mittel zum Zweck" begreift, als „artifizielle (aber ausprobierte und bewährte) Simplifikation" (266). Wir finden hier also viele kunstvolle Formulierungen, aber keine neuen, über den Stand der Forschung hinausgehenden Erkenntnisse. Wenn Luhmann den Begriff der „funktionierenden Simplifikation" explizit auch auf die „Buchführung" (713) und andere Sozialtechniken ausdehnt, so wird zudem deutlich, dass er einen *weiten Begriff* von Technik verwendet, deren Funktion es stets ist, „die stets schwierige und konfliktträchtige Koordination menschlichen Handelns" (513) einzusparen.

In Luhmanns Technikbegriff lassen sich folgende vier Aspekte finden:

(1) *Entlastung durch Kontrolle:* Technik beinhaltet stets die „Isolierung von Kausalbeziehungen" (1991: 98, vgl. 1990: 714), d.h. sie macht die Abläufe kontrollierbar und die Ressourcen planbar. Zudem werden Fehler leichter erkennbar und zurechenbar; all dies geschieht „im Interesse der Wiederholbarkeit" (1991: 105). Die Installation von Technik zielt also nicht auf den einmaligen Einsatz, sondern auf ihre wiederholte Verwendung unter kontrollierten Bedingungen. Was gestern funktionierte, soll auch morgen noch genau so funktionieren und damit den Anwender entlasten.

(2) *Regelhaftigkeit:* Folglich müssen, ganz im Gegensatz zur Natur, wo das Prinzip der losen Kopplung vorherrscht, „feste Kopplungen" (1991: 97) installiert, also Abläufe konstruiert werden, die ohne Entscheidungen funktionieren. Denn Entscheidungen implizieren zwangsläufig die Unterbrechung der Prozesse, was eher eine lose Kopplung wäre (vgl. 1997: 526). Luhmann fordert diese feste Kopplung sowohl für den Normalbetrieb als auch für den Störfall, und zwar im Interesse der „Aufrechterhaltung regelmäßiger Verläufe auch bei Störfällen" (1990: 263). Leider führt er diesen Gedanken trotz dessen Brisanz (und trotz dessen klarer Frontstellung gegen den Mainstream der Risikoforschung, vgl. Kap. 9) nicht weiter aus. Er beschränkt sich vielmehr auf apodiktische Setzungen (vgl. auch 1997: 525) und lässt damit offen, wie es gelingen kann, ein wenig robustes, weil fest gekoppeltes System auch im Störfall zu beherrschen.

(3) *Programmierung:* Die Einrichtung fester Kopplungen impliziert zudem, dass die „Interferenz externer Faktoren weitgehend ausgeschaltet" (1991: 97) wird, die Technik also ungestört von äußeren Einflüssen ihre vorprogrammierten Operationen verrichten kann. Hier verwendet Luhmann nunmehr überraschenderweise einen *engen Technikbegriff*, der sich am Maschinenmodell orientiert, und gebraucht in diesem Zusammenhang den Begriff der „Installation" (98).

(4) *Grenzziehung:* Schließlich hat der instrumentelle Technikbegriff – und mit ihm das Konzept der Kontrolle bestimmter Prozesse durch Technik – zur Folge, dass eine „Grenze zwischen kontrollierter und nicht-kontrollierter Kausalität definiert" wird (108). Technik führt, so Luhmann, „einen Schnitt in die Welt ein", wobei das Künstliche an sich „nicht der Apparat, sondern die Grenze" ist (105), nämlich die Grenze zwischen den Prozessen, die mit Technik beherrscht werden sollen, und den Prozessen, die von ihr nicht tangiert werden. Technik beansprucht also nie, die gesamte Welt zu kontrollieren, sondern immer nur einen gewissen Ausschnitt, was eine Nicht-Zuständigkeit für den Rest zur Folge hat. Diese Grenze des technisch Beherrschbaren wird jedoch, so Luhmann, von den Hochtechnologien erstmals überschritten, da die Konsequenzen ihres Operierens sich nicht auf den Bereich der kontrollierten Kausalbeziehungen beschränken lassen (100). Tschernobyl und die Folgen der zivilen Nutzung der Atomkraft haben hier zweifellos Luhmann zu ungewohnten Thesen veranlasst, die allerdings keinerlei Verbindung zum Kernprogramm der Systemtheorie erkennen lassen.

Risiken der (Hoch-)Technologie

Nur in wenigen Passagen seines Werks befasst sich Luhmann explizit mit den Folgeproblemen von Technik, allerdings wiederum in einer eigenwilligen Art und Weise. Für ihn beinhaltet jede Entscheidung über Technik stets ein Risiko, und zwar auch die Entscheidung des Unterlassens, also des Nicht-Einsatzes einer neuen Technik (1986: 37ff.). Damit schafft er eine gewisse Symmetrie zwischen Befürwortern und Gegnern von Technik, die damit gleichermaßen zur Quelle von Risiken werden. Überraschend ist auch seine Behauptung, dass Folgeprobleme von Technik vor allem damit zusammenhängen, dass sie funktioniert und nicht, wie man erwarten könnte, dass sie nicht funktioniert (1990: 257). Ähnlich wie Ulrich Beck (1982) verweist er auf den Standardweg moderner Gesellschaften, Probleme der Technik mit technischen Mitteln zu lösen (Luhmann 1991: 100), d.h. „Zusatztechnologien" und Sekundärsysteme zur Folgenbewältigung einzusetzen (z.B. den Katalysator für Pkws, das Containment für AKWs), die die Risiken mindern sollen, ihrerseits aber wiederum Entscheidungsrisiken beinhalten (102f.), was eine endlose Spirale von Technisierung und Folgenbewältigung in Gang setzt.

Diese gewohnten Mechanismen der Eingrenzung von Risiken funktionieren allerdings bei Hochtechnologien mit Katastrophenpotenzial nicht mehr:

> „Aber an den neuen Hochtechnologien kann man ablesen, dass und wie Risiko reflexiv wird ... In dem Maße aber, in dem die Technik bei Nichtfunktionieren nicht mehr nur stillsteht und die vorgesehenen Wirkungen nicht erbringt, sondern unvorhergesehene Wirkungen von unter Umständen katastrophalen Ausmaßen auslöst, wird die Anwendung von Technik auf Technik zu einem andersartigen Problem." (105)

Luhmann beschreibt hier eine neuartige Differenz zwischen (klassischer) Technik und (moderner) Hochtechnologie, die sich darin manifestiert, dass der „Versuch, sich gegen die Risiken der Technik durch Technik zu schützen, ... offenbar an Schranken (stößt)" (104). Allerdings ist die Abgrenzung zwischen den beiden Techniktypen vage und intuitiv, sodass offen bleibt, was genau deren Differenz ausmacht.

Luhmanns Ausführungen zu den Risiken der Technik sind zweifellos intellektuell inspirierend; man fragt sich allerdings, was das alles mit Systemtheorie zu tun hat. Vor allem die von ihm eingeführte Unterscheidung von natürlichen Gefahren und auf Entscheidungen zuzurechnende Risiken (1991, vgl. Kap. 9.2) argumentiert deutlich handlungstheoretisch. Und in der Diskussion um Hochrisikosysteme ist wenig erkennbar, was über den Stand hinausgeht, der von Charles Perrow und anderen erreicht wurde (vgl. Kap. 9.4).

Ob die Systemtheorie einen Ertrag für die Techniksoziologie hat, muss sich daher im nächsten Abschnitt entscheiden, in dem es um zentrale Fragen des Verhältnisses von Technik und Gesellschaft geht.

Technik und Gesellschaft

Luhmann verortet die Technik innerhalb der Gesellschaft zunächst derart, dass er die Technik als ein Produkt des Wissenschaftssystems beschreibt:

> „Die Abgabe brauchbarer Technologien ist eine Leistung der Wissenschaft, nicht ihre Funktion." (1990: 264, vgl. Tabelle 5)

Das gesellschaftliche Teilsystem Wissenschaft produziert also, den systeminternen Spielregeln und funktionalen Imperativen folgend, eine Leistung (nämlich Technologien), die außerhalb in einer Weise anschlussfähig sind, die Luhmann in der zitierten Textpassage als „brauchbar" beschreibt. Dies hat zweierlei Konsequenzen: Zum einen wird damit der Prozess der Erzeugung von Technik in das Wissenschaftssystem verlagert, das damit eine Art Alleinzuständigkeit erhält; zum anderen werden alle Fragen der Verwendung von Technik in die gesellschaftliche Umwelt dieses Systems verwiesen, für die das Wissenschaftssystem keine Zuständigkeit hat.

Dahinter steht das allgemeine Credo der Systemtheorie, das Luhmann gebetsmühlenartig in all seinen Schriften wiederholt, so auch in der betreffenden Passage zur Technik in „Die Wissenschaft der Gesellschaft":

> „Da die Gesellschaft nur aus Kommunikationen besteht und nur das beobachtet wird, was sie kommuniziert, gibt es auf der Ebene ihrer eigenen Operationen keinen Umweltkontakt." (252)

Und dass dies ausnahmslos gilt, auch wenn Technik im Spiel ist, bekräftigt er wie folgt:

„Dies lässt sich durch Wissenschaft natürlich nicht ändern, denn die Wissenschaft ist ein Teilsystem der Gesellschaft ..." (ebd.),

das ausschließlich im Medium der Wahrheit operiert. Und für dieses Medium sei dieses Teilsystem alleinzuständig (256). Eingriffe von außen in die autonome Gestaltung der systemischen Prozesse seien nicht möglich (255).

Diese Prämissen der Systemtheorie verschärfen jedoch die Frage, wie der Transfer von Leistungen vom Wissenschaftssystem in andere gesellschaftliche Systeme vonstattengehen kann, wenn jeglicher Umweltkontakt ausgeschlossen ist. Luhmann gibt hierauf unterschiedliche Antworten, nämlich zum einen, dass Technik in andere Systeme eingebaut werden kann (siehe nächster Abschnitt), zum anderen, dass die Wissenschaft die Gesellschaft mit Risiken belastet (siehe übernächster Abschnitt).

Transfer systemischer Leistungen

Da es für Luhmann keine Intersystemkommunikation geben kann (bzw. darf), tut sich die Systemtheorie schwer, den Mechanismus des Transfers systemischer Leistungen zu beschreiben. Es gibt nur wenige verstreute Hinweise; systematisch hat Luhmann diesen Punkt nie behandelt. An einer Textstelle heißt es, dass „Technologien gesamtgesellschaftlich und politisch akzeptabel und wirtschaftlich eingesetzt werden können". Dies erscheint hier als ein geradezu trivialer Vorgang, als eine „Frage, die außerhalb der Wissenschaft zu entscheiden ist" (1990: 264), d.h. aber auch: dort entschieden werden kann. Das Politik- bzw. das Wirtschaftssystem verfügen also offenbar im Rahmen ihrer systeminternen Operationslogik über die Fähigkeit, mit Technik (als einem Produkt des Wissenschaftssystems) umzugehen.

Gerade da die Systemtheorie es stets verbietet, in gewohnten Bahnen zu denken und empirisch vorfindbare Tatsachen (wie Techniknutzung in der Wirtschaft) für theoriekonform zu halten, interessiert nun umso mehr, wie dieser Transfer-Mechanismus konkret funktioniert. Dazu Luhmann:

„In der gesellschaftlichen Umwelt übernimmt man die so markierte Kommunikation als Wissen ... Man kann Technologien darauf gründen, hat aber mit der Wahrheitsgarantie des Wissens noch keine Erfolgsgarantie für die Verwendung von Technologien in der Hand." (256)

Andere Systeme sind also offenbar in der Lage, Informationen aus ihrer Umwelt zu importieren, und zwar sogar von der Wissenschaft zur Verfügung gestellte Angebote, die eindeutig fremdcodiert sind. Dass Wahrheit jedoch außerhalb des Wissenschaftssystems wenig nützt, darauf verweist der zweite Teil des Zitats. Es überrascht schon, dass das Wissenschaftssystem offenbar nicht Technologien abgibt, sondern Wissen, und erst die anderen Systeme, die das Wissen übernehmen, daraus Technologien entwickeln (vgl. auch 258) – wie das konkret vonstattengeht, bleibt leider offen. Ob das Wissenschaftssystem Technik produziert oder andere gesellschaftliche Teilsysteme, bleibt angesichts dieser widersprüchlichen Aussagen unklar.

Zusammenhänge, die hochkomplex sind und deren Analyse eine der zentralen Aufgaben einer soziologischen Theorie sein müsste, werden zu Trivialitäten, wenn Luhmann beispielsweise behauptet, dass ein System „Technik betreibt" (1991: 106) oder dass Technik selbstverständlich „ökologische Konsequenzen hat" (105). Mal ist es ganz selbstverständlich, dass Systeme mit ihrer Umwelt interagieren, mal ist es verboten, diesen Gedanken auch nur zu denken. Die wirklich spannenden Fragen zum Verhältnis von Wissenschaft, Technik und Gesellschaft kommen so nicht in den Blick; und es gibt eine gewisse Asymmetrie in Luhmanns Werk: Hunderte von Seiten zur Frage der Autonomie der Teilsysteme, aber nur wenige, knappe Notizen zur Frage der Interdependenz der Systeme.

Der Kunstgriff, mit dem Niklas Luhmann diesen argumentativen Spagat bewältigt, lautet „strukturelle Kopplung" – ein Begriff, den selbst eingefleischte Systemtheoretiker nicht zweifelsfrei erklären können. Er meint in etwa die Gleichzeitigkeit von Ereignissen in unterschiedlichen Systemen, ohne dass dies jedoch Konsequenzen hat, die auf die Ebene der systeminternen Steuerung durchschlagen. Luhmann spricht beispielsweise von „strukturellen Kopplungen zwischen Gesellschaftssystemen und technischen Realisationen" (1991: 108) – eine schwer begreifbare Denkfigur, die nur dadurch erklärlich wird, dass Luhmann einerseits die Technik aus der Gesellschaft a priori definitorisch ausklammert, andererseits aber offenkundig doch irgendwie einbeziehen will, ohne sein Theoriegebäude zu beschädigen.

Nur vor diesem Hintergrund sind dann Aussagen verständlich wie die, dass „gesellschaftliche Kommunikation Technik voraussetzen und sich auf Technik verlassen können (muss)" (1997: 532) oder dass Technik „die physikalischen Gegebenheiten mit der Gesellschaft" (533) verbindet, ja sogar „dass die Gesellschaft sich ... von der Technik abhängig macht, indem sie sich auf sie einlässt" (523). Die „strukturelle Kopplung" ermöglicht alles, was die Systemtheorie ansonsten strikt verbietet. Sie ist ein „Hintertürchen", das den gelegentlichen Blick auf die Wirklichkeit gestattet, zugleich aber einen Immunschutz gegen die Zumutungen der Realität bietet. Gerade der Verweis auf die wachsende „Abhängigkeit von funktionierender Technik" mit der möglichen Konsequenz eines „Zusammenbruchs der uns vertrauten Gesellschaft" als mögliche Folge des „Zusammenbruchs der Technik" (532) macht deutlich, dass Technik gesellschaftlich wesentlich folgenreicher ist, als es die Systemtheorie zu denken erlaubt.

Belastung mit Risiken

Die Gesellschaft wird aber nicht nur mit funktionierender Technik konfrontiert; auch die Risiken der Technik zählt Luhmann zu den gesellschaftlich folgenreichen Aspekten moderner Wissenschaft. Um sich diesem Problemkomplex anzunähern, unterscheidet er zunächst zwei Typen von Risiken (eigentlich drei), die mit der wissenschaftlichen Kommunikation einhergehen:

- Das „Eigenrisiko" (1990: 254) der Wissenschaft besteht darin, „einer Theorie zu trauen und in der durch sie angegebenen Richtung zu forschen, obwohl sie sich nachher als falsch herausstellen könnte" (253). Es handelt sich also um das – für jede Forschung typische – Risiko der fehlerhaften Hypothese (254f., vgl. Popper 1966). Aber diese Offenheit und diese Bereitschaft, Risiken einzugehen, ist Voraussetzung für die Entwicklung neuer Ideen sowie für die Forschung auf innovativen Feldern.
- Das „technologische Risiko", das sich daraus ergibt, dass „die Wissenschaft an der Entwicklung von Technologien mitwirkt" (254), die sich als fehlerhaft erweisen können. (Im Gegensatz zu oben zitierten Aussagen zum Verhältnis von Wissenschaft, Technik und Gesellschaft spricht Luhmann hier nun von Mitwirkung – eine recht unscharfe Formulierung, die jegliche Festlegung vermeidet, überraschenderweise jedoch nunmehr Interdependenzen akzeptiert, ohne diesen aber im Detail nachzuspüren.)
- Auch das Reflexionsrisiko (meine Formulierung) zählt Luhmann zu den Risiken von Wissenschaft und Technik. Es resultiert daraus, dass die Selbstbeobachtung anderer Systeme (z.B. mittels Wahlforschung, Wirtschaftsstatistik etc.) „ohne Wissenschaft kaum denkbar" (254) ist, die damit die Folgen des Technikeinsatzes in *anderen* Systemen beobachtet und misst. Durch diese reflexive Thematisierung „transformiert die Wissenschaft Gefahren in Risiken und belastet damit andere Entscheider" (254). Auch hier macht Luhmann wieder einmal deutlich, dass systemübergreifende Kommunikation offenbar problemlos möglich ist.

Realitätsadäquanz wissenschaftlicher Theorien

Das Problem, ob ein Zusammenhang zwischen dem wissenschaftsinternen Eigenrisiko und dem (gesellschaftlich folgenreichen) technologischen Risiko besteht, löst Luhmann auf eine eigenwillige Weise, die zugleich als Antwort auf die Frage interpretiert werden kann, ob Wissenschaftler eine Verantwortung für die von ihnen (mit-)verursachten Folgeschäden des Technik-Einsatzes tragen. Er erbringt nämlich den ausführlichen Nachweis, dass – trotz aller oben zitierten Aussagen zur Techniknutzung und Technikabhängigkeit – zwischen den (möglicherweise falschen) wissenschaftlichen Theorien und der (möglicherweise nicht funktionierenden) Technik nur ein schwacher Zusammenhang besteht.

Zunächst soll anhand einiger Beispiele der Vermutung nachgegangen werden, dass zwischen den theoretischen Modellen und den realisierten Technologien keine Korrespondenz existieren muss: Ob eine Brücke hält oder nicht, ist beispielsweise kein Beweis für die dahinter stehenden Theorien der Statik. Jahrhundertelang war es gängige Praxis, die Brückenpfeiler ein wenig dicker zu machen als theoretisch berechnet – man wollte halt auf „Nummer sicher" gehen. Zudem verhalten sich Brücken bisweilen anders als erwartet (etwa die Millenium-Brücke in London) und stürzen sogar gelegentlich ein wie die Tacoma-Narrows-Brücke in den USA im Jahr 1940 – und mit ihnen die Theoriegebäude. Doch was für die Gesellschaft eine Katastrophe sein mag, ist für die Wissenschaftler ein wesentlicher Schritt auf dem Weg zur Erkenntnis (vgl. Krohn/Weyer 1989). Die Metallverarbeitung kam bis zum 18. Jahrhundert mehrere Jahrtausende ohne Theorie aus (Basalla 1988: 27); und selbst die Molekularbiologie der 1980er Jahre störte es wenig, dass ihre Theorien noch unvollständig waren. Trotz dieses Mankos wurden eifrig funktionierende technische Produkte hergestellt (Buchholz 2007).

Auch die Physik des Fliegens weist bis heute noch einige Lücken auf, ohne dass dies den globalen Luftverkehr ernsthaft behindert. Der Bernoulli-Effekt besagt, dass der Druck abnimmt, je schneller die Strömung ist. Wenn man die Flügel eines Flugzeugs wölbt, entsteht somit aufgrund der unterschiedlichen Wege, die die Luft oberhalb und unterhalb des Flügels zurücklegt, ein Unterdruck, der das Flugzeug nach oben zieht. (Man probiere es mit einem Stück Papier aus, das man von der Seite her anbläst.) Die Strömungstheoretiker haben aber nach wie vor Probleme mit den Turbulenzen, die sich am Ende der Tragfläche bilden, denn diese Wirbel sind erforderlich, um die Strömung in Gang zu bringen und einen Auftrieb zu erzeugen; sie müssen sich aber beim Start ablösen, um eine glatte Strömung zu ermöglichen. Die Einzelheiten dieser Wirbelbildung geben immer noch Rätsel auf, und sie wird vorrangig an Modellen studiert, weil eine exakte Berechnung zurzeit nicht möglich ist. Etliche Strömungstheoretiker glauben sogar, „dass man das Problem der Turbulenz nie ganz lösen wird" (Grotelüschen 2004: 92).

Analog verhält es sich mit der Quantenphysik: Die Theorie ist nach wie vor lückenhaft und unvollständig, aber viele Technologien des Informationszeitalters, z.B. Computerchips, sind Anwendungen des quantenphysikalischen Wissens (vgl. Stieler 2007 unter Bezug auf Brigitte Falkenburg).

Zurück zu Luhmann: Funktionierende Technik ist also kein Argument für eine „Ähnlichkeit von Wirklichkeit und Konstruktion" bzw. eine „Adäquation der Erkenntnis und der Realität" (1990: 260). Erkenntnistheoretisch bestehe, so Luhmann, keine Notwendigkeit, eine Übereinstimmung von Theorie und Wirklichkeit anzunehmen; Technik sei vielmehr immer ein Konstrukt und kein Abbild der Natur (261). Wenn Wissenschaftler technische

Apparate konstruierten, dann gehe es um das „Ausprobieren von Kombinationsspielräumen, um kombinatorische Gewinne" (263). Technische Innovationen beruhten daher nicht auf einer immer besseren „Kenntnis der Natur", sondern auf dem „steigenden Auflöse- und Rekombinationsvermögen der Wissenschaft selber" (262). Wenn diese Konstrukte dann in die Welt eingebaut würden (261) und dort funktionierten, dann sei dies lediglich der Beweis dafür, „dass die Realität so etwas toleriert" (263).

Das Funktionieren von Technik im Realbetrieb ist somit für Luhmann kein Beweis für die dahinter stehenden Theorien; die Wissenschaft testet lediglich ihre eigenen Erwartungen bezüglich der von ihr erzeugten Konstrukte; sie probiert gewisse Simplifikationen aus, setzt diese in die Welt und beobachtet, ob ihr die „Isolierungen gelingen" (714), d.h. ob diese von der Umwelt toleriert werden.

Man kann diese Position Luhmanns als halb konstruktivistisch, halb realistisch bezeichnen, als einen unentschiedenen Versuch, die unbestreitbare Tatsache, dass in wissenschaftlichen Experimenten die empirische Wirklichkeit (und die dort beobachteten Effekte) eine wesentliche Rolle bei der Falsifizierung von Theorien spielen, mit dem Theorem der Autonomie gesellschaftlicher Teilsysteme zu versöhnen. Unbeantwortet bleibt dabei die Frage, woran die Wissenschaft misst, dass ein Test gelungen ist, wenn es keine Verknüpfung zwischen dem Wissenschaftssystem und dessen Umwelt gibt. Die These der Tolerierung bietet hier lediglich eine schwache Ausflucht, da sie nicht operationalisiert wird. Wieder einmal macht sich der gravierende Mangel der Systemtheorie bemerkbar, die System-Umwelt-Beziehungen nicht systematisch beschreiben zu können.

Das von Luhmann ausgebreitete Problem der Beziehung von Wissenschaft, Technik und Realität/Natur lässt sich in zwei Richtungen auflösen, wobei beide Wege Varianten der Luhmann'schen Strategie sind, die Wissenschaft – via Erkenntnistheorie – von ihren gesellschaftlichen Folgen zu entkoppeln und damit von der Verantwortung für ihr Handeln zu entlasten:

a) Entweder man konstruiert einen „sehr engen Zusammenhang" (1990: 263) zwischen Wissenschaft (als hypothesen-generierendem System) und funktionierender Technik im Sinne eines „theorie-isomorphen" (257) Konstrukts. Die Technik wäre somit ein Bestandteil des Wissenschaftssystems, das unter vollständiger Kontrolle der Wissenschaft steht, was zugleich bedeutet, dass nicht funktionierende Technik (beispielsweise im Fall von Laborexperimenten) voll auf die dahinter stehenden Hypothesen zurückschlägt. Eine Korrespondenz zwischen Technik und Realität kann hieraus jedoch nicht abgeleitet werden; die Wissenschaft hat zwar die Technik unter Kontrolle, nicht jedoch die vielfältigen Wechselwirkungen zwischen Technik und Natur. Dies entspricht dem traditionellen Modell der Laborforschung.

b) Oder man entkoppelt die Bereiche Wissenschaft und Technik und findet sich mit dem Gedanken ab, „dass eine Technologie auf Grund einer falschen Theorie konstruiert wird und trotzdem funktioniert" (262). Dieser Fall liegt insofern anders als Fall a), weil hier eine enge Beziehung zwischen Technik und Realität unterstellt wird, die ohne das Fundament einer bestätigten wissenschaftlichen Theorie auskommt, aus der sich die Funktionsweise der Technik ableiten lässt.

Auch für das schwierige Problem der mangelnden Realitätsadäquanz von wissenschaftlichen Theorien liefert die Systemtheorie Luhmanns keine befriedigende Erklärung; sie pendelt vielmehr unentschieden zwischen unvereinbaren Positionen hin und her. Technik ist offenbar ein Konstrukt, das in einem Grenzbereich zwischen Wissenschaft und Praxis anzusiedeln ist, den Luhmann nicht in den Griff bekommt. Zudem kann auch die Systemtheorie das erkenntnis- und wissenschaftstheoretische Problem nicht lösen, dass funktionierende Technik kein Beweis für die Richtigkeit der dahinter stehenden Theorien sein kann. Wissenschaftliches Wissen ist prinzipiell falsifizierbar (vgl. Popper 1966); es gibt keine endgültigen Gewissheiten, nur vorläufige, bewährte Wahrheiten, daneben aber einen großen Bereich des Nicht-Wissens, der mit jedem Erkenntnisgewinn weiter anwächst (vgl. Bogner 2005b). Die Konsequenz aus all dem wäre, entweder keine Brücken oder Flugzeuge zu bauen oder dies zu tun und zugleich die Ungewissheiten einzugestehen, die mit derartigen Realexperimenten einhergehen (Krohn 2007a).

4.5 Einordnung und Bewertung

Versucht man abschließend, die fragmentarischen Ausführungen Luhmanns zum Thema „Technik" zu bewerten, so muss man diagnostizieren, dass ein eigenständiger Beitrag zu einer Soziologie der Technik kaum erkennbar ist; in wesentlichen Punkten hat Luhmann bekannte Sachverhalte lediglich in der Sprache der Systemtheorie reformuliert. Vieles ist Sprachspiel und ein Jonglieren mit dem (schwer verständlichen) Repertoire der Systemtheorie, das dem Leser einiges zumutet und ihn vor allem aber dazu zwingt, eine Reihe theoretisch folgenreicher Prämissen zu akzeptieren (wie etwa die Exklusion der Akteure).

Luhmanns Konzept der Systemautonomie eignet sich trefflich als argumentative „Keule", mit der Konzepte der politischen Steuerung von Technik (vgl. Kap. 11.5) diskreditiert werden können, das aber seine originäre Leistungsfähigkeit – im Sinne eines über den Stand der Debatte hinausgehenden Ertrags – nicht recht unter Beweis zu stellen vermag. Was der Gewinn einer systemtheoretischen Betrachtungsweise des Gegenstands „Technik" ist, haben weder Luhmann noch seine Schüler bislang plausibel machen können. In gewisser Weise überrascht es, wie wenig die Systemtheorie hier zum Einsatz kommt: Die gesamte risikosoziologische Argumentation hat eine handlungstheoretische Basis, und die Reflexionen zur Hochtechnologie sind bei Perrow entlehnt (obwohl Luhmann dessen Argumentation bzgl. loser und enger Kopplung zu konterkarieren versucht). Beim Vergleich mit anderen konstruktivistischen Ansätzen wie SCOT oder ANT (vgl. Kap. 8.2 und 8.7) fällt zudem auf, wie wenig Konstruktivismus in Luhmanns Technikbegriff steckt; dieser wirkt recht konventionell, weil er faktisch den instrumentellen Technikbegriff reproduziert (wenngleich in origineller Reformulierung).

Luhmanns Systemtheorie der Technik – wenn man überhaupt davon sprechen darf – ist eklektizistisch und wenig konsistent, sprunghaft und fragmentarisch; sie hat keine klare Botschaft (weder theorie- noch gesellschaftspolitisch), und ihr weiter und indifferenter Technikbegriff ist für eine empirisch orientierte Techniksoziologie unbrauchbar (vgl. Degele 2002: 158f.). Es ist ein großes Manko der Systemtheorie, dass es ihr nicht gelungen ist, einen zentralen Bereich der modernen Wissensgesellschaft systematisch in ihr Theoriegebäude einzubauen; auch bleibt sie die Antwort auf die Frage schuldig, wie man sich das „orthogonale" (Luhmann 1997: 526) Verhältnis der Technik zu den autopoietischen Systemen vorstellen soll – und wie man dies empirisch operationalisieren könnte.

Alle soziologisch spannenden Fragen, z.B. nach dem Verhältnis von Technik und Gesellschaft, bleiben bei Luhmann ausgeblendet bzw. werden mit der Zauberformel der „strukturellen Kopplung" übertüncht. Dies verweist meines Erachtens auf einen grundlegenden Defekt der Luhmann'schen Systemtheorie, die die Intersystembeziehungen nicht fassen und daher die gesellschaftliche Wirklichkeit nicht in den Blick bekommen kann.

5. Epochen der Technikgeschichte

Nachdem in den vorangegangenen Kapiteln einige grundlegende Perspektiven der soziologischen Befassung mit Technik behandelt wurden, lohnt es sich nun, einen Blick zurück in die Geschichte der Technik zu werfen, um zu verstehen, wie sich der – von Habermas und Luhmann beschriebene – Prozess der Ausdifferenzierung der Wissenschaft als gesellschaftliches Teilsystem historisch vollzogen hat. Auf diese Weise gewinnt man nicht nur ein Verständnis dafür, was das Spezifikum der gegenwärtigen Epoche ist; man erkennt auch die grundlegenden Weichenstellungen, die vor allem in der Renaissance und später in einem sehr kurzen Zeitabschnitt im 17. Jahrhundert vollzogen wurden. Hier wurden kontingente Entscheidungen gefällt, die durchaus anders hätten ausfallen können, die jedoch weit reichende Festlegungen bezüglich des Charakters der modernen Wissenschaft und Technik beinhalteten und damit die gesellschaftliche Entwicklung bis in die Gegenwart prägten. Ein Blick in die Vergangenheit lohnt sich auch deshalb, weil insbesondere die Renaissance eine Zeit des gesellschaftlichen Umbruchs war, die einige Ähnlichkeiten mit der Gegenwart besitzt. Auch damals erlebten die Menschen die Welt als einen aus den Fugen geratenen Kosmos, der – getrieben von den Erkenntnissen der modernen Wissenschaft – fundamentale Veränderungen durchmachte, vor allem aber eine enorme Beschleunigung sämtlicher gesellschaftlicher Prozesse mit sich brachte.

Da die Geschichte der Technik von ihren Anfängen bis zur Gegenwart in ihren Einzelheiten kaum in einem Buchkapitel darstellbar ist,[31] wird im folgenden ein Zugang gewählt, der einmal – in Anlehnung an Heinrich Popitz – im „Schnelldurchgang" durch die Geschichte geht und grobe Schneisen legt (Kap. 5) und dann in einem zweiten Durchgang das Augenmerk auf die beiden Epochen legt, die ab dem Beginn der Neuzeit um 1500 entscheidend für die Ausdifferenzierung der modernen Wissenschaft und Technik waren (Kap. 6).

5.1 Fundamentale Technologien und technologische Revolutionen

Der Soziologe und Sozialanthropologe Heinrich Popitz (1925-2002) hat mit seinem 1988 verfassten Aufsatz „Epochen der Technikgeschichte" (in:

---

31 Vgl. als verdienstvolle Gesamtdarstellung u.a. ten Horn-van Nispen 1999; die fünf-bändige Technikgeschichte (König 1997) ist hingegen zu detailliert, als dass man sie als Überblick empfehlen könnte.

Popitz 1995) ein erstaunlich einfaches Raster über die Geschichte der Technik gelegt, das lediglich sieben fundamentale Technologien enthält, die Popitz zudem zu zwei technologischen Revolutionen zusammenfasst, welche sich in relativ kurzen Zeitabschnitten vollzogen haben.

Der Charme des Popitz'schen Ansatzes besteht zweifellos darin, dass er mit dieser Grobeinteilung dazu beiträgt, eine Ordnung in die verwirrenden Details der Technikgeschichte zu bringen. Sein Epochenmodell überrascht jedoch, weil so vieles fehlt: Die griechische Antike, aber auch das Mittelalter und die Renaissance wird man bei ihm vergeblich suchen. Sein Interesse ist es weniger, sämtliche Daten und Fakten zu sortieren, sondern eine „Anthropologie der Technik" (so der Untertitel des Buches, in dem der Aufsatz erschienen ist) zu entwickeln, die einen Zusammenhang von Menschheits- und Technikgeschichte herstellt und zugleich aufzeigt, in welchem Maße unsere Gesellschaft eine „artifizielle Gesellschaft" (so der Titel des Buches) ist, in der es keine „natürliche normative Ordnung", sondern vielmehr nur noch „künstliche Konstruktionen", also vom Menschen geschaffene Ordnungen gibt (Popitz 1995: 12).[32]

Popitz' Ausgangspunkt sind fundamentale Technologien, die er als epochemachend betrachtet, weil sie eine „neue Idee des Herstellen-Könnens" beinhalten, also die Fähigkeit des Menschen, etwas Gegebenes in etwas Verwendbares umzuwandeln. Den Begriff der fundamentalen Technologie reserviert Popitz für die wenigen Fälle, in denen ein „neuer Modus technischen Handelns" entstanden ist, der dazu beigetragen hat, dass die „Stellung des Menschen in der Welt" sich verändert und dieser eine „neue Macht über die Natur" gewonnen hat (alle Zitate: Popitz 1995: 13). In diesen Fällen – so Popitz weiter – ging der technische Wandel mit einem „radikalen sozialen Wandel" (15) einher, sodass man von einer Parallelität der technischen und der gesellschaftlichen Entwicklung sprechen könne. (Dies ist zugleich der Grund, warum dieser Ansatz im Rahmen eines techniksoziologischen Lehrbuchs ausführlich behandelt wird.)

Werkzeuggebrauch

Die Geschichte der Technik beginnt für Popitz mit dem Werkzeuggebrauch, denn damit hebt sich der Mensch vom Tierreich ab. Historisch war dies die Steinzeit, also ein Zeitraum ab 500.000 v. Chr., in dem der Homo erectus in einem langen und mühsamen Prozess den Gebrauch *und* die Herstellung von Faustkeilen erlernte (vgl. auch ten Horn-van Nispen 1999: 17-27). Diese Abkopplung der sozialen von der biologischen Evolution hing nicht nur mit dem *Gebrauch* von Werkzeugen zusammen, wie wir ihn beispielsweise auch bei Primaten vorfinden, sondern mit der systematischen *Herstellung* von Werkzeugen und der darauf basierenden schrittweisen Entwicklung der

---

32 Dies ist eine deutliche Parallele zu Helmut Schelsky, vgl. Kap. 3.2.

Tab. 6: Epochen der Technikgeschichte

Technologie	Zeitraum	Region	Beispiele	Charakteristikum	gesellschaftliches Korrelat	*fehlende Aspekte*	
						Kommunikationstechnik	*Transporttechnik (Mobilität)*
Werkzeug (-gebrauch und -herstellung)	Steinzeit (ab 500.000 v. Chr.)	Afrika, Europa	Faustkeil, Klingen, Speerspitzen	Indirektheit, Umweghandlungen	Nomaden (Jäger und Sammler)		
Erste technologische Revolution							
Agrikultur	ab 8000 v. Chr.		Pflanzen- und Tierzucht	Naturbearbeitung und -verwandlung	Arbeit als methodische Tätigkeit; soziale Kontinuität (Abstammung, Besitz)		
Feuerbearbeitung (Keramik u. Metallurgie)	ab 6000 v. Chr.		Kupfer, Bronze, Eisen	Nutzung künstlicher Energie; Stoffverwandlung	Arbeitsteilung, Tausch		
Großbautechnik (Städtebau)	ab 3000 v. Chr.	Mesopotamien, Ägypten	Tonziegel, Fachwerkbau, Quaderbau (Tempel, Burgen, Mauern)	komplexe gesellschaftliche Gefüge auf engstem Raum; artifizielle Lebenswelt; Ausgrenzung der Natur	Großverbände, Organisation, Macht, Verwaltung, Politik	*Schrift*	*Schiff*

Zweite technologische Revolution						
Maschinen-technologie	1750–1800	England, Mittel-europa	Webstuhl, Dampfmaschine (*Watt 1736-1819*)	mechanische Systeme; selbsttätige Apparate (Automaten)	Verhaltensdiszi-plinierung	*Buchdruck (1450)*
Chemie	1800–1850	Europa	Chemiefasern, Kunststoffe, Arznei, Impfstoffe, Düngemittel (*Liebig 1803-1873, Pasteur 1822-1895*)	analytisch-synthetisches Verfahren der Stoffherstellung	neue Altersstruktur	
Elektrizität	1850ff.	Europa, USA	elektrisches Licht, elektrische Antriebe, Röntgen; Telefon, TV (*Edison 1847-1931*)	universales Transfor-mations- und Trans-portmedium von Ener-gie und Information	Angleichung des Lebensstandards	*Eisenbahn*
Zukunft (noch schwer abzuschätzen)						
Mikro-elektronik	20. Jh.			offen, ob neue dominante Dimension der technischen Entwicklung		*Internet*
Atomenergie (zivil/militärisch)	20. Jh.			Übergangslösung mit großem Gefahrenpotenzial		
Gentechnik	20. Jh.		künstliche Lebewesen	Fortschritte, aber auch Gefahren (von Freisetzungen)		

Quelle: Popitz 1995 (kursiv = eigene Ergänzungen)

111

menschlichen Kultur. Diese manifestierte sich u.a. in einem System von Institutionen, welche das von den singulären Werkzeugmachern erworbene Wissen bewahrten und tradierten und so zu einer enormen Beschleunigung der Entwicklung menschlicher Gesellschaften beitrugen, für die es im Tierreich nichts Vergleichbares gibt.

Die zentrale Rolle, welche die Technik der Werkzeugherstellung bei der Entwicklung des modernen Menschen spielte, betont Popitz in folgendem Zitat:

„Technisches Handeln wird zunehmend indirekter und mit zunehmender Indirektheit produktiver. Technikgeschichte ist die Geschichte produktiver Umweghandlungen." (1995: 8)

Denn der Mensch war damit nicht nur in der Lage, Produktionsmittel herzustellen, mit denen er die Natur veränderte (z.B. den Pflug), sondern er entwickelte auch die Fähigkeit, (sekundäre) Produktionsmittel anzufertigen, mit denen er wiederum die (primären) Werkzeuge herstellen konnte (z.B. den Faustkeil, mit dessen Hilfe aus einem Stück Holz ein Pflug wurde). Dabei lernte der Mensch, „Härtedifferenzen" auszunutzen, also „das eine Material als Mittel zur Bearbeitung eines anderen zu nutzen und dieses Mittel selbst wieder durch Bearbeitung zu perfektionieren" (19f.). Diese „zunehmende Indirektheit der Zweckbestimmung von Werkzeugen" (20) hatte viel damit zu tun, dass der Mensch lernte, Artefakte „zum wiederholten Gebrauch" herzustellen, was bedeutete, dass er in der Lage war, die „Wiederkehr bestimmter Verwendbarkeiten" (18) vorauszusehen. Zudem war er immer mehr in der Lage, seine Bedürfnisse aufzuschieben und den Umweg über die Herstellung der Werkzeuge zu gehen, die ja nur indirekt zur Bedürfnisbefriedigung beitrugen. Die Entwicklung der technischen Artefakte ging also Hand in Hand mit der Entwicklung der menschlichen Intelligenz, aber auch der technischen Fertigkeiten des Menschen (dazu ausführlich Popitz 1995: 19-21, 56f.)

Erste technologische Revolution

In einem Prozess von mehreren hunderttausend Jahren gelang es dem Urmenschen, sich vom Jäger und Sammler zum sesshaften Bauern zu entwickeln, was maßgeblich mit der Entwicklung der Vorratswirtschaft zusammenhing, die das Überleben der Gruppe sicherte (21). Damit entstanden in einem menschheitsgeschichtlich sehr kurzen Zeitraum von nur 5000 Jahren drei fundamentale Technologien: die Technologie der Agrikultur ab 8000 v. Chr., der Feuerbearbeitung ab 6000 v. Chr. und des Städtebaus ab 3000 v. Chr. (vgl. Popitz 1995: 8, 14, 22-28, vgl. auch ten Horn-van Nispen 1999: 29-42). Diesen „Dreischritt" (8) fasst Popitz zur ersten technologischen Revolution zusammen.

Mit der Entwicklung der *Agrikultur* „wurde der Mensch zum Produzenten seiner Lebensmittel"; er lernte, durch die Bearbeitung und Bewässerung des Bodens, aber auch durch Pflanzen- und Tierzucht gezielt in die Natur einzugreifen. Er „verändert damit das Gegebene", und zwar „im Sinne einer Selektion und Steigerung natürlicher Prozesse" (alle Zitate 22).

Mit der Technologie der *Feuerbearbeitung* (Keramik und Metallurgie) gelang es erstmals, vorgefundene Materialien gezielt umzuwandeln und zu neuartigen Produkten zu verarbeiten. Die Fähigkeit zum Einsatz „künstlicher Energie" (23) spielte hierbei eine zentrale Rolle, aber auch die Entwicklung der Produktionstechnik zur „Zwei-Phasen-Technik" (24); denn der Umweg über die Energiegewinnung (Schlagen des Holzes und dessen Weiterverarbeitung zu Holzkohle), aber auch die Steigerung der Effizienz der Brennöfen (z.b. durch den Blasebalg) gewann bei dieser neuen Technologie einen immer größeren Stellenwert. Popitz verweist in diesem Zusammenhang auch auf den „irreversiblen Abbau von Naturschätzen" (24), der mit den Abholzungen von Wäldern einherging.

Mit der Technologie des *Städtebaus* gelang es der Menschheit (in Mesopotamien und Ägypten) erstmals, komplexe soziale Großverbände auf engstem Raum zu organisieren. Mit Hilfe neuer Bau- und Transporttechniken wurden Bauten in neuen Dimensionen angelegt, beispielsweise Tempel, Burgen, Mauern, Grabstätten, aber auch Kanalsysteme für die Wasserversorgung und die Abwasserentsorgung (25). Mit dieser „Verdichtung von Behausungen" entstand die „Kunstlandschaft der Stadt", eine „artifizielle Lebenswelt", die die Natur zunehmend ausgrenzte. Die „neue soziale Organisation" der Stadt drückte sich, Popitz zufolge, u.a. in der „zentrierten Herrschaft" aus, die sich in Burgen und Tempeln manifestierte, in ihrer Funktion als „Warenlager" (z.B. Kornspeicher), in ihrer „räumlichen Konzentration arbeitsteiliger Aktivitäten" von Handwerkern und Händlern und schließlich in dem „verdichteten Zusammenleben großer Menschenmengen" (alle Zitate 26f.).

Als Fazit dieser ersten technologischen Revolution hält Popitz fest, dass der Mensch „Gestaltungsmacht" (28) gewonnen hatte

- „über die organische Natur" (mittels Agrikultur),
- „über die anorganische Natur" (mittels Feuerbearbeitung) und
- „über sich selbst" (mittels Städtebau).

Zweite technologische Revolution

Die zweite technologische Revolution vollzog sich wiederum in „drei Wellen" (28), und zwar mit den fundamentalen Technologien der Maschine (1750-1800), der Chemie (1800-1850) und der Elektrizität (1850-1900), was ebenfalls in einem atemberaubend kurzen Zeitraum geschah (8, 15, 28-

38, weitere Details: 78ff.). Popitz überspringt also, wie bereits gesagt, etwa 3000 Jahre Menschheitsgeschichte und lässt es somit zu einer spannenden Aufgabe werden, sein Epochenschema zu kritisieren bzw. zu ergänzen.

Die Technologie der *Maschine* beinhaltete insofern eine neue Idee der „Machbarkeit", weil Arbeit nunmehr „durch mechanische Systeme (geleistet wird), die durch künstliche Energie in Bewegung gesetzt werden". Die Energie wird also nicht mehr „unmittelbar eingesetzt …, sondern sie wird umgesetzt in mechanische Arbeitskraft" (29), wobei auch hier der Mechanismus der sukzessiven Effizienz- und Leistungssteigerung greift. Mit zunehmender „Selbsttätigkeit" (Automation) und „Eigenständigkeit" von Maschinen wurde die Produktion zudem immer unabhängiger von menschlichen Eingriffen; diese neue Qualität der Maschine gegenüber bisherigen technischen Artefakten bündelt Popitz im Begriff des „artifiziellen Selbstbewegers". Er verweist zudem auf die Irreversibilität der Maschinisierung: Eine Gesellschaft, die sich auf diese Technik einlässt, wird „an sie gefesselt"; „die Rückkehr (ist) verbaut" (alle Zitate 30f.). Denn der Mensch muss sich an die Maschine anpassen und wird durch sie diszipliniert, sodass „menschliches Handeln immer maschinengerechter" (31) wird. Obwohl die Maschine ein Konstrukt des Menschen ist, ist er damit „in unerhörtem Ausmaß der Fremdbestimmung durch das von ihm Kreierte ausgesetzt" (32).

Die Konstruktion künstlicher Welten, die dem Menschen zunehmend als eigene Wirklichkeit gegenübertritt, findet sich auch in der Technologie der *Chemie*, die Popitz als ein Verfahren zur „systematischen Stoffumwandlung", vor allem aber zur „Neukombination" von Stoffen beschreibt (32). Zentral für die moderne Chemie ist das analytisch-synthetische Verfahren, also die „Zerlegung aller Stoffe in ihre Bauelemente und die Zusammensetzung dieser Bauelemente zu neuen Stoffen" (32). Dieses Verfahren ermöglicht es, jederzeit Neues zu schaffen; Popitz kreiert hier den Begriff der „Kunststoff-Welt" (33, vgl. Schelsky 1965). Die Chemie erlaubt nunmehr Eingriffe in Lebensprozesse, z.B. mit Hilfe von Arzneien, Impfstoffen, Kunstdünger etc. (Popitz 1995: 33f.). Popitz verweist hier aber auch auf die „Abfallprodukte und Nebenfolgen" der modernen Chemie, die zu einer „globalen Vergiftung der Natur" geführt haben (34).

Die fundamentale Technologie der *Elektrizität* basiert schließlich, Popitz zufolge, auf der „Erkenntnis, dass Elektrizität als Transformations- und Transportmedium von Energie und Information" (35) universell genutzt werden kann; auch dies hatte und hat weit reichende gesellschaftliche Folgen. Denn *Energie* lässt sich nahezu beliebig transformieren (von Verbrennungswärme in Elektrizität – und von dieser wiederum in Licht, Wärme oder Antriebsenergie); sie ist zudem auch über weite Entfernungen „ungewöhnlich gut transportierbar" (35), womit der Standort beispielsweise von Produktionsanlagen unwichtiger wird als zuvor. Mit der Elektrifizierung wird

zudem „Hochtechnologie (für) jedermann verfügbar" (37), auch für die alltägliche Nutzung im Privathaushalt. Zudem kann die Elektrizität in Form
elektromagnetischer Wellen für den Transport von Informationen, z.B. für
den „drahtlosen Transport von Bildern und Tönen" (Telefon, TV etc.), genutzt werden (37). Mit dieser Überbrückung räumlicher, aber auch sozialer
Distanzen wird der Standort völlig „irrelevant" (37), und das Ferne wird
nah. Wenn man bedenkt, dass der Aufsatz 1988, also vor der massenhaften
Verbreitung des Internets und des Handys, verfasst wurde, dann klingt folgendes Zitat geradezu visionär:

„Informationen und Energie, durch Elektrizität transformiert und trans-
portiert, gewinnen Omnipräsenz. Es entsteht eine umfassende kognitive
und materielle gesellschaftliche Vernetzung. Jedermann ist an nahezu jedem Ort und zu jeder Zeit erreichbar, einbeziehbar, bedienbar. Verge-
sellschaftung in einem modernen Sinn setzt den Anschluß an dieses Netz
voraus." (38)

Dritte technologische Revolution?

Aus der Betrachtung der beiden technologischen Revolutionen zieht Popitz
eine Reihe unterschiedlicher Schlussfolgerungen:

Erstens resümiert er die beiden großen Umbrüche derart, dass die erste
technologische Revolution zur Entwicklung der „urbanen Kultur" (14) und
die zweite zur „Automatisierung der Produktion" (15) geführt hat – letzteres nicht ganz überzeugend, weil hier die Chemie, aber auch die Informati-
ons- und Kommunikationstechnik nicht die Rolle spielen, die ihnen zu-
kommen müsste.

Zweitens versucht er, Gemeinsamkeiten der beiden „großen Schübe" (39)
der Technisierung zu bestimmen, die für ihn darin bestehen, dass einer Innovation der Produktionsmittel (Agrikultur, Maschine) eine Technologie
folgt, die neues Material herstellt, (Feuerbearbeitung, Chemie) und schließlich der Prozess in einer Technologie kulminiert (Städtebau, Elektrizität),
mit deren Hilfe der Mensch seinen gesamten Lebensraum „zu einem artifiziellen Lebens-Gehäuse zusammen(fasst)" (38).

Spannender als dieser Versuch, die Prozesse zu analogisieren, sind zweifellos die beiden folgenden Punkte:

Denn drittens stellt Popitz die Frage, ob in Gegenwart und Zukunft eine
weitere technologische Revolution ansteht. Er verweist dabei auf die Mikroelektronik, die Atomenergie und die Gentechnik als drei Technologien,
die möglicherweise wiederum einen Dreiklang bilden könnten, der fundamentale gesellschaftliche Konsequenzen nach sich zieht, legt sich aber bei
der Beantwortung dieser Frage nicht fest (16f.). Der Mikroelektronik attes-
tierte er dramatische Auswirkungen, fand es aber im Jahr 1988 noch

„schwer einzuschätzen" (16), ob es sich wirklich um eine fundamentale Technologie handelt. In der Atomenergie sah er lediglich eine „Übergangslösung" (17) mit großem Gefahrenpotenzial; und auch die Gentechnik betrachtete er angesichts der Risiken von Freisetzungen mit einer gewissen Skepsis.

Denkt man Popitz' Modell an diesem Punkt ein Stück weiter, so gelangt man zu einem durchaus realistischen Bild, das als dritte technologische Revolution interpretiert werden kann, aus der gegenwärtig die moderne Wissensgesellschaft entsteht. Die Basistechnologien sind die (1) Technologien der (elektronischen) Wissensverarbeitung, aber auch -erzeugung, (2) Zukunftsenergien (beispielsweise im Bereich regenerativer Energien) und schließlich (3) die Technologie der gezielten Veränderung des Erbguts, die die Züchtung neuartiger Lebewesen und damit prinzipiell auch die künstliche Optimierung des Menschen möglich macht. Vor allem ist es der Dreiklang dieser drei fundamentalen Technologien, der die Wissensgesellschaft trägt, denn was wäre die Gentechnik ohne Sequenzierautomaten, und was wären die erneuerbaren Energien ohne intelligente Chips? Es lohnt sich also durchaus, an dem Punkt, an dem Popitz 1988 stehen geblieben ist, weiter zu denken und auf diese Weise das heuristische Potenzial seines Ansatzes weiter auszuloten.

5.2 Wechselwirkung von technischer und sozialer Entwicklung

Viertens schließlich liegt die eigentliche Pointe des Popitz'schen Ansatzes, die ihn auch für die Techniksoziologie interessant macht, in seiner These der „gesellschaftlichen Korrelate", also der Behauptung, dass „technische Innovationen von einiger Bedeutung ... von sozialen Veränderungen (begleitet)" werden (39). Allein schon die Rede von Korrelaten macht deutlich, dass Popitz stets von „Wechselwirkungen" in der Entwicklung von „Technologien und Sozialstrukturen" (10) ausgeht und nicht von eindimensionalen Determinismen, wie sie die Debatte in der Techniksoziologie lange geprägt haben (vgl. Kap. 2.2).

Die gesellschaftlichen Korrelate der sechs fundamentalen Technologien, die die beiden technologischen Revolutionen getragen haben, bestehen für Popitz (siehe Tabelle 6):

- in der Entstehung von Arbeit als methodischer Tätigkeit und der auf Abstammung und Besitz basierenden sozialen Kontinuität (Agrikultur),
- in der Herausbildung der gesellschaftlichen Arbeitsteilung und des Warentausches als Basis der Gesellschaft (Feuerbearbeitung, vgl. 11),

- in der Entwicklung von Organisationen, aber auch von Verfahren zur Steuerung von Organisationen wie Macht, Politik, Verwaltung etc. (Städtebau),

- in der „Verhaltensdisziplinierung" (41), die sich als Konsequenz der maschinellen Produktion ergab (Maschine),

- in der Veränderung der Altersstruktur der Gesellschaft, die mit der Verlängerung der Lebenserwartung einherging (Chemie),

- schließlich in der „Angleichung des Lebensstandards und des Lebensstils der Bevölkerung" (41), die durch den Energie- und Informationstransport möglich wurde (Elektrizität).

Diese Betrachtung der gesellschaftlichen Korrelate mag nunmehr auch erklären, warum Popitz etliche technische Entwicklungen (wie das Spinnrad oder den Blitzableiter) nicht berücksichtigt und ganze Epochen übersprungen hat. Denn die eigentliche Pointe des Popitz'schen Ansatzes scheint darin zu liegen, dass jede Ergänzung seines Schemas um weitere fundamentale Technologien und jede Veränderung seiner Phaseneinteilung sich eine hohe Beweislast aufbürdet, nämlich nachzuweisen, dass es sich nicht nur um eine innovative Technik handelt, sondern dass sie gesellschaftlich in gleicher Weise folgenreich war wie die von Popitz behandelten fundamentalen Technologien.

Einige Lücken in Popitz' Schema sind dennoch unübersehbar; so fehlt z.B. der gesamte Bereich der Kommunikationstechnik (von der Erfindung der Schrift über den Buchdruck bis hin zum Internet), aber auch die Mobilitätstechnik (vom Schiff über die Eisenbahn bis hin zum Pkw und Flugzeug). Der Schiffsbau würde gut in die erste technologische Revolution passen, der Schienenverkehr in die zweite, während man zum Zwecke der Integration des Buchdrucks eine weitere technologische Revolution zu Beginn der Neuzeit erfinden müsste. (Warum das keinen Sinn macht, wird das folgende Kapitel 6 zeigen.) Popitz ist vorrangig auf Produktions- und Verfahrenstechnik fixiert und blendet daher andere Technik-Bereiche aus. Und dennoch bleibt es eine große Herausforderung, die denkbaren Alternativ-Kandidaten auf gleich hohem Niveau in das Schema einzubauen.

Denn Popitz postuliert, dass die gesellschaftlichen Korrelate eine „universale geschichtliche Bedeutung" haben: „Sie vergessen sich nicht mehr" – mit der Konsequenz, dass sich moderne Gesellschaften weltweit strukturell aneinander angleichen (40). Die geschichtliche „Dauerhaftigkeit" der Korrelate manifestiert sich zudem in – irreversiblen – „kumulativen Prozessen", wodurch die „Betroffenheit der menschlichen Existenz durch ‚Technik' komplexer" wird (42). Auf dem Wege der fortschreitenden Technisierung gibt es also kein Zurück mehr, wir leben vielmehr in einer Welt, die immer stärker von Technik durchdrungen ist, und zwar nicht nur von modernster Technik, sondern auch von all den Prozessen und Strukturen, die im Laufe der Menschheitsgeschichte entstanden sind und sich kumulativ verfestigt haben. Popitz fasst diesen Gedanken wie folgt zusammen:

> „Die moderne technische Zivilisation ist keineswegs durchgehend ‚modern'. Sie gleicht eher einem Warenhaus der Innovationen der Technikgeschichte." (42)

5.3 Fazit und Kritik

Das Epochenmodell der Technikgeschichte ist faszinierend und inspirierend, zum einen weil es demonstriert, zu welcher Art von Erkenntnissen man gelangt, wenn man eine soziologische Perspektive einnimmt, zum anderen aber weil es ein analytisches Raster zur Verfügung stellt, mit dessen Hilfe man Ordnung in die verwirrende Vielfalt der Technikgeschichte bringen kann. Theorien sind ja bekanntlich immer dann gut, wenn sie scharfe Hypothesen enthalten, die möglichst viel verbieten. In diesem Sinne konzentriert sich das Popitz'sche Modell auf wenige, vergleichsweise kurze Phasen der Menschheitsgeschichte, in denen es technologische Revolutionen verortet. Inwiefern diese analytische Reduktion akzeptabel ist, wird das nächste Kapitel zu klären versuchen.

6. Die Entstehung der modernen Technik

In diesem Kapitel sollen nun einige der von Popitz nicht behandelten Details der Technikgeschichte rekonstruiert und vor allem die von ihm übersprungene Epoche der frühen Neuzeit behandelt werden. Im Zentrum werden dabei einerseits die Renaissance (1400-1530, Kap. 6.2), andererseits die Phase der Entstehung der neuzeitlichen Wissenschaft im 17. Jahrhundert stehen, die mit der Gründung der Royal Society verknüpft ist (Kap. 6.3). Damit verbindet sich jedoch kein ebenso ambitioniertes Vorhaben einer theoretischen Integration der Ereignisse; im Folgenden wird eher das Standardverfahren der Sozialgeschichte der Technik gewählt, die Ereignisse zu rekonstruieren und in ihren sozialen Kontext einzubetten.[33]

Das Ziel dieses Kapitels ist es, die Entstehung der Moderne zu erklären, die sich in einem Prozess vollzog, der zwischen der Renaissance und der industriellen Revolution verortet werden kann. Mit der industriellen Revolution des 18. Jahrhunderts wird der Fortschritt des wissenschaftlichen Wissens zum entscheidenden Faktor der gesellschaftlichen Entwicklung. Ab diesem Zeitpunkt basieren Innovationen in einem zuvor nicht gekannten Maß auf *wissenschaftlichem* Know-how, d.h. auf der systematischen Erforschung der Natur und der gezielten Entwicklung künstlicher Apparate. Die intellektuelle Basis für diese Revolution wurde jedoch bereits in der Renaissance gelegt.

6.1 Vorgeschichte: Antike und Mittelalter

Griechische Antike

Will man das Spezifikum der industriellen Revolution verstehen und vor allem die Frage beantworten, warum sich ein derartiger fundamentaler Umbruch nicht bereits früher vollzogen hat, so lohnt ein Blick zurück in die *griechische Antike* (ca. 500-300 v. Chr.), wo wir auf die Mathematiker Pythagoras und Archimedes, den Astronomen Ptolemäus und den Mediziner Hippokrates stoßen, die das Fundament an Wissen schufen, auf dem die gesamte moderne Wissenschaft beruht. Auch die Grundlagen der Philosophie wurden in dieser Phase von drei großen Denkern Sokrates (470-399), Platon (427-347) und Aristoteles (384-322) gelegt (vgl. u.a. ten Horn-van Nispen 1999: 43-56, Schwanitz 2000: 40-47).

---

33 Vgl. auch die typische Periodisierung mit acht Epochen bei ten Horn-van Nispen (1999: 14), die sich – im Gegensatz zu Popitz – um historische Vollständigkeit bemüht.

Die griechische Antike war eine Zeit der technischen Erfindungen vor allem im Bereich der Mechanik (Hebel, Katapulte), der Baukunst und des Schiffbaus. Die Griechen leisteten jedoch in erster Linie „Denkarbeit" (ten Horn-van Nispen 1999: 50), denn sie lebten in einer Zwei-Klassen-Gesellschaft, welche den Angehörigen der Oberschicht gestattete, ein Leben in Muße und Kontemplation zu führen. Viele Erfindungen wie etwa die Dampfmaschine, die Hero von Alexandria bereits 100 n. Chr. entwickelte, blieben reine „Kuriositäten" (ebd.).

Römisches Imperium

Daran änderte sich auch während des *römischen Imperiums* (ca. 200 v. Chr. – 300 n. Chr.) nichts Grundlegendes. Die römische Gesellschaft hatte einen „expansiv-militärischen Charakter" (ten Horn-van Nispen 1999: 51); es kam zu einer Kolonialisierung der gesamten damals bekannten Welt rund um das Mittelmeer. Technische Innovationen fanden vor allem im Bereich der Infrastruktur statt. Die von den Römern gebauten Straßen, Brücken und Aquädukte waren sehr solide und sind größtenteils heute noch intakt, wovon man sich beispielsweise am Pont du Gard in Südfrankreich überzeugen kann. Bei der Errichtung dieser Bauwerke setzten die Römer von ihnen entwickelte Werkzeuge wie Hebel, Rammgerüste, Hebevorrichtungen mit Flaschenzügen, die archimedische Schraube u.a.m. ein (55). Sie kannten zudem eine Art Beton, der zum Bau von Kuppeln verwendet wurde.

Das von den Römern gebaute Straßennetz hatte im Jahr 100 n. Chr. eine Länge von 80.000 km; mit seinen Meilensteinen, Pferde- und Übernachtungsstationen (53) war es das erste große technische System in der Geschichte der Menschheit. Es wurde vor allem für militärische Zwecke genutzt, für die schnelle Verlegung von Truppen oder die Kommunikation per Boten. Aber auch der Handel profitierte von dieser Infrastruktur (52f.).

Die Frage liegt nahe, warum sich die industrielle Revolution nicht bereits zur Zeit der Griechen und Römer abgespielt hat. Marie-Louise ten Horn-van Nispen zufolge liegt die Antwort nicht im technischen Bereich, sondern in der Sozialstruktur der damaligen Gesellschaft, die durch eine große soziale Kluft zwischen den Bürgern der Oberschicht und der Unterschicht der Handwerker, Landarbeiter und Sklaven gekennzeichnet war. Dies führte zu einer Trennung von Theorie und Technik und verhinderte eine fruchtbare Zusammenarbeit. Zudem war „ausreichend menschliche Arbeitskraft" (56) vorhanden, was den Anreiz zur Entwicklung von Maschinen minderte. Schließlich gab es in einer derartigen Gesellschaft „keinen Absatzmarkt für Massenprodukte" (ebd.) – ein Faktor, der später bei der industriellen Revolution eine entscheidende Rolle spielen sollte.

Mittelalter

In der Periode des Zerfalls des römischen Reiches und der Völkerwanderung (400 bis 800 n. Chr.) herrschte Chaos in Europa; es gab keine staatlichen Strukturen, und die intellektuelle, wissenschaftliche und technische Entwicklung stagnierte weitgehend.

Eine gewisse Konsolidierung ergab sich mit der Kaiserkrönung Karls des Großen im Jahr 800 und der Etablierung des Frankenreichs als zentraler Großmacht, die faktisch das gesamte westliche und mittlere Europa umfasste, aber immer wieder zerfiel.[34] Vor allem das Lehnswesen, das die Vergabe von Posten an Vasallen im Tausch gegen ihre Gefolgschaft beinhaltete, war eine bedeutsame soziale Innovation, die zur Stabilisierung des Feudalismus beitrug (White 1962, Schwanitz 2000: 68-73). Die Gesellschaften des *frühen Mittelalters* (etwa bis zum Jahr 1000) waren jedoch weitgehend agrarische Gesellschaften, deren Bevölkerung nur langsam wuchs, weil immer wieder Hungernöte und Krankheiten wie die Pest ihren Tribut forderten.

Technische Innovationen, „die die Grundlage für die spätere industrielle Revolution bilden sollten" (ten Horn-van Nispen 1999: 61), fanden vor allem in der Landwirtschaft statt: Der schwere eiserne Pflug (ab dem 7. Jh.), die Dreifelderwirtschaft (ab dem 8. Jh.) und der Einsatz von Pferden als Zugtiere (ab dem 9. Jh., basierend auf der Erfindung des Hufeisens und des Kummet, eines neuartigen Zuggeschirrs für Pferde) steigerten die Erträge und ermöglichten ein langsames Bevölkerungswachstum (64-68). Denn durch den Einsatz von Pferden, deren Leistungsfähigkeit die von Ochsen erheblich übersteigt, stand erstmals in der Geschichte der Menschheit eine „nicht-menschliche Energiequelle" (White 1940: 154) in ausreichender Menge zur Verfügung – eine Innovation, die der Historiker Lynn White mit der Erfindung der Dampfmaschine vergleicht. Und diese Verfügbarkeit von Energie erklärt die rapide gesellschaftliche und wirtschaftliche Entwicklung der Folgezeit: „Erstmals in der Geschichte wurde eine komplexe Zivilisation nicht auf dem Rücken schwitzender Sklaven ..., sondern vorrangig auf nicht-menschlicher Energie aufgebaut." (156) Zudem fand das Pferd auch als Kriegsgerät Verwendung und trug so zur Entstehung eines neuen Standes, des Rittertums, bei (vgl. White 1962).

Das *Hoch- und Spätmittelalter* (1000-1500) war von Innovationen vor allem im Bereich der Mechanik geprägt, die meist experimentell, d.h. durch Versuch und Irrtum, entstanden waren (vgl. Krohn 1985a); eine durch die Wissenschaft getriebene technische Entwicklung gab es erst wesentlich später, nämlich ab dem 18. Jahrhundert. Einen wesentlichen Fortschritt stellten die Wasser- und Windmühlen dar, weil sie eine Mechanisierung von Produktionsprozessen (z.B. Mahlen von Getreide) ermöglichten. Hier kamen

---

34 Nationalstaaten im heutigen Sinne mit flächendeckenden Institutionen gibt es erst seit ca. 1600.

ab dem 11. Jahrhundert Kurbeln, Zahnräder, Nockenwellen, Schwungräder etc. zum Einsatz (ten Horn-van Nispen 1999: 59, 67).

Daneben trugen vor allem verbesserte Webstühle sowie das um das Jahr 1280 erfundene Spinnrad – „das erste Beispiel für Kraftübertragung mittels eines Riemens" (72) – zur Mechanisierung und damit zur Steigerung der Produktivität in der Textilindustrie bei. Dadurch vergrößerte sich das Angebot an Textilien, woraufhin die Preise sanken und erstmals eine größere Nachfrage entstand, die das Entstehen von Märkten zur Folge hatte (72f.) – eine gewaltige soziale Innovation.

Die „Erfindung" der Zeit, die ab dem 13. Jahrhundert mit Hilfe mechanischer Uhren gemessen werden konnte und zu einer „Standardisierung des Tagesablaufs" (Degele 2002: 77) führte, belegt zudem, welch bedeutende Innovationen noch vor Beginn der Moderne stattfanden, die den Weg in die Neuzeit bereiteten. Dazu gehören auch die – durch die Waffenindustrie bewirkten – Fortschritte in der Eisenproduktion, u.a. der Einsatz und die schrittweise Verbesserung von Hochöfen für die Eisenschmelze (ten Horn-van Nispen 1999: 59). Auch die Entwicklung seetüchtiger Schiffe, die gegen den Wind kreuzen konnten (59f.) und so die Eroberung der Welt möglich machten, sind ein Indiz für den engen Zusammenhang von technischen und sozialen Innovationen, die den Anbruch eines neuen Zeitalters einläuteten.[35]

Soziale Veränderungen am Ausgang des Mittelalters

Der soziale Kontext, in dem sich die geschilderten Entwicklungen abspielten, hatte sich im Laufe der Jahrhunderte erheblich gewandelt. Ab dem Jahr 1000 entstanden Städte in ganz Europa; aufgrund der gestiegenen Erträge der Landwirtschaft war nicht nur die Bevölkerung gewachsen, sondern es hatte sich auch ein gewisser Wohlstand ausgebreitet. Dies führte zur Landflucht und zum Wachstum der Städte, in denen sich Handwerk und Gewerbe niederließen; durch die Kreuzzüge wurde zudem der Handel zusätzlich stimuliert (ten Horn-van Nispen 1999: 68f.).

Um 1250 gab es in Europa bereits 40 Städte mit mehr als 10.000 Einwohnern, vor allem in Italien (Florenz, Mailand, Venedig, Genua) und dem heutigen Belgien (Brügge, Gent, Antwerpen), später aber auch in Süddeutschland (Nürnberg, Augsburg, vgl. Schwanitz 2000: 83). Sie „passten schlecht ins Feudalsystem", denn sie entwickelten „ihre eigenen Regeln" (ten Horn-van Nispen 1999: 69); vor allem aber begannen sie, sich in einer Weise zu

---

35 Für diesen Zeitraum sind erstmals auch negative (Umwelt-)Folgen des technischen Fortschritts dokumentiert, die sich durch Waldrodung, die Verunreinigung von Gewässern durch Metzger und Gerber sowie durch die zunehmende Luftverschmutzung ergaben. Im Jahr 1388 wurde in England das erste landesweite Gesetz gegen Luft- und Wasserverschmutzung erlassen (ten Horn-van Nispen 1999: 75).

organisieren (mit Märkten, Gilden, Hansen etc.), die immer mehr zu einem Fremdkörper und Sprengsatz im „alten" System des Feudalismus wurde. Hier entstand eine neue soziale Schicht, das Bürgertum, das zumindest im Mikrokosmos der Stadtstaaten eine politische Unabhängigkeit und Selbständigkeit erlangte und damit die Autorität der kirchlichen und weltlichen Machthaber des Feudalismus in Frage stellte.

Ganz im Gegensatz zum stereotypen Bild des Mittelalters als einer finsteren, düsteren Epoche finden wir hier also enorme (technische) Fortschritte, die die Grundlage für den Übergang zur Moderne legten. Die Frage, warum sich die industrielle Revolution nicht bereits in den oberitalienischen Städten des 14. Jahrhunderts zugetragen hat, kann nur dadurch beantwortet werden, dass erst im 17./18. Jahrhundert eine spezifische soziale Konstellation entstand, die diese Entwicklungen ermöglichte (vgl. Kap. 6.3). Vier Jahrhunderte zuvor waren diese Bedingungen vor allem deshalb noch nicht gegeben, weil ein tiefer Graben zwischen Theorie und Praxis existierte, der erst während der Renaissance überwunden wurde.

6.2 Der Beginn der Neuzeit: Die Renaissance

Die Renaissance – ein kurzer Zeitabschnitt von 1400 bis 1530 – markiert eine historische Zäsur, die den Bruch mit dem Mittelalter und den Auftakt zur Moderne bedeutet. Dieser Bruch vollzog sich wesentlich im Geiste, weniger in der Praxis, die dem Fortschritt erst später und keineswegs gradlinig folgte (Krohn 1985b). In der Renaissance entstand ein neues Weltbild des Rationalismus, des Individualismus und des Humanismus, in dessen Mittelpunkt der Mensch steht. Der Respekt vor der Menschenwürde, die Menschlichkeit im Umgang miteinander und die Anerkennung von Individualität sind zentrale Bestandteile der Werteordnung und des neuen Denkens des Humanismus, die zugleich ein völlig „neues, freieres Lebensgefühl" mit sich brachten (Krohn 1985b: 167, vgl. Jung 2003). Die Humanisten legten großen Wert auf die geistige und sittliche Bildung des Menschen und griffen dabei auf das Wissen der Antike zurück.

Michelangelo (1475-1564) ist einer der Protagonisten dieser Epoche, der die Befreiung des Menschen von den Zwängen des Mittelalters und das neue Lebensgefühl wie kein anderer zum Ausdruck brachte, etwa in Form der David-Statue oder der Fresken in der Sixtinischen Kapelle; hier präsentierte er beispielsweise in der Szene der Erschaffung Adams oder der Vertreibung aus dem Paradies nackte Menschen in einer provozierenden Weise, die viele Zeitgenossen schockierte und Savonarola, seinen Gegenspieler in Florenz, dazu brachte, massiv gegen den Verfall der Sitten zu agitieren (vgl. Stone 1977, King 2004).

Die Renaissance war eine Zeit des Umbruchs und des Aufbruchs zu neuen Ufern; die Entdeckung Amerikas durch Columbus im Jahre 1492 mag hier als Hinweis genügen. Die Reformation 1517 und die anschließenden Religionskriege zeigen aber auch, dass das „Alte" sich dem „Neuen" nicht kampflos geschlagen gab. Der Bruch, den die Renaissance bedeutete, war vielmehr oft ein Riss, der quer durch die Gesellschaft, aber auch durch das einzelne Individuum ging.

Für die Entstehung der modernen Wissenschaft (und später der modernen Technik) war das Konzept der *Innovation* entscheidend, also das Umschlagen von der Idee des Bewahrens (und allenfalls des Wiederentdeckens von Bekanntem) in die Idee des aktiven Gestaltens und Schaffens von Wirklichkeit (Krohn 1988: 25-27). Die Scholastiker des Mittelalters waren primär mit dem Bewahren und Systematisieren bestehenden Wissens wie auch mit der Prüfung von Aussagen (z.B. unterschiedlicher Bibelpassagen) auf ihre logische Vereinbarkeit befasst. Ihr – von den Griechen stammender – Technikbegriff sah technisches Handeln demzufolge vor allem als die individuelle Kunst der *Anwendung* geschulten Wissens. In der Renaissance hingegen entstand nunmehr die Idee der Forschung, d.h. der Entdeckung von Neuem, und zwar in Form der *Konstruktion* neuartiger Produkte. Ein rückwärtsgewandtes Denken wurde also durch ein in die Zukunft gerichtetes abgelöst, was eine neue „Beweglichkeit" des Geistes demonstrierte (Krohn 1985b: 169).

Kurioserweise wurde dieser Prozess durch eine Rückbesinnung auf das Altertum in Gang gesetzt, die durch die Wiederentdeckung der Schriften, Bilder und Bauwerke der Griechen und Römer ausgelöst worden war. Nicht nur der Fernhandel und die Kreuzzüge, sondern auch die rege Bautätigkeit in den italienischen Städten förderten antike Gebäude, Skulpturen und weitere Relikte der Vergangenheit zu Tage. Dies war insofern folgenreich, als sich zum einen ein Bewusstsein der Historizität verbreitete, also der „Gemachtheit" des Gegenwärtigen und seiner Einbettung in den Strom der Geschichte, zum anderen aber verlorenes Know-how wieder entdeckt wurde, z.B. die plastische, naturgetreue Malerei, aber auch die Technik der Skulptur. Das Wissen um diese Techniken war im Mittelalter verloren gegangen, und die Wiederentdeckung dieses Erbes der Menschheit setzte die Zeitgenossen in großes Erstaunen und regte die Künstler und Architekten zur Nachahmung an.

Den politischen Kontext bildeten die Stadtstaaten, in denen sich ein neuer Typus einer städtischen Aristokratie und eines selbstbewussten Bürgertums gebildet hatte, der durch den Handel, d.h. die Eroberung und Ausplünderung fremder Länder, zu einem erheblichen Reichtum gelangt war. In diesem Milieu entstand nun ein neuer sozialer Typus des „Künstler-Ingenieurs" (Zilsel 1976: 57), der die Qualitäten des Handwerkers und des Gelehrten vereinte. Dabei trat die Individualität des Künstlers erstmals deutlich zutage, was ein weiteres Indiz für die Ablösung des Kollektivismus des Mittelalters durch den Individualismus der Neuzeit ist; denn der Künstler signierte nunmehr sein Werk, sodass die Leistung persönlich zurechenbar wurde.

Der Protagonist dieses neuen Typus des Künstler-Ingenieurs war Leonardo da Vinci (1452-1519), der die Verfahren der Handwerker systematisch studierte und auf diese Weise dazu beitrug, dass die Praktiken der Handwerker dokumentiert wurden und ihr implizites Wissen nicht verloren ging. Was Leonardo in seinen voluminösen Skizzenbüchern festhielt, waren also oftmals nicht seine Erfindungen, sondern Dokumentationen des damaligen Stands der (handwerklichen) Technik durch den akademisch geschulten Wissenschaftler und Künstler – diese beiden Rollen waren noch nicht ausdifferenziert. Der von Brunelleschi 1423 entwickelte „Castello", ein Lastenkran für den Bau des Florentiner Doms, ist ein gutes Beispiel zur Veranschaulichung dieses Prozesses.

Brunelleschi und das „Wunder von Florenz"

Der Bau des Doms von Florenz „Santa Maria del Fiore" erstreckte sich von 1296 bis 1434, also über einen Zeitraum von fast 150 Jahren. Die Kathedrale war zwar 1367, als die Planungen für die Kuppel begannen, schon weit fortgeschritten. Doch wie die riesige Kuppel über dem Oktogon angefertigt werden sollte, das mit einer Höhe von 40 Metern und einem Durchmesser von 44 Metern bereits beachtliche Dimensionen angenommen hatte, war allen Beteiligten selbst 50 Jahre später noch rätselhaft, als der Auftrag im Jahr 1418 ausgeschrieben wurde. Das Hauptproblem bestand darin, dass es praktisch unmöglich war, ein hölzernes Lehrgerüst zum Abstützen der entstehenden Kuppel zu verwenden, wie es sonst üblich war; denn angesichts der gigantischen Dimensionen hätte man unvorstellbare Mengen Holz gebraucht, die zudem aufgrund ihres Eigengewichts im Boden versunken wären (vgl. ausführlich King 2003).

Der Goldschmied Filippo Brunelleschi (1377-1446) löste das Problem auf eine geniale Weise, die bis heute nicht restlos geklärt ist, z.B. durch einen eigenwilligen Fischgrätverbund, mit dem er die Kuppel frei tragend mauern ließ (vgl. Thomas 2003). Er schuf damit das „Wunder von Florenz" (King 2003), das trotz seiner stattlichen Höhe von 91 Metern eine gewisse Leichtigkeit ausstrahlt, die jeden Besucher fasziniert.

Brunelleschi war reiner Praktiker; eine Theorie der Statik von Bauwerken existierte zum damaligen Zeitpunkt noch nicht. Zwar wurde das Wissen der Antike (und damit auch das Wissen um die Baukunst) gerade wiederentdeckt, aber Brunelleschi beherrschte weder Latein noch Griechisch, konnte die antiken Schriften also nicht lesen (King 2003: 94f.). Zwar besuchte er mehrfach Rom, um die Baukunst der Römer vor Ort zu studieren, und befasste sich besonders intensiv mit der Kuppel des Pantheon. Dennoch stand ihm theoretisches Wissen faktisch nicht zur Verfügung.

Es gibt auch keine Konstruktionszeichnung der Kuppel. Brunelleschi musste dem Bauherrn, der Domopera, zwar Skizzen und Modelle vorlegen, aber er machte dies auf eine geheimniskrämerische Weise, die offenbar verhindern sollte, alle Karten auf den Tisch legen zu müssen. (Hintergrund war der damals noch fehlende Ideenschutz.) Somit war es ein großes Wagnis, als man ihm schließlich 1420 den Auftrag erteilte. Bauen war damals ohnehin ein experimentelles Vorhaben, das mit einem hohen Risiko verbunden war; immer wieder stürzten halbfertige Kathedralen ein (vgl. Philipp 2002, literarisch: Follett 1992).

Die Details des Kuppelbaus können hier nicht dargestellt werden (vgl. King 2003, Thomas 2003); interessant in unserem Zusammenhang sind vor allem technische Erfindungen wie der – von einem Pferd angetriebene – Materialaufzug von 1420, der zu einer enormen Erhöhung der Arbeitsproduktivität nicht nur deswegen führte, weil große Lasten nunmehr rasch nach oben befördert werden konnten, sondern auch weil die Versorgung der Arbeiter nunmehr einfacher wurde, da sie zum Mittagessen nicht mehr den weiten, zeitraubenden Weg nach unten zurücklegen mussten (King 2003: 86-94). Ähnlich verhält es sich mit dem „Castello", einem Kran mit Ausleger (101), ähnlich heutigen Baukränen, dessen Konstruktion ebenfalls auf schwachem theoretischen Fundament stand (94, 102), mit dessen Hilfe es jedoch möglich war, tonnenschwere Lasten präzise auf der – sich nach oben immer weiter verjüngenden – Kuppel abzusetzen.

Der Castello war ein Unikat, das vermutlich in Vergessenheit geraten wäre, wenn da Vinci es nicht skizziert und so das in ihm enthaltene praktische Wissen dokumentiert und konserviert hätte (vgl. King 2003: 86, 101, 103).[36] An diesem Beispiel kann man also deutlich sehen, wie wertvoll die Arbeit der Künstler-Ingenieure war; denn sie schlugen Brücken zwischen der Welt der Praxis und der Welt des Wissens, wie es sie in dieser Form noch nicht gegeben hatte. Der Castello war zwar nicht Leonardos Erfindung, dieser hat aber dazu beigetragen, den Wert derartiger technischer Geräte zu verstehen und das in ihnen enthaltene Know-how für die Nachwelt zu bewahren.[37]

---

36 Der Castello wurde nach der Fertigstellung der Kuppel im Jahr 1434 nicht wieder abgerissen, sondern vermutlich noch bei der Installation der „Laterne" eingesetzt, die 1470 auf die Spitze der Kuppel gesetzt wurde; dies erklärt, warum Leonardo, der nach Brunelleschi gelebt hat, den Castello hat zeichnen können (persönliche Information von Ross King, 1. August 2007).

37 Auch andere Zeitgenossen wirkten an der Dokumentation des Standes des handwerklichen Wissens mit, indem sie Technik-Kompendien verfassten: Das 1524 erschienene „Bergwerksbüchlein", aber auch das Werk „De re metallica", in dem Agricola 1556 das metallurgische Wissen seiner Zeit zusammenfasste, sind weitere Bestandteile eines „Inventarisierens der Technik" (ten Horn-van Nispen 1999: 81, vgl. 91f.), mit denen das implizite Wissen der Handwerker explizit gemacht wurde.

Zwei weitere Aspekte lassen sich am Beispiel des Baus des Florentiner Doms verdeutlichen: (a) Mit der Renaissance gewann das Wissen einen Wert, der sich aus dem Nutzen der auf ihm basierenden (technischen) Anwendungen ergab und sich monetär beziffern ließ. Damit entstand ein *Markt für Wissen* und wissensbasierte Produkte, auf dem sich Wissenschaftler und Techniker (tastend und suchend) bewegten. (b) Wissen wurde damit auch individuell zurechenbar, d.h. der Erfinder konnte einen persönlichen Nutzen aus seinem intellektuellen Kapitel ziehen, den er aber – mangels Patentschutz – vor Konkurrenten sichern musste. Die Angst vor Plagiaten führte zur damaligen Zeit zu kuriosen Strategien, etwa der oben erwähnten Geheimniskrämerei Brunelleschis, oder der Spiegelschrift, mit der Leonardo seine Ideen schützte, aber auch zu esoterischen Texten, mittels derer beispielsweise Paracelsus seine Erkenntnisse verschlüsselte – denn schließlich ging es den Alchimisten ja um nichts Geringeres als die künstliche Herstellung von Gold, was nicht nur Ruhm, sondern vor allem Reichtum versprach (vgl. Bernal 1970: 374, Krohn 1985b: 172). Mit dieser individuellen Zurechenbarkeit von Wissen entstand somit die neue soziale Rolle des Künstlers bzw. des Forschers.

Leonardo da Vinci

Der Prototyp dieser neuen Rolle ist, wie bereits erwähnt, Leonardo da Vinci (1452-1519). Seine Spezialität war die Naturbeobachtung, die er an die Stelle der philologischen Arbeit rückte, wie sie für einen Scholastiker typisch war. Er setzte auf Induktion (die Generalisierung empirischer Befunde) statt auf Deduktion (die Ableitung neuen Wissens aus bekannten Weisheiten). Da Vinci war ein Universalgenie, der die Rollen des Künstlers, des Wissenschaftlers und des Ingenieurs miteinander verband. Mit ihm entstand das neue „Berufsbild des Ingenieurs" (Krohn 1985b: 170, ausführlich Krohn 1977, Clark 1969).

Neben seinen Naturstudien hat da Vinci jede Menge Konstruktionszeichnungen z.B. in den Bereichen Mechanik und Hydraulik angefertigt; von ihm stammen die ersten Skizzen von Hubschraubern, U-Booten und Flugapparaten. Seine Phantasie kannte offenbar keine Grenzen, und er nahm auf diese Weise nicht nur vieles auf, was ihm in der Natur und in der Praxis der Handwerker begegnete, sondern er nahm mit seinen kühnen Entwürfen auch vieles vorweg, was erst später mit dem Siegeszug der modernen Wissenschaft und der industriellen Revolution realisiert werden konnte. Seine Ideen blieben allerdings meist konsequenzenlos; ohne die (damals noch nicht vorliegenden) Kenntnisse von Statik und Dynamik und ohne eine Kraftquelle wie die Dampfmaschine wären seine Projekte zu seinen Lebzeiten kaum zu verwirklichen gewesen (vgl. Krohn 1985b: 170, Bernal 1970: 371).

Die Herausbildung der neuen sozialen Rolle des Künstler-Ingenieurs vollzog sich allerdings nicht gradlinig und komplikationsfrei; wer sich auf das neue Leben eines frei schwebenden Wissenschaftlers einließ, musste immer wieder erfahren, wie unsicher die Lage dieses neuen sozialen Typus war. Ein Bewerbungsschreiben da Vincis an den Herzog von Mailand aus den frühen 1480er Jahren, in dem er sich um eine Anstellung bewarb, verdeutlicht diese ambivalente Situation (vgl. auch Krohn 2007b). Da Vinci bot sich hier als ein Konstrukteur technischer Geräte an, vor allem aber als „Meister in der Kunst des Erfindens von Kriegsgerät", u.a. (in heutiger Diktion) Befestigungs- und Verteidigungsanlagen, Ponton-Brücken, Tunnelanlagen, Panzer, Kanonen und Katapulte, allesamt „sehr mächtige Maschinen, sowohl für den Angriff als auch für die Verteidigung". Diesen universellen Fähigkeiten zum Bau von Kriegsgerät fügte er hinzu, dass er „in Zeiten des Friedens" auch Denkmäler, Kanäle und Statuen errichten könne; Letzteres war dann auch der Schwerpunkt seiner Tätigkeit in Mailand, wo er 1493 das Sforza-Monument fertig stellte (alle Zitate aus Bernal 1986: 186f.).

Da Vinci präsentierte sich also hier als Experte, der sämtliche Gebiete der Technik beherrscht, wobei der Schwerpunkt auf der Militärtechnik lag. Die lange Liste von Versprechungen drückte zudem ein enormes Selbstbewusstsein aus, denn Leonardo hatte noch keinerlei praktische Erfahrungen mit derartigen Dingen vorzuweisen; und es ist schwer zu beurteilen, ob er überhaupt in der Lage gewesen wäre, die genannten Projekte zu realisieren. Charakteristisch für ihn und seine Zeit ist jedoch das unbedingte Vertrauen in die eigene Leistungsfähigkeit wie auch die der Technik. Leonardo zeigte sich davon überzeugt, dass prinzipiell alles technisch machbar war.

Warum Leonardo die militärischen Anwendungsgebiete der Technik in seinem Schreiben derart in den Vordergrund rückte, lässt sich einerseits durch die unruhige politische Situation Oberitaliens der damaligen Zeit, andererseits aber auch durch die „Arbeitsmarktsituation" für Wissenschaftler und Ingenieure erklären: Potenzielle Arbeitgeber waren lediglich die wenigen Universitäten, die Kirche, die reiche Oberschicht, die Privatlehrer für ihre Kinder einstellte, oder aber die Fürsten, die einen Chefingenieur am Hofe benötigten.[38] Dies war ein Novum, dass die Wissenschaft zum Beruf wurde und der Wissenschaftler seinen Lebensunterhalt verdienen musste, indem er sich auf einem – noch wenig konturierten – Markt anbot, der eher einem Jahrmarkt der Möglichkeiten glich. Charakteristisch für die neue soziale Rolle des Wissenschaftlers ist daher Leonardos pragmatische Haltung zur Frage der Verwendung seines Wissens: Er bot sich als Experte an, der sich für jeden Zweck zur Verfügung stellte. Zudem präsentierte er sich als Universalgenie, als Künstler *und* Ingenieur. Dies reflektiert die Tatsache, dass bis zu diesem Zeitpunkt weder eine Ausdifferenzierung der Wissenschaft

---

38 Leonardo arbeitete später als Chefingenieur des Herzogs von Mailand und war in dieser Eigenschaft u.a. für das Kanalsystem zuständig.

noch eine Spezialisierung von Wissenschaft und Technik in verschiedene Disziplinen und Teilgebiete stattgefunden hatte.

Die Technik der Renaissance

Die Bedeutung der Renaissance kann nicht hoch genug eingeschätzt werden, denn sie bewirkte einen Umbruch im Denken, der den Beginn der Neuzeit einläutete. Betrachtet man hingegen den konkreten Beitrag dieser Epoche zur Technikentwicklung i.e.S., so fällt die Bilanz etwas bescheidener aus: Das Geschütz, das bereits seit dem 14. Jahrhundert bekannt war, wurde so weiterentwickelt, dass es nunmehr eine kriegsentscheidende Rolle spielte und – als Gegenmaßnahme – eine Revolution im Festungsbau auslöste (Krohn 1985b: 170). Entscheidender hingegen ist der Buchdruck, der von Gutenberg 1450 erfunden wurde;[39] er war die zentrale Innovation am Ausgang des Mittelalters, die zudem in engem Zusammenhang mit der Reformation gesehen werden muss, weil auf diese Weise die Bibel in deutscher Übersetzung unters „Volk" (i.e. das wohlhabende Bürgertum) gelangte und so das Wissens-Monopol der Klöster gebrochen wurde. Der Buchdruck war sicherlich nicht der alleinige Verursacher der politisch-gesellschaftlichen Entwicklungen, hat diese aber enorm beschleunigt.

Große Fortschritte gab es zudem im Bergbau, wo effizientere Pump- und Förderanlagen zum Einsatz kamen, in der Metallurgie und der Chemie (Bernal 1970: 373). Paracelsus gelang es in seinen chemischen Experimenten erstmals, Mineralien zu trennen und zu verschmelzen. Allerdings war dies keine wissenschaftliche Forschung (im heutigen Sinne), sondern basierte auf dem Prinzip des „Versuch-und-Irrtums". Schließlich profitierte die Seeschifffahrt von den Fortschritten der Astronomie und der Entwicklung neuartiger Navigationsinstrumente wie des Nocturnals, das eine Zeitbestimmung auch bei Nacht möglich machte (378). Als Fazit lässt sich also festhalten, dass die Epoche der Renaissance im Bereich der Technik zwar viele Verbesserungen, aber keine fundamentalen Neuerungen mit sich brachte.

Ihre Hauptleistung lag in der Überwindung der Trennung von Theorie und Praxis bzw. von Wissenschaft und Technik, welche die gesamte Geschichte der Wissenschaft seit der Antike gekennzeichnet hatte, und damit in der Konturierung des neuen Konzepts der Innovation, das wissenschaftliche Forschung und technischen Fortschritt miteinander verknüpfte. Ihre wesentliche Leistung lag zudem in einem Paradigmenwechsel im Denken, der schließlich in der kopernikanischen Revolution kulminierte, die nicht nur eine wissenschaftliche Revolution war (vgl. Kuhn 1976), sondern zugleich

---

39 Vorläufer gab es bereits in China (1324) und Korea (1377), aber Gutenbergs Erfindung brachte eine enorme Vereinfachung mit sich; siehe http://de.wikipedia.org/ wiki/Buchdruck (01.08.2007).

ein neues Weltbild schuf, das die alte Welt aus den Angeln hob. Die 1543 veröffentlichte Schrift „De Revolutionibus Orbium Coelestium" (Über die Kreisbewegungen der Himmelskörper) von Kopernikus dekomponierte das – auf Ptolemäus' Arbeiten beruhende – geozentrische Weltbild, welches die göttliche und die weltliche Ordnung dadurch legitimiert hatte, dass die Erde im Zentrum stand und der Kosmos als eine statische, geschlossene Einheit betrachtet wurde. Zwar war das alte System trotz seiner Inkonsistenzen für praktische Zwecke durchaus brauchbar; auch wurde das neue System erst mit der Entdeckung der Jupitermonde durch Galileo im Jahr 1610 endgültig bestätigt. Dennoch waren durch Kopernikus' Arbeit die alten Autoritäten und Gewissheiten derart in Frage gestellt, dass auch die Repressalien, mit denen die Kirche die Anhänger des neuen Denkens verfolgte, den wissenschaftlich-technischen, aber auch den gesellschaftlichen Fortschritt nicht dauerhaft aufhalten konnten.

Die Renaissance markiert diese Transformation, in der wesentliche Grundlagen für den dann folgenden Aufbruch zur Moderne gelegt wurden. Die enorme Dynamik der Ereignisse, die nach Jahrhunderten des Stillstandes bzw. gemächlichen Fortschritts innerhalb der statischen Gesellschaft des Feudalismus die Welt binnen weniger Jahrzehnte regelrecht auf den Kopf stellte, vermittelt allein der Blick auf die enorme zeitliche Dichte zentraler Ereignisse: Columbus (1492), Luther (1517), Kopernikus (1543).

6.3 Experimentelle Philosophie: Die Entstehung der neuzeitlichen Wissenschaft

Obwohl die Renaissance die geistigen Grundlagen der Moderne gelegt hatte, bedurfte es noch einiger Jahrhunderte, bis sich auf dieser Grundlage das Konzept einer modernen, experimentellen Wissenschaft entwickeln konnte, die die Basis für die systematische Erforschung und Entwicklung von Technik bildete. Der erste Schritt auf diesem Wege vollzog sich im 17. Jahrhundert (Kap. 6.3), der zweite dann im 18. und 19. Jahrhundert (Kap. 6.4).

Einen wesentlichen Meilenstein markiert Galileo Galilei (1564-1642), der mit seinen exakten Messungen und Beobachtungen der neuen experimentellen Methode zum Durchbruch verhalf. Er entdeckte die Fallgesetze und die Bewegungsgesetze und duldete bei der Interpretation seiner Beobachtungen keine fremden Autoritäten und überkommenen Weltanschauungen. Mit seinen Forschungen, insbesondere mit der Entdeckung der Jupitermonde, bestätigte er das heliozentrische Weltbild des Kopernikus und wurde deshalb von der Inquisition als Ketzer verfolgt. Es war das Zeitalter der Reformation, der Glaubenskriege, aber auch der Entdeckung der Welt; der Kampf des „Alten" mit dem „Neuen" war voll im Gange. Erst im Oktober 1992 wurde Galileo rehabilitiert.

Francis Bacon: Die Vision einer neuen Wissenschaft

Zeitlich parallel zu Galileo wirkte in England der Philosoph und Staatsmann Francis Bacon (1561-1626), der in seinen Schriften das Konzept einer modernen, experimentellen Naturforschung entwarf, das 1660 mit der Gründung der Royal Society in London erstmals in institutionalisierter Form umgesetzt werden konnte (dazu ausführlich Krohn 2004, van den Daele 1977).[40]

Bacon war ein politischer Beamter, der in seinen Schriften die Utopie eines perfekten Staates propagierte, „der von einem aufgeklärten Monarchen nach Maßstäben der Vernunft gelenkt wird" und dabei von einer „wissenschaftlichen Elite" beraten wird, deren Ziel es ist, das „Wohlergeben der Menschen" zu verbessern und so eine gerechte Gesellschaft zu schaffen (Falkenburg 2004: 48). Diese technokratische Vision basierte auf einem planwirtschaftlichen Modell, das weitgehende Eingriffe in die natürlichen und gesellschaftlichen Prozesse vorsah – bis hin in den Bereich der Familienplanung (Bacon 1982: 31, 38). Um diese Vision zu realisieren, regte Bacon, obwohl selbst nicht als Wissenschaftler tätig, in seinem Buch „Nova Atlantica" aus dem Jahre 1624 die Gründung wissenschaftlicher Akademien an. Diese sollten durch ihre Forschungen die Grundlagen für das Wohlergehen der Gesellschaft legen.

„Neu-Atlantis" ist ein utopischer Reiseroman, in dem die Besatzung eines Schiffes auf einer fernen, unbekannten Insel strandet, wo ihnen der Prototyp eines perfekten Staates präsentiert wird. Als zentrale technische Einrichtung wird ihnen das „Haus Salomon" vorgestellt, eine – in heutiger Terminologie – Forschungseinrichtung, die eine Reihe von Instituten der Grundlagen- und angewandte Forschung sowie Versuchslabors beherbergt. Die Aufgabe der dort tätigen Wissenschaftler ist es, „die Ursachen des Naturgeschehens zu ergründen, die geheimen Bewegungen in den Dingen und die inneren Kräfte der Natur zu erforschen und die Grenzen der menschlichen Macht so weit auszudehnen, um alle möglichen Dinge zu bewirken" (Bacon 1982: 43).

Bacon präsentiert hier ein neuartiges Konzept von Wissenschaft, welche nicht nur in der Lage ist, die Naturgesetze zu ergründen, sondern auf Basis dieser Kenntnisse sich auch imstande fühlt, praktische Wirkungen zu erzeugen und damit Veränderungen herbeizuführen, die weit über das Bekannte hinausgehen. Eine derart enge Verknüpfung von Theorie (Grundlagenforschung) und Praxis (angewandter Forschung) war etwas revolutionär Neues; zudem gingen bei Bacon theoretisches Wissen und praktischer Nutzen für die Gesellschaft Hand in Hand.

---

40 Nahezu zeitgleich 1666 wurde in Paris die Académie des Sciences gegründet.

Der Text enthält eine geradezu enzyklopädische Auflistung der Wissensgebiete der neu entstehenden modernen Wissenschaft, die auf die Zeitgenossen utopisch gewirkt haben muss, weil sich der Mensch hier zum Schöpfer aufschwingt und Gott gleich stellt; aber auch auf heutige Leser wirkt sie noch wie eine gewaltige Omnipotenzphantasie. Im Kern enthält sie jedoch ein programmatisches Versprechen auf die Zukunft mit Projekten, die erstaunlicherweise heute weitgehend verwirklicht sind – bis auf eine einzige Ausnahme, das Perpetuum mobile.

Von Brigitte Falkenburg stammt folgende Zusammenstellung der Baconschen Projekte in moderner Diktion:

o „Physik: optische Präzisionsinstrumente (Teleskop, Mikroskop), Schallverstärkung und -übertragung über große Entfernungen, Kühlverfahren, Wärmeproduktion …

o physikalische Technik: Maschinen, Waffen, Flugapparate, Raketen, Unterseeboote, mechanische Uhren, Windmühlen, Wasserräder, Perpetuum mobile

o Energiegewinnung: Wind- und Wasserkraftwerke, Nutzung der Sonnenenergie …

o Materialwissenschaften: Härtung und Konservierung von Körpern, künstliche Mineralien und Metalle, Keramik

o Chemie und Pharmazie: Destillations- und Trennungsverfahren, Synthese von Stoffen, Herstellung von Dünger, Mineralwasser, Arzneimitteln, Parfüm und künstlichen Geschmacksstoffen

o Biotechnologie: Züchtung von Tieren und Pflanzen, Veränderung der Eigenschaften von Tieren und Pflanzen, … Tierversuche und Sektionen

o Lebensmittel: Herstellung von leichtverdaulichen Speisen, Flüssignahrung, Appetitzüglern, Stärkungsmitteln und Anabolika

o Klimaforschung: Wetterbeobachtung und -vorhersage

o Katastrophenprävention: Vorhersage von Epidemien, Stürmen, Überschwemmungen und Erdbeben"

(2004: 49, vgl. auch Mumford 1984: 469).

Bacon nennt beispielsweise tiefe „unterirdische Höhlen" (43 – in heutiger Diktion: Gefrierkammern), die für die Konservierung von Substanzen und Körpern, aber auch für die künstliche Herstellung von Mineralien sowie die Heilung von Krankheiten genutzt werden (43f.). Er verweist ferner auf „künstliche Quellen" (45), in denen diverse Lösungen und Heilmittel hergestellt werden, auf „Gebäude" (45 – in heutiger Diktion: Labors), in denen die Forscher das Wetter, aber auch „die Erzeugung von Insekten, … Fröschen, Fliegen, Heuschrecken usw. nachahmen und zur Darstellung bringen" (45). Immer wieder findet man den Hinweis, dass all diese neuen

Technologien und Verfahren „lebensverlängernd wirk(en)" (45, vgl. 44). Bacon stellte also den gesellschaftlichen Nutzen der Forschung nicht als Abfallprodukt, sondern als zentrales Motiv der Arbeit der Wissenschaftler dar und begründete damit einen – bis heute beliebten – Topos der Legitimation von Forschung durch ihren praktischen Nutzen.[41]

Die Liste der Baconschen Projekte ist lang und allumfassend und beinhaltet z.B. die künstliche Züchtung von Pflanzen und Tieren (46f.), die Herstellung von Pharmazeutika (49) sowie von „Maschinen, die nur durch Bewegung Wärme erzeugen" (50), aber auch von „Maschinen und Apparaten, mit deren Hilfe wir Bewegungen jeder Art hervorbringen können" (53). Sie setzt sich fort u.a. mit der Verwendung von Mikroskopen und Teleskopen für die Forschung und technische Entwicklung (51f.), der Entwicklung von Hörgeräten (52), von Flugzeugen und U-Booten (53) sowie des Perpetuum mobiles (54).

Die Auflistung (siehe Textbox) enthält eine durchaus moderne Ausdifferenzierung der natur- und ingenieurwissenschaftlichen Fachgebiete, die ihrer Zeit weit voraus war. Es wäre jedoch falsch, sie lediglich als eine Liste wissenschaftlicher Forschungsprojekte zu lesen; denn sie bezieht ihre besondere Brisanz aus Bacons Anspruch, die Wissenschaft konsequent in den Dienst der Gesellschaft zu stellen, also mit Hilfe neuer Technologien dafür zu sorgen, dass Armut, Krankheit und Krieg der Vergangenheit angehören und so die paradiesischen Zustände entstehen, die in dem utopischen Staat „Neu-Atlantis" herrschen. Technischer Fortschritt steht bei Bacon immer im Kontext einer gesellschaftlichen Utopie; so sollen medizinische und technische Errungenschaften beispielsweise das Leben erleichtern, für Wohlstand sorgen, aber auch „ein konfliktfreies Zusammenleben in der Gesellschaft" ermöglichen (Falkenburg 2004: 48).

In Bacons Aussagen spiegelt sich ein ungebremster Fortschrittsoptimismus, der insofern neuartig ist, als die Wissenschaft sich erstmals imstande fühlt, Prognosen abzugeben und diese für eine Gefahrenabwehr zu nutzen:

> „Wir künden auch im voraus das Auftreten von ansteckenden Krankheiten und Seuchen an, prophezeien Heuschreckenschwärme, Hungersnot, Sturm und Unwetter, Erdbeben, Überschwemmungen, Kometen und andere naturgegebene Schicksalsfügungen, sagen die Jahrestemperaturen voraus und geben der Bevölkerung Ratschläge über die Maßnahmen, die zu ergreifen sind, um diesen Übeln zu entgehen oder sich gegen sie zu schützen." (Bacon 1982: 57)

Bacons Utopie basiert also auf dem Modell einer gesellschaftlich verantwortlichen Wissenschaft, die Forschung nicht um ihrer selbst willen be-

---

41 So wird die Verwendung gentechnischer Verfahren beispielsweise immer wieder durch ihren potenziellen Ertrag für die Bekämpfung von Zivilisationskrankheiten wie Aids oder Krebs legitimiert.

treibt, sondern eine enge Verknüpfung von wissenschaftlichem, technischem und sozialem Fortschritt vornimmt und daher eine Beteiligung der Wissenschaft an der gesellschaftlichen Zukunftsgestaltung einfordert.

Das Konzept experimenteller Forschung

Hinter dieser Vision einer neuen Wissenschaft, die die Mittel zur Linderung der Nöte dieser Welt in der Hand zu haben glaubt, steht ein neuartiges Konzept der experimentellen Forschung als zentralem Motor der Erkenntnis und Quelle neuen Wissens zugleich. Vor allem in seiner Schrift „Novum Organum" aus dem Jahre 1620 (Krohn 1990) nimmt Bacon eine programmatische Neubegründung der Wissenschaften vor, die sich gegen die vorherrschende aristotelische Tradition richtet und die empirische Forschung in den Mittelpunkt rückt (Krohn 1988: 28). Er fordert die Abkehr von Vorurteilen und vorgefertigten Meinungen und propagiert die neue Methode der genauen Beobachtung und des Experiments. Auch in „Neu-Atlantis" spricht er von der gezielten Variation von Versuchen unter kontrollierten Bedingungen (Bacon 1982: 46f.), mit deren Hilfe sich „wunderbare Wirkungen erzielen" (50) ließen.

Dahinter steht die Vorstellung, dass alle natürlichen Vorgänge auf das Prinzip der Kausalität zurückzuführen sind, dass Ursachen und Wirkungen sich also systematisch identifizieren und isolieren lassen – und somit auch variieren lassen, was letztlich die Erzeugung künstlicher Stoffe ermöglicht. In den Labors des „Haus Salomon" werden, so Bacon, die untersuchten Materialien „nach Belieben … verändert" (45), und zwar auf systematische Weise:

> „Und zwar lassen wir uns bei diesen Versuchen nicht vom Zufall leiten, sondern wissen sehr wohl, von welchen Stoffen wir ausgehen müssen und welche Tiere wir so erzeugen können." (47)

Bacon begreift das Verhältnis von Theorie (der Suche nach Gesetzen) und Empirie (der experimentellen Forschungspraxis) als ein „interaktives Wechselspiel" (Krohn 2004: 95), in dem es nicht mehr ausschließlich darum geht, die verborgenen Geheimnisse der Natur zu entschlüsseln (etwa via Beobachtung), sondern auch neue, unbekannte Effekte zu erzeugen (Krohn 2007a: 348). Bei der Herstellung von Pharmazeutika und Arzneien bediene man sich, so Bacon, „synthetischer Verfahren", die so perfekt seien, dass man die Produkte kaum von Naturprodukten unterscheiden könne (1982: 49). Mit dieser praktisch-konstruktiven Ausrichtung ging Bacon deutlich über die eher handwerklich-experimentellen Methoden der Renaissance hinaus. Zudem verdeutlicht dieser Ansatz das enorme Selbstbewusstsein des neuen Denkens.

Bacon ging es jedoch, wie oben bereits erwähnt, nicht nur darum, die Naturgesetze zu erforschen und durch kontrollierte Experimente neuartige

Produkte zu erzeugen. Sein Ziel war stets auch, auf diese Weise die Macht zu erlangen, um in natürliche und gesellschaftliche Prozesse eingreifen zu können (vgl. 1982: 49). Naturforschung war für ihn immer ein Mittel zum Zwecke der Beherrschung der Natur und der Gestaltung der Gesellschaft; und dies war eingebettet in die oben bereits geschilderten politischen Ideale und Visionen (vgl. Krohn 2007a).

Entstehung und Festigung einer neuen Wissenschaft (1650-1750)

Die Gründung der Royal Society und mit ihr die erstmalige Institutionali-sierung einer Wissenschaft neuzeitlicher Prägung vollzog sich im Europa der Mitte des 17. Jahrhunderts, das sich im Vergleich zu den Jahrhunderten zuvor entscheidend gewandelt hatte. Politisch war dies die Phase der Ent-stehung moderner Nationalstaaten (z.B. unter dem französischen König Ludwig XIV. [1638-1715]), aber auch die Phase des Kampfes dieser Natio-nalstaaten um die Vorherrschaft in der Welt. Dietrich Schwanitz bezeichnet den siebenjährigen Krieg zwischen England und Frankreich (1756-1763) sogar als den ersten „Weltkrieg" (2000: 167), dessen Ausgang England „das Tor zur industriellen Revolution" (169) öffnete.

Wirtschaftlich war das 17./18. Jahrhundert geprägt durch das Verlagswesen (Manufaktur), eine frühkapitalistische Produktionsweise, die erstmals zur Zentralisierung und arbeitsteiligen Zerlegung der (noch) handwerklichen Produktion führte. Die merkantilistische Wirtschaftspolitik der absolutisti-schen Staaten unterstützte die Entwicklung dieser Industrien durch eine ak-tive und protektionistische Handelspolitik.

England war bereits 1649 Republik geworden, die erste Republik der Neu-zeit – lange vor Frankreich (1789) und den USA (1763) –, die 1688 nach der Restauration von 1660 erfolgreich gefestigt werden konnte und damit einen irreversiblen Umbruch in der Geschichte markiert.[42] In diesem Kon-text vollzog sich die Institutionalisierung der Royal Society, die 1660 von Wissenschaftlern gegründet und 1662 durch einen Hoheitsakt des Königs bestätigt und mit entsprechenden Privilegien ausgestattet wurde. So erhielt sie das Druckprivileg, das Recht des freien Gedankenaustausches auch mit Ausländern sowie das Recht, Leichen zu sezieren – allesamt Punkte, an de-nen sich die Forscher zuvor in einer Grauzone zwischen Legalität und Ille-galität bewegt hatten, was mit einem großen individuellen Risiko verbun-den gewesen war (van den Daele 1977: 136, Lomas 2002: 247f.). Die Ge-währung eines Freiraums für eine autonome und von äußeren Interventio-nen weitgehend geschützte Forschung war ein einmaliger Vorgang, der je-doch den Prototyp der modernen Wissenschaft schuf, welche sich aus der Londoner Akademie heraus entwickelte (vgl. auch Krohn 2007a). Die Roy-

---

42 Für einen knappen Überblick über die historischen Entwicklungen siehe Schwanitz 2000: 142-151.

al Society etablierte die Standards, die bis heute das Fundament der modernen Wissenschaft bilden: das Konzept der experimentellen Überprüfung von Theorien, die Publikation der Forschungsergebnisse in gedruckten Fachzeitschriften wie den 1665 gegründeten „Philosophical Transactions", das Gutachterwesen sowie das Prinzip der Selbstselektion der Mitglieder der wissenschaftlichen Community allein auf Grundlage der Qualität ihrer Forschungsarbeiten.

Die intellektuelle Basis dieser Entwicklungen bildete Bacons Utopie einer gesellschaftlich nützlichen, experimentellen Forschung, die von der emanzipatorischen, antiautoritären Reformbewegung aufgegriffen wurde, die unter den Wissenschaftlern (nicht nur) in England viele Anhänger hatte und mit dem Ende des Bürgerkrieges 1649 einen Aufschwung erfuhr. Ab 1645 traf sich eine Reihe von Forschern wie Robert Boyle, Robert Moray, Christopher Wren und William Petty in informeller Runde, um Bacons Ideen zu diskutieren; diese Runde firmierte als „Invisible College" (O'Connor/Robertson 2004).[43] Nach einem Vortrag von Wren am 28. November 1660 entschieden die zwölf Anwesenden, dieses College dauerhaft zu institutionalisieren, d.h. sich wöchentlich zu treffen und – unter der Leitung von Robert Hooke – Experimente durchzuführen und zu diskutieren. Moray gelang es schließlich, den König für eine Unterstützung zu gewinnen, die mit der Charta der Royal Society vom 15. Juli 1662 offiziell besiegelt wurde (Lomas 2002: 227ff.).

Allerdings hatte diese „soziale Anerkennung der Wissenschaft" (van den Daele 1977: 138) ihren Preis, nämlich den Verzicht auf sozialreformerische Ansprüche. Denn mit der Restauration im Jahr 1660 war eine neue Situation entstanden, die die experimentellen Philosophen zwang, ihre Ideale zu opfern: Das ursprüngliche Konzept einer sozial engagierten und verantwortlichen Wissenschaft wurde aus politischen Gründen zugunsten des Konzepts der „reinen", wertfreien Wissenschaft aufgegeben. „Die Wissenschaftler passten sich an"; sie ließen die Elemente ihres Programms fallen, die „das konservative Denken am meisten aufgebracht" hatten (156), und versprachen insbesondere, sich nicht in gesellschaftliche und politische Angelegenheiten einzumischen, sondern sich neutral zu verhalten (vgl. 158). Den Anspruch praktischer Wirksamkeit hingegen gaben sie nicht auf: Die Forscher der Royal Society befassten sich in den ersten Jahren intensiv mit Fragen der Astronomie und der Navigation, insbesondere dem für die Schifffahrt wichtigen und erst 1775 gelösten Problem der Bestimmung des Längengrads, das für eine Seemacht wie England von großer Bedeutung war (Bernal 1970: 426, 446-448, O'Connor/Robertson 1997).

Nur dieser historische Kompromiss ermöglichte die Institutionalisierung und Autonomisierung der Wissenschaft als eines eigenständigen, nur nach

---

43 Vgl. auch www.royalsoc.ac.uk/page.asp?id=2176 (02.08.2007).

internen Regeln funktionierenden gesellschaftlichen Teilsystems (vgl. Luhmann 1981). Der Wissenschaft wurde ein *Sonderstatus in der Gesellschaft* zugebilligt, der den beteiligten Forschern die Immunität sicherte, wenn sie im Gegenzug bereit waren, die Wertfreiheit und Neutralität ihrer Arbeiten sowie die Nicht-Einmischung in politische Belange zu garantieren (van den Daele 1977: 139-141, 156-158).

Ein historischer Zufall führte also dazu, dass die Enthaltsamkeit in politischen Fragen zur Bedingung für die Institutionalisierung einer wissenschaftlichen Akademie wurde, in der frei von fremden Einflüssen geforscht und experimentiert werden durfte. Robert Hooke formulierte diesen Kompromiss in der Präambel zum Statut von 1663 folgendermaßen:

> „Es obliegt der Royal Society, das Wissen um die Dinge in der Natur zu vervollständigen und alle nützlichen Künste, Herstellungsweisen, mechanische Verfahren, Maschinen und Erfindungen durch Experimente zu verbessern (und sich nicht in Theologie, Metaphysik, Morallehre, Politik, Grammatik, Rhetorik oder Logik einzumischen)." (zit. n. Bernal 1970: 426)

Zwar war von den ursprünglichen emanzipatorischen Idealen nichts mehr übrig geblieben; dennoch war mit der Gründung der Royal Society im Jahr 1660 Bacons Vision einer experimentellen Wissenschaft erstmals realisiert. Die Royal Society wurde zum Versammlungsort aller wichtigen Forscher und Experimentalwissenschaftler, die in den folgenden Jahrzehnten wesentliche Grundlagen der modernen Naturwissenschaften legten. Die Anfänge waren bescheiden, weil die Royal Society ihr Geld selbst aufbringen musste und trotz der Namensgebung vom Königshaus keine Unterstützung erhielt (Bernal 1970: 421). Die Männer der ersten Stunde befassten sich beispielsweise mit optischen Experimenten, in denen konkurrierende Theorien des Lichts (Wellen- vs. Korpuskeltheorie) getestet wurden, mit physikalischen Versuchen zum Vakuum sowie mit physiologischen Experimenten, in denen es um die Funktionsweise von Blut, Nerven, Muskeln etc. ging. Weitere Themen waren die Atomtheorie, die Mathematik und Chemie, vor allem aber die Mechanik (vgl. ausführlich Bernal 1970: 429f.).

Robert Boyle war die zentrale Person der frühen Phase der Royal Society. Er widmete sich dem Studium der Gasgesetze und des Vakuums, während der Kurator Robert Hooke sich mit Themen aus der Mathematik, Physik, Chemie befasste. Hookes Interesse für die Mikroskopie verdanken wir die Entdeckung der Zelle; er ist aber auch Erfinder der Unruh, eines wichtiges Bauteils von Taschenuhren (vgl. Bernal 1970: 433, Schwanitz 2000: 151). Dies verweist zum einen darauf, wie wenig ausdifferenziert die Disziplinen in der Gründungsphase der modernen Wissenschaft noch waren; zum anderen war ein „Nebeneffekt" der experimentellen Forschung, dass eine Reihe wissenschaftlicher Instrumente wie das Mikroskop oder das Teleskop als Instrumente der Forschung entdeckt und weiterentwickelt wurden.

Die Arbeiten der Royal Society legten die wissenschaftlichen Grundlagen der modernen Naturwissenschaften, insbesondere der Physik, Chemie, Biologie, Astronomie und Mathematik. Sie bewirkten in wenigen Jahren enorme Fortschritte des Wissens, die zunächst jedoch nur geringe praktische Erträge mit sich brachten; dies stand in deutlichem Kontrast zum ursprünglichen sozialpolitischen Anliegen der Wissenschaftler-Reformbewegung. Zwar lieferten Experimente wie die öffentlichkeitswirksamen Versuche Otto von Guerickes mit den Magdeburger Halbkugeln im Jahr 1657, die vom Vakuum zusammen gehalten wurden und von 16 Pferden nicht auseinandergerissen werden konnten, einen „eindrucksvollen Beweis" (Bernal 1970: 440) für die neuartigen Theorien und ließen den praktischen Nutzen der neu entdeckten Kräfte erahnen. Die praktische Relevanz dieser Arbeiten erwies sich jedoch erst 100 Jahre später, als mit der einsetzenden industriellen Revolution die Früchte geerntet wurden, die in der 2. Hälfte des 17. Jahrhunderts gesät worden waren. Denn die Theorie des Vakuums wies den Weg zur Schlüsseltechnologie der Industrialisierung, der Dampfmaschine.

Enorme Fortschritte machte vor allem die Astronomie, die ein besonders „reines" physikalisches System darstellt, das von keinerlei Störeinflüssen getrübt wird. Hier gibt es weder eine physikalische Reibung noch gesellschaftliche Einflüsse wie Macht und Herrschaft. In der Welt der Planeten und der Sterne herrschen vielmehr ideale Bedingungen, sodass die Welt als physikalisch-mathematisches System modelliert werden kann.

Isaac Newton (1641-1727)

Einen gewissen Kulminationspunkt dieser Epoche bildete die „Philosophiae Naturalis Principia Mathematica", die Isaac Newton 1687 veröffentlichte. In ihr kondensierte er unterschiedliche Modelle, die von seinen zeitgenössischen Kollegen entwickelt worden waren, zu einer Art Weltformel, die als *mechanistisches Weltbild* Karriere machte. Diese geniale Synthese etablierte den Reduktionismus als die naturwissenschaftliche Methode schlechthin, die auf der Zerlegung der Materie in ihre Bestandteile und der Berechnung der dort wirkenden Kräfte basiert (Guicciardini 2001: 450-458, Bernal 1970, Schwanitz 2000: 152f.).

Ausgangspunkt der drei Newton'schen Gesetze ist das universelle Gravitationsgesetz, demzufolge alle Körper auf der Erde wie im Weltall der Schwerkraft unterliegen; die Bewegungen der Körper sind daher ausschließlich durch aufeinander wirkende Kräfte zu erklären. Damit vollzog die moderne Wissenschaft endgültig die Abkehr vom aristotelischen Weltbild, das die Bewegungen der Körper auf ihre natürlichen Eigenschaften bezogen hatte.[44]

Die Newton'sche Mechanik behielt ihre unangefochtene Gültigkeit bis zur Entwicklung der Relativitätstheorie durch Albert Einstein zu Beginn des 20. Jahrhunderts. Sie prägt aber nach wie vor weite Teile des naturwissenschaftlichen Denkens und des technischen Handelns selbst der Wissensgesellschaft – sieht man einmal von der Produktion von Computerchips ab, die ohne die Quantenphysik nicht denkbar wäre.

Mit Newtons Reduktionismus wurde das Gegenmodell eines ganzheitlichen Zugangs zur Welt zwar an den Rand gedrängt; es meldet sich aber immer wieder zu Wort, beispielsweise in Debatten um eine ganzheitliche Ernährung oder eine alternative Medizin, aber auch in der Kontroverse um die Gentechnik, wo Kritiker wie Regine Kollek u.a. immer wieder in Zweifel gezogen haben, dass man komplexe Zusammenhänge wie Dispositionen für Krankheiten etc. mechanisch auf bestimmte Gensequenzen als verursachende Faktoren reduzieren kann (Bonß et al. 1992).

Unstrittig bleibt jedoch, dass Newton ein Paradigma geschaffen hat, das einen enormen Fortschritt des Wissens auslöste, weil sich seine Nachfolger nun daran machen konnten, im Sinne von „normal science" (Kuhn 1976) die Rätsel zu lösen, die das Paradigma eröffnet hatte, beispielsweise bei der Übertragung der Newton'schen Gesetze auf so komplexe Phänomene wie die Strömung von Flüssigkeiten.

6.4 Die industrielle Revolution

Mit der Newton'schen Mechanik waren die wissenschaftlichen Grundlagen für die Entwicklung moderner Technologien sowie deren Verwendung in der industriellen Produktion gelegt. Die schrittweise Verschmelzung von Wissenschaft und Technik, von Theorie und Praxis ist das wesentliche Charakteristikum der industriellen Revolution, die mit der Entstehung der „science-based industries" in der zweiten Hälfte des 19. Jahrhunderts ihren Abschluss fand.

Die gesellschaftlichen Voraussetzungen für die Entfaltung des Programms einer praktisch relevanten Wissenschaft, das auf den Ideen der Renaissance sowie den theoretischen wie empirischen Arbeiten der Royal Society fußt, waren nirgendwo so günstig wie in England, wo bereits Mitte des 18. Jahrhunderts die industrielle Revolution in Gang kam, während andere Länder Westeuropas erst 100 Jahre später folgten. Die Festigung der Republik

---

44 Nach Aristoteles fällt eine Kanonenkugel herunter, weil sich aufgrund ihrer inneren Qualitäten ihre natürliche Lage auf der Erde befindet; und Sonne und Mond ziehen in Kreisbahnen um die Erde, weil es in der Natur von Himmelskörpern liegt, sich in perfekten Kreisen zu bewegen (vgl. Bianchi 2002).

1688 hatte dem Land nicht nur politische Stabilität gebracht; sie löste auch einen „Modernisierungsschub" aus (Schwanitz 2000: 150). Die Mobilität zwischen den sozialen Klassen war hoch, es gab Rohstoffe im Überfluss, zudem blühte der Handel, und es hatte sich eine „kaufkräftige Nachfrage" (ten Horn-van Nispen 1999: 105) entwickelt. Auch wuchs die Bevölkerung aufgrund der Steigerung der Nahrungsmittelproduktion, was zu einer Landflucht und zum Wachstum der Städte führte, wo nunmehr billige Arbeitskräfte für die neuen Industrien zur Verfügung standen. Die Wirtschaftsordnung war liberal, und das Land verfügte über ein gut entwickeltes Transportwesen. Schließlich war ein wichtiger Faktor, „dass technische Innovationen in Großbritannien durch das Patentgesetz geschützt wurden", und zwar für 44 Jahre (106).

Es waren also – folgt man der Interpretation von Marie-Louise ten Horn-van Nispen – koinzidenzielle Faktoren, gepaart mit spezifischen institutionellen Strukturen, die England diesen *historischen Vorsprung* verschafften und zur Entstehung der neuen kapitalistischen Produktionsweise führten.

Das Fabriksystem des „Manchester-Kapitalismus" war der Prototyp eines Kapitalismus ohne jegliche soziale Abfederung. In den Maschinenparks der Textil- und Eisenindustrie sowie des Bergbaus, die nunmehr an einem Ort konzentriert werden konnten, wurden Massen billiger Arbeitskräfte – auch Frauen und Kinder – zu inakzeptablen Bedingungen eingesetzt: Der Arbeitstag dauerte bis zu 16 Stunden, es gab kaum Arbeitsschutz und keinerlei soziale Absicherung im Krankheitsfall (vgl. u.a. Marx 1972: Kap. 13). Bereits ab 1760 setzte die Gegenbewegung der Maschinenstürmer ein, 1824 wurden die ersten Arbeiterorganisationen (Gewerkschaften) gegründet, und 1848 entwarfen Karl Marx und Friedrich Engels im „Kommunistischen Manifest" eine Vision der Überwindung des Kapitalismus durch die organisierte Arbeiterklasse (vgl. ten Horn-van Nispen 1999: 108).

Die Dampfmaschine – die erste Phase

Die technologische Revolution, die die Basis dieser Entwicklungen legte, vollzog sich vor allem im Bereich der Energieerzeugung, und hierbei spielte die Dampfmaschine eine entscheidende Rolle: Sie ist die zentrale technische Innovation, auf der die kapitalistische Produktionsweise beruht (vgl. Kap. 5.1). Denn mit der Unabhängigkeit von der Wasserkraft, der primären Energiequelle bis ca. 1800, und der universellen Verfügbarkeit großer Mengen Energie an jedem beliebigen Ort wurde die Gesellschaft in doppelter Hinsicht mobil: Die Industrie wurde unabhängig von Standortfaktoren, und im zweiten Schritt begannen die technischen Artefakte, sich selbst in Bewegung zu setzen, und zwar in Form von Dampflokomotiven und Dampfschiffen.

Den Anstoß für die Erfindung der Dampfmaschine gaben Probleme des Bergbaus, wo traditionelle Verfahren, mit denen das Grundwasser aus den (immer tiefer werdenden) Stollen abgepumpt wurde, tendenziell an ihre Grenzen stießen (ten Horn-van Nispen 1999: 109-114, Schuh 2006: 110-113, Bernal 1970: 538-550). Die erste praktisch verwendbare Dampfmaschine, die viele Jahrzehnte vor allem im Bergbau im Gebrauch war, wurde 1712 vom Eisenwarenhändler Thomas Newcomen gebaut. Der entscheidende Durchbruch war jedoch die Verbesserung dieser noch sehr ineffizienten Maschine durch James Watt, einem Instrumentenmacher an der Universität Glasgow, der für seine Konstruktion 1769 das erste Patent erhielt, dem 1782 ein zweites für eine Maschine folgte, die imstande war, Achsen anzutreiben (ten Horn-van Nispen 1999: 111). Der entscheidende Unterschied zu Newcomen bestand darin, dass Watt systematisch den „Umweg" über die Wissenschaft der Wärmelehre ging, um ein technisches Gerät zu verbessern und dessen Wirkungsgrad zu steigern (Bernal 1970: 542f.). Erstmals finden wir hier also eine „wechselseitige Beeinflussung von Technik und Wissenschaft" (542), die in der Folgezeit immer mehr verschmolzen.

Auch hinsichtlich des Einsatzgebietes unterschied sich die Watt'sche Dampfmaschine von der Newcomens; denn Watt tat sich mit dem geschäftstüchtigen Fabrikanten Matthew Boulton zusammen, der bereits 1775 in Birmingham eine Dampfmaschinenfabrik errichtete, die ab 1785 die Textilindustrie, vor allem aber die Startups der jungen Baumwollindustrie mit der Produktionstechnologie versorgte, welche eine rasche Mechanisierung ermöglichte.[45] Die Entwicklung einer neuen (wissensbasierten) Technologie, die Entstehung einer neuen Industrie und die Herausbildung einer neuen Produktionsweise gingen hier also Hand in Hand.

Es folgten Innovationen im Bereich Verkehr und Transport: Der Lokomotive von Richard Trevithick von 1808, die eher ein experimentelles Gerät war, folgte bereits 1825 der erste regelmäßige Güter- und Personenverkehr mit der Lokomotive „Rocket" von Robert Stephenson; dabei wurde erstmalig in der Geschichte der Menschheit „die Geschwindigkeit des Pferdes übertroffen" (ten Horn-van Nispen 1999: 113), was etlichen Zeitgenossen Angst und Schrecken einjagte. Die Dampfschifffahrt folgte wenig später.

Ab 1850 setzte dann die Industrialisierung in ganz Westeuropa ein, wobei meist britisches Know-how zum Einsatz kam (114). So wurden die Eisenbahnen in Europa überwiegend von britischen Ingenieuren gebaut, die in dieser Technologie einen großen Vorsprung besaßen. Als dann Imitatoren und Nachahmer auf den Plan traten, erfand man rasch diskriminierende Etikettierungen wie „Made in Germany", mittels deren man hoffte, lästige Konkurrenten von den lukrativen Märkten fern halten zu können. Doch be-

---

45 Bereits 1850 wurden sieben Achtel der Energie in der Baumwollindustrie aus Dampf gewonnen (vgl. ten Horn-van Nispen 1999: 112).

reits Ende des 19. Jahrhunderts fiel England zurück; hier kam „das Phänomen des hemmenden Vorsprungs ... zum Tragen" (ebd.), dass nämlich der First-Mover oftmals dann zurückfällt, wenn er es verpasst, rechtzeitig auf die zweite und dritte Technikgeneration umzuschalten. Die nächste Phase der Industrialisierung wurde weitgehend von Deutschland und den USA geprägt.

Science-based Industries – die zweite Phase

Der Kulminationspunkt der Entwicklung, die mit der Renaissance und Bacons Utopie ihren Ausgangspunkt nahm, war die vollkommene Synthese von Wissenschaft und Technik; diese schlug sich in der Entstehung zweier neuer Industriezweige nieder, deren Produkte auf systematischer Forschung basieren: der chemischen und elektrotechnischen Industrie. Bei der Entwicklung dieser „science-based industries" spielte Deutschland eine führende Rolle (Hack 1988: 65, Keck 1993: 125-129, Krohn 1978, Basalla 1988: 28). Hier vollzog sich ab 1860 eine Verwissenschaftlichung der industriellen Technikentwicklung, eine Technisierung der Forschung (durch immer aufwändigere Laborgeräte) sowie eine Industrialisierung der Wissenschaft (durch ihre Einbindung in die ökonomische Logik). Damit differenzierten sich unterschiedliche *Typen* der Forschung aus:

• Die Renaissance hatte das grundlegende Konzept der *Forschung* entwickelt;

• dem folgte das Modell der akademischen *Grundlagenforschung* (Royal Society);

• in den Labors großer Industrieunternehmen wie BASF, Hoechst oder Siemens entstand ab Mitte des 19. Jahrhunderts der neue Typus der *Industrieforschung* (Erker 1990, Hack/Hack 1985, Hughes 1987, vgl. Meyer-Thurow 1982);

• hinzu kam mit der Gründung der Physikalisch-Technischen Reichsanstalt im Jahr 1887 ein eigenständiger Typus der *Staatsforschung* (Lundgreen et al. 1986, Keck 1993), der im 20. Jahrhundert mit der Heeresversuchsanstalt Peenemünde (gegr. 1935) eine nochmalige Ausprägung in Form der außeruniversitären *Großforschung* bekam (Szöllösi-Janze/Trischler 1990, vgl. Kap. 11).

Ein wichtiger Impuls für die Entstehung der Industrieforschung kam aus dem Textilbereich, wo die Rohstoffe für die Herstellung von Bleichstoffen und Waschmitteln knapp und die traditionellen Verfahren zeitaufwändig waren. 1791 ließ sich Nicolas Leblanc ein Verfahren zur Herstellung künstlichen Sodas patentieren, das als Waschpulver zum Einsatz kam und maßgeblich zum Aufschwung der chemischen Industrie im frühen 19. Jahrhundert beitrug – u.a. der Badischen Anilin- und Sodafabrik, kurz BASF (dazu ausführlich ten Horn-van Nispen 1999: 129-134, Keck 1993: 126f.). Der eigentliche Durchbruch kam jedoch mit den synthetischen Farbstoffen: 1856 war durch Zufall das Anilin entdeckt worden, aber bereits das Alizarin (1868) und das Indigo (1878) waren Produkte systematischer Suchprozesse in den neu eingerichteten Forschungsabteilungen der chemischen Industrie. Später kamen weitere Produkte hinzu wie Medikamente (Aspirin), Fotoartikel, Giftgas, Sprengstoff, Kunstdünger, synthetisches Gummi und zu Beginn des 20. Jahrhunderts dann Kunst-Stoffe wie Dynamit, Bakelit, Zellophan, Polystyrol, Nylon usw. (vgl. ten Horn-van Nispen 1999: 131-133).

In ähnlicher Weise wurde in der elektrotechnischen Industrie Bacons Vision eines systematischen Zusammenfließens von Wissenschaft und Technik Wirklichkeit. Werner von Siemens war der maßgebliche Protagonist der Entwicklung der Elektro- und Fernmeldetechnik in Deutschland: 1848 installierte er die erste Telegrafenleitung in Deutschland, 1866 erfand er das dynamoelektrische Prinzip und damit die Möglichkeit, elektrische Energie zu erzeugen (Keck 1993: 129), und von 1880 an hatte die Firma Siemens für etwa 100 Jahre nahezu ein Monopol für Fernmeldetechnik, denn sie war in dieser Zeit einer der wenigen „Hoflieferanten" (Ziegler 1999: 71) der Reichs- und späteren Bundespost, deren Stellung erst durch die Liberalisierung der Telekommunikation in den 1980er Jahren angetastet wurde. Die Basis dieses Weltkonzerns wurde Ende des 19. Jahrhunderts durch systematische, anwendungsorientierte Forschung gelegt, die in Industrielabors stattfand, welche einen engen Kontakt zu den Universitäten und den damals entstehenden Technischen Hochschulen pflegten – ein institutionelles Novum in der Geschichte der Wissenschaft und Technik.[46]

Das Spezifikum dieses neuen Typus angewandter Forschung lässt sich besonders anschaulich an Thomas Alva Edison festmachen, dem Erfinder der elektrischen Beleuchtung, der „nicht allein Produkte und Verfahren, sondern technische Systeme" (Krohn 1978: 2) entwickelte und dessen Forschungsarbeiten nicht primär vom wissenschaftlichen Erkenntnisinteresse, sondern gleichermaßen von Fragen der Kommerzialisierbarkeit und Umsetzbarkeit im großtechnischen Maßstab geprägt waren. Thomas P. Hughes (1979, 1987) hat in seinen historischen Arbeiten detailliert herausgearbeitet, wie sehr Edisons Suche nach Lösungen für spezifische technische Probleme (z.B. die Entwicklung eines langlebigen Glühfadens) nicht nur vom Entdeckerdrang, sondern maßgeblich von Kostenüberlegungen und betriebswirtschaftlichen Kalkülen getrieben war (vgl. Kap. 7.5). 1882 ging das erste kommerzielle System der elektrischen Beleuchtung in Betrieb, aus dem sich im Laufe der Jahre das Wirtschaftsimperium der General Electric Company entwickeln sollte. Hughes hat für diesen neuen Typus des Forschers den Begriff des „Erfinder-Unternehmers" geprägt (1987: 57).

---

46 Die TU München war 1877, die TU Berlin 1879 gegründet worden.

Ausblick: Das 20. Jahrhundert

Am Ende des 19. Jahrhunderts war das Programm der experimentellen Philosophen realisiert; in einem kurzen historischen Zeitabschnitt waren all die Technologien entstanden, von denen Bacon und seine Zeitgenossen geträumt hatten. Die Technikentwicklung des 20. Jahrhunderts kann hier nicht im Detail behandelt werden; wir kommen auf einzelne Aspekte in den folgenden Kapiteln immer wieder zurück.

Als ein Novum des 20. Jahrhunderts unter vielen anderen sei hier die Entwicklung von Sozio-Technik erwähnt, also die Anwendung technischer Verfahren auf menschliche Individuen, Gruppen und Organisationen, etwa im Rahmen der Hawthorne-Experimente in den Jahren 1924-1932, in denen systematisch der Zusammenhang zwischen den Beleuchtungsverhältnissen und der Arbeitsproduktivität untersucht wurde (vgl. Kern 1982: 204f., ten Horn-van Nispen 1999: 128).

Das 20. Jahrhundert brachte zudem den neuen Typus der staatlichen Großforschung hervor, die in außeruniversitären Laboratorien stattfindet; die beiden Prototypen waren die Konstruktion der V-2-Rakete in Peenemünde (ab 1935) und der Bau der Atombombe in Los Alamos (ab 1943). Wernher von Braun kann als der Erfinder dieses Konzepts gelten, das sämtliche Forschungen unter einem Dach vereint und alle Kräfte für ein geheimes Waffenprojekt bündelt. Damit einher ging die Idee einer staatlichen Steuerung von Forschung, aus der sich das neue Politikfeld der Forschungs- und Technologiepolitik entwickelte (dazu im Detail Kap. 11.1).

In der zweiten Hälfte des 20. Jahrhunderts kündigt sich zudem der Übergang von der Industrie- zur Wissensgesellschaft an, auf die weiter unten detaillierter eingegangen wird (Kap. 10.1).

Fazit

Mit der Entwicklung der „science-based industries" in der zweiten Hälfte des 19. Jahrhunderts wurde das Programm der experimentellen Philosophie des 17. Jahrhunderts vollends eingelöst. Wissenschaft und Technik bilden seitdem eine unzertrennbare Einheit, wobei sich Erkenntnisinteresse und praktische Relevanz gegenseitig bedingen und beeinflussen: Technische Verfahren wie die Herstellung von Computerchips regen die weitere Erforschung der wissenschaftlichen Grundlagen dieser Technologie an; und scheinbar esoterische Grundlagenforschung wie die Linguistik oder die Primzahlforschung werden auf unerwartete Weise praktisch relevant, nämlich für Zwecke der automatischen Spracherkennung bzw. der Kryptografie.

Diese Entwicklungen, die sich in mehreren Schritten vollzogen, sind ohne einen Rekurs auf den radikalen Bruch im Denken, den die Renaissance mit sich brachte, und ohne die Betrachtung des Programms der experimentellen

Philosophie nicht vollständig zu verstehen. Heinrich Popitz hat zweifellos Recht, wenn er die zweite technologische Revolution im Zeitraum 1750-1850 verortet; die Vorläufer, die diese Revolution ermöglicht und die dafür nötigen Grundlagen geschaffen haben, darf man jedoch nicht außer Betracht lassen. Allerdings macht es wenig Sinn, im Zeitraum um 1500 eine weitere technologische Revolution im Sinne von Popitz zu platzieren; denn in dieser Phase entstanden weder fundamentale Technologien noch bildete sich ein neuartiger Modus technischen Handelns heraus. Dies alles geschah erst während der industriellen Revolution des 18. und 19. Jahrhunderts.

7. Theorien technischer Evolution in Ökonomie und Soziologie

Nur wenige Jahrzehnte nach der Etablierung des modernen Konzepts der wissensbasierten Technikentwicklung und dessen Umsetzung in Form der Science-based Industries traten Reflexionswissenschaften auf den Plan, deren Anspruch es war, theoretische Modelle von Innovationsprozessen zu entwickeln und so zu einem vertieften Verständnis der technischen, wirtschaftlichen, aber auch gesellschaftlichen Dynamik beizutragen. Der geistige „Vater" der Innovationsforschung, die in der ersten Hälfte des 20. Jahrhunderts entstand, war Josef Alois Schumpeter, der sowohl der ökonomischen als auch der soziologischen Innovationsforschung entscheidende Impulse gab (vgl. Grupp 1997: 51).

Das gemeinsame Ziel dieser Teildisziplinen besteht darin, die „Logik" der Technikentwicklung in der Moderne zu verstehen und damit Wissen zu generieren, das zu einer aktiven Beeinflussung und Gestaltung von Innovationsprozessen befähigt, um auf diese Weise entweder Wettbewerbsvorteile für Unternehmen zu erzielen (dies ist die Perspektive der Ökonomie) oder die Technikentwicklung in einer gesellschaftlich wünschenswerten Weise zu gestalten (dies ist die Perspektive der Soziologie). Die beiden Fachgebiete „evolutionäre Ökonomie" und „sozialwissenschaftliche Technikgeneseforschung" haben seit ihrer Entstehung in den 1970er Jahren zu einer Annäherung der disziplinären Perspektiven beigetragen, da sie gleichermaßen auf verhaltenswissenschaftliche Modelle rekurrieren.[47] Sowohl Ökonomen als auch Soziologen beziehen bei der Analyse von Innovationsprozessen die Akteure (bzw. Organisationen), deren Interessen sowie deren Strategien mit ein, die nicht immer dem Modell des rational kalkulierenden Homo oeconomicus entsprechen; sie betrachten zudem soziale Aushandlungsprozesse als wesentlichen Faktor für die Entstehung von Neuem, und sie interessieren sich für den institutionellen Rahmen, in dem sich Technikentwicklung vollzieht. Gemeinsam ist ihnen zudem das evolutionstheoretische Vokabular. Aus diesem Grunde wird im Folgenden nach einer kurzen Würdigung von Schumpeter (Kap. 7.1–7.2) der Ansatz der evolutionären Ökonomie diskutiert (Kap. 7.3), um dann die Übertragbarkeit biologischer Modelle auf die Technikentwicklung zu überprüfen (Kap. 7.4–7.5) und schließlich eini-

---

47 Die beiden Volkswirte Günter Hesse und Lambert T. Koch belegen beispielsweise mit ihrer These, dass der „wirtschaftliche Wandel ... seine Dynamik aus den interdependenten Handlungen vieler einzelner Akteure" (1997: 503) bezieht, ihre große Nähe zur Soziologie.

ge moderne Vertreter dieser Schule vorzustellen (Kap. 7.6–7.9), deren Arbeiten viele Berührungspunkte mit der sozialwissenschaftlichen Technikgeneseforschung haben, die in Kapitel 8 behandelt wird.

7.1 Schumpeter-Dynamik

Joseph Alois Schumpeter, geboren 1883 in Österreich, gestorben 1950 in den USA, brachte die Kategorie „Innovation" in die Volkswirtschaftslehre ein, und zwar in Form der Theorie des dynamischen Unternehmens, die er in seinen beiden Hauptwerken „Theory of Economic Development" (1912) und „Capitalism, Socialism, and Democracy" (1942) entwickelte (Schumpeter 1964, 1993). Diese Theorie basiert auf der – in Frontstellung zur klassischen Theorie formulierten – These, dass das Kennzeichen der kapitalistischen Wirtschaft nicht das Gleichgewicht von Angebot und Nachfrage, sondern ihr dynamisches evolutionäres Wachstum ist, welches sich vorrangig aus Innovationen speist, und zwar aus „neuen Konsumgütern, neuen Produktions- und Transportmethoden, neuen Märkten sowie neuen Formen der industriellen Organisation" (Scherer 1992: 1417). Auf Schumpeter geht auch die in Kap. 2.5 bereits eingeführte Unterscheidung von Invention und Innovation zurück.

Das Streben nach Innovationen hat, Schumpeter zufolge, seine Ursache in der unternehmerischen Aktivität, für die das kapitalistische System der Anreize und Belohnungen optimal ist, weil es den Unternehmen ermöglicht, durch Innovationen ihre Wettbewerbsfähigkeit zu Lasten anderer Unternehmen zu steigern (Grupp 1997: 55f., Krupp 1997). Denn eine Innovation hat immer zwei Seiten: Sie führt einerseits zu neuen Produkten und Gütern und damit zu Wettbewerbsvorteilen für das innovative Unternehmen, sie unterminiert jedoch andererseits die Marktposition der Unternehmen, die noch auf althergebrachte Weise operieren. Aus volkswirtschaftlicher Sicht sind technologische Innovationen somit der Wachstumsmotor der Wirtschaft.

Individuelle Wettbewerbsvorteile lassen sich über unterschiedliche Parameter erzielen, „beispielsweise Preis, Menge, Qualität, Stückkosten sowie Produkt- und Verfahrensinnovationen" (Hesse/Koch 1997: 511), aber auch durch Produktdifferenzierung (512). Zwei typische Innovationsstrategien, die zur Verbesserung der eigenen Marktposition beitragen können, sind Preissenkungen und Produktinnovationen:

- *Preissenkungen* lassen sich zumeist nur mit Hilfe von Prozessinnovationen erzielen, also mit verbesserten und kostengünstigeren Abläufen. Dieser Weg ist allerdings riskant, weil die Wettbewerber rasch nachziehen können und weil man sich von Fertigungstechnologien Dritter abhängig macht, die prinzipiell auch den Wettbewerbern zur Verfügung stehen (511, vgl. Nelson/Winter 1977: 64).

- *Produktinnovationen* gewähren dem innovierenden Unternehmen einen temporären Vorsprung, der es den Konkurrenten erschwert, rasch zu reagieren und nachzuziehen. Allerdings erzeugt ein derartiges (pro-aktives) Verhalten eine hohe Eigendynamik: Wenn jeder Unternehmer versucht, dem Wettbewerber, dem er Gleiches unterstellt, durch eigene Innovationsaktivitäten zuvorzukommen, dann hält er die Spirale des technologischen Wettrüstens in Gang und erzeugt damit erst die Dynamik, vor der er sich fürchtet. Man spricht hier vom „Red-Queen-Effekt": Man rennt immer schneller und bleibt trotzdem auf der Stelle (Kauffman 1995: 125, Hesse/Koch 1997: 511f.).

Zwischen den beiden Mechanismen gibt es einen dynamischen Zusammenhang, der als „Übergang vom Produkt- zum Preiswettbewerb" (Specht 1997: 187, in Anlehnung an Abernathy/Utterback 1978) gekennzeichnet wird:

Abb. 6: Industrieentwicklungsmodell

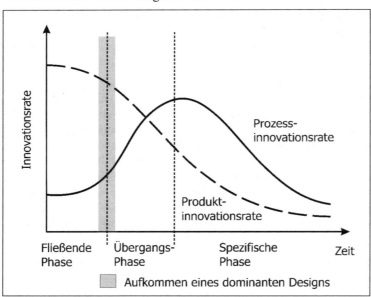

Quelle: Specht 1997: 187

In einer frühen Phase (hier „Fließende Phase") gibt es eine große Varietät von Produktinnovationen (Beispiel: PC-Architekturen in den 1970er Jahren), die sich mit dem Aufkommen eines dominanten Designs (IBM-PC 1981) rapide reduziert, weil durch diese Festlegung der Spielraum für alternative Entwürfe eingeengt wird (vgl. Schmidt 1997). Zugleich steigt in der „Übergangsphase" der Anreiz, durch Prozessinnovationen als derjenige Anbieter auf dem Markt präsent zu sein, der das Standard-Produkt zu den günstigsten Konditionen anbieten kann (in diesem Beispiel: Compaq, später

148

Dell). Gegen Ende des Lebenszyklus einer Technologie sinkt die Produktinnovationsrate weiter, und auch der Spielraum für Prozessinnovationen wird kleiner. Aus der Innovation ist nunmehr endgültig ein Massenprodukt geworden (hier: Aldi-Rechner), und die innovativen Firmen (Apple) wenden sich neuen Bereichen zu, in denen sie wiederum Gewinne über Produktinnovationen generieren können (z.B. iPod, iPhone).

Aus dem Schaubild lassen sich unterschiedliche Innovations-Strategien ableiten:

- die First-to-Market-Strategie, die auf „technologische Führerschaft" setzt und über das „Pionier-Image" und die Kundenbindung, aber auch über die Nutzung von Lernkurven eine hohe Profitabilität erreicht, dafür aber etliche Risiken einkalkulieren muss, die sich u.a. aus den hohen Kosten für die Entwicklung neuer Produkte und die Erschließung neuer Märkte, aus Patentstreitigkeiten, aber auch aus der „Gefahr des Veraltens der Entwicklung durch schnellen technischen Wandel" ergeben (Specht 1997: 187f.);
- die Follow-the-Leader-Strategie, die frühzeitig mit dem Technikpionier mitzieht;
- und schließlich die Me-too-Strategie, die zunächst abwartet, keine oder wenig eigene Innovationsaktivitäten entfaltet und wesentlich auf Imitation setzt (ebd.).

Die Diffusion einer Innovation kann sich somit entweder durch die Expansion des Unternehmens in neue Bereiche (z.B. eines Herstellers von Unterhaltungselektronik in die Fahrzeugelektronik) oder mittels Imitation durch Wettbewerber vollziehen (vgl. Nelson/Winter 1977: 65).[48]

7.2 Das linear-sequenzielle Innovationsmodell

Eine logische Konsequenz des Schumpeter'schen Ansatzes ist das linear-sequenzielle Innovationsmodell, auch bekannt unter den Begriffen „Kaskaden-" bzw. „Transfermodell", das den Innovationsprozess als *logische und zeitliche* Abfolge aufeinander folgender Schritte begreift, die von der Grundlagenforschung über die angewandte Forschung und die Entwicklung neuer Produkte schließlich zur Innovation, d.h. zur erfolgreichen Durchsetzung eines neuen Produkts am Markt führen.

---

48 Hariolf Grupp (2007, vgl. auch 1997: 73) bemängelt an der Schumpeterschen Innovationstheorie, dass diese sich mit ihrer Akzentuierung der Innovation zu wenig für Prozesse der Diffusion interessiere, die jedoch mittlerweile in immer größerem Maße zum wirtschaftlichen Wachstum beitrügen. Henrik Bruun und Janne Hukkinen (2003) kritisieren die Überbetonung radikaler Innovationen bei Schumpeter, die mit einer Unterbewertung inkrementeller Innovationen einhergehe. Helmar Krupp (1997) schließlich hält dem Schumpeter-Modell vor, dass es die negativen externen Effekte unternehmerischen Handelns nicht berücksichtige.

Abb. 7: Das linear-sequenzielle Innovationsmodell

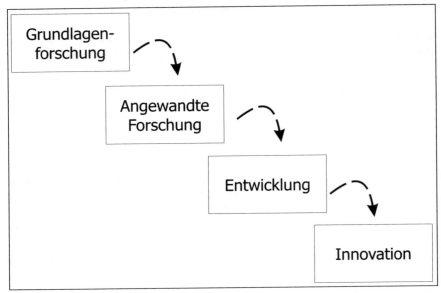

Dieses häufig kritisierte Modell basiert auf der Vorstellung, dass der Transfer von Wissen von einer Etappe zur nächsten ein Prozess ist, der mehr oder minder selbsttätig abläuft, wenn einmal der Anstoß von Seiten der Grundlagenforschung gegeben ist; deshalb nennt man derartige Modelle auch „Science-push"- bzw. „Technology-push"-Modelle.

Die Kritik verweist zum einen auf den gegenläufigen Prozess des „demand-pull", also die Nachfrage nach neuen Produkten bzw. den gesellschaftlichen Bedarf an innovativen Lösungen, die oftmals erst die Entwicklung neuer Technik in Gang gesetzt hat (man denke an Newcomens Dampfmaschine oder den Katalysator für Pkws). Zudem ist der Prozess keineswegs so unidirektional, wie das lineare Modell es suggeriert; vielmehr gibt es zwischen allen Ebenen Querbeziehungen und Rückkopplungen derart, dass beispielsweise Probleme, die bei der Produktentwicklung auftreten, ihrerseits die Grundlagenforschung anregen, sich diesem Problem intensiver zu widmen (vgl. Böhme et al. 1973).

Ulrich Schmoch (1996) hat ein Modell entwickelt, das diese Kritik aufgreift und dennoch den Kerngedanken Schumpeters bewahrt, dass es Typen von Forschung gibt, die in dem Prozess eine je spezifische Rolle spielen. Statt das Kind mit dem Bade auszuschütten und via Rückkopplungen alles mit allem zu vermengen, besteht Schmoch darauf, dass der Innovationsprozess eine gewisse Sequenz von Phasen durchlaufen muss, und zwar von der Exploration über die Entwicklung des technischen Konzepts (Invention) und die industrielle Realisierung (Innovation) bis hin zur Diffusion und Verwendung eines Produkts in unterschiedlichen Bereichen (im Schaubild von links nach rechts). Allerdings, so Schmoch, lassen sich die einzelnen Schritte der Sequenz nicht so eindeutig institutionell zuordnen, wie es das Kaskadenmodell tut.

Abb. 8: Interaktionsmodell des Innovationsprozesses

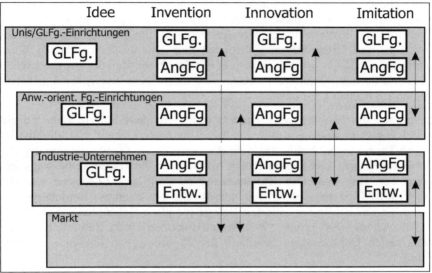

Quelle: Schmoch 1996: 255 (GLFg. – Grundlagenforschung,
AngFg – angewandte Forschung, Entw. – Entwicklung)

Auch in der Industrie, so Schmoch, gibt es Grundlagenforschung, und selbst zu einem späten Zeitpunkt der Produktentwicklung bzw. -imitation können die Universitäten ins Spiel kommen. Auf diese Weise löst er die Kontroverse zwischen dem linearen und dem rekursiven Modell und trägt den vielfältigen Interaktionen zwischen den Bereichen Rechnung, die in allen Phasen des Innovationsprozesses auftreten können.

7.3 Evolutionäre Ökonomie

Seit den 1970er Jahren hat sich, von Schumpeter inspiriert, aber über diesen hinausgehend, eine neue Strömung des ökonomischen Denkens entwickelt, die dezidiert mit evolutionstheoretischen Konzepten arbeitet und für die sich daher der Begriff „Evolutionäre Ökonomie" eingebürgert hat. Von der neoklassischen ökonomischen Theorie, die nur *einen* Gleichgewichtszustand kennt, auf den sich ökonomische Systeme langfristig einpendeln, grenzt sich dieser Ansatz dadurch ab, dass er auf biologische Modelle der Evolution und der Selbstorganisation rekurriert (vgl. Kap. 4.3), die mehrere Gleichgewichte kennen, deren Wahl von kontingenten Faktoren abhängt –

ähnlich wie im Fall der Kugel, die, auf dem höchsten Punkt eines runden Körpers abgesetzt, entweder nach links oder nach rechts rollen kann, ohne dass einer der beiden Wege als der optimale bezeichnet werden kann (zum „random walk" siehe u.a. Arthur 1990: 81).

Auch vom linear-sequenziellen Innovations-Modell grenzt sich dieser Ansatz ab, indem er die einzelnen Innovationsschritte nicht als eine zwangsläufige Abfolge konzipiert, sondern auf die Abhängigkeit der Innovationsverläufe von Entscheidungsprozessen verweist, die sich auf der Ebene der Akteure und Organisationen abspielen und oftmals überraschende Wendungen beinhalten, welche sich nicht mit den Prognosen der neoklassischen Theorie decken. Derartige Prozesse sind meist nicht linear, sondern haben einen zyklischen Charakter.

Während die neoklassische Theorie postuliert, dass Märkte stets auf ein Gleichgewicht zusteuern und sich dabei die beste Lösung, z.B. die überlegene Technologie, durchsetzt, geht die evolutionäre Ökonomie von der Beobachtung aus, dass dies in realen historischen Prozessen keineswegs immer der Fall war. Die Durchsetzung suboptimaler Lösungen wie der QWERTY-Tastatur, des VHS-Standards oder des Windows-Betriebssystems sind die am häufigsten zitierten Belege für diese Behauptung (vgl. David 1985, Arthur 1990, Grupp 1997, Bruun/Hukkinen 2003). Zentrale Elemente des neuen Denkansatzes innerhalb der ökonomischen Innovationstheorie sind:

- Die These der begrenzten Rationalität, die besagt, dass die handelnden Akteure gerade in Phasen der Unsicherheit Entscheidungen treffen, in denen das Kriterium der betriebswirtschaftlichen Effizienz oftmals keine hinreichende Orientierung gibt, sondern durch andere institutionelle Faktoren (wie beispielsweise Leitbilder) ergänzt bzw. überlagert wird.

- Damit einhergehend, die Betonung der Rolle von Institutionen und Organisationen als Schlüsselfaktoren für das Verständnis von Entscheidungen über Innovationen (vgl. Kap. 7.6).

- Die Akzentuierung der Geschichte – in der neoklassischen Theorie allenfalls ein „Störfaktor" auf dem Weg zum Gleichgewicht – und damit der Pfadabhängigkeit ökonomischer und technologischer Entwicklungen (vgl. Kap. 7.7).

- Die Behauptung der Nicht-Linearität evolutionärer Prozesse, die keineswegs auf ein vorhersehbares Gleichgewicht zusteuern, sondern mehrere mögliche Lösungen (Gleichgewichte) zulassen, die kaum prognostizierbar sind und daher allenfalls Aussagen über die Wahrscheinlichkeit des Eintretens unterschiedlicher Varianten ermöglichen.

- Damit zusammenhängend, der Verweis auf die Rolle zufälliger Ereignisse sowie die positive Selbstverstärkung derartiger Zufälle, die zu einer schrittweisen Verfestigung und Unumkehrbarkeit von Pfaden führen kann („lock-in"). Während gemäß der Lehre der Neoklassik Abweichungen durch negatives Feedback „geglättet" werden, postuliert die evolutionäre Ökonomie, dass positive Feedbacks (z.B. „increasing returns", Arthur 1990: 80) zur Selbstverstärkung und Stabilisierung von Alternativen führen können (vgl. Kap. 7.7).

• Schließlich die Beschreibung derartiger Prozesse in Begriffen der Evolutionstheorie, insbesondere mit Hilfe der Begriffe Variation und Selektion.

Nicht alle Autoren gehen so weit wie Stuart Kauffman (1995), der dezidiert eine Analogie von Biologie und Technologie postuliert und seine Modelle mit Hilfe der Methode der Computersimulation illustriert, die wie keine andere Methode in der Lage ist, evolutionäre Prozesse in dynamischen Systemen abzubilden. Er behauptet sogar, „dass biologische Evolution und technische Entwicklung möglicherweise durch die gleichen allgemeinen Gesetze bestimmt sind" (1995: 125), die er vor allem in der Koevolution von (innovierenden) Agenten und Gesamtsystem sieht, das als Kontext ihres Handelns fungiert, zugleich aber von ihnen gestaltet und verändert wird.

Auch andere Autoren betrachten technische Innovationen in dezidierter Analogie zur biologischen Evolutionstheorie als eine Abfolge von Variation und Selektion (vgl. u.a. Hesse/Koch 1997). Insgesamt erfreut sich das Evolutions-Konzept innerhalb der Wirtschafts- und Sozialwissenschaften einer großen Beliebtheit, wenngleich man einschränkend hinzufügen muss, dass das evolutionstheoretische Vokabular oftmals eher metaphorisch und wenig reflektiert verwendet wird. Daher soll zunächst in einem Exkurs geklärt werden, was die moderne Biologie unter Evolution versteht, um dann die Frage zu beantworten, inwiefern dieses Konzept auf die Technikentwicklung übertragen werden kann.

7.4 Exkurs: Biologische Evolution

Folgt man Ernst Mayr, dem „Darwin des 20. Jahrhunderts" (New York Times 15.04.1997), so ist die Evolutionstheorie die Lehre von der gemeinsamen Abstammung aller Lebewesen, die zugleich einen Mechanismus angibt, der die Entstehung der ungeheuren Vielfalt der Arten erklären kann. Durch Variation und Selektion findet demnach ein ständiger Wandel statt, der zu einer Veränderung von Populationen von Lebewesen führt (Mayr 2005: 94f., 112). Unter Populationen versteht man lokale Gruppen von Vertretern einer Art, also einer Fortpflanzungsgemeinschaft (149, 209), die „von anderen Fortpflanzungsgemeinschaften reproduktiv isoliert" ist (Lenzen 2003: 74). Die Arten unterscheiden „sich sowohl von ihren Vorfahren als auch von ihren Nachkommen" (Mayr 2005: 218), und zwar zum einen in Form der stammesgeschichtlichen Weiterentwicklung *einer* Art, zum anderen in Form der allopatrischen Artbildung, bei der es z.B. durch räumliche Isolation zur Entstehung *neuer* Arten kommen kann (219ff.).

Die Evolutionstheorie eignet sich also einerseits zur *Rekonstruktion* der Entstehung und Entwicklung der Arten (und des Zusammenhangs der Arten untereinander), andererseits zur *Erklärung* des Prozesses des permanenten Wandels (vgl. Lenzen 2003: 88).

Der Basis-Mechanismus der Evolution ist die Abfolge von Variation und Selektion. In jeder Generation entsteht, so Mayr, „eine ungeheure Fülle genetischer Abweichungen", aber es überleben „nur wenige Individuen", nämlich diejenigen, die an die jeweiligen Umweltbedingungen „am besten angepasst sind" (2005: 114). Da die Merkmale, die für die Überlebenswahrscheinlichkeit verantwortlich sind, „im Wesentlichen von den Genen bestimmt werden", sind gewisse Genotypen begünstigt; und weil diejenigen Individuen überleben, die auf Grund ihres Genotyps am besten an die Umweltbedingungen angepasst sind, „ergibt sich ein ständiger Wandel in der genetischen Zusammensetzung aller Populationen" (114).[49] Diesen Prozess der Veränderung bezeichnet Mayr als Evolution (vgl. 112, 149). Oder in den Worten eines seiner Schüler: Unter Evolution versteht man „die Veränderung der Häufigkeit von Genen in einer Population von einer Generation zur nächsten" (Meyer 2005, vgl. auch Esser 1993: 189, Lenzen 2003: 49, 62f.).

Die genetische *Variation* hat im Wesentlichen zwei Ursachen: a) spontane Mutationen, etwa auf Grund eines Kopierfehlers, die jedoch nur selten zu einem reproduktiven Vorteil führen, sondern oftmals letal sind (Mayr 2005: 126-128, Lenzen 2003: 67), und b) die Rekombination von Genen im Zuge der zweigeschlechtlichen Fortpflanzung (Mayr 2005: 134f.). Die Variation ist also ein rein zufallsgesteuerter Prozess (152).

Die natürliche *Selektion* ist, Mayr zufolge, im Wesentlichen ein „Prozess der Beseitigung" (150) der weniger gut angepassten Individuen, also eine Negativauslese und nicht eine Auslese der wenigen Besten, wie es die Spencersche Formel „survival of the fittest" suggeriert.[50] Die Natur beseitigt nur – beispielweise durch Überschwemmungen und Dürren – die „weniger Geeigneten" und lässt „eine größere Zahl von Individuen" (151) mit durchaus unterschiedlichen Eigenschaften überleben. Die Selektion trifft also Individuen – als phänotypische Ausprägungen eines Genotyps (160). Es gibt allerdings keine Selektionsinstanz, die den Prozess zielgerichtet steuert; die schlichte Botschaft der Evolutionstheorie lautet vielmehr: Es überleben die am besten angepassten Individuen, deren Chance damit steigt, Nachkom-

---

49 Der Genotyp ist die Gesamtheit der Erbfaktoren eines Individuums, der Phänotyp das (äußere) Erscheinungsbild eines Organismus, das durch Erbanlagen und Umwelteinflüsse geprägt wird (vgl. Mayr 2005: 118f., 162-164).
50 Dennoch herrscht Konkurrenz zwischen den Angehörigen einer Art („Kampf ums Dasein", vgl. Mayr 2005: 148).

men zu zeugen und so ihre Eigenschaften zu vererben (150-153).[51] Dieser Prozess ist somit „eine Mischung aus Zufall und Determination" (152). Wenn eine natürliche Selektion über viele Generation hinweg stattfindet, führt dies zu Evolution im Sinne eines „stetigen, allmählichen Prozesses" (114), der – im Gegensatz zur Züchtung von Tieren und Pflanzen – sehr „langsam abläuft" (170, vgl. 148).

Die Frage, ob es einen Fortschritt durch Evolution gibt, lässt sich aus der Perspektive der Evolutionstheorie nur schwer beantworten. Denn einerseits hat im Laufe der Erdgeschichte zweifellos eine Entwicklung von einfachen zu komplexen Lebewesen stattgefunden, und viele Arten sind ausgestorben. Andererseits haben sogenannte „niedere" Lebewesen wie Bakterien oder Reptilien überlebt. Lebende Fossile wie der 350 Millionen Jahre alte Quastenflosser, der als ausgestorben galt, 1938 aber überraschenderweise wiederentdeckt wurde, belegen, dass es offenbar Arten gibt, die ihre ökologische Nische gefunden haben und sich den dortigen Bedingungen optimal angepasst haben. Neue Arten haben die alten keineswegs verdrängt, wie es pseudodarwinistische Konzepte des Kampfes ums Dasein suggerieren mögen. Die Evolutionstheorie bietet also keinen absoluten Maßstab für Fortschritt, sondern lediglich einen relativen, nämlich das Kriterium der möglichst optimalen Anpassung der Art an die jeweiligen Umweltbedingungen – die sich ihrerseits ändern können, z.B. durch den Klimawandel (Mayr 2005: 260-264). Nur in dieser Perspektive kann man also feststellen, dass eine Population sich in einem langwierigen Selektionsprozess „dem optimalen Genotyp sehr stark angenähert hat" (170) und daher weitere Mutationen meist Verschlechterungen darstellen.

Missverständnisse

In der Rezeption der biologischen Evolutionstheorie hat es immer wieder Missverständnisse gegeben, die kurz angesprochen werden sollen, bevor wir uns dem Thema „Evolution von Technik" zuwenden:

- Die Evolutionstheorie in der Tradition Darwins befasst sich nicht mit der Überlegenheit einer Art über eine andere. Sie grenzt sich zudem von finalistischen Konzepten ab, die den „Sinn" der Evolution in der Erreichung einer immer größeren Vollkommenheit von Organismen sehen.
- Die Natur kennt keine radikalen Entweder-oder-Entscheidungen, sondern vielmehr eine erstaunliche Vielfalt von Arten; pseudo-darwinistische Konzepte einer „Auslese der Besten" sind ungeeignet, diese Vielfalt zu erfassen.

---

51 Aus diesem nicht-teleologischen Charakter der Evolutionstheorie rührte die soziale Sprengkraft der Darwinschen Thesen (vgl. Esser 1993: 194, Grundmann 1994).

- Die Selektion ist ein naturwüchsiger Prozess, der sich durch das individuelle Verhalten nicht beeinflussen lässt; die Vorstellung eines aktiven Kampfes ums Dasein wäre ein falsch verstandener Darwinismus. Die Individuen sind zwar die zentrale Einheit der Evolution, denn die Auslese trifft immer die individuellen Phänotypen. Sie selbst können aber ihre individuelle genetische Ausstattung nicht verändern (wie es der Lamarckismus behauptet); die Selektion schlägt sich vielmehr hinter dem Rücken der beteiligten Individuen in Form der Veränderung der genetischen Ausstattung der Population nieder. Im Gegensatz zur sozialen Evolution (s.u.) kann man also die biologische Evolution nicht strategisch betreiben. Allerdings stellen neuere Forschungen zur Epigenetik die These, dass Evolution durch Verhalten nicht beeinflussbar ist, mittlerweile wieder in Frage (Berthold 2001, Müller-Jung 2003, Lenzen 2003: 68). Auf diese Entwicklungen kann hier jedoch nicht eingegangen werden.
- Ob sich evolutionäre Prozesse zielgerichtet steuern lassen, ist eine offene Frage. Mögliche Ansatzpunkte sind neben der Veränderung der Umweltbedingungen vor allem die Züchtung, die jedoch ein langwieriger Prozess ist, der sich über mehrere Generationen erstreckt, sowie gezielte, gentechnische Eingriffe in das Erbgut. Auch dieser Punkt soll hier nicht weiterverfolgt werden. Angemerkt sei lediglich, dass diese steuernden Eingriffe nicht von den Beteiligten, sondern nur von externen Instanzen (z.B. Züchtern) vorgenommen werden können.

Fazit

Als Resümee sei festgehalten: Die moderne Evolutionsbiologie hat ein präzises Verständnis von Variation und Selektion, das vor allem auf die Entstehung und Entwicklung von Arten zielt. Wenn man einen Transfer dieses Konzepts auf Prozesse des sozialen Wandels beabsichtigt, sollte man sich dessen bewusst sein, dass die Evolutionstheorie fortpflanzungsfähige Arten zum Gegenstand hat. Bereits hier kommen Zweifel auf, ob es ein Analogon im sozialen Bereich gibt und ob es eine Erfolg versprechende Strategie ist, Anleihen bei der Evolutionstheorie zu machen.

Wenn von sozialer oder technischer Evolution die Rede ist, so meint dies in der Regel lediglich „Entwicklung" oder „Veränderung", oft aber auch „Fortschritt", ohne dass die begrifflichen und theoretischen Implikationen, die sich aus evolutionären Ansätzen in der Biologie ergeben, mitbedacht werden. Damit deuten sich bereits gewisse Grenzen der Übertragbarkeit der Evolutionstheorie auf die Technikentwicklung an.

Ein zentraler Unterschied zwischen biologischer und sozialer Evolution besteht darin, dass Lernen ein aktiver Prozess ist, der eine Anpassung bzw. Veränderung des Phänotyps beinhaltet, die sich *nicht* auf der Ebene der Gene abspielt (vgl. Esser 1993: 203f.). Erworbenes Wissen ist nicht vererbbar, sondern muss von jeder Generation erneut angeeignet werden. Der individuelle Phänotyp mag sich durch Erfahrung und die Ansammlung von Wissen verändern; dies hat jedoch keine Auswirkungen auf den Genotyp bzw. die genetische Ausstattung der Population, welche die Basis für deren Reproduktion bildet. Zwar tragen neues Wissen und neue Technik zu einem gemeinsamen Wissensvorrat bei, der die Basis der menschlichen Kultur bildet und die Entwicklung immer stärker ausdifferenzierter Gesellschaften ermöglicht (vgl. Berger/Luckmann 1980). Doch die Tradierung dieses Vorrats ist kein Automatismus, sondern ein aktiver Prozess des Lernens und des Aneignens dieser sedimentierten Schichten, den jedes Individuum erneut vollziehen muss, z.B. durch eine gute Schul- und Universitätsausbildung.

Der Unterschied zwischen den beiden Typen lässt sich mit Hartmut Esser folgendermaßen festhalten: „Die biogenetische Evolution ist langsam, aber dann auch sicher." (Esser 1993: 203) Die tradigenetische (i.e. soziale) Evolution hingegen „ist schnell, aber auch unsicher" (204), denn es besteht immer die Gefahr, dass einmal erworbenes Wissen wieder in Vergessenheit gerät.

7.5 Gibt es eine Evolution der Technik?

Technikhistorische und techniksoziologische Arbeiten rekurrieren häufig auf das Konzept der Evolution, wie bereits gesagt, oftmals eher metaphorisch (dezidiert beispielsweise Basalla 1988: 138).[52] Anhand zweier exemplarischer Arbeiten soll daher zunächst gezeigt werden, wie Technikhistoriker und -soziologen mit dem Evolutionskonzept umgegangen sind.

Evolutionskonzepte in der Technikgeschichte und der Techniksoziologie

Thomas P. Hughes verwendet in dem – brillanten – Aufsatz „The Evolution of Large Technical Systems" (1987) den Begriff „Evolution" synonym mit „Wachstum" und präsentiert folgendes Phasenmodell („pattern of evolution"):

> „Die Geschichte evoluierender bzw. expandierender Systeme kann in Phasen dargestellt werden, in denen jeweils eine Aktivität dominiert: (a) Invention, Entwicklung, (b) Innovation, Transfer sowie (c) Wachstum, Wettbewerb und Konsolidierung." (1987: 56)[53]

---

52 Dies gilt auch für die – ausgezeichnete und lesenswerte – Studie von Franz Büllingen „Die Genese der Magnetbahn Transrapid. Soziale Konstruktion und Evolution einer Schnellbahn" (1997), in der man eine systematische Reflexion der Verwendbarkeit des Evolutions-Konzepts vergeblich sucht.

53 Die Nummerierung in Klammern habe ich hinzugefügt, um die lange Aufzählung mit der Einteilung in drei Phasen abzugleichen, die Hughes auf den Seiten 57 und 71

Der Variationsmechanismus[54] besteht bei ihm vor allem aus der Tätigkeit heroischer „system builder" (52, vgl. 58-60) wie beispielsweise Edison, denen es gelingt, ein innovatives technisches System zu konstruieren, das aus heterogenen Komponenten besteht (vgl. Kap. 2.3). Bezüglich des Selektionsmechanismus stößt man bei Hughes auf eine bemerkenswerte Abweichung vom biologischen Evolutionsmechanismus:

> „Mit der Zeit gelingt es technischen Systemen, die Umwelt in zunehmendem Maße in das System einzubeziehen (incorporate) und auf diese Weise Quellen der Unsicherheit zu eliminieren." (53, vgl. 66)

Das System bringt also seine Umwelt (z.B. die Wettbewerber, den politischen Kontext der Technik-Regulation u.a.m.) schrittweise unter Kontrolle und minimiert damit Unsicherheiten, was die Voraussetzungen für weiteres Wachstum schafft, das sich nach dem oben bereits erwähnten Phasenschema vollzieht. Für Hughes ist dies ein aktiver Prozess der „sozialen Konstruktion von Technik", in dem die „Erfinder-Unternehmer" und ihre Partner aus der Invention eine Innovation machen, d.h. die „ökonomischen, politischen und sozialen" Komponenten hinzufügen, die die Invention für ihr Überleben in der Welt der Nutzer benötigt („that it needs for *survival* in the use world", 62, vgl. 63, 67). Hier bemüht Hughes zwar evolutionstheoretisches Vokabular, meint aber im Grunde etwas anderes, nämlich einen Mechanismus der *aktiven* Verbesserung der eigenen Fitness, welche hier zudem in Kenntnis der Selektionsumwelt erfolgt.

Hughes nennt „Transfer (in) und Adaption" (67) an andere Kontexte sowie das Streben nach einer Verbesserung des Auslastungsgrades („load factor", 72) als weitere Mechanismen der Evolution und des Wachstums großer technischer Systeme. Eine Schlüsselfunktion in seinem Modell nimmt jedoch das Konzept der „reverse salients" (73) ein, denn von der Lösung dieser zurückgebliebenen Probleme, die zum Entwicklungshemmnis für das Gesamtsystem werden können, hängt dessen Schicksal in hohem Maße ab; und es bedarf kompetenter „Problemlöser" (74), um diese wichtige Aufgabe zu erledigen. Wenn dies gelingt, wenn also aus der Invention in mehreren Schritten eine Innovation in Form eines (großen) technischen Systems geworden ist, das wächst und sich langsam konsolidiert, dann entsteht ein „Momentum" (76), d.h. das System entwickelt eine gewisse Eigendynamik, die sich in einem technologischen Pfad („trajectory", 77) manifestiert. Dieser Pfad wird durch die beteiligten Akteure, deren Interessen, aber auch durch Akteur-Netzwerke weiter stabilisiert, sodass schließlich der Eindruck einer Autonomie der Technik aufkommen kann (79).

---

vornimmt. Vgl. auch die – etwas anders gelagerte – Einteilung von Stadien bei Hughes (1979) sowie bei Mayntz (1988b: 240ff.), die die Phasen Innovation, Wachstum und Stasis unterscheidet.

54 Obwohl Hughes auf die Evolutions-Metapher rekurriert, verzichtet er auf die Verwendung der Begriffe „Variation" und „Selektion".

Die Differenzen zur biologischen Evolutionstheorie sind deutlich erkennbar; insbesondere der Selektionsmechanismus funktioniert bei Hughes keinesfalls im Sinne einer naturwüchsigen Auswahl von Varianten durch die Umwelt, sondern eher im Sinne einer strategischen Interaktion zwischen System und Umwelt, welche in zunehmendem Maße Selbstbindungskräfte generiert.

Auch Werner Rammert hat sich in älteren Arbeiten für eine Nutzung der Evolutionstheorie durch die Techniksoziologie ausgesprochen; er empfiehlt sie insbesondere als ein Konzept zur Überwindung naiver Vorstellungen der – intentionalen – Steuerung von Technik durch die Politik, das Militär, mächtige Industrieinteressen u.a.m. (vgl. auch Lenzen 2003: 136). Er argumentiert gegen den „Primat eines gesellschaftlichen Teilsystems" bzw. die „Dominanz eines Akteurs" (Rammert 1993c: 175) und schlägt vor, Prozesse der Technikentwicklung, die aus einer Strukturlogik allein nicht zu erklären seien, mit einem „evolutionären Ansatz als mehrfache Selektion durch wechselnde Faktoren zu unterschiedlichen Zeiten" zu begreifen (171, vgl. 174). Der Selektionsmechanismus könne auch erklären, wieso sich auf Basis einer „erfolgreichen Variante ... Strukturen von längerer Dauer herausbilden können" (172). Mit guten Gründen grenzt Rammert sich von Basalla ab, der die technischen Artefakte als Grundeinheit der Evolution angenommen hat (173), und plädiert dafür, „Projekte der Technisierung" (174) als evoluierende Einheit zu definieren. Eine Theorie des technischen Wandelns könnte dann rekonstruieren, wie diese „sozialen Konstruktionen neuer Techniken" (174) einem doppelten Selektionsprozess unterworfen werden, nämlich einerseits in der physikalischen Umwelt den Nachweis ihres Funktionierens erbringen und andererseits in der „wirtschaftlichen, politischen und kulturellen Umwelt" (174) bestehen zu müssen.

Obwohl eher programmatisch formuliert und nicht mit Empirie unterfüttert, ist dies ein Ansatz, der sich weit für Konzepte der biologischen Evolutionstheorie geöffnet und diese – Anfang der 1990er Jahre – für eine zeitgemäße Modernisierung der Technikgeneseforschung empfohlen hat (vgl. auch Rammert 1994).

Zwischenfazit

Schon dieser erste Überblick zeigt wesentliche Unterschiede zwischen der biologischen Evolution und der Technikentwicklung (sowie den jeweiligen theoretischen Konzepten). Die Technik repliziert und reproduziert sich nicht selbst,[55] sondern ist auf die Tätigkeit von Erfindern, Innovatoren und System-Konstrukteuren angewiesen, die neue Varianten hervorbringen und

---

55 Selbst replizierende Maschinen gehören selbst beim heutigen Stand des Wissens noch in den Bereich der Fantasie (vgl. Drexler 1986 sowie den Widerruf in: Phoenix/Drexler 2004).

deren Durchsetzung innerhalb der Selektionsumwelt „Markt" betreiben. Es gibt also deutliche Differenzen bezüglich des Mechanismus der Variation. Denn neue technische Varianten entstehen keineswegs zufällig, sondern werden von den Akteuren strategisch erzeugt, die zudem Ziele verfolgen und sich bei ihren Erfinderaktivitäten von Zukunftsprojektionen leiten lassen.[56] Eine derartige Intentionalität der Variantenerzeugung kennt die Natur nicht, wo Mutationen zufällig erfolgen.

Zum anderen unterscheidet sich im Fall von Technik der Selektionsmechanismus von der natürlichen Selektion allein schon dadurch, dass Variation und Selektion nicht in dem Maße voneinander getrennt sind, wie dies in der Natur der Fall ist. Die beteiligten Akteure kennen die Selektionsbedingungen zumindest partiell und können sie oftmals sogar mitgestalten (siehe das oben zitierte Beispiel Edisons). Dies impliziert zwar keine vollständige Kontrolle des Prozesses, aber eine weit reichende Möglichkeit, veränderte Rahmenbedingungen zu antizipieren und taktisch damit umzugehen bzw. sogar die Kontexte so zu manipulieren, dass die Erfolgswahrscheinlichkeit für das eigene Technikprojekt steigt (vgl. Rip/van den Belt 1991: 16).

Zwei weitere Differenzen fallen auf: Die Biologie kennt kein Pendant zum Konzept des System-Wachstums, das bei Hughes einen prominenten Stellenwert hat. Ferner bleibt ungeklärt, inwiefern sich die aus der biologischen Evolutionstheorie stammende Idee der gemeinsamen Abstammung der Arten und der Artbildung durch allopatrische Speziation sinnvoll in die Technikgeschichte übertragen lässt.

Eine Theorie der Evolution von Technik müsste zunächst einmal die drei Ebenen der Arten, Populationen und Individuen, aber auch die Genotypen und die Phänotypen präzise benennen. Dies hat m.W. bislang kein Techniksoziologe getan, auch nicht Rainer Grundmann (1994) der – unter Bezug auf Georg Basallas „The evolution of technology" (1988) – den Versuch unternommen hat, die Geschichte des Autos als Evolutionsprozess zu beschreiben, dabei aber im Wesentlichen die Schwierigkeiten der Soziologie dokumentiert hat, sich dem Thema anzunähern.

Nehmen wir beispielsweise das Schiff (verstanden als eine Art innerhalb der Gesamtheit der Technikprojekte), so wären der Rumpf, die Antriebsform u.a.m. die Gene, also die Bestandteile, aus denen ein Schiff konstruiert wird. Der Genotyp wäre dann das Konstruktionsprinzip des Motor- bzw. des Segelschiffs, der Phänotyp das singuläre Schiff. Phänotypen, die an die Umweltbedingungen (z.B. stürmische See) besser angepasst sind als andere, hätten eine größere Überlebenswahrscheinlichkeit. Es fragt sich jedoch,

---

56 Daran ändert auch die Tatsache nichts, dass Intention und Effekt auseinanderfallen, die Erfinder die Folgen ihres Handelns also nicht unter Kontrolle haben und erst recht nicht die erfolgreiche Durchsetzung ihrer Invention garantieren können.

was der Gewinn einer derartigen Beschreibung ist. Man kann lediglich feststellen, dass eine bestimmte Population von Motorschiffen eine erfolgreich
stabilisierte Variante der Art „Schiffe" darstellt. Man kann auch – um zum
Beispiel des Flugzeugs zu wechseln – konstatieren, dass Propeller- und Se-
gelflugzeuge unterschiedliche Populationen innerhalb der Art „Flugzeuge"
darstellen, die sich erfolgreich stabilisiert haben, während andere Varianten
(das düsengetriebene Segelflugzeug, der Zeppelin, die Concorde u.a.m.)
sich nicht stabilisiert haben. Aber das weiß der Technikhistoriker ohnehin,
auch ohne Evolutionstheorie. Auch ist das Segelflugzeug keineswegs
schlechter angepasst und daher ausgestorben, sondern erfreut sich großer
Erfolge in der Nische der Sportflieger.

Der Rückgriff auf die Metaphern der Evolutionstheorie liefert der sozialwissenschaftlichen Innovationsforschung offenkundig wenig zusätzliche
Einsichten. Auch die Biologie kann den Prozess der Entstehung der Arten
lediglich rekonstruieren, nicht aber die Entstehung und Durchsetzung *spezifischer* Varianten erklären. Übertragen auf die Geschichte der Technik heißt
dies, dass man durch die Anleihen bei der Evolutionstheorie wenig hinzu-
gewinnt, weil der spezifische Verlauf technologischer Pfade nur durch die
Rekonstruktion der historischen Ereignisse sowie der sozialen Entscheidungsprozesse analysiert werden kann (vgl. Kap. 7.6–7.9 und 8). Und dazu
braucht die Soziologie die Evolutionstheorie eigentlich nicht.

Es gibt jedoch auch einige Gemeinsamkeiten: Ähnlich wie in der Natur gibt
es in der Entwicklung der Technik Verzweigungen und die Ko-Existenz unterschiedlicher Arten, z.B. das Motor- und das Segelschiff, ja sogar die Ko-
Existenz von Konkurrenten (z.B. Gleichstrom vs. Wechselstrom), die in unterschiedlicher Weise an ihre Umwelt angepasst sind, weil sie unterschiedliche Marktsegmente bzw. Nischen bedienen (z.B. Berufs- und Freizeit-
schifffahrt, vgl. auch Nelson/Winter 1977: 48). In der Technikgeschichte
gibt es darüber hinaus aber auch Kombinationen, z.B. die innovative Zu-
sammenführung der Schreibtechniken Stift und Computer zum Personal
Digital Assistant (PDA) bzw. Handheld. Eine derartige Überschreitung von
Artgrenzen ist in der Biologie selbst im Zeitalter der Gentechnik eher die
Ausnahme.[57] Schließlich kennt die Geschichte der Technik überraschende
Comebacks vermeintlich ausgestorbener Arten, etwa im Falle des geflügel-
ten Raumgleiters, der sich trotz etlicher Misserfolge und Fehlschläge immer
wieder als Variante für künftige Raumfahrtmissionen ins Spiel bringt
(Weyer 2006c). Ausgeschiedene Varianten wie der Wankelmotor sterben
offenbar keinen unmittelbaren Tod, sondern wandern in das Arsenal der
Technik; man kann hier also allenfalls von einer „weichen", temporär wirk-

---

57 Auch Basalla sieht in dieser Fähigkeit zur Fusion von Arten, die in der Natur nicht
vorkommt, eine wesentliche Differenz zwischen biologischer und technischer Evolution (1988: 138).

samen Selektion sprechen, die eine spätere Renaissance der Technik (auch in anderen Kontexten) möglich macht.

Im Folgenden sollen nun einige zentrale Arbeiten der neueren Innovationsforschung, die mit evolutionstheoretischen Konzepten arbeiten, vorgestellt und diskutiert werden: Nelson/Winter beschreiben den Prozess der Entstehung von Varianten (Kap. 7.6), während Tushman/Rosenkopf sich stärker auf den Vorgang der Selektion konzentrieren (Kap. 7.7). Arthur und David befassen sich mit der Pfadabhängigkeit und Lock-in-Prozessen (Kap. 7.8), und Schot et al. thematisieren schließlich Fragen des Regimewechsels, also der Ablösung eines dominanten Designs durch ein anderes (Kap. 7.9). Bereits diese Auflistung macht deutlich, dass die evolutionäre Innovationsforschung Themen behandelt, die über den Horizont der Evolutionsbiologie hinausgehen.

7.6 Innovationsökonomie

Einen wichtigen Anstoß zur Entwicklung einer evolutionären Ökonomie hat der Aufsatz „In search of useful theory of innovation" von Richard Nelson und Sidney Winter geliefert (1977); daneben haben in den 1980er Jahren Christoph Freeman, Nicolas Dosi und andere maßgeblich an der Entwicklung dieser neuen Forschungsrichtung mitgewirkt (für einen Überblick vgl. Geels 2002).

Nelson/Winter entwerfen ein Gegenmodell zur herrschenden Innovationstheorie in der (Makro-)Ökonomie, die vorwiegend mit Faktorkostenanalysen operiert und eine Eindeutigkeit und Rationalität von Entscheidungen über die Allokation von F&E-Mitteln unterstellt. Die beiden Autoren kritisieren, dass dabei die institutionellen Strukturen kaum berücksichtigt werden; und sie postulieren, dass es für „ein vertieftes Verständnis von Innovation … nötig ist, die betreffenden Prozesse sowie die Art und Weise, wie Institutionen diese Prozesse unterstützen und prägen, wesentlich detaillierter zu studieren" (46). Sie plädieren somit für eine verstärkte Nutzung von Mikro-Analysen der betreffenden Entscheidungsprozesse.

Denn, so Nelson/Winter weiter, die Erzeugung technischer Innovationen ist eine Entscheidung unter Unsicherheit (etwa bezüglich der künftigen Entwicklung von Märkten bzw. Technologien), für die keine eindeutigen Regeln zur Verfügung stehen (Nelson/Winter 1977: 47, 52, vgl. auch Bogumil/Schmid 2001: 47ff., Asdonk et al. 1991). Im Innovationsprozess tritt diese Unsicherheit an zwei wichtigen Punkten auf, nämlich einmal vor der Einführung einer neuen Technik am Markt und dann noch einmal danach; denn die Unsicherheit, ob eine neue Technik sich tatsächlich erfolgreich durchsetzt, ist mit ihrer Markt-Einführung nicht aufgehoben (48). Es geht somit darum, eine institutionelle Struktur zu schaffen, die garantieren kann, dass in einem ersten Schritt eine Vielzahl von Innovationen erzeugt wird

(47, 52), von denen sich dann einige in einem zweiten Schritt erfolgreich durchsetzen. Innovation wird von Nelson/Winter also als ein zweistufiger Prozess verstanden („two acts of innovation", 62, vgl. 48f.), der beide Stufen durchlaufen muss.

Zur Beschreibung dieser beiden Teilprozesse verwenden Nelson/Winter zwei theoretische Konzepte: die Paradigmen- und die Evolutionstheorie (49, 71).

- Die Entstehung neuer Technik verstehen sie als „von Randbedingungen und Zufällen abhängiges Ergebnis unterschiedlicher F&E-Strategien" (71) und führen hierzu das Konzept des technologischen Regimes in die Debatte ein, das man als eine – für die Innovationsforschung adaptierte – Variante des Kuhn'schen Paradigma-Konzepts verstehen kann (vgl. Kuhn 1976).
- Den Erfolg einer Innovation erklären sie als Resultat „des Wirkens einer Selektions-Umwelt" (1977: 71) und greifen hierbei dezidiert auf die Evolutionstheorie zurück.[58]

Technologische Regimes

In Abgrenzung von der Profitmaximierungsthese, die unterstellt, dass Entscheidungen über den Einsatz von F&E-Mitteln primär vom Profitstreben des Unternehmens geprägt sind, verweisen Nelson/Winter auf Heuristiken und Strategien der F&E-Abteilungen, die den Prozess der Erzeugung von Innovationen maßgeblich beeinflussen. Gerade in Situationen der Unsicherheit sei es plausibel, auf Heuristiken wie beispielsweise bewährte „Prozeduren" (52) und „Daumenregeln" zurückzugreifen. Als Strategie definieren Nelson/Winter „ein stabiles und breit eingesetztes Set von Heuristiken für die Projektauswahl" (53), und sie sprechen von „Vorab-Festlegungen" (precommitment, 55f.), also von nicht-monetären Faktoren, die die Entscheidungen der F&E-Abteilungen bei der Projektauswahl leiten.

Wenn sich derartige Heuristiken in einem breiteren Rahmen bewähren und die Technologieentwicklung damit eine gewisse Richtung einschlägt, der zu folgen sich lohnt, können natürliche Pfade entstehen („natural trajectories", 56). Der Begriff der „trajectories" ist bei Nelson/Winter noch sehr schillernd und unscharf und wird erst von nachfolgenden Autoren präziser definiert. Zudem verschwimmt er mit dem ebenso wichtigen Begriff des „technological regime" (57).

- Nelson/Winter verwenden den Begriff der Trajektorie zum einen für sehr allgemeine Tendenzen und Orientierungen wie etwa die Mechanisierung oder die Elektronisierung, die die Technikentwicklung prägen (58f.); dieser Aspekt soll hier nicht weiterverfolgt werden.

---

58 Der Begriff „Variation" wird allerdings von den Autoren nicht explizit verwendet.

- Zum anderen kann sich eine (technikspezifische) Trajektorie aber auch zu einem technologischen Regime verdichten, das Nelson/Winter als ein kognitives Konzept beschreiben, welches aus den „Überzeugungen der Techniker [besteht], was möglich ist oder was man zumindest versuchen sollte" (57). Man denke an den Wintel-Rechner, aber auch an die typische Konfiguration eines Pkws.

Ein Regime erfüllt somit die Funktion, die Such- und Problemlösungsstrategien der beteiligten Ingenieure in eine bestimmte Richtung zu lenken, d.h. ihnen zu zeigen, wo sich Potenziale eröffnen, wo Grenzen sind, aber auch wo noch nicht genutzte Chancen liegen (57). Ein Regime bietet – ähnlich wie das Kuhn'sche Paradigma – eine Orientierung, die in Situationen der Unsicherheit enorm wertvoll sein kann.[59]

Nelson/Winter erwähnen das DC-3-Flugzeug als Beispiel für eine Innovation, die mit ihren zentralen Merkmalen Metall-Körper, unten liegende Tragflächen sowie Kolbenmotor ein technologisches Regime definierte (57). Das revolutionäre Konstruktionsprinzip der DC-3 entwickelte sich nach ihrem Erstflug im Jahr 1935 zum Standard-Design der Luftfahrt. Sie prägte das Design von Zivil-Flugzeugen bis zum Aufkommen der Düsenjets; das mit ihr geschaffene Regime wurde erst 1959 durch die Boeing 707 abgelöst, die dann wiederum jahrzehntelang den Standard definierte.[60]

Der Zusammenhang von Regime und Trajektorie wird bei Nelson/Winter nicht befriedigend geklärt. Die Regimes wären demnach allgemeine Orientierungsmuster, die – ähnlich wie Paradigmen – ein normales Problemlösen möglich machen. Sie grenzen einen bestimmten Bereich, in dem die Suche nach neuen Lösungen lohnenswert erscheint (hier z.B. den Pkw-Verbrennungsmotor), von anderen Bereichen ab (hier dem Elektroantrieb), in denen sich die Suche nicht lohnt. Auf der Zeitachse konstituieren sie damit Trajektorien im Sinne technikspezifischer Korridore, innerhalb derer sich verschiedene Teilprojekte (Ford T, VW-Käfer, Toyota Prius) bewegen. Das Regime stabilisiert die Trajektorie, indem es ihre „Grenzen definiert" (57). In freier Interpretation von Nelson/Winter wären Regimes somit Momentaufnahmen (im Sinne eines Querschnitts durch den Korridor), die den herrschenden Stand des Ingenieurwissens und die dominanten Such- und Problemlösungsstrategien beinhalten.

Abb. 9 soll eine mögliche Interpretation bieten, wie man diese beiden Begriffe einander zuordnen könnte (Weyer et al. 1997: 28).

---

59 Vgl. auch Dosi 1982 sowie die Adaption dieses Ansatzes im Begriff des „Orientierungskomplexes" bei Meinolf Dierkes (1989).

60 Eine knappe Zusammenfassung dieser Entwicklungen findet sich bei Geels (2002: 144-158); Frenken/Leydesdorff (2000) haben zudem die Dominanz des DC-3-Designs mit Modell-Rechnungen nachgewiesen.

Regimes wären demnach allgemeine Orientierungsmuster, die – ähnlich wie Paradigmen – ein normales Problemlösen möglich machen. Sie grenzen einen bestimmten Bereich, in dem die Suche nach neuen Lösungen lohnenswert erscheint (hier z.B. den Pkw-Verbrennungsmotor), von anderen Bereichen ab (hier dem Elektroantrieb), in denen sich die Suche nicht lohnt. Auf der Zeitachse konstituieren sie damit Trajektorien im Sinne technikspezifischer Korridore, innerhalb derer sich verschiedene Teilprojekte (Ford T, VW-Käfer, Toyota Prius) bewegen. Das Regime stabilisiert die Trajektorie, indem es ihre „Grenzen definiert" (57). In freier Interpretation von Nelson/Winter wären Regimes somit Momentaufnahmen (im Sinne eines Querschnitts durch den Korridor), die den herrschenden Stand des Ingenieurwissens und die dominanten Such- und Problemlösungsstrategien beinhalten.

Abb. 9: Regimes und Trajektorien

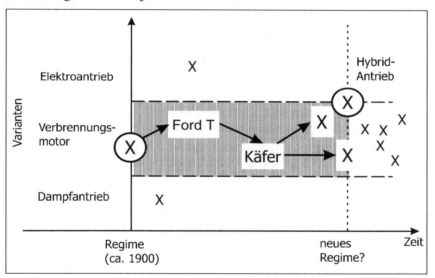

Mit der Erzeugung einer Innovation ist der erste Schritt vollzogen, und Nelson/Winter verweisen dezidiert darauf, dass sie diesen als einen intentionalen und dennoch zufallsabhängigen Prozess verstehen (61): Der Innovationsprozess wird zwar von strategisch handelnden Akteuren betrieben, aber dies vollzieht sich in einem vom Regime geprägten Rahmen, der von kontingenten Entscheidungen über die Machbarkeit bestimmter Techniken (Verbrennungsmotor) zu Ungunsten anderer (Elektroantrieb) geprägt ist. Unter welchen Umständen derartige Regimes destabilisiert und von anderen abgelöst werden, diskutieren Nelson/Winter nicht (vgl. Kap. 7.7 und 7.9).

Selection environment

Ein technologisches Regime ist also einer der beiden institutionellen Faktoren, der für die Entstehung und Durchsetzung einer technischen Innovation verantwortlich ist. Der Innovationsprozess ist jedoch mit der ersten Stufe noch nicht abgeschlossen, denn die hier erzeugten Innovationen müssen sich nun in ihrer Umwelt bewähren, d.h. ihren praktischen Nutzen unter Beweis stellen. Die dabei auftretenden (neuen) Unsicherheiten können nur durch einen zweiten, eigenständigen Schritt beseitigt werden (62). Hier kommt der Begriff des „selection environment" (61) ins Spiel, der Umwelt, die über den Erfolg der neuen Technik entscheidet. Nelson/Winter verwenden in der Beschreibung dieses Zusammenhangs dezidiert evolutionstheoretisches Vokabular:

> „Eine notwendige Bedingung für das *Überleben* einer Innovation ist, dass sie auf Grundlage eines [praktischen] Tests von den Organisationen als wertvoll beurteilt wird, die direkt bestimmen, ob sie eingesetzt wird oder nicht." (62, Herv. J.W.)

Nelson/Winter benennen drei Typen von Institutionen (64), und man mag sich dies als ein Modell konzentrischer Kreise vorstellen:

- Die Organisation, die die neue Technik hervorgebracht hat: Hier findet die erste Bewährungsprobe statt, nämlich derart, ob es der F&E-Abteilung gelingt, das Management zu überzeugen (63).
- Der Markt, auf dem die Konsumentenentscheidungen eine wichtige Rolle spielen, aber auch staatliche Institutionen, deren Regulierungsaktivitäten (z.B. bei der Zulassung neuer Flugzeugtypen) eine wichtige Selektionsinstanz sind (63).
- Schließlich der Prozess der Diffusion einer Technik durch Imitation, der wesentlich zur dauerhaften Durchsetzung und Verbreitung einer neuen Technik beiträgt (63f.).

Auf allen drei Ebenen wirken nach Ansicht von Nelson/Winter die gleichen Selektions-Mechanismen; und diese unterscheiden sich maßgeblich von den Prozessen, die traditionelle Ökonomen untersuchen. Institutionelle Selektionsprozesse – egal ob auf dem Markt oder im staatlichen Kontext – verlaufen demnach nach einem einheitlichen Schema, nämlich der Selektion von Innovationen aufgrund von Kriterien, die sich nicht auf die Gewinnmaximierung reduzieren lassen (69f.). Wie sich derartige Selektionsprozesse konkret vollziehen, bleibt jedoch offen.

Fazit und Bewertung

Man mag über Einzelheiten des Modells von Nelson/Winter trefflich streiten. Kritisiert wurde insbesondere, dass sie sich zu stark mit der Ökonomie und zu wenig mit der Technologie befassen; auch sei ihr Ansatz, der die

Akteur-Ebene weitgehend ausblendet, eher zur Ex-post-Beschreibung, nicht aber zur Erklärung der (sozialen) Prozesse sowie der Ursachen technischen Wandels geeignet (van den Belt/Rip 1987: 136ff., Bruun/Hukkinen 2003: 99f., vgl. auch Werle 2005a: 315). Es ist jedoch unbestreitbar ihr bleibendes Verdienst, dass sie überzeugend dargelegt haben, wie wichtig institutionelle Faktoren, und zwar sowohl marktliche als auch nicht-marktliche Selektionsumwelten, bei der Erzeugung und Durchsetzung von Innovationen sind (67). Insbesondere die zentralen Konzepte „Regime" und „Selektionsumwelt" verweisen auf nicht-ökonomische Faktoren wirtschaftlichen Handelns.

Innovativ war zudem die Verknüpfung von Paradigmen- und Evolutionstheorie: Für die Erzeugung der Innovationen machten Nelson/Winter kognitive technologische Regimes verantwortlich, die die Suchstrategien der Techniker und Ingenieure leiten. Die anschließende Selektion ordneten sie dann einer Reihe von Selektionsumwelten zu (u.a. Markt und Staat), die darüber entscheiden, ob sich eine Innovation durchsetzt oder nicht.

Nelson/Winter haben mit dieser theoretischen Wendung nicht nur die Basis der institutionellen Ökonomie gelegt (heute wird eher der Begriff „Evolutionäre Ökonomie" verwendet); sie haben zudem einen wesentlichen Schritt zur Soziologisierung der Innovationstheorie getan und damit die ökonomischen und soziologische Innovationsforschung einander angenähert.

7.7 Zyklenmodell technischen Wandels

Eine weitere Variante der Theorie technologischer Evolution findet sich bei Michael Tushman und Lori Rosenkopf, die sich stärker als die bislang behandelten Autoren mit den Entscheidungsprozessen befassen, die zur Durchsetzung eines dominanten Designs führen, und dabei dezidiert evolutionstheoretisches Vokabular verwenden (1992: 318). Nach Tushman/Rosenkopf ist die Technikentwicklung durch die innertechnische Dynamik unterdeterminiert; daher beziehen sie weitere Faktoren, z.B. soziale Prozesse, in ihre Erklärung mit ein. Gegen das „anything goes" des radikalen Konstruktivismus, der keinerlei Abfolge von Phasen kennt und Technikkonstruktion als einen voluntaristischen Akt begreift (vgl. Kap. 8.2), präsentieren sie ein vierstufiges „Zyklenmodell des technischen Wandels" (316) mit vier Phasen wie in Abbildung 10 dargestellt.

In der *Phase 1 (Variation)* ergeben sich „zufällige technologische Durchbrüche" (Tushman/Rosenkopf 1992: 316), die radikalen bzw. disruptiven Charakter haben. Ähnlich wie im Kuhnschen Paradigmakonzept enthalten diese Varianten Potenziale und Verheißungen. Tushman/Rosenkopf nennen als Beispiele das Propellerflugzeug (dominantes Design ab 1936), das Düsentriebwerk (1960), die Quarzuhr (1980), die Schreibmaschine (1890), das elektronische Schreiben (1990), das Automobil mit internem Verbrennungsmotor (1900) u.v.a.m. (319-320, 332).

Abb. 10: Zyklenmodell technischen Wandels

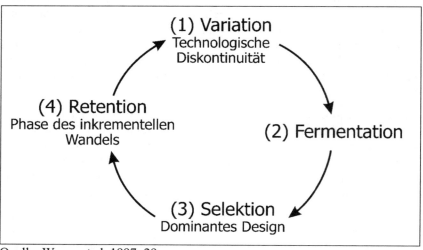

Quelle: Weyer et al. 1997: 29

In der *Phase 2 (Fermentation)* findet ein Prozess der Gärung durch Experimentieren statt. Dies ist eine Phase der Unsicherheit, der Regimekonkurrenz (z.B. Gleichstrom vs. Wechselstrom), des Wettbewerbs und der Experimente, in der nicht nur das neue Design weiterentwickelt, sondern auch das alte Design verbessert wird – mit oftmals überraschenden Konsequenzen. Der ICE ist beispielsweise der „ungeliebte Bruder des Transrapid" (Büllingen 1997: 194), weil die Rad-Schiene-Forschung durch die Konkurrenz der neuen Technik einen gewaltigen Auftrieb bekam, der den vermeintlichen Vorsprung des Transrapid in hohen Geschwindigkeitsbereichen dahinschmelzen ließ.

Tushman/Rosenkopf zufolge ist die Fermentationsphase eine kurze Phase heftiger Turbulenzen, in der rivalisierende technische Regimes miteinander im Wettbewerb stehen, ohne dass allein auf Basis technischer Kriterien eine Entscheidung möglich wäre. Beim Automobil gab es um 1900 eine Reihe unterschiedlicher Varianten, z.B. den elektrischen Antrieb, den Dampfantrieb oder den Verbrennungsmotor, welcher sich letztlich durchsetzte. Jedes dieser Konzepte war den anderen in bestimmten Kriterien überlegen – so sprach z.B. für den Dampfantrieb, dass Holz für die Verbrennung überall verfügbar war, was für Benzin zur damaligen Zeit nicht zutraf (vgl. Schot et al. 1994: 1061). Vor allem aber war noch nicht klar, welche Kriterien für die Auswahl anzulegen waren: Geschwindigkeit, Kosten, Komfort usw. (Tushman/Rosenkopf 1992: 319).

Diese Unsicherheit endet dann aber schlagartig mit der *Phase 3*, in der die Selektion eines *dominanten Designs* stattfindet und der Wettbewerb zwischen den konkurrierenden Varianten beendet wird (320). Da nunmehr eine Einigkeit über die grundlegenden Konstruktionsprinzipien (des Automobils, des Computers etc.) herrscht, eröffnet das dominante Design eine lange Periode des *inkrementellen Wandels (Phase 4)*, die durch ein „Rätsel-Lösen" im Stile von „normal science" geprägt ist (323): Die Ingenieure und Techniker loten das Potenzial des dominanten Designs aus und spezialisieren sich dabei in unterschiedliche Richtungen. Der technische Fortschritt wird nunmehr von der „unsichtbaren Hand" (324) des Marktes getragen, in dem eine Vielzahl miteinander konkurrierender Organisationen aktiv ist, die für die Diffusion der neuen Technik sorgen.

Somit stellt sich die Frage, wie ein dominantes Design entsteht, sich stabilisiert und damit zum „De-facto-Standard" (321) wird. Im Falle einfacher Produkte wirkt, Tushman/Rosenkopf zufolge, eine (inner-)technische Logik; im Falle komplexerer Produkte hingegen kommen „sozio-politische Prozesse innerhalb und zwischen konkurrierenden technischen Communities und ihren Kontexten" (321) ins Spiel. Konkret benennen sie folgende Mechanismen:

- Nutzerpräferenzen und Marktnachfrage,
- die „Marktmacht eines dominanten Herstellers" wie beispielsweise IBM bzw. eines Nachfragers wie der US-Luftwaffe (321),
- industrielle Standardisierungs-Komitees,
- Firmengruppen bzw. -allianzen (wie im Fall des Kreditkarten-Systems),
- die staatliche Regulierung (z.B. im Fall der TV-Formate, 322).

Tushman/Rosenkopf zufolge gibt es also keinen eindeutig besten Weg; die Entscheidung zwischen rivalisierenden Designs vollzieht sich vielmehr als ein sozio-politischer Aushandlungs-Prozess, in dem Akteure-Netzwerke und „Koalitionen von unterschiedlichen Interessen-Gruppen" (322) eine entscheidende Rolle spielen und der letztlich dadurch beendet wird, dass die Akteure sich – meist in Form eines Kompromisses – einigen (vgl. 334f.).

Das Modell des technologischen Zyklus enthält somit zwei länger andauernde Phasen (2/Gärung und 4/inkrementeller Wandel, vgl. Abb. 10) sowie zwei kurze Übergänge (1/Variation und 3/Selektion) und ähnelt damit dem Kuhn'schen Paradigmakonzept. Im Unterschied dazu vollzieht sich bei Tushman/Rosenkopf der Selektionsprozess jedoch als Resultat von Aushandlungen in einem Netzwerk divergierender Interessengruppen, welches über die Ingenieur-Communities hinausreicht. Zudem wird die Selektion von einer „sozialen Logik" (322) bestimmt und von „Individuen, Organisationen und Organisationsnetzwerken" (323) getragen. Dabei entwickeln die Ingenieur-Communities gegen Ende eines Zyklus einen immer stärker „konservativen Charakter" (325, vgl. Knie 1989); dieser resultiert aus dem Bestreben, das bestehende Paradigma zu verteidigen, das sich ständig der Herausforderung durch neue Varianten ausgesetzt sieht, welche meist „außerhalb der bestehenden Technikgemeinschaften" (324) entstehen (und ggf. einen neuen Zyklus anstoßen – womit die Geschichte von vorn beginnt).

Im zweiten Teil ihres Aufsatzes präsentieren Tushman/Rosenkopf ein Systemkonzept der Technik, das „vier Typen von Produkten" (325) beinhaltet, deren Komplexität zunehmend steigt: von (a) einfachen Produkten, die nur aus einer Komponente bestehen („nonassembled products") über (b) einfach zusammengesetzte Produkte und (c) geschlossene Systeme mit etlichen Komponenten und Subsystemen bis hin zu (d) offenen Systemen, die sie als „Netzwerk von Komponenten" kennzeichnen, das von einer „Vielzahl von Organisationen" (333) getragen wird.

Die Verknüpfung zwischen dem Paradigma- und dem Systemkonzept besteht nun zum einen in der These, dass die Bedeutung sozio-politischer Faktoren mit zunehmender System-Komplexität steigt, weil die Uneindeutigkeit und damit auch die Offenheit für externe Einflüsse zunehmen (336). Zum anderen gibt es aber auch innerhalb des technologischen Zyklus Phasen technologischer Unsicherheit – nämlich die Phase 2/Fermentation –, in der die innertechnische Logik keine hinreichende Grundlage für eine Entscheidung über alternative Konzepte bereit stellt und daher nicht-technische Dynamiken eine große Rolle spielen (338, 340). In dieser Phase ist die Technikentwicklung also in hohem Maße offen für externe Inputs – und dies gilt umso mehr, wenn es sich um offene Systeme handelt.

Abb. 11: Technology Cycle

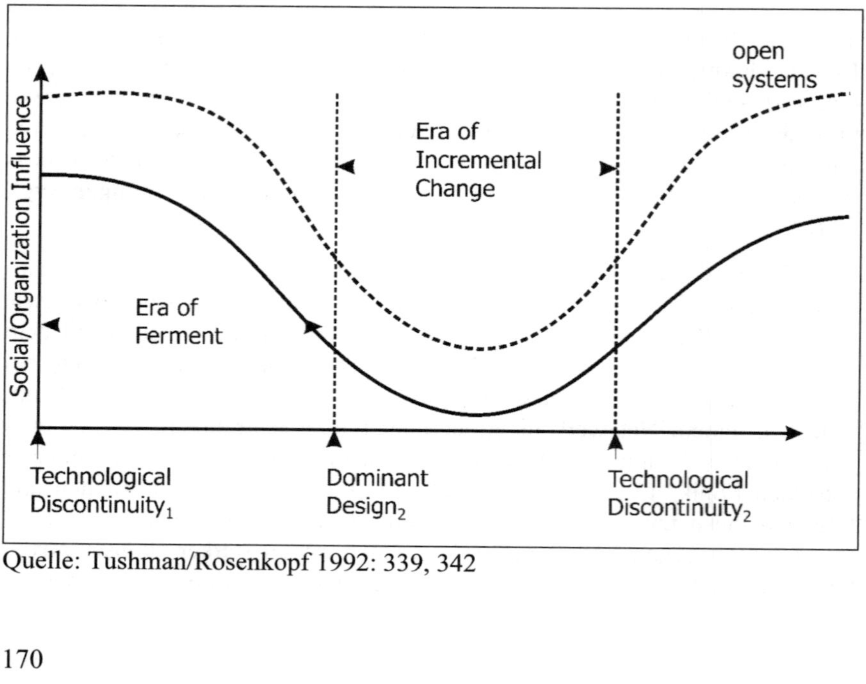

Quelle: Tushman/Rosenkopf 1992: 339, 342

Die Leistung des Zyklenmodells von Tushman und Rosenkopf besteht vor allem darin, den Einfluss sozialer Faktoren bei der Entstehung technischer Innovationen präzise bestimmt zu haben, wobei ihr Hauptaugenmerk – anders als bei Nelson/Winter – auf der Phase der Selektion in Form der Durchsetzung eines dominanten Designs liegt; die Entstehung der Varianten wird hier nicht weiter reflektiert. Trotz der häufigen Verweise auf Netzwerke bleibt allerdings offen, wie sich der soziopolitische Prozess konkret vollzieht. Das Zyklenmodell legt zudem, ohne dass die Autoren dies ausdrücklich thematisieren, einen beliebigen und sprunghaften Wechsel von Designs und Paradigmen nahe (ähnlich Kuhn 1976).

Allerdings kommt auch die Diskontinuitätsthese nicht ohne eine Art Referenzlinie aus, anhand derer die Abweichung vom Bestehenden gemessen werden und beispielsweise die Feststellung getroffen werden kann, dass die Quarzuhr eine radikale Innovation ist, die den bestehenden Technologiezyklus der mechanischen Uhr beendet und für die Entstehung eines neuen dominanten Designs gesorgt hat. Ähnlich wie bei Clayton Christensen (1997) bildet die Entstehung eines neuen technologischen Regimes in gewisser Weise das – nur nachträglich anwendbare – Kriterium für die Identifikation einer radikalen, disruptiven Innovation. Damit bleibt jedoch die Frage offen, ob sich dieses Modell auch prospektiv anwenden lässt.

Dennoch kann als Verdienst der beiden Autoren festgehalten werden, dass es ihnen gelungen ist, eine Theorie der technologischen Evolution zu entwickeln, die offen ist für Anschlüsse zum Konzept des strategischen Handelns sozialer Akteure, die Technikentwicklung ferner als sozialen Aushandlungsprozess begreift und zudem diese These mit Blick auf die Phasen des Technologiezyklus, aber auch auf die Komplexität des sozio-technischen Systems näher spezifiziert.

7.8 Pfadabhängigkeit und Lock-in

Die Verfestigung von Selektionsentscheidungen zu stabilen Pfaden ist der Gegenstand des viel zitierten Aufsatzes „Clio and the Economics of QWERTY" von Paul David aus dem Jahr 1985. Ähnlich wie Nelson/Winter plädiert auch er für eine Neuausrichtung der Wirtschaftswissenschaften und eine verstärkte Berücksichtigung der realen Geschichte als Erklärung scheinbar unerklärlicher Prozesse. Denn unlogisch erscheint es allemal, dass sich mit der QWERTY-Tastatur ein suboptimales und ineffizientes Design durchsetzte, das trotz leistungsfähigerer Alternativen nicht nur die Welt der Schreibmaschinen, sondern mittlerweile auch die der Computer beherrscht. David macht dafür „historische Unfälle" (1985: 332) verantwortlich, die sich durch schrittweise Selbstverstärkung zu einer Entwicklung verdichten, für die er die Begriffe „Pfadabhängigkeit" (332) und „lock-in" (335) geprägt hat.

Im Falle der Schreibmaschinen-Tastatur gab es zu Beginn der Entwicklung eine Vielzahl konkurrierender Designs, und die Anordnung der Tasten war vor allem von den Bestreben geprägt, die Schreibgeschwindigkeit zu *verringern*, um so ein Verhaken der Typenhebel zu verhindern, die damals noch für den Schreiber unsichtbar unterhalb des zu beschreibenden Papiers angebracht waren. QWERTY war eine eher willkürliche Anordnung, die sich durch zufällige Ereignisse in den Jahren 1878 bis 1881 einen kleinen Vorteil gegenüber ihren Konkurrenten erarbeiten konnte und dann rasch zum Industrie-Standard wurde (333f., vgl. Knie 1991). Rivalisierende Designs hatten ab diesem Zeitpunkt keine Chance mehr; und auch die von August Dvorak 1932 patentierte DSK-Tastatur, mit der man 20 bis 40% schneller schreiben kann, konnte sich gegen die geballte Macht des QWERTY-Imperiums nicht durchsetzen.

Das Modell der Pfadabhängigkeit erklärt diese – aus Sicht der neoklassischen Ökonomie unverständlichen – Prozesse mit einem frühen „lock-in", das sich aus drei Momenten speist:

a) der technischen Wechselbeziehung („technical interrelatedness", David 1985: 334) von Hardware – den Schreibmaschinen – und Software – dem Know-how der Schreibkräfte, die die neue Technik des Zehnfinger-Blindschreibens beherrschten;

b) den Skaleneffekten („economics of scale", 335), die sich im Laufe der Zeit ergaben und eine Selbstverstärkung zufälliger Ereignisse bewirkten – mit dem Effekt einer Vereinheitlichung der Technik;

c) schließlich einer Quasi-Irreversibilität der einmal getätigten Investitionen (336).

Obwohl David evolutionstheoretisches Vokabular nicht explizit verwendet, befasst sich sein Modell mit der Selektion technischer Varianten, vor allem aber mit der *eigendynamischen Selbstverstärkung zufälliger Ereignisse.* Der Prozess der Selektion erscheint hier sogar als ein eher unbedeutender Akt, der erst durch das positive Feedback zum irreversiblen Faktum wird (vgl. Arthur 1990). Denn mit jedem Schritt steigt die Wahrscheinlichkeit, dass es weiter in die einmal eingeschlagene Richtung geht. Damit lassen sich Prozesse erklären, in denen sich nicht die optimale Lösung durchsetzt, sondern ein System sich in einem beliebigen Gleichgewichtszustand stabilisiert („lock-in"). Entscheidend sind dabei kleine Abweichungen zu Beginn des Prozesses, der in dem Maße unumkehrbar und unausweichlich wird, in dem das System ein Momentum entwickelt. David spricht in Bezug auf QWERTY von der „Standardisierung des falschen Systems" (336). Alle Versuche, das System aufzubrechen, scheiterten; so hatte beispielsweise der Apple-IIc-Computer, der 1984 auf den Markt kam, eine umschaltbare Tastatur, aber aufgrund der genannten Lock-in-Effekte konnte sich diese Variante nicht durchsetzen.

Dieses viel zitierte Modell hat sich Kritik gefallen lassen müssen: Stan Liebowitz und Stephen Margolis (1990, 1995, 1996) behaupten beispielsweise, dass die QWERTY-Story, so wie sie von David präsentiert wird, ins Reich der Mythen und Legenden gehöre; die empirischen Belege seien dünn und fragwürdig. Der Wettbewerb zwischen den unterschiedlichen Systemen sei noch bis in die 1920er Jahre unentschieden gewesen, und auch die Ergebnisse der Navy-Studie von 1944, die eine hohe Überlegenheit von DVORAK dokumentierte, ließen sich nicht reproduzieren.

Die beiden „radikalen Marktwirtschaftler" (Drösser 1997) verstehen ihre Ausführungen als ein Plädoyer für die „Vitalität von Märkten" und gegen die These des „survival of the luckiest" (Liebowitz/Margolis 1996); ihre Kritik mag dennoch nicht so recht überzeugen, denn sie bieten – neben dem pauschalen Verweis auf die Effizienz von Märkten – keine Alternativ-Erklärung für die Dominanz eines Tastatur-Designs, das für erhebliche gesundheitliche Schäden sorgt, oder für die marktbeherrschende Stellung eines Betriebssystems, das bekanntermaßen große Sicherheitslücken hat und die Nutzer zudem zur Verwendung hochgradig umständlicher Prozeduren nötigt.

David und Arthur ziehen hingegen die „Vernunft" von Marktentscheidungen in Zweifel, was die Frage provoziert, ob der Staat derartige Fehlentwicklungen ggf. korrigieren könnte (vgl. Kap. 11). Arthur äußert sich dezidiert zu den technologiepolitischen Konsequenzen, die sich aus seiner Analyse ergeben. Er empfiehlt, dass der Staat die Industrie aktiv und frühzeitig ermutigen („encourage") solle, sich bei der Entwicklung von High-Tech-Produkten zu engagieren und Netzwerke und strategische Allianzen zu bilden, um auf diese Weise neue Pfade zu schaffen (1990: 84). Er warnt jedoch zugleich vor der Subventionierung „weißer Elefanten" und plädiert für eine Wirtschaftspolitik mit Fingerspitzengefühl:

„Eine Ökonomie, in der es positive Feedbacks gibt, in das beste der vielen möglichen Gleichgewichte zu steuern, erfordert viel Geschick und ein gutes Timing – ein Gespür für die Momente, in denen ein vorteilhafter Wechsel von einem Zustand (pattern) zu einem anderen am ehesten möglich ist." (85)

Hiermit suggeriert er, dass eine zielgerichtete Steuerung der Ökonomie und auch der Technikentwicklung möglich ist. Dies steht in gewisser Weise im Gegensatz zu seinem evolutionären Modell, demzufolge es „unmöglich ist, im Voraus zu wissen, welche der vielen möglichen Lösungen sich ergibt" (82). Trotz des unbestreitbaren Charmes des Modells der Pfadabhängigkeit technologischer Prozesse (und dessen Anbindung an Nicht-Gleichgewichtstheorien) bleibt das Ergebnis also ein wenig diffus. Offenbar eignen sich derartige Modelle in erster Linie für Ex-post-Betrachtungen, weniger aber für die prospektive Gestaltung der Technikentwicklung.

7.9 Regimewechsel

Nach Nelson/Winter, die sich vorrangig mit dem Variationsmechanismus befasst haben, und Tushman/Rosenkopf, bei denen der Selektionsmechanismus im Vordergrund stand, sowie David und Arthur, die die These des Lock-in und der Pfadabhängigkeit entwickelt haben, soll nun eine Gruppe niederländischer Autoren behandelt werden, die sich eingehend mit dem Thema des Regimewechsels befasst haben. Es geht im Folgenden also um die Frage, ob angesichts eines dominanten technischen Systems Innovation bzw. technologischer Wandel möglich ist und wie dieser gestaltet werden kann. Auch diese Autoren rekurrieren auf das Evolutionsmodell, umgehen jedoch einige der „Fallen", die sich aus der biologischen Metapher ergeben.

Am Beispiel zweier Fallstudien zum Elektroauto thematisieren Johan Schot, Remco Hoogma und Boelie Elzen die Frage, welche Bedingungen geschaffen werden müssen, damit neue Technologien mit alten konkurrieren können, und wie eine Dynamik entstehen kann, die schließlich zur Ablösung des existierenden technologischen Regimes beiträgt (Schot et al. 1994). Das Beispiel macht die Problematik offenkundig: Zwar sind die negativen externen Effekte des Pkws mit Verbrennungsmotor hinreichend bekannt, doch die alte Technologie ist der neuen in vielen Punkten (Komfort, Reichweite, Geschwindigkeit) nach wie vor überlegen, sodass die individuellen Kaufentscheidungen – selbst bei hoher Motivation für Alternativen – meist zugunsten der klassischen „Rennreiselimousine" (Canzler 1998) ausfallen. Das nahezu versteinerte Regime des klassischen Automobils wird, so Andreas Knie (1994b), von sich wechselseitig stabilisierenden Herstellerstrategien, Kaufentscheidungen der Kunden sowie dem politisch-institutionellen Kontext fortlaufend perpetuiert und erscheint somit nahezu unwandelbar (vgl. Kap. 8.3). Eine Ablösung eines etablierten technologischen Regimes ist, so Schot et al., also nur zu erwarten, wenn das bestehende System an Überzeugungskraft und Schwung verliert (z.B. weil es neue Herausforderungen wie das Klimaproblem nicht lösen kann) oder wenn ein neues System für einen gewissen Zeitraum die Chance bekommt, sich in einer Nische zu entwickeln, in der es vorübergehend nicht dem harten Selektionsdruck des Marktes ausgesetzt ist (1994: 1061).

Schot et al. rekonstruieren am Fall des Elektroautos unterschiedliche Ansätze zur Realisierung derartiger Alternativen: Kalifornien hatte angesichts massiver ökologischer Probleme bereits 1988 mit dem „clean air act" scharfe Maßnahmen ergriffen, die die Hersteller u.a. dazu verpflichteten, einen gewissen – kontinuierlich steigenden – Anteil von „zero emission vehicles" (ZEV) zu produzieren und zu vermarkten (1064f.). Trotz des Widerstands der Hersteller, die die Umsetzung der Vorgaben immer wieder verzögerten, entstand damit ein neuer „Zukunftsmarkt" (1068), und das Elektroauto wurde vom Spielzeug zum marktfähigen Produkt.

Die kalifornische Strategie war geprägt durch einen Mix von Maßnahmen, der neben der erwähnten Regulation des Pkw-Bestandes auch die Förderung neuer Technologien sowie die Beschaffung von Elektroautos durch den Staat umfasste. Schot et al. belegen diesen Ansatz mit dem Begriff „technology forcing" (1062)[61] und stellen kritisch fest, dass der hinter den Erwartungen zurückbleibende Erfolg dieser Strategie durch eine zu starke Orientierung auf die Lösung technischer Probleme (etwa der Entwicklung leistungsfähigerer Batterien) bedingt war (1071).

In den Niederlanden hingegen wurde – in viel kleinerem Maßstab – ab Beginn der 1990er Jahre eine Politik betrieben, die auf ein koordiniertes Handeln aller Beteiligten setzte, um auf diese Weise Nischen zu schaffen, die für eine Weile vor dem harten Selektionsdruck des Marktes geschützt waren und dann durch ein schrittweises Upscaling ausgedehnt werden sollten (1062, 1069, 1071). Begleitet wurde dieser Ansatz von Praxis-Experimenten, in denen erstmals systematisch Erfahrungen mit der neuen Technologie gesammelt, vor allem aber die Erwartungen und Anforderungen der Nutzer evaluiert und in den Prozess der Entwicklung des Elektroautos zurückgespeist wurden. Dieser experimentelle Lernprozess ergab z.T. überraschende Ergebnisse zum Nutzerverhalten; so erwies sich etwa die geringe Reichweite von Elektroautos als weniger gravierendes Problem, als man es ursprünglich erwartet hatte.

Die Entwicklung technologischer Alternativen, die das Potenzial für einen Regimewechsel besitzen, vollzog sich also in beiden Fällen in geschützten Räumen; allerdings unterschied sich der kalifornische Ansatz durch eine stärkere Top-down-Orientierung, während in den Niederlanden die Nischenmärkte in Bottom-up-Prozessen entwickelt wurden.

Dies führt zu der Frage, ob die staatliche Technologiepolitik die Entwicklung gesellschaftlich wünschenswerter technischer Alternativen gezielt fördern kann, und – wenn ja – welcher Typus von Maßnahmen am sinnvollsten ist (vgl. auch Kap. 11). Schot et al. spitzen ihre Analyse auf drei prototypische technologiepolitische Strategien zu:[62]

1. „Strategic niche management": Die Entwicklung alternativer technischer Varianten durch kontrollierte Experimente, die in geschützten Räumen stattfinden, das Wissen der Nutzer mobilisieren und, wenn die neue Technik sich bewährt hat, ein schrittweises Upscaling ermöglichen (1062, 1072f.);

---

61 Eine deutsche Übersetzung könnte in etwa lauten: Techniksteuerung durch Regulation.

62 Der Text ist an diesem Punkt inkonsistent, weil die Darstellungen auf den Seiten 1062 (niche – regulation – nexus), 1064 (expectations – nexus – niches) und 1072f. (forcing/regulation – experiments/niches – nexus) nicht übereinstimmen. Die folgende Darstellung ist daher mein Versuch, aus dem Text ein konsistentes Modell herauszudestillieren.

2. „Technology forcing": Die „Modifikation der Selektions-Umwelt durch staatliche Regulation" (z.B. in Form von Emissions-Grenzwerten), um eine zu frühe Selektion der neuen Technik durch den Markt zu verhindern und so die Beharrungskräfte des alten Regimes zu neutralisieren (1062, 1072);

3. „Technological nexus": Die Schaffung institutioneller Allianzen bzw. Netzwerke zwischen den Instanzen der Variation (den Erfindern) und der Selektion (dem Markt, den Herstellern, den Nutzern und Betreibern sowie dem Staat), um so unterschiedliche Anforderungen rechtzeitig in das Design der neuen Technik einbeziehen zu können (1062, 1073f.).

Jede dieser drei Strategien hat spezifische Stärken, aber auch Schwächen: Eine Innovationspolitik, die vorrangig auf das Nischen-Management setzt, läuft Gefahr, dass man die falsche Option wählt und Experimente fördert, die letztlich ins Leere laufen und lediglich Mitnahme-Effekte generieren. Eine Innovationspolitik, die vorrangig mit staatlicher Regulation operiert, muss das Problem einkalkulieren, dass die Unternehmen nicht kooperieren (i.e. zügig in neue Technik investieren) und so die Steuerungsintentionen konterkarieren – wie geschehen in Kalifornien. Eine Innovationspolitik, die Allianzen schmiedet und Netzwerke fördert, setzt sich hingegen dem Risiko aus, dass außer unverbindlichem Geplauder nichts dabei herauskommt oder aber – der gegenteilige Fall – dass derartige Allianzen die machtvolle Durchsetzung einer Strategie betreiben, welche nicht den Zielvorstellungen der Politik entspricht. Schot et al. plädieren daher für eine Kombination aller drei Strategien, weil dies die Chance erhöht, dass „das dominante technologische System sich ändert" (1062, vgl. 1074).

Das Elektroauto hat den Durchbruch bis heute nicht geschafft (vgl. Christensen 1997: 235ff.); das System „Automobil" ist trotz aller Herausforderungen erstaunlich stabil, und ein Regimewechsel hat bislang nicht stattgefunden. Allerdings entwickelte sich mit dem Toyota Prius ab 2005 ein Außenseiter überraschenderweise zu einer ernsthaften Konkurrenz, der die Dominanz des bisherigen Paradigmas der „Rennreiselimousine" in Frage stellt. Der Hybridantrieb kann als Indiz für die Erosion der bestehenden Regimes angesehen werden, denn er verkörpert die erstmalige Abkehr vom dominanten Konstruktionsprinzip des Automobils.[63]

Auch das von Schot et al. vorgeschlagene Modell technischen Wandels[64] rekurriert also auf evolutionstheoretische Konzepte, grenzt sich jedoch von der Vorstellung einer blinden Variation und einer davon unabhängigen, ex

---

63 Allerdings ist diese Variante recht systemkonform, denn der Prius zwingt seine Nutzer nicht zu völlig anderen Verhaltensweisen. Er fungiert offenbar als Brückenglied zwischen dem bestehenden System und einer – wie auch immer gearteten – Zukunft und ermöglicht einen „sanften" Umstieg.

64 Zur Verknüpfung dieser Überlegungen mit einem Mehrebenen-Modell technischen Wandels siehe Kap. 8.6.

post wirksamen Selektion ab (1063). Die Autoren sprechen vielmehr von „Quasi-Evolution" (1062), weil in sozialen Prozessen die beiden Schritte miteinander gekoppelt sind (vgl. auch Schot 1992). Denn die Technikkonstrukteure produzieren neue Artefakte nicht blind, sondern erzeugen strategisch Varianten – und zwar in Kenntnis der Selektionsumwelt, die sie sogar aktiv zu gestalten suchen. Schot et al. grenzen sich hiermit deutlich von der evolutionären Ökonomie ab und greifen Aspekte des sozialkonstruktivistischen SCOT-Konzepts auf (vgl. Kap. 8.2), das – ähnlich wie Hughes (vgl. Kap. 7.5) – die Entwicklung technischer Systeme als einen Vorgang sieht, in dem die „technische Entwicklung zeitgleich mit der Konstruktion ihres Kontextes" (Schot et al. 1994: 1063) geschieht. Die Vertreter dieses Ansatzes sprechen daher eher von einer „Ko-Evolution von Technik und Selektionsumwelt" (1064). Schot et al. versuchen also, evolutionäre Ökonomie und sozialkonstruktivistische Technikforschung zu verknüpfen, indem sie Variation und Selektion als „teilweise unabhängig und dennoch miteinander gekoppelt" (1064) betrachten. Sie legen daher ihr Augenmerk auf die drei oben diskutierten Kopplungsmechanismen und grenzen sich damit deutlich von evolutionären Konzepten sowohl in der Biologie als auch der Ökonomie ab.

7.10 Fazit

Die Entstehung des neuen Konzepts der evolutionären Ökonomie in den 1970er Jahren bedeutete für die Wirtschaftswissenschaften – mehr noch als für die Soziologie – einen Umbruch im Denken, der die beiden Disziplinen erheblich aneinander angenähert hat, da nunmehr von beiden anerkannt wird, dass zumindest in Phasen großer Unsicherheit auch soziale Faktoren eine wichtige Rolle bei der Entscheidung über technische Alternativen spielen. Der Rückgriff auf das Vokabular und die Metaphern der biologischen Evolutionstheorie ermöglichte diesen „Brückenschlag", da er sprachlich und konzeptionell eine gemeinsame Grundlage schuf. Wie die behandelten Texte zeigen, hat die Evolutions-Metapher zu einer Soziologisierung der ökonomischen Innovationsforschung beigetragen; sie hat zudem die Suche nach nicht-ökonomischen Erklärungsfaktoren des technischen Wandels vorangetrieben.

Allerdings stellt sich die Frage, ob diese „Gewinne" tatsächlich der Evolutionstheorie zugeschrieben werden können, oder ob sie nicht eher auf den Perspektivwechsel zurückgeführt werden müssen, den diese ausgelöst hatte. Denn ein naiver Transfer von Konzepten der Biologie in die Innovationsforschung erweist sich als wenig erfolgversprechende Strategie, weil die biologischen Varianten durch spontane Mutation entstehen, die technischen Varianten hingegen durch zielgerichtetes, strategisches Handeln erzeugt werden. Zudem gibt es in sozialen Prozessen keine scharfe Trennung zwischen den Instanzen der Variation und der Selektion, d.h. die Selektion ist kein von den handelnden Akteuren unabhängiger Prozess, wie es das biologische Evolutionsmodell postuliert. Schließlich spielen Lock-in-Prozesse in der Biologie keine Rolle, und die Dominanz einer Art über eine andere ist dort völlig unbekannt.

Auf die Frage, ob es Sinn macht, von einer Evolution von Technik zu sprechen, kann man daher abschließend zwei unterschiedliche Antworten geben:

Die Contra-Position

Nimmt man die technologischen Artefakte als phänotypische Ausprägungen einer Art, wie es Basalla nahelegt (1988: 29f.), so ist offenkundig, dass es im strengen Sinne keine Evolution der Technik geben kann, da die Technik sich – im Gegensatz zu Lebewesen – nicht selbst replizieren und somit auch keine Mutationen hervorbringen kann. Technikentwicklung wird bislang intentional von sozialen Akteuren betrieben, die zudem über die Fähigkeit verfügen, Variation und Selektion zu koppeln (vgl. Tab. 7). Variation und Selektion sind also keine voneinander unabhängigen Schritte (vgl. Basalla 1988: 137). Insofern kann von einer Evolution der Technik nicht die Rede sein – zumindest nicht im strengen Sinne einer biologischen Evolutionstheorie.

Tab. 7: Biologische und soziale Evolution

	biologische Evolution	soziale Evolution
Auslöser	spontane Mutation; zweigeschlechtliche Fortpflanzung	strategisches Handeln
Ausrichtung	ziellos	zielgerichtet
Variation/ Selektion	getrennte Instanzen	z.T. identisch
Zeitraum	lang	kurz
nicht angepasste Arten	sterben aus	existieren weiter; Comeback möglich

Die Pro-Position

Wechselt man jedoch von der Akteur- zur Systemperspektive (vgl. ebenfalls Basalla 1988: 23f.), so ergibt sich überraschenderweise ein anderes Bild, denn dem System der Technik kann es egal sein, auf welchem Wege die Varianten entstanden sind: durch Zufall, durch strategisch-intentionales Handeln der Akteure (und dessen nicht-intendierte Effekte), durch koinzidenzielle Dynamiken, die letztlich niemand unter Kontrolle hat (vgl.

Mayntz/Scharpf 1995b), oder durch externe Störungen wie beispielsweise staatliche Technologieprogramme. Die Natur interessiert sich schließlich auch nicht dafür, ob die biologischen Varianten durch Einwirkung der UV-Strahlung oder durch zweigeschlechtliche Fortpflanzung entstanden sind.

Unter dem „System der Technik" würde man den gesamten „Gen"-Vorrat an technischen Artefakten und Problemlösungen verstehen, die sich zu Technikprojekten (Rammert) bzw. sozio-technischen Systemen (Hughes) kombinieren lassen. Ein Genotyp wäre demnach ein Konstruktionsprinzip, also eine spezifische Kombination von „Genen", z.B. ein Flugzeug mit Metallrumpf, unten liegenden Tragflächen und Kolbenmotor. Trotz aller Intentionalität bei der Konstruktion der jeweiligen Phänotypen (z.B. der DC-3) wäre die Selektion (im Sinne einer erfolgreichen Durchsetzung bzw. eines Scheiterns einer innovativen Technik) jedoch ein Vorgang, den die Akteure niemals vollständig unter Kontrolle haben, weil Pfadabhängigkeiten, Verhandlungen in Akteur-Netzwerken sowie Lock-in-Prozesse eine Rolle spielen, deren Verlauf kaum antizipierbar, geschweige denn steuerbar ist. Selbst die Versuche der staatlichen Steuerung von Technik könnten in diesem Systemmodell der Technik somit als Versuche der Generierung neuer Varianten interpretiert werden, die sich dem Selektionsdruck der sozialen Umwelt jedoch langfristig nicht entziehen können.

Gemäß dieser Lesart kommt es also nicht so sehr darauf an, auf welchem Wege die Varianten zustande kommen; es geht vielmehr primär um die Frage, ob die sozio-technischen Systeme den jeweiligen Umweltbedingungen (Markt, Staat etc. im Sinne von Nelson/Winter) derart angepasst sind, dass ihre Überlebenswahrscheinlichkeit steigt und sich der entsprechende Genotyp (i.e. das technische Konstruktionsprinzip) bewähren und durchsetzen kann. Die Tätigkeit der Erfinder würde sich in diesem Bild darauf reduzieren, den Vorrat an Ideen und technischen Lösungen immer wieder durch Neues aufzufüllen, d.h. Varianten zu erzeugen.

Kombination

Die Kontrastierung der beiden Lesarten technischer Evolution ergibt also folgendes Bild: Die erste Lesart betrachtet den Prozess aus der *Mikroperspektive*; hier spielen die Akteure insofern eine wichtige Rolle, als sie die Kopplung zwischen Variation und Selektion vollziehen. Allerdings kann man dann allenfalls von einer Quasi-Evolution sprechen, und die Anleihen bei der Evolutionstheorie reduzieren sich weitgehend auf einen metaphorischen Begriffstransfer, dem ein geringer substanzieller Erkenntnisgewinn gegenübersteht.

Die zweite Lesart geht hingegen von der *Makroperspektive* aus; auch hier leisten die Akteure wichtige Beiträge zur technischen Evolution, welche sich jedoch hinter ihrem Rücken vollzieht und von ihnen allenfalls in geringem Maße beeinflusst werden kann. Das Gewicht verschiebt sich also deutlich von den Akteuren zum System. Gemäß dieser Interpretation werden die Varianten zwar durch zielgerichtetes Handeln erzeugt, aber das Gesamtresultat aller Prozesse ist ein emergentes Produkt, das nicht der Kontrolle einzelner Akteure unterliegt und sich der intentionalen Steuerung entzieht (vgl. Grundmann 1994: 27). Überraschenderweise wird diese Makroperspektive von der evolutionären Innovationsforschung nicht eingenommen, wäre sie doch kompatibel mit soziologischen Mikro-Makro-Konzepten und insbesondere dem Modell der Emergenz, das hier an die Stelle von Evolution treten könnte (vgl. u.a. Esser 1991).

Zudem könnte man mit Hilfe des Emergenz-Modells eine Brücke schlagen zwischen dem eher voluntaristischen Akteur-Konzept, demzufolge der gesamte Evolutionsprozess strategisch betrieben werden kann, und dem System-Konzept, das die Akteure tendenziell zu Statisten eines hinter ihrem Rücken ablaufenden Prozesses degradiert. Technik wäre demzufolge als das emergente Produkt des zielgerichteten Handelns (bzw. der strategischen Interaktion von Akteuren) zu verstehen, das aber dennoch nicht der Kontrolle der einzelnen Akteure unterliegt (vgl. Kap. 2.1).

Der Transfer von Metaphern und Konzepten von der biologischen Evolutionstheorie in die wirtschafts- und sozialwissenschaftliche Innovationsforschung hat also vor allem zu der Erkenntnis geführt, dass dieses Forschungsgebiet seine Probleme nicht durch Anleihen aus Nachbardisziplinen lösen kann, sondern sich auf seine eigenen Stärken besinnen muss. Insbesondere die soziologische Erklärung des technischen Wandels kommt nicht ohne eigenständige Konzepte aus, die sie in die Lage versetzen, das Wechselverhältnis von Akteur und System bzw. von Mikro und Makro theoretisch zu durchdringen und empirisch zu erforschen. Und dies sind nun einmal nicht die Konzepte Variation und Selektion, sondern die Konzepte strategisches Handeln (sowie dessen nicht-intendierten Effekte), soziale Interaktion, soziale Netzwerke, Emergenz, Institutionalisierung u.a.m.

Das folgende Kapitel wird sich daher vor allem der Frage widmen, welchen Stand die genuin soziologische Innovationsforschung in punkto Erklärung des technischen Wandels erreicht hat.

8. Soziologische Theorien der Technikgenese

8.1 Ursprünge der Techniksoziologie

Parallel zur evolutionären Ökonomie und von dieser inspiriert hatte sich Anfang der 1980er Jahre in Deutschland eine eigenständige Techniksoziologie etabliert – mit Zentren u.a. in Bielefeld, Berlin und Köln. Sie war aus der Wissenschaftssoziologie hervorgegangen, die sich in zweierlei Perspektive mit dem Verhältnis von Wissenschaft und Gesellschaft befasste:

Zum einen versuchte sie zu ergründen, welchen Einfluss die – von Robert K. Merton, Thomas S. Kuhn und anderen entdeckten – sozialen Strukturen der Wissenschaft auf die kognitiven Prozesse ausüben (Weingart 1976); es ging also um die Frage, ob die Entwicklung des wissenschaftlichen Wissens auch durch „externe" Einflussfaktoren zu erklären ist. Ein wichtiger Beitrag war die sogenannte „Finalisierungstheorie" von Gernot Böhme, Wolfgang van den Daele und Wolfgang Krohn (1973), die – ungeachtet ihrer verunglückten Namensgebung – ein Modell enthielt, das die Wirksamkeit externer Einflüsse auf die vor- und die postparadigmatische Phase der Wissenschaft eingrenzte, während sie für die paradigmatische Phase eine Dominanz interner Faktoren postulierte. (Man beachte die Übereinstimmung mit dem Zyklenmodell von Tushman/Rosenkopf, die aus der gemeinsamen Referenz auf Kuhn resultiert; vgl. Kap. 7.7.)

Vor dem Hintergrund der Planungseuphorie der 1970er Jahre ging es der Wissenschaftssoziologie zum anderen auch um praktische Fragen der Forschungsplanung (van den Daele et al. 1979), was wiederum das theoretische Problem der Steuerbarkeit von Wissenschaft nach sich zog. Insbesondere die Finalisierungstheorie kann als eine Absage an naive Steuerungsmodelle verstanden werden; aber auch die Weingart'schen Thesen einer Entdifferenzierung von Wissenschaft und Politik (1983) widersprachen Vorstellungen einer simplen Mechanik politischer Steuerung von Wissenschaft, die sich für beliebige Zwecke instrumentalisieren lässt (vgl. auch Kap. 11.5).

Angestoßen durch Fragen der Technikkritik und der Technikakzeptanz hatte die Soziologie sich erst relativ spät dem Thema „Technik" zugewendet, und zwar wiederum unter der Doppel-Perspektive der „sozialen Gestaltung von Technik" sowie des „Zusammenhangs von Technikentwicklung und sozialem Wandel" (Weingart 1989: 10). Anfang der 1980er Jahre kristallisierten sich langsam die Konturen einer eigenständigen Techniksoziologie heraus (vgl. Jokisch 1982), die „Technik als sozialen Prozess" (Weingart 1989) verstand und sich vor allem mit Fragen der Technikfolgenabschätzung sowie der Technikgenese befasste. Mit provokanten Thesen rissen jedoch rasch einige westeuropäische Kollegen die „Meinungsführerschaft" an sich.

8.2 Social Construction of Technology

Unter dem griffigen Label SCOT (Social Construction of Technology) spitzten Trevor Pinch und Wiebe Bijker in einem 1984 erschienenen Aufsatz das Argument der sozialen Bedingtheit von Technik zur These der „sozialen Konstruktion von Technik" zu.[65] Dabei verwendeten sie explizit evolutionstheoretisches Vokabular, wenn sie „den Prozess der Entwicklung technischer Artefakte ... als einen Wechsel von Variation und Selektion" (1984: 411) beschrieben. Unter Rückgriff auf Konzepte der sozialkonstruktivistischen Wissenschaftssoziologie (EPOR, dazu ausführlich Schulz-Schaeffer 2000b: 254ff.) brachten sie zwei neue Kategorien in die Debatte ein: die „interpretative Flexibilität" (Pinch/Bijker 1984: 419) sowie die „soziale Schließung" („closure", 427). Ähnlich wie wissenschaftliche Theorien seien auch technische Artefakte, so Pinch/Bijker, offen für unterschiedliche Deutungen und Interpretationen; und es sei somit Aufgabe der Soziologie, den Erfolg einer spezifischen Variante, i.e. eines spezifischen technischen Artefakts, zu erklären (406).

Am Beispiel des Fahrrads veranschaulichen sie diesen Vorgang: Die Erfindung des heute gängigen Sicherheitsfahrrads im Jahr 1884 war aus ihrer Sicht kein „isoliertes Ereignis" (416), sondern Bestandteil eines 19 Jahre währenden Prozesses (1879-1898), in dem sich diese Variante gegen eine Vielzahl von Alternativen durchsetzte und damit, zumindest bis zum Aufkommen des Mountain-Bikes, das dominante Design des Fahrrads war. Pinch/Bijker zufolge ist es die Aufgabe der Techniksoziologie, diesen sozialen Prozess zu rekonstruieren und die „relevanten sozialen Gruppen" (415) zu identifizieren, die an dem Prozess beteiligt waren. Denn diese hatten dem Artefakt jeweils unterschiedliche Bedeutungen beigemessen: So zählte für die Radsportler vorrangig die Geschwindigkeit, für die Hobby-Radler eher der Komfort und die Sicherheit, und schließlich galt es beim Fahren von Frauen auf Hochrädern auch moralische Aspekte zu berücksichtigen. Diese konfligierenden Interessen konnten nur durch soziale Schließung überwunden werden, welche durch eine Redefinition des Problems möglich wurde. Pinch/Bijker sprechen hier von „translation" (vgl. 428), was in etwa meint: die Übersetzung eines Begriffs von der Welt eines Akteurs in die ei-

---

65 Vgl. aber den Hinweis von Wolfgang van den Daele (1977: 172, FN 171), dass der Begriff bereits 1974 von Everett Mendelsohn in die Debatte eingebracht worden war.

nes anderen sowie die damit einhergehende (Bedeutungs-)Verschiebung – bei Michel Callon später dann auch: Vernetzung (vgl. Kap. 8.7). Im Zentrum dieses Prozesses stand die Luftbereifung, die von der einflussreichen Gruppe der Radsportler zunächst verschmäht wurde.

Abb. 12: Schließung durch Übersetzung (SCOT)

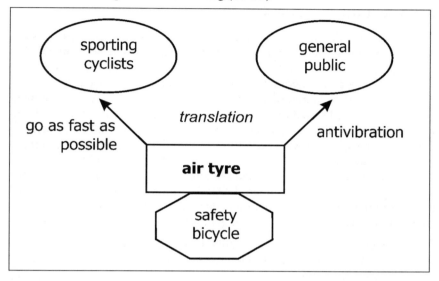

Dann gelang es jedoch, „die Bedeutung der Luftbereifung zu verschieben", und zwar von ihrer Antivibrations-Funktion hin zur „Lösung für ein ganz anderes Problem, nämlich so schnell wie möglich zu fahren" (428). Durch diese „Redefinition des Schlüsselproblems" wurde eine „soziale Schließung" (428) erreicht, also eine Beendigung der Debatten und Kontroversen wie auch eine Einigung der beteiligten Gruppen auf das Sicherheitsfahrrad, was wiederum zur Stabilisierung des Artefakts beitrug.

Damit war also die These der „sozialen Konstruktion von Technik" in der Welt – allerdings in einer etwas eigenwilligen Variante: Denn einerseits begreift der SCOT-Ansatz Technikentwicklung als einen Prozess, der nicht von einer technischen Eigenlogik getragen ist, sondern von den Akteuren aktiv betrieben wird (was wenig überraschend ist und eigentlich nicht über den damaligen Common Sense der Techniksoziologie hinausging). Andererseits bleiben die Einzelheiten dieses Konstruktionsmechanismus jedoch sehr diffus; alleine die vielen Formulierungen im Passiv („closure had been reached", 428) tragen wenig zum Verständnis der Prozesse bei, weil die Akteure, aber auch die „Translation"-Mechanismen weitgehend im Dunklen bleiben. Die SCOT-These konnte somit nur ein erster Schritt sein, dem eine tiefer gehende empirische Analyse der Aushandlungs- und Schließungsprozesse hätte folgen müssen. Derartige Anstrengungen wurden aber in der Folgezeit immer wieder von Glaubenskriegen und der Forderung nach einer sozialkonstruktivistischen Wende in der Techniksoziologie überlagert, die von den Urhebern des SCOT-Modells, aber auch von der mit ihr verschwisterten ANT-Schule (vgl. Kap. 8.7) lautstark propagiert wurden.

8.3 Technikgeneseforschung

Einige zentrale Elemente des SCOT-Ansatzes, insbesondere das Closure-Konzept, wurden von einer Berliner Forschergruppe um Meinolf Dierkes und Andreas Knie adaptiert, die darüber hinaus auch an die evolutionäre Ökonomie sowie an Theorien der Organisationskultur anknüpfte. Dierkes war in den 1980er Jahren neben Peter Weingart und Renate Mayntz maßgeblich an einem Perspektivwechsel von einer rein folgenzentrierten Technikforschung zur Technikgeneseforschung beteiligt. Ziel müsse es sein, so Dierkes damals, „negative Technikfolgen möglichst umfassend zu vermeiden"; und dies sei nur möglich, wenn „deren Auftreten nicht losgelöst ... von den Entstehungsprozessen und Nutzungsorientierungen" (1989: 4) betrachtet werde (ähnlich Rammert 1994: 7). Ein von Dierkes, Mayntz und anderen verfasstes Memorandum aus dem Jahr 1984 bietet daher als praktisch-politischen Nutzen der Technikgeneseforschung an,

> „durch eine frühzeitige Verschränkung technologischer Entwicklungen mit gesellschaftlichen Zielsetzungen und Erfordernissen das Ausmaß solcher negativer Technikfolgen von vornherein zu reduzieren" (Dierkes et al. 1984: 10).

Die Technikgeneseforschung erhebt hier also, gestützt auf fundierte Kenntnisse der Prozesse der Technikentwicklung, den Anspruch, der Politik ein praktisch wirksames Instrumentarium an die Hand zu geben, das Eingriffe in frühe Phasen der Technikentwicklung ermöglicht, die wirksamer seien als spätere Reparaturmaßnahmen – ein durchweg technokratischer Ansatz, der an die Bacon'schen Visionen erinnert und sicherlich zum Teil als geschicktes Marketing eigener Ideen verstanden werden muss.

Es ist auch zu bezweifeln, ob man allein über eine retrospektive Analyse der Geneseprozesse einer Technik zu prospektiv verwendbarem Steuerungswissen gelangen kann. Hans Dieter Hellige (1993) zufolge verschärft eine derartige Verknüpfung von Technikgenese- und -folgenforschung sogar das Prognosedilemma, da die in der Frühphase propagierten, oftmals diffusen Szenarien meist nicht mit den später realisierten Anwendungen übereinstimmten, sodass man auf diesem Wege keine Technikfolgen antizipieren könne.

Über seine technokratische Vision hinaus enthält der Berliner Ansatz der Technikgeneseforschung allerdings auch einen theoretischen Kern, der mit der politischen Botschaft in gewisser Weise korrespondiert. So postuliert Dierkes zwar, „dass die gesamte Entwicklung einer Technik als sozialer

Prozess aufgefasst" werden müsse, da auf „jeder Stufe einer Technikentwicklung unterschiedlichste soziale Faktoren einwirken und zu Selektionsentscheidungen führen" (1987: 2); doch betrachtete er die Frühphase der „Entstehung und (!) Durchsetzung ... einer Technik" (4) stets als prägend für den gesamten Prozess der Technikentwicklung (zur Kritik des Berliner Ansatzes vgl. auch Weyer et al. 1997: 24-26).

Auch Andreas Knie konzentrierte sich in seinen Arbeiten zur Genese des Wankel- und des Dieselmotors sowie der Schreibmaschine auf die frühen Phasen der Technikentwicklung; seine Adaption des Closure-Konzepts führte ihn zu der These, dass durch „Schließungs- und Konsolidierungsprozesse" in der Frühphase einer Technik ein Konstruktionstyp „scheinbar unumkehrbar ... festgeschrieben" (Knie/Hård 1993: 234) werde, sodass einmal gefundene Lösungen in späteren Stadien „nicht mehr oder nur noch rudimentär" (Knie 1994b: 242) verändert werden könnten. Den Misserfolg des Wankelmotors erklärt er beispielsweise daraus, dass bereits kurz nach der Jahrhundertwende 1900 der „Begriff Automobil ... sozusagen kognitiv fixiert" (245) wurde, sodass Abweichungen seitdem keine Chance mehr hatten (246). Die Beharrungstendenzen des Systems Automobil bezieht er, ähnlich wie Paul David (vgl. Kap. 7.8), auf eine wechselseitige Verstärkung der Strategien von Herstellern, Nutzern, Ingenieuren und Politik – einer Art „automobiler Zwangsgemeinschaft" (247), in der alle Akteure durch ihre Handlungen das Standard-Design immer weiter festigten. Auf diese Weise wurden, so Knie, „Dynamiken produziert, die funktionale Alternativen begrenzen" (247) – eine ziemlich krasse Gegenposition zu den oben dargestellten Arbeiten von Schot et al. (vgl. Kap. 7.9), die sich ebenfalls mit Alternativen zum bestehenden System des Automobils befassen. Zudem geht er über die Lock-in-These, die eine babylonische Gefangenschaft der Akteure wider deren Willen postuliert, insofern hinaus, als er diese als strategisch Handelnde charakterisiert, die *aktiv* zur Perpetuierung des falschen technischen Systems beitragen.

Mit der Formel „Das Konservative des technischen Fortschritts" (1989) stellte sich Knie in gewisser Weise in Gegensatz zum Dierkes'schen Programm einer aktiven Technikgestaltung durch Technikgeneseforschung; denn er vertrat damit eine deutlich pessimistischere Haltung (1994b: 257), die zwar verpasste Chancen in der Vergangenheit benennt, Gestaltungsmöglichkeiten in späteren Phasen jedoch – wegen der „Versteinerung" (1994a: 35) des Technikpfades – tendenziell verneint. Knie spitzt das Lock-in-Modell also derart zu, dass die Frage aufgeworfen werden muss, wie unter der Diktatur des Alten überhaupt Neues entstehen kann.

Die von Knie und Dierkes vorgenommene, „harte" Kopplung von Alternativentscheidungen in der Frühphase mit Folgewirkungen in späteren Nutzungs- und Anwendungsphasen ist ein technikdeterministisches Konzept (vgl. Hellige 1993: 191), das in dieser Form innerhalb der Profession der

Techniksoziologie seinesgleichen sucht (vgl. Kap. 2.2). Zudem sind gewisse Zweifel an der Plausibilität der Beispiele angebracht, denn der Wankelmotor konnte sich zwar auf breiter Front im Pkw nicht durchsetzen, und der Ro-80 gilt bis heute als Paradebeispiel eines technischen Flops; aber in japanischen Automobilen (Mazda RX7 und RX8) sowie in Motorrädern und im Schiffsbau wird der Wankelmotor erfolgreich eingesetzt. Er hat also offenbar seine Nische gefunden.

Zudem sei die Frage erlaubt, wie sich denn angesichts des Konservatismus etablierter Communities der Dieselmotor durchsetzen konnte. Knies eigene Analyse zeigt, dass die Stabilisierung neuer Varianten zwar einen hohen Aufwand erfordert und oftmals von Rückschlägen begleitet ist (vgl. Knie 1994b). Dennoch ist technischer und institutioneller Wandel offenbar nicht gänzlich unmöglich, sondern dies hängt von der Durchsetzungskraft der sozialen Netzwerke (im betreffenden Beispiel: Diesel und MAN) sowie vom Verlauf der sozialen Aushandlungs- und Schließungsprozesse ab (vgl. Knie 1989: 32-34). Selbst Knie konzediert, dass die Durchsetzung technischer Alternativen die Etablierung eines alternativen Konsenses voraussetzt, der eine größere Attraktivität besitzt als sein Konkurrent (1994a: 36, Knie/ Hård 1993: 238f.).

Es spricht also viel dafür, die Thesen der sozialen Konstruktion von Technik und der Pfadabhängigkeit aufzugreifen, sie aber nicht in der Weise einseitig auf die Frühphase der Technikgenese zuzuspitzen, wie dies Pinch/ Bijker und Dierkes/Knie getan haben.

8.4 Das Phasenmodell der Technikgenese

Technikgenese als mehrstufiger Akt der sozialen Konstruktion von Technik

Inspiriert von den Arbeiten von Hughes, Tushman/Rosenkopf und anderen, aber auch gestützt auf Werner Rammerts Forderung nach einer verstärkten Berücksichtigung der „Phasen der Technikentwicklung" (Rammert 1988: 753, vgl. 758) sowie der „Konstellationen der Akteure und ihrer strategischen Handlungen" (755), haben wir in den 1990er Jahren in Bielefeld ein Phasenmodell der Technikgenese entwickelt. Dieses Phasenmodell geht über die Vorstellung einer einmaligen Schließung sozialer Aushandlungsprozesse hinaus und konzipiert Technikgenese vielmehr als einen *mehrstufigen* Prozess der sozialen Konstruktion von Technik, der von wechselnden Akteurkonstellationen getragen wird. Über eine Reihe von Schließungsprozessen entsteht somit ein Pfad, der eine gewisse Eigendynamik entfaltet und die Entscheidungsspielräume der Akteure einengt, den weiteren Verlauf der Dinge jedoch nicht deterministisch prägt (Weyer et al. 1997, Weyer 1997c). Hierin unterscheidet sich unser Ansatz von dem der Berliner Kollegen.

Abb. 13: Verzweigung und Schließung von Technikpfaden

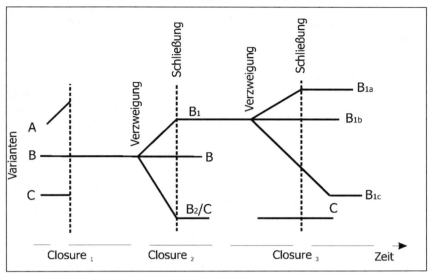

Quelle: Weyer et al. 1997: 27

Denn der Pfad, der durch einen Schließungsprozess (Closure 1) und die darin enthaltene Entscheidung für die Variante B angelegt wurde, enthält immer wieder Phasen der Offenheit und der Unsicherheit, in denen sich mehrere Alternativen zur Fortsetzung des Pfades anbieten (B, B_1, B_2), über die nicht ausschließlich nach einer innertechnischen Logik entschieden wird.[66]

An diesen Verzweigungspunkten kommen die Akteure, ihre Strategien, vor allem aber die Akteur-Netzwerke ins Spiel; denn diese Netzwerke sind Träger und Motor der Technikentwicklung.[67] Von den sozialen Aushandlungsprozessen hängt es maßgeblich ab, welche der zur Verfügung stehenden Alternativen sich durchsetzt und den weiteren Verlauf des Pfades – bis zum nächsten Verzweigungspunkt – bestimmt. Die Technikgeneseforschung hat unserer Auffassung nach die Aufgabe, die soziale Logik des *gesamten* Prozesses zu rekonstruieren, d.h. die wechselnden Akteurkonstellationen zu identifizieren und deren Einfluss auf den Prozess der Technikgenese zu beschreiben. Unser Konzept rekurriert auf die These der sozialen Konstruktion von Technik (Pinch/Bijker 1984) wie auch das Zyklen-Modell von Tushman/Rosenkopf (1992), in das wir allerdings eine Zeitachse eingezogen haben, um deutlich zu machen, dass man nicht immer wieder von vorne beginnt. Zudem kombiniert es den Voluntarismus des SCOT-Ansatzes mit dem Determinismus des Pfadmodells: Akteure können – zumindest an den

---

66 Dabei können auch „liegengebliebene" Varianten (C) wie beispielsweise der geflügelte Raumgleiter wieder ins Spiel kommen (vgl. Weyer 2006c)
67 Zur Theorie sozialer Netzwerke siehe u.a. Weyer 2000.

Verzweigungspunkten – die Entwicklung des Pfades aktiv gestalten, aber sie tun dies innerhalb des gegebenen Rahmens technischer, sozialer und politischer Optionen, die ihrerseits (pfadabhängiges) Resultat vorheriger Entscheidungen und Handlungen sind.

Damit relativieren wir die These eines frühen Lock-in, das mehr oder minder automatisch den weiteren Verlauf des Pfades festlegt. Zumindest die von uns analysierten Fallbeispiele Airbus, Transrapid, Personal Computer und Satellitenfernsehen liefern starke Indizien, dass dies keineswegs der Fall war (vgl. Weyer et al. 1997). Die in der Frühphase geschaffenen Fakten waren in allen vier Fällen *nicht* in der Lage, ein hinreichendes „Momentum" zu entfalten und irreversible Prozesse anzustoßen. Im Gegenteil: Es bedurfte weiterer Akte der sozialen Konstruktion, um das innovative soziotechnische System zu stabilisieren und schließlich am Markt durchzusetzen. Ansonsten wären sowohl der Personal Computer als auch der Airbus rasch wieder von der Bildfläche verschwunden; und beim Transrapid ist es bis heute offen, ob es gelingen wird, ihn erfolgreich zu vermarkten.

Die empirischen Fälle lieferten somit den Anstoß, nach einer Gesamtstruktur des Innovationsprozesses zu fragen; historisch gesehen, gab es nämlich immer einen „Anfang" (ein radikal neues technisches Konzept) und ein „Ende" (dessen erfolgreiche Durchsetzung am Markt). Das lineare Kaskadenmodell erschien uns zu starr, das Modell der einmaligen sozialen Schließung (Pinch/Bijker) wie auch das Zyklenmodell (Tushman/Rosenkopf) hingegen zu beliebig und sprunghaft, um die Logik des Gesamtprozesses zu erfassen. Die von uns analysierten Fallbeispiele zeigen, dass Technikgenese nicht eine chaotische Ansammlung beliebiger Konstruktionsakte ist, sondern eine Sequenz darstellt, die wir in die – idealtypischen – Phasen der Entstehung, Stabilisierung und Durchsetzung einer neuen Technik (sowie die damit verbundenen Phasenübergänge) unterteilen können. Wenn man Technikgenese als einen mehrstufigen Prozess der sozialen Konstruktion von Technik (im Sinne einer Abfolge von Öffnung und Schließung) betrachtet, kommt in den Blick, dass die Akteur-Netzwerke, die eine technische Innovation tragen, wie auch die Nutzungsvisionen im Laufe der Entwicklung mehrfach wechseln. Damit richtet sich das Hauptaugenmerk auf die Frage, wie es den handelnden Akteuren gelingt, soziale Schließung zu erreichen, d.h. ein soziales Netzwerk zu schaffen, das stark genug ist, den Übergang von einer Phase zur nächsten zu bewerkstelligen und damit eine bestimmte Variante in Konkurrenz zu anderen Projekten erfolgreich zu stabilisieren.[68] Die Untergliederung in drei idealtypische Phasen liefert dabei

---

68 Ein derartiger Ansatz sucht also bewusst Anschlüsse an die Mikro-Makro-Debatte und versucht, Antworten auf Grundfragen der Soziologie zu finden, nämlich wie strategisch handelnde Akteure ihre Handlungen koordinieren, wie emergente Strukturen durch die Wechselwirkung des intentionalen Handelns rationaler Akteure entstehen und schließlich wie derartige Strukturen sich gegenüber den Akteur-Intentio-

das heuristische Instrument, um diese Sequenz von Konstruktionsleistungen und prägenden Entscheidungen zu identifizieren, die in ihrer Gesamtheit erst die Genese eines innovativen sozio-technischen Systems nachvollziehbar und erklärbar macht.

Die Verknüpfung dieser drei Phasen bzw. Konstruktionsakte zu einem Pfad soll die Aufmerksamkeit auf die spezifischen Leistungen lenken, die in den einzelnen Phasen erbracht werden. Diese Leistungen bauen aufeinander auf und besitzen zudem eine Art „Fluchtpunkt", nämlich die Erzeugung kontextfrei funktionierender sozio-technischer Systeme, die genutzt werden können, ohne dass die soziale Erzeugungslogik, d.h. der gesamte Prozess der Technikgenese, jedes Mal erneut nachvollzogen werden muss (zum Technikbegriff vgl. Kap. 2.3).

Unser Drei-Phasen-Schema wurde zunächst als Rückkehr zum traditionellen Kaskadenmodell kritisiert; spätere Arbeiten von Van de Ven et al. (1999: 23-25), Geels (2002: 103) und Meyer/Schubert (2005, 2007), die allesamt von drei aufeinander aufbauenden Phasen ausgehen, bestätigen jedoch ebenso wie früher entwickelte Phasen-Modelle (Hughes 1979: 125, Mayntz 1988b: 240ff., Mayntz/Schneider 1988: 265, Knie 1994a: 48, Schmoch 1996: 256) die Vermutung, dass ein derartiges Modell für die Technikgeneseforschung einen gewissen heuristischen Wert hat, der über den des SCOT-Ansatzes hinausgeht.

Phasen der Technikgenese[69]

Die *Entstehungsphase* einer (radikal) neuen Technik ist typischerweise geprägt von einem losen, wenig strukturierten Netzwerk von Außenseitern, d.h. von Bastlern, Erfindern und Technikenthusiasten, die oftmals an den Rändern der jeweiligen Communities stehen (vgl. Hughes 1987: 50, Basalla 1988: 28). Die Teilnehmerschaft an diesen Gruppen ist wechselnd, die Verpflichtungsfähigkeit der Akteure gering. Durch informelle Formen der Kommunikation (z.B. den offenen Austausch von Ideen und Konzepten in der Open-Source-Community) gelingt es ihnen, bestehende Grenzen zu überschreiten und auf diese Weise etwas radikal Neues zu schaffen. Die Radikalität eines innovativen Konzepts bemisst sich – ähnlich wie im Kuhn'schen Paradigmakonzept – an dem Potenzial für einen Systemwechsel, das die neue Technik aus Sicht der beteiligten Akteure besitzt, also aus der Erwartung, dass sich mit ihrer Hilfe ein sozio-technisches System begründen lässt, welches ein bestehendes System herausfordern oder gar verdrängen kann (vgl. Kap. 2.5).

---

nen verselbständigen und zum äußeren Zwang werden können (vgl. Weyer 1993a, b, siehe auch Kap. 2.1).

69 Gewisse Überschneidungen mit dem Original (Weyer et al. 1997) sind unvermeidlich; vgl. auch die Zusammenfassung in Degele 2002: 69-73.

Tab. 8: Phasenmodell der Technikgenese

Phase	Akteur-konstellation	sozialer Mechanismus	Leistung
Entstehung	unstrukturiert, Außenseiter	informelle Kommunikation	sozio-technischer Kern
Stabilisierung	„enge" soziale Netzwerke	soziale Schließung	Prototyp
Durchsetzung	„weite" soziale Netzwerke	soziale Schließung	Dekontextuali-sierung

Quelle: Weyer et al. 1997: 36

Ein Beispiel ist der Homebrew Computerclub, der in den 1970er Jahren der (sich formierenden) kalifornischen PC-Gemeinde eine subkulturelle Nische bot, in der man mit radikal neuen Ideen experimentieren konnte. Durch intensiven, offenen Austausch entstand so das Konzept eines Computers, der nicht nur eine offene Architektur besitzt, also von einem Netzwerk von Produzenten hergestellt wird, sondern zudem seinem Besitzer persönlich zur Verfügung steht – eine reichlich verrückte Idee, zumindest wenn man sie aus der Perspektive der Informationstechnologie der 1960er Jahre betrachtet (vgl. Schmidt 1997).

Die Leistung dieser Phase besteht in der Generierung des sozio-technischen Kerns, der die Identität der technischen Innovation begründet und über die verschiedenen Stationen des nunmehr entstehenden Pfades hinweg erhält. Der sozio-technische Kern besteht aus einer technisch-instrumentellen Konfiguration (in Form eines allgemeinen Konstruktionsprinzips) sowie einer sozialen Konfiguration (in Form eines antizipierten Arrangements von Akteuren). Im Fall des Personal Computers ist dies beispielsweise die offene Architektur des Gerätes sowie die vertikale Desintegration der Hersteller; im Falle des Airbus besteht der sozio-technische Kern aus dem Konzept der europäischen Gemeinschaftsproduktion eines technisch fortgeschrittenen Großraumflugzeuges. Der sozio-technische Kern stellt ein allgemeines Orientierungsmuster für die Such- und Problemlösungsstrategien der Technikkonstrukteure dar, das ihre konkreten Entscheidungen und Alternativwahlen beeinflusst, keinesfalls aber deterministisch festlegt (vgl. Lakatos 1974, Nelson/Winter 1977).

Obwohl in dieser Frühphase prägende Entscheidungen fallen, ist der Prozess der Technikgenese damit keineswegs abgeschlossen; denn sowohl der Personal Computer als auch der Airbus des Jahres 1974 waren keineswegs Selbstläufer, die sich eigendynamisch ihren Weg bahnten. Zudem ließ die Basis-Konfiguration etliche Optionen der Weiterentwicklung zu, deren Auswahl und Stabilisierung ein weiterer, wichtiger Akt der sozialen Konstruktion von Technik war, ohne die beide Projekte zum Scheitern verurteilt gewesen wären. Der sozio-technische Kern ist ein unentbehrlicher Start- und Fixpunkt eines Pfades; aber in welche Richtung die Entwicklung geht, ist zunächst offen, und Überraschungen sind nicht ausgeschlossen.

In der *Stabilisierungsphase* entsteht erstmals ein „enges", d.h. aus wenigen Akteuren bestehendes soziales Netzwerk, das ausreichend Substanz und Durchhaltevermögen besitzt, um das Projekt über eine gewisse „Durststre- cke" hinweg zu bringen, die durch eine mangelnde Marktnachfrage ge- kennzeichnet ist. Typischerweise steht am Ende dieser Phase ein funktio- nierender Prototyp, der den Beweis erbringt, dass die Vision technisch rea- lisierbar ist. Oftmals kommt es zu einer Rekombination der technischen wie auch der sozialen Komponenten des Netzwerks; aber der sozio-technische Kern, der die Identität des Projekts bildet, bleibt erhalten. Allerdings wird eine Schlüsselentscheidung getroffen, indem aus der Vielzahl der Möglich- keiten, die der sozio-technische Kern eröffnet, nunmehr eine Option aus- gewählt und realisiert wird. Ein Beispiel ist der Transrapid, der das Produkt einer – 1977 erfolgten – Festlegung auf eine technische Variante, das elekt- romagnetische Schweben, war und zugleich die Entscheidung enthielt, die verkehrspolitischen Belange den technologie- und industriepolitischen Zie- len unterzuordnen (vgl. Kirchner/Weyer 1997). Als weiteres Beispiel für diesen Mechanismus der Stabilisierung einer technischen Innovation durch soziale Vernetzung sei das Netzwerk aus Regierungen und Herstellerunter- nehmen genannt, welches das Airbus-Projekt trotz geringer Marktresonanz von 1969 bis 1978 trug (vgl. Kirchner 1997).

In diesen Fällen spielte die soziale Schließung eine wichtige Rolle, die nur dann zustande kommt, wenn die Handlungsprogramme von Akteuren, die unterschiedliche Interessen haben und je spezifische Strategien verfolgen, sich vernetzen, d.h. sich in einem Kooperationsprojekt zum Bau des Proto- typen bündeln, das allen Beteiligten Gewinne bringt, die sie allein nicht hät- ten erbringen können. Denn gerade in Phasen technischer und marktlicher Unsicherheit sind die Akteure aufeinander angewiesen bzw. sogar voneinan- der abhängig, wenn sie sich auf das Risiko des Neuen einlassen wollen. Das Zustandekommen einer derartigen Kooperation heterogener Akteure ist jedoch keineswegs ein trivialer Vorgang; hier kommen die Mechanismen der Aushandlung von Bedeutungen, der Mobilisierung, der Abstimmung und der Vernetzung („translation") zum Tragen, deren Zweck es ist, die wechselseitige Anschlussfähigkeit der Strategien der Akteure zustande zu bringen, was oftmals nicht ohne Kompromisse vonstattengeht (vgl. ausführ- lich Weyer 1993a, ähnlich Knie 1989: 32f.).

Ob eine derartige soziale Schließung gelingt und welche Alternative sich durchsetzt, ist eine offene Frage. Im Falle des Gelingens immunisiert sich das Netzwerk jedoch gegenüber externen Störungen; denn die Vernetzung schafft Erwartungssicherheit und reduziert die (technischen und sozialen)

Unsicherheiten. Ein enges soziales Netzwerk ermöglicht zudem eine Konzentration auf Schlüsselprobleme, was zu einer enormen Leistungssteigerung führt. Die Potenziale der Technik werden so weit ausgelotet, dass aus dem Pool möglicher Alternativen, die der sozio-technische Kern zulässt, nunmehr eine Option ausgewählt und zu einem funktionsfähigen Prototyp weiterentwickelt wird, was meist eine Rekombination sowohl der technisch-apparativen als auch der sozialen Komponenten des Netzwerks der ersten Phase erfordert.

Soziale Netzwerke sind Träger und Motor dieser Entwicklung; aber es sind oftmals nicht mehr dieselben Akteure wie in der ersten Phase. Die Initialakteure wie beispielsweise die Computerpioniere der 1970er Jahre, IMSAI und MITS, verschwinden oftmals und werden durch neue Akteure (in diesem Beispiel Apple, später IBM) ersetzt, die neue Netzwerke schaffen und damit die technische Innovation stabilisieren – bis sie dann ihrerseits von anderen Akteuren verdrängt werden. Obwohl die Akteure also einen wichtigen und unentbehrlichen Beitrag zur Technikgenese leisten, kann man insofern vom „erfolgreichen Scheitern" (Weyer 1993b) sprechen, als die Fortsetzung des Technikpfades und der individuelle Erfolg der beteiligten Akteure nicht immer Hand in Hand gehen. Oftmals empfinden die Akteure die von ihnen selbst geschaffenen Strukturen, die ja Resultat von Verhandlungen und Kompromissen sind, als lästigen Sachzwang, dem sie sich nicht unterordnen wollen.[70]

Trotz dieses wichtigen Schritts der Stabilisierung einer Innovation ist der Prozess der Technikgenese – anders als etwa bei Knie, der die Entwicklung mit dem Prototypen enden lässt (1989, 1994a) – an diesem Punkt noch nicht abgeschlossen; Projekte, die in der Stabilisierungsphase enden, wie beispielsweise die Concorde, bezeichnen wir als unvollständige Innovationen, weil ein entscheidender Schritt fehlt: die dauerhafte Durchsetzung am Markt, die nur dann gewährleistet ist, wenn die Technik auch außerhalb ihres ursprünglichen Trägernetzwerks funktioniert.

Die *Durchsetzungsphase* betrachten wir als einen weiteren, notwendigen, eigenständigen Akt der sozialen Konstruktion von Technik, in dem es darum geht, die Märkte zu finden bzw. zu schaffen, um die sich die Technikkonstrukteure in der Stabilisierungsphase oftmals nicht gekümmert hatten. Auch hier findet wiederum eine Rekombination der Komponenten des sozio-technischen Systems statt, und neue Akteure kommen hinzu, z.B. die Nutzer (im Fall Airbus z.B. die Fluggesellschaften). Oder es treten völlig

---

70 Ein Beispiel ist der Raketenpionier Eugen Sänger, der auf dem Gipfel seines Erfolgs Anfang der 1960er Jahre aus dem Konsens einer zivil ausgerichteten Raumfahrtforschung ausbrach und in Ägypten an zweifelhaften Projekten zur Entwicklung von Militärraketen mitwirkte, weil er die Beschränkungen nicht mehr akzeptieren wollte, die ihm das von ihm selbst konstruierte Netzwerk der (west-)deutschen Raumfahrtpolitik auferlegt hatte (vgl. Weyer 1993a: 86-89, 106-109).

neue Netzwerke auf den Plan, z.B. das von IBM getragene Netzwerk, mittels dessen Hilfe es gelang, das Büro als weltweiten Massenmarkt für den PC zu erschließen.

Die zentrale Leistung dieser Phase besteht – wiederum in Anknüpfung an die Leistungen der beiden vorherigen Phasen – in der Entwicklung des dominanten Designs, der Dekontextualisierung der Technik sowie der Generierung von Nachfragestrukturen. Der IBM-PC ist ein Beispiel für einen Industrie-Standard („dominantes Design"), der die Entstehung von Massenmärkten ermöglichte und letztlich eine Dynamik der Technikentwicklung entfaltete, die sich von den Netzwerken, die den Prozess ursprünglich getragen hatten, vollständig löste. Seit Ende der 1980er Jahre ist der PC ein Produkt, das von unterschiedlichsten Nutzern in beliebigen Kontexten eingesetzt werden kann. Zudem eröffnen sich vielfältige Möglichkeiten der inkrementellen Weiterentwickelung bzw. der Rekombination, denn der PC kann nunmehr als Komponente neuer Produkte bzw. Systeme verwendet werden.[71]

Auch dies ist kein trivialer Vorgang der Diffusion einer fertigen Technik, wie viele Beispiele zeigen, in denen der Marktdurchbruch nicht gelungen ist (z.B. beim Transrapid). Die Entwicklung des dominanten Designs und die „Erfindung" neuer Märkte (wie im Falle des kommerziellen Satellitenfernsehens) ist ein Akt der sozialen Konstruktion von Technik, der wiederum von sozialen Netzwerken getragen wird, deren Erfolgschancen davon abhängen, ob eine soziale Schließung gelingt.

Die Netzwerke der Stabilisierungsphase hatten meist einen zu „engen" Horizont, um diese Leistung zu vollbringen. Wenn es zu einer Rekonfiguration des Netzwerks und dessen Erweiterung um neue Akteure kommt, können jedoch neue Märkte entstehen. Die Schließung derartiger „weiter" Netzwerke ist eine wichtige Voraussetzung für die Dekontextualisierung und die erfolgreiche Durchsetzung innovativer Technik.

In Gegensatz zum Closure-Konzept sprechen wir von erfolgreichen Innovationen also nur dann,

> „wenn in einem mehrstufigen Prozess der sozialen Konstruktion von Technik gesellschaftliche Lernprozesse angestoßen werden, die über die sozialen Netzwerke hinausreichen, welche ursprünglich Träger und Motor der Technikentwicklung waren. Der Prozess der Technikgenese ist mit einer einmaligen Schließung in der Frühphase einer Technik nicht beendet; es folgen vielmehr eine Reihe weiterer Konstruktionsakte, deren ‚Fluchtpunkt' die Dekontextualisierung einer innovativen Technik ist." (Weyer et al. 1997: 52)

---

71 Damit beginnt die Geschichte von vorne, wenn man beispielsweise die Entwicklung des Internets mittels des Phasenmodells betrachtet und analysiert.

Konsequenzen für die Technologiepolitik

Das Phasenmodell lässt sich zum einen als Plädoyer für die Berücksichtigung der spezifischen Bedeutung aller drei Phasen verstehen, insbesondere der in Innovationsstudien oftmals vernachlässigten Durchsetzungsphase. Es erlaubt zum anderen aber auch, die Möglichkeiten steuernder Eingriffe in den Prozess der Technikentwicklung präziser zu benennen; denn das Modell lässt sich sowohl auf Fälle staatlich induzierter Technikentwicklung (Airbus, Transrapid) als auch auf Fälle überwiegend industrieller Technikentwicklung (PC, Satellitenfernsehen) anwenden. Beide Typen kann man mit dem gleichen Modell erfassen, und aus der Perspektive des Phasenmodells lässt sich nicht erkennen, dass staatlich gesteuerte Prozesse der Technikgenese nach einem völlig anderen Muster verlaufen als andere. Denkt man diesen Gedanken konsequent weiter, so gelangt man zu der Luhmannschen These der multizentrischen Gesellschaft (vgl. Kap. 4.2), der zufolge der Staat ein Akteur unter anderen ist, dem keine privilegierte Sonderrolle zugeschrieben werden kann.

Technikgenese findet in sozialen Netzwerken statt, die von staatlichen und nicht-staatlichen Akteuren getragen werden, welche auf vielfältige Weise interagieren und – im Falle einer gelingenden Kooperation – Lösungen generieren, die die Dynamik des eingeschlagenen Pfades verstärken. Eine Steuerung findet also lediglich auf der Akteur-, nicht aber auf der Systemebene statt. Allerdings sind alle Beteiligten gleichberechtigte Steuerungssubjekte (und -objekte), was es sinnvoll erscheinen lässt, von „wechselseitiger Kontextsteuerung" (Weyer 1993a: 327) zu sprechen (vgl. Kap. 11.2). Alternative Technikprojekte haben demnach also nur eine Chance, wenn es gelingt, eine soziale Schließung eines alternativen Akteur-Netzwerks zustande zu bringen.

8.5 Kritik der netzwerkanalytischen Techniksoziologie

In der sozialwissenschaftlichen Innovations- und Technikgeneseforschung sind netzwerktheoretische Ansätze weit verbreitet; dies gilt nicht nur für die hier diskutierten Ansätze von Pinch/Bijker, Dierkes/Knie sowie das eigene Phasenmodell, sondern auch für die in Kap. 7 behandelten Modelle von Schot et al. sowie Tushman/Rosenkopf. Trotz ihrer Unterschiede im Details postulieren alle genannten Ansätze, dass der Verlauf der Technikentwicklung nicht ohne Rekurs auf die Entscheidungsprozesse in den relevanten Akteur-Netzwerken zu verstehen ist.

Dieser Ansatz hat sich Kritik gefallen lassen müssen, u.a. von Hartmut Hirsch-Kreinsen und Ulrich Dolata. Hirsch-Kreinsens Auffassung zufolge werde der Stellenwert von Netzwerken bei Weitem „überschätzt" (2002: 119) und die Leistungsfähigkeit anderer Governance-Formen wie Markt und Hierarchie unterschätzt. Zudem sei das „Problemlösungspotenzial"

(118) von Netzwerken geringer als vermutet, da insbesondere die „Koordinationsprobleme" (111) und die Widersprüche zwischen der eigennützigen Orientierung der Akteure und der kooperativen Ausrichtung des Netzwerks nicht zu beheben seien (vgl. auch Hirsch-Kreinsen 2005: 101ff. sowie 150ff., 200ff.). Ferner seien Netzwerke lediglich ein „transitorisches Phänomen" (2002: 119), das sich vor allem in jungen, noch unreifen Industrien finde, während in reifen Industrien eher traditionelle Governanceformen vorherrschten (119ff.). Netzwerke seien somit eine „Durchgangsstation" und eher „Moment eines ... Such- und Changierprozesses von Unternehmen" (120), die nach erfolgreicher Stabilisierung der Organisationsstrukturen abgelöst würden (vgl. auch Dolata 2001).

Dieser Kritik ist insofern zuzustimmen, als niemand behaupten würde, dass es nur einen einzigen Koordinations-Typus gibt. Auch ist die Wahrscheinlichkeit, dass die Kooperation von Konkurrenten funktioniert, schwer abzuschätzen, d.h. die Vernetzung strategisch handelnder Akteure führt nicht immer zu stabilen Lösungen. Die These der netzwerkanalytischen Technikgeneseforschung lautet ja auch nicht, dass die Vernetzung immer funktioniert und der einzig gangbare Weg ist, sondern dass Akteur-Netzwerke ein probates Mittel zur Überwindung von Situationen der Unsicherheit darstellen, die – im Falle des Gelingens – eine enorme Dynamik freisetzen können. Und dies kann in jungen Industrien (z.B. der Biotechnik-Branche) genauso der Fall sein wie in reifen (z.B. der Luftfahrt, wo der Markt von globalen Allianzen wie der Star Alliance dominiert wird).

Ulrich Dolata bringt in seiner Kritik an den Arbeiten von Werner Rammert (1997) und mir im Wesentlichen zwei Argumente vor: Erstens weist er – ähnlich wie Hirsch-Kreinsen – mit den Stichworten „Pluralismus und Fragmentierung" (Dolata 2001: 39) auf die Vielfalt der Kooperationsformen (38f.) sowie die Instabilität und Kurzfristigkeit netzwerkförmiger Arrangements (40) hin. Er schlägt daher vor, „zwischen koexistierenden Austauschmustern von unterschiedlicher Qualität, Struktur und Reichweite zu differenzieren" (42); ob dies ein Fortschritt gegenüber einer klaren, dreistufigen Typologie „Markt – Hierarchie – Netzwerk" ist, sei dahingestellt.

Zweitens behauptet er, dass „auch technikbezogene Kooperationen ... *immer* auf die eine oder andere Weise machtasymmetrisch strukturiert" (44, Herv. J.W.) seien, ohne dies jedoch im Detail zu begründen. Damit stellt er die von mir vertretene These der strukturellen Gleichrangigkeit der Akteure in Innovations-Netzwerken in Frage (siehe dazu Weyer et al. 1997: 53-99). Dolatas Argument ist allerdings nicht nur empirisch falsifiziert (z.B. durch das Airbus-Netzwerk); es beinhaltet vielmehr auch die Gefahr einer analytischen Verkürzung, nämlich die Entstehung von Neuem als Prozess der machtvollen Durchsetzung eines dominanten Akteurs zu beschreiben. Der Netzwerkansatz hingegen sensibilisiert dafür, dass auch der stärkere Akteur zur Durchsetzung seiner Interessen auf die Kooperationsbereitschaft des schwächeren Akteurs angewiesen ist. Macht spielt dabei zweifellos eine Rolle, aber sie allein kann den Erfolg von Netzwerken nicht erklären. Es bleibt eine theoretische wie empirische Herausforderung, Technikgenese als selbstorganisierten Prozess der Interaktion strategiefähiger Akteure und der daraus resultierenden Konstruktion sozialer Netzwerke zu beschreiben – seien diese nun symmetrisch oder asymmetrisch ausgelegt (vgl. dazu ausführlich Weyer 2004b).

Zudem impliziert das Argument der strukturellen Gleichrangigkeit der Akteure, wie ich es vertrete, keinesfalls, dass in einem Politikfeld wie der Raumfahrt oder der Biotechnologie alle Beteiligten per se ein gleich starkes Machtpotenzial besitzen. Die These der Gleichrangigkeit ist nicht substanziell, sondern konditional gemeint: *Wenn* die Akteure sich als Netzwerkpartner begegnen, *dann* steigt ihre Erfolgschance in dem Maße, in dem sie sich als gleichwertige Partner wechselseitig anerkennen (vgl. Habermas 1968 sowie Kap. 3.4). Und dies gilt für Innovationsprozesse wegen der ihnen inhärenten Unsicherheit in besonderem Maße.

Als Fazit lässt sich somit festhalten: Die Kritik des Netzwerk-Ansatzes in der Innovationsforschung hat zweifellos einige Punkte benannt, an denen die Debatte intensiver geführt und Phänomene jenseits des Typus „Netzwerk" ausgelotet werden müssen. Wirklich überzeugende Argumente, die für eine Neuausrichtung der Technikgeneseforschung und eine Abkehr von der von Walter W. Powell (1990) begründeten Tradition sprechen, vermag ich in der Debatte jedoch nicht zu finden. Vor allem mangelt es den Kritikern an plausiblen Alternativkonzepten.

8.6 Neuere Entwicklungen der Technikgeneseforschung

Im Nachhinein besehen, weist das Phasenmodell der Technikgenese an zwei Stellen Defizite auf: Zum einen erklärt es zwar die Entstehung technologischer Regimes, es blendet jedoch die Frage des Regimewechsels, i.e. die Ablösung eines sozio-technischen Systems durch ein anderes, weitgehend aus. Zum anderen verwendet es einen konventionellen Akteurbegriff, der auf menschliche Akteure begrenzt ist und alle Formen nichtmenschlicher Handlungsträgerschaft ausgrenzt. Dieser zweite Punkt wird in Kap. 8.7 behandelt; zunächst sollen hier aber einige Ansätze vorgestellt werden, die sich dem Problem der „technological transitions" widmen.

Technologischer Wandel in einem Mehrebenen-Modell

Eine niederländische Forschergruppe um Arie Rip hat sich intensiv mit Fragen des technischen Wandels beschäftigt und ein Modell technischer Evolution entwickelt, das sieben Phasen enthält, die sich zu drei Clustern zusammenfassen lassen (vgl. Rip/Schot 1999, Geels 2002, Deuten 2003).

Tab. 9: „Innovation Journey" im Kontext

	Science	Technology	Regulation, Market, Society
1. New options	Promising findings (+)	Identification technological opportunities (+)	User's ideas (-)
2. Building a protected space for „hopeful monstrosities"	Re-orientation of R&D agendas	Promises & mobilization of resources (+)	Articulation of functionality, of demand (-), diffuse scenarios (+)
3. Development in a protected space	Problem-solving	Ongoing development work	Limited checks on patents, regulation, markets
4. Prototype (+)	Trouble-shooting	First implementation & tests (+)	Identification of lead users, of first-round markets
5. Market introduction		Socio-technical demonstrators	Tentative introduction
6. Adoption, diffusion	Rationalisation	Service, adaptation, emerging standards (+)	Market niches, branching out, linkages to other sectors
7. Wider changes	New questions, incl. impact monitoring	Sectoral changes	(possibly) Regime shift

Quelle: Geels 2002: 35; (+) Übereinstimmung mit dem Phasenmodell, (-) Differenzen

Das holländische Modell verfolgt Ambitionen, die deutlich über den Horizont der Technikgeneseforschung hinausgehen, indem es eine Vielzahl weiterer Themen aus den Bereichen Wissenschaftsforschung (Spalte „Science") und nutzerorientiertes Innovationsmanagement (Spalte „Regulation") zu integrieren versucht. Vielleicht wirkt es deshalb etwas überladen. Es ist dennoch in vielen Punkten kompatibel mit dem Phasenmodell, denn es kann durchaus so gelesen werden, dass nach einer Phase der Entstehung neuer, verheißungsvoller „Technik-Monster" in „geschützten Räumen" (Stufen 1 bis 3) erste Tests mit Prototypen (Stufe 4) erfolgen und dann relativ rasch die Markteinführung und Diffusion der neuen Technik stattfindet, die damit zum neuen Standard werden und schließlich sogar einen Regimewechsel herbeiführen kann (Stufen 5 bis 7). Die offenkundigsten Übereinstimmungen mit dem Phasenmodell sind im Schaubild mit einem Plus-Zeichen, die Abweichungen und Widersprüche mit einem Minus-Zeichen markiert. Im Modell der „innovation journey" tauchen die Nutzer wesentlich früher auf als im Phasenmodell (wobei fraglich ist, ob das die späteren Anwender oder eher die frühen Visionäre sind); in späteren Phasen spielen sie hingegen keine Rolle. Zudem irritiert ein wenig die Verwendung des Begriffs „Nische" in Phase 6, der hier *nach* der Markteinführung steht, während hingegen sich „protected space" in Phase 2 findet, womit jedoch – anders als bei Schot et al. (1994, vgl. Kap. 7.9) – ein geschützter Raum für die wissenschaftliche Forschung und nicht für die Erprobung noch unreifer Technologien gemeint ist (ähnlich auch Rip/Schot 2002: 163).

Die Autoren verfolgen mit ihrem Mehrebenen-Ansatz jedoch nicht nur den Anspruch, ein allgemeines Modell der Technikgenese vorzulegen, sondern derartige Fragen des technischen Wandels darüber hinaus in die allgemeine soziologische Theoriedebatte einzubetten. Ihr Anliegen ist es, von der Theorie des technischen Wandels ausgehend, die Beziehungen und Wechselwirkungen zwischen individuellen Handlungen (Mikro-Ebene), sozialen Strukturen (Meso-Ebene) und dem breiteren gesellschaftlichen Kontext (Makro-Ebene) zu beschreiben und zu analysieren (vgl. Disco/Meulen 1998b). Dem gebührt zunächst große Anerkennung, denn ein derartiger Ansatz findet sich in der Techniksoziologie bislang viel zu selten.

Er führt allerdings auch zu erneuten Irritationen, denn die niederländische Forschergruppe präsentiert ihren Mehrebenen-Ansatz („multi-level framework", Geels 2002: 101) in verwirrend unterschiedlichen Versionen. Die folgende Darstellung ist daher mein – sicherlich anfechtbarer – Versuch, diese Unstimmigkeiten zu „glätten".

Abb. 14: Mehrebenen-Modell technischen Wandels

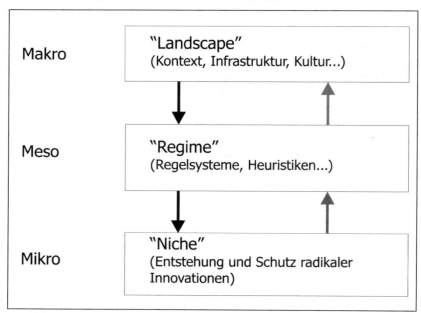

Auf den ersten Blick erscheint das Modell zunächst einleuchtend: „In Nischen entstehen radikale Innovationen" (Geels 2002: 95), die sich dann zu technologischen Regimes verdichten, verstanden als Systeme formaler, normativer und kognitiver Regeln, die sowohl als Ressource als auch als Constraint fungieren (98f.). Das Ganze spielt sich jedoch im „breiteren Kontext soziotechnischer Landschaften (landscapes)" (99) ab, die den materiellen, aber auch kulturellen Rahmen bilden und nur gewisse technische Pfade zulassen bzw. ermöglichen. Vor allem bei Frank Geels überwiegen jedoch die Beschreibungen von Top-down-Prozessen der Prägung bzw. „Strukturierung" (101) der Aktivitäten auf der einen Ebene durch die nächst höhere (deshalb sind die Pfeile im Schaubild stärker gezeichnet), während die emergenten Bottom-up-Prozesse – und damit die treibenden Kräfte technischen Wandels – kaum thematisiert werden (ähnlich bereits Disco/Meulen 1998a, vgl. meine Kritik in Weyer 2004b). So behauptet Geels beispielsweise:

„Die Entstehung von Nischen wird in hohem Maße von den bestehenden Regimes und Landschaften beeinflusst … Neuerungen entstehen *immer* im Rahmen *bestehender* Regimes …" (2002: 102, Herv. J.W.).

Wenn dies zuträfe, gäbe es keinen technischen Wandel, denn die Macht des Alten ist immer stärker als die Kraft des Neuen; und die Nischenthese besagt ja gerade, dass das Neue vor dem Selektionsdruck der bestehenden Institutionen für eine Weile geschützt werden soll (vgl. Schot et al. 1994). Das Mehrebenen-Modell der niederländischen Kollegen entpuppt sich überraschenderweise als ein strukturkonservatives Konzept, das kaum geeignet ist, Wandel zu erklären.

Erstaunlich ist zudem die unterschiedliche Verwendung der Konzepte „Nische" und „Regime" in dem Drei-Cluster-Modell (Tab. 9) und dem Mehrebenen-Modell (vgl. Abb. 14): Während dort Nischen in Phase 6 den Endpunkt eines Prozesses markieren, stellen sie hier den Startpunkt dar. Zudem finden sich im Drei-Cluster-Modell Nischen und Regimes in einem Cluster, während sie hier als zwei distinkte Stufen eines mehrstufigen Prozesses präsentiert werden. Diese Ungereimtheiten sind nur schwer verständlich.

Trotz vieler richtiger und wichtiger Detailaussagen hinterlässt deren Zuspitzung in Form der beiden besprochenen Modelle also den Eindruck, dass diese einerseits überfrachtet und andererseits nicht hinreichend aufeinander abgestimmt sind. Als Verdienst der niederländischen Forschergruppe bleibt dennoch festzuhalten, dass sie – wie kaum eine andere Gruppe – den Blick auf Fragen des Regimewechsels und auf die Verknüpfung techniksoziologischer Fragen mit Themen der allgemeinen Soziologie gerichtet haben. Wie sich der technische Wandel konkret vollzieht, bleibt letztlich jedoch offen:

„Für eine genauere Erklärung … des technischen Wandels müsste die Mehrebenen-Perspektive mit detaillierteren Mechanismen angereichert werden." (Geels 2002: 104)

Diese Mechanismen könnten m.E. beispielsweise die Verhandlungs- und Abstimmungsprozesse in Akteur-Netzwerken sein, die in den niederländischen Modellen jedoch kaum eine Rolle spielen.

Weitere Phasen- und Pfadmodelle

Zwar ist die Technikgeneseforschung in den letzten Jahren ein wenig aus der Mode gekommen; dennoch werden immer wieder Phasen- und Pfadmodelle technischer Evolution präsentiert wie beispielsweise das Konzept der „innovation journey" (Van de Ven et al. 1999) – ein m.E. unnötiger Neologismus, wenn man bedenkt, dass ein Repertoire eingespielter Begriffe wie Pfad, Regime, Trajektorie etc. zur Verfügung steht. In einer eher management-orientierten, auf die Binnenprozesse im Unternehmen ausgerichteten Perspektive unterscheiden Andrew Van de Ven et al. „drei zeitliche Perioden" (25), und zwar die Entstehungsphase, in der die Innovation hervorgebracht wird, die Entwicklungsphase, die von dem Versuch geprägt ist, die Idee zur Wirklichkeit werden zu lassen, und die Durchsetzungs- bzw. Endphase, „in der die Innovation angewendet und institutionalisiert wird" (25). Die Autoren verweisen allerdings darauf, dass Innovationen sich nicht „in einer simplen linearen Sequenz oder in Stadien oder Phasen" entwickeln, sondern in einer „viel chaotischeren und komplexeren Abfolge von Ereignissen" (23). Sie behaupten zudem, dass die Innovationsaktivitäten in der zweiten Phase notwendigerweise das Knüpfen von „Beziehungen mit anderen Organisationen" (24) erfordern, was sie als Auslöser für Lock-in-Prozesse identifizieren – ein interessanter Hinweis auf die soziale Logik der Technikentwicklung.

Auch Uli Meyer und Cornelius Schubert haben – inspiriert von den Arbeiten von Raghu Garud und Peter Karnøe (2001, 2003) – ein Phasenmodell entwickelt, das aus den drei Phasen der Entstehung, der Fortsetzung und der Beendigung eines technologischen Pfades besteht (Meyer/Schubert 2007: 31, vgl. Meyer/Schubert 2005). Die eigentliche Pointe ihres Ansatzes ist das zugrunde liegende Modell der Pfaddynamik, das eine Mittelposition zwischen den bekannten Modellen der Pfadabhängigkeit und der Pfadkreation einnimmt. Das Modell der Pfadabhängigkeit (vgl. Kap. 7.8) sieht, so Meyer/Schubert, Technikentwicklung als einen evolutionär-emergenten Prozess, der sich „hinter dem Rücken der Akteure" vollzieht und „deren Kontrolle entzogen" (2007: 26) ist; welche Richtung der Pfad einnimmt, hängt von dessen Geschichte, aber auch von der Selbstverstärkung zufälliger Ereignisse ab. Diese Abläufe sind praktisch vollständig ungeplant.

Das Modell der Pfadkreation, wie es beispielsweise von Garud/Karnøe vertreten wird, räumt hingegen den Akteuren die Möglichkeit der bewussten Abweichung („mindful deviation") ein; sie agieren „strategisch-strukturierend" (2005: 7) und können so den Pfad nahezu vollständig steuern.

Tab. 10: Pfadmodelle

	Konstitutionsverständnis	Pfadmerkmale
Pfadabhängigkeit (David)	evolutionär-emergent, vollständige Ungeplantheit	„history matters", Zufall, Selbstverstärkung
Pfadkreation (Garud/Karnøe)	strategisch-strukturierend, vollständige Steuerung	„history and social actors matter", „mindful deviation"
Pfadkonstitution	Pfade als emergentes Ergebnis zielgerichteter Handlungen	

Quelle: Meyer/Schubert 2005: 7

Ihr eigenes Modell der Pfadkonstitution verorten die beiden Autoren in der Mitte zwischen diesen beiden Extremen; sie kombinieren auf diese Weise die voluntaristische Handlungstheorie und die deterministische Strukturtheorie. Demzufolge beobachten die Akteure die Prozesse bewusst, ohne sie vollständig kontrollieren zu können (2007: 29). Zumindest in der Entstehungsphase agieren sie als aktive Pfadkreatoren, verlieren dann aber in der Fortsetzungsphase zunehmend die Kontrolle über die Prozesse, sodass ab hier eher der Mechanismus der Pfadabhängigkeit greift. Gewisse Ähnlichkeiten mit dem Closure-Modell von Dierkes/Knie (vgl. Kap. 8.3) sind unverkennbar. Pfade sind für Meyer/Schubert das „emergente Ergebnis zielgerichteter Handlungen" (2007: 29); sie knüpfen damit also an moderne handlungstheoretische Konzepte an, wie sie etwa im Esser'schen Modell der sozialen Erklärung zu finden sind (vgl. Esser 1993).

Zu den sozialen Mechanismen, die derartigen Prozessen der Pfadkonstitution zugrunde liegen, findet man bei Meyer/Schubert wenig konkrete Aussagen; sie belassen es bei dem Verweis auf weitere Studien, in denen u.a. der „Produktion und Reproduktion von Pfaden in und durch die Aktivitäten von Organisationen und Netzwerken" (2005: 12) Rechnung getragen werden müsste. Hier böte sich m.E. ein Rückgriff auf Studien der 1980er und 1990er Jahre an, in denen bereits Lösungen für diese Probleme entwickelt wurden.

8.7 Actor-Network Theory

Trotz aller Differenzen besteht ein Konsens zwischen den bislang behandelten Ansätzen der Technikgeneseforschung, dass soziale Prozesse im Zentrum soziologischer Untersuchungen des technischen Wandels stehen, womit die Akteure, deren Interessen und Strategien, aber auch die soziale Logik von Entscheidungsprozessen an Verzweigungspunkten technischer Pfade in den Blick kommen. Dieser Ansatz einer Soziologie der Technik muss sich seit geraumer Zeit mit dem Vorwurf auseinandersetzen, dass er einseitig anthropozentrisch sei und die „Technik" als mithandelnde Instanz nicht adäquat zu Wort kommen lasse. Schon in den 1980er Jahren hatte Bernward Joerges (1989) die Soziologie gedrängt, die „Sachtechnik" mehr zu ihrem Recht kommen zu lassen und sich nicht nur auf das „Reden über Technik" (Weyer 1989) zu beschränken.[72]

Eine radikalisierte Variante dieser Kritik am Anthropomorphismus der Soziologie vertritt die Actor-Network Theory (ANT), die insbesondere von Bruno Latour, Michel Callon, John Law und anderen entwickelt wurde (vgl. u.a. Latour 1996c: 380). Die konventionelle Soziologie, so ihr unermüdlich vorgebrachter Einwand, kenne nur menschliche Akteure als Mitspieler und blende damit nicht-menschliche Aktanten und deren Beiträge zu Interaktionsprozessen aus.[73] Eigentlich geht diese Kritik am Thema vorbei, denn die Soziologie interessiert sich nicht für den Menschen aus Fleisch und Blut (dies ist Thema der Biologie), sondern für den Akteur als Träger einer sozialen Rolle; zudem befassen sich viele Bindestrich-Soziologien, so auch die Techniksoziologie, nicht mit individuellen, sondern mit korporativen Akteuren (i.e. Organisationen), sodass der Einwand von Latour und anderen im Grunde nicht greift.[74]

Dennoch führt angesichts der großen Resonanz der ANT und ihrer zeitweiligen Dominanz in fachwissenschaftlichen Diskursen kein Weg daran vorbei, sich mit der Provokation auseinanderzusetzen, die von dieser Schule ausgeht.[75] Auch stellt sich angesichts der zunehmenden Verbreitung smarter Technik (vgl. Kap. 10.4) die Frage, ob eine Soziologie nicht wirklichkeitsfremd ist, die Interaktions- und Koordinationsprozesse ausschließlich auf menschliche Akteure beschränkt und damit die Mitwirkung der „non-humans" ignoriert. Es ist durchaus eine ernst zu nehmende Frage, ob die

---

72 Offenbar hat Joerges aber in späten Jahren eine komplette Kehrtwende vollzogen; vgl. Wagner 2000.

73 Eine Definition des Begriffs „Aktant" fällt nicht leicht, zumal Latour selbst mit Definitionen operiert, die mehr verdunkeln als erhellen. Einmal spricht er kryptisch von „Wesen", die „in einer Szene" auftreten, bzw. von „nicht-menschlichen Agenten", die „Ziele verfolgen" (1998b: 35), dann aber wieder von „etwas, das handelt", ohne dabei eine „spezielle Motivation" (1996c: 373) zu verfolgen. Ein Aktant ist letztlich jede Entität, die imstande ist, eine Veränderung zu bewirken – ein sehr breiter und unscharfer Begriff, der sowohl den flüchtigen Gedanken als auch den Flugzeugträger umfassen könnte und damit keine spezifische Ausrichtung auf Fragen der Techniksoziologie enthält.

74 Zudem muss kritisch angemerkt werden, dass in den unzähligen Schriften Latours weder ein Rekurs auf die Wissensbestände der Soziologie noch eine Auseinandersetzung mit dem soziologischen Mainstream-Denken stattfindet; dies belegt allein der Blick auf die von ihm zitierte Literatur. Latour versteht sich vielmehr als Vordenker eines radikalen Paradigma-Wechsels, der mit allem Bisherigen bricht.

75 Es ist schon ein wenig merkwürdig, dass die Zunft der SoziologInnen nach Jahren gebetsmühlenartiger Behauptungen, die Gesellschaft bestehe nicht einmal aus menschlichen Akteuren, sondern nur aus Kommunikationen (Luhmann), jetzt auf einmal sämtliche Türen und Tore für Lurche und Molche öffnet.

Mensch-Maschine-Interaktion in hochautomatisierten Systemen mit dem klassischen Repertoire der Soziologie, z.B. den Konzepten Interaktion, Koordination, Intervention etc., noch adäquat beschrieben werden kann oder ob neue Begriffe und Theorien erforderlich sind, um diese neue Wirklichkeit zu verstehen. Im Folgenden soll daher die ANT im Wesentlichen unter dem Gesichtspunkt behandelt werden, welche Antworten sie auf diese Fragen gibt; eine umfassende Würdigung würde den Rahmen dieses Buches sprengen (und auch zu weit aus der Techniksoziologie hinausführen).

Die Actor-Network Theory stellt insofern eine Radikalisierung des Sozialkonstruktivismus dar, als in dieser Perspektive die Prozesse der Wirklichkeitskonstruktion nicht ausschließlich von menschlichen Akteuren getragen werden. Mit ihrer posthumanistischen Ausrichtung erweitert sie das Spektrum der Mitspieler vielmehr auch um nicht-menschliche Akteure wie Tische, Stühle, Bäume, Tiere etc. und spitzt dies zur Forderung nach einer „symmetrischen Anthropologie" (Latour 1995, vgl. 1998b: 48) zu, die – ohne vorgefasste kategoriale Festlegungen – die Prozesse der Vernetzung heterogener Komponenten beobachtet, wie sie sowohl von menschlichen Akteuren als auch von nicht-menschlichen Aktanten betrieben werden können. Dahinter steckt ein modernes, aber in dieser Zuspitzung ungewöhnliches Netzwerkkonzept, demzufolge die Elemente eines Netzwerks, isoliert betrachtet, keine Bedeutung haben, sondern ihre Identität erst durch die Relationierung der Elemente des Netzwerks erhalten (vgl. Callon 1991, Latour 1996c: 370, 378, siehe auch Jansen 2000).

Allerdings ist die Kehrseite der Entmenschlichung der Soziologie eine oftmals irritierende Vermenschlichung der Technik, da nunmehr alle für Menschen gebräuchlichen Begriffe vorbehaltlos auch auf Nicht-Menschen angewandt werden (vgl. Schulz-Schaeffer 2000a: 194). Ziel der ANT ist es, sämtliche Phänomene in Natur *und* Gesellschaft als Resultat der Vernetzung heterogener Akteure zu beschreiben (196), wobei auch die nicht-menschlichen Aktanten eine aktive Rolle spielen.

Bereits an dieser These scheiden sich zumeist die Geister; denn die Begründung, die Latour, Callon und andere vorbringen, ist keineswegs leicht nachzuvollziehen, vor allem weil sie in einer verschrobenen Privatsprache vorgebracht wird, die – konsequenterweise – alle Bezüge zur konventionellen Soziologie meidet (vgl. Latour 1996c: 379).[76] Zudem trennt Latour sein normatives politisches Programm, demzufolge wir die „non-humans" als „unsere Brüder" (1988: 303, ähnlich 1998b: 48, 81) anerkennen sollten, nicht sauber von seinen theoretischen und empirischen Arbeiten. Drei Bei-

---

76 Besonders krude ist m.E. der Abschnitt „Offering a coherent vocabulary" in Latour 1988, wo Begriffe wie „Subskription" oder „Gradient" eingeführt werden (305-308), die nichts bieten, was über die soziologische Rollentheorie hinaus ginge. Auch Latours Vorschlag, die Mikro-Makro-Unterscheidung durch die Differenz von groß und klein zu ersetzen (1996c: 371), lässt gewisse Zweifel aufkommen.

spiele mögen daher als Veranschaulichung der Thesen der ANT dienen (vgl. auch Weyer 2008b):

Bodenschwellen

Die Bodenschwelle („schlafender Polizist") wird von Latour (1998b) als Aktant interpretiert, als „Delegierter", der die Umsetzung der Intentionen ihres Konstrukteurs auch in dessen Abwesenheit bewerkstelligt, nämlich die Autofahrer zur Anpassung ihrer Geschwindigkeit zu zwingen. Die Technik substituiert also den menschlichen Konstrukteur und verkörpert dessen Willen. Aus dieser Austauschbarkeit von Mensch und Technik leitet Latour eine prinzipielle Gleichsetzbarkeit von Akteuren und Aktanten ab, da beide die gleichen Effekte erzielen können. Im Mittelpunkt des Latour'-schen Handlungsbegriffs steht also die Fähigkeit, *etwas zu bewirken*, d.h. eine Veränderung (eines Zustandes, eines Prozesses etc.) hervorzurufen, wobei es prinzipiell egal ist, ob der Auslöser dieser Veränderung ein menschlicher Akteur oder ein technisches Gerät ist.

Diese Fokussierung auf die Fähigkeit, Wirkungen auszulösen, erklärt, warum für Latour bereits konventionelle Technik Akteurstatus hat. Die Frage nach der Intentionalität der Handlung wird dabei komplett ausgeklammert, denn Latour interessiert sich ausschließlich für den Effekt – die Verhaltensänderung beim Autofahrer; und dafür ist es letztlich irrelevant, ob die Bodenschwelle Intentionen besitzt oder nicht.

Allerdings ist die von Latour vorgenommene Gleichsetzung eine offenkundig suggestive Strategie; denn er wäre eigentlich in der Pflicht, zumindest eine vergleichbare Geschichte zu erfinden, in der der Ausgangspunkt das Artefakt und nicht der Mensch ist. Dass dies – selbst gedanken-experimentell – nicht möglich ist (zumindest nicht bei konventioneller Technik), verweist darauf, dass Latour im Grunde mit einem sehr traditionellen Konzept von Vergegenständlichung arbeitet, das letztlich auf einen instrumentellen Technikbegriff hinausläuft (vgl. Kap. 2.3): Die Technik fungiert als Instrument („delegate", „substitute") des Menschen und setzt dessen Intentionen ungebrochen um (1988: 310, 308).

Ferner ist Latours Konzept nicht interaktiv, denn die Technik wirkt ausschließlich auf den Menschen und erzeugt dort – vorab definierte – Effekte. Ein derartiges Konzept einer strikten „Disziplinierung" (1988: 305) und Verhaltenskontrolle durch Technik ist in der Techniksoziologie eher unüblich und wird normalerweise mit dem Etikett des „Technikdeterminismus" belegt. Latour scheint – zumindest in dem genannten Beispiel – das Konzept einer „harten" Steuerung und Kontrolle menschlichen Verhaltens durch Technik zu vertreten, also einen sehr zugespitzten, instrumentellen Technikbegriff, der kaum Platz für Abweichungen, z.B. in Form eigensinniger Nutzungen, lässt.

Muscheln

Michel Callon und John Law haben sich in ihren Arbeiten intensiver mit dem Prozess der Vernetzung („translation") befasst; am Beispiel der Muschelzucht in der Bretagne zeigen sie, dass der Erfolg bei der Aufzucht von Kamm-Muscheln sich erst in dem Moment einstellte, als es gelang, ein funktionierendes Netzwerk zu etablieren, in dem alle Akteure und Aktanten kooperierten: die Fischer, die Konsumenten, die Wissenschaftler, aber auch die Muscheln (Callon/Law 1989).

Im Zentrum dieses Prozesses der Vernetzung standen drei Wissenschaftler, denen es gelang, andere Partner zu mobilisieren und sie durch eine geschickte Übersetzung ihrer Interessen in das Netzwerk einzubinden. Dabei wurden allen Beteiligten neue Rollen zugewiesen („enrolment"), womit sie zu Kooperationspartnern anderer Akteure und Aktanten und damit zu einem Bestandteil der Allianz wurden. Die Muscheln mussten z.B. in langwierigen Verhandlungen dazu gebracht werden, sich in den Kollektoren anzusiedeln. Voraussetzung für die Bildung dieser Allianz waren jedoch Zugeständnisse seitens der Wissenschaftler, beispielsweise bei der Konstruktion der Kollektoren und der Abwehr natürlicher Gefahren wie etwa der Meeresströmung (vgl. die Zusammenfassung in Schulz-Schaeffer 2000a: 190).

Abb. 15: Sozio-technische Netzwerke

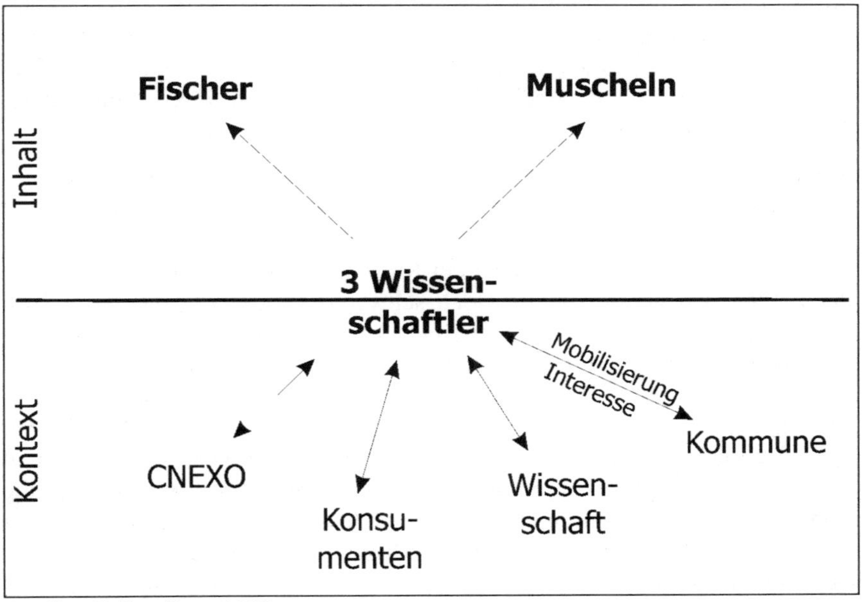

Quelle: Callon/Law 1989

Zumindest im Fall des Muschel-Beispiels drängt sich die Frage auf, ob dies mehr ist als eine modische Neu-Entdeckung altbekannter Sachverhalte im

Gewande wohlklingender Metaphern ist und worin der genuine Erkenntnisgewinn dieser Re-Interpretation besteht. Nimmt man jedoch ein aktuelles Beispiel wie den Stromausfall im Münsterland am 25. November 2005, nach dem 250.000 Menschen teilweise wochenlang ohne Strom waren, so wird rasch klar, dass sich eine stimmige Erklärung für derartige Vorgänge erst dann ergibt, wenn man das gesamte Netzwerk der beteiligten „humans" und „non-humans" betrachtet: Den Stromkonzern RWE, die Monopolstrukturen im Energiemarkt, den brüchigen Thomas-Stahl, aus dem ein Teil der Strommasten konstruiert war, das Prinzip der zentralen Energieversorgung mit Hochspannungsleitungen, die ungewöhnlich großen Mengen nassen Schnees und zudem den starken Wind, der die Hochspannungsleitungen, die unter den Schneemasten ohnehin bis zum Bersten gespannt waren, zusätzlich in Schwingung versetzte und letztlich den Einsturz einiger Masten herbeiführte (vgl. Lorenz 2007). Entfernt man nur eine Komponente aus dem Netzwerk, so macht die Erklärung keinen Sinn mehr. Die beobachtbare Handlung ist das Resultat eines Geflechts von Akteuren und Aktanten, das durch wechselseitige Relationierung zustande gekommen ist. Damit wird es jedoch auch schwierig, die Verantwortung für den Strom-GAU eindeutig festzuschreiben.

Es ist also nicht unplausibel, bei der Beschreibung sozio-technischer Systeme auch den Anteil der „non-humans" zu berücksichtigen. Im Grunde ist dieser Gedanke bereits im Konzept von Thomas Hughes (vgl. Kap. 7.5) enthalten, von dem sich die ANT vor allem durch die radikale Zuspitzung auf die These einer – symmetrisch konzipierten – Handlungsfähigkeit *aller* Elemente des Netzwerks unterscheidet (vgl. Latour 1998b: 36), während Hughes stets den heroischen Erfinder in den Mittelpunkt rückt.

Bei genauerer Betrachtung bleibt jedoch von der Symmetrie nicht viel übrig, denn auch die Muschel-Story wird ausschließlich aus Sicht der drei Zentral-Akteure erzählt (vgl. Abb. 15). Es dürfte auch ein schwieriges Unterfangen sein, sie in der Sprache der Muscheln und aus deren spezifischer Perspektive zu rekonstruieren. Noch schwerwiegender ist jedoch der Einwand, dass das von der ANT vertretene Konzept der Kooperation nicht interaktiv angelegt ist. Immer wieder stoßen wir auf einen mächtigen Zentralakteur, der mit seinen (Re-)Definitionen andere Akteure zueinander in Beziehung setzt, übersetzt, verschiebt, vernetzt usw. (Latour 1988: 308, 1996b: 378). Von echter Kooperation (im Sinne eines reziproken Austauschs und einer wechselseitigen Koordination von Handlungen) ist eigentlich nie die Rede, sondern stets von einem einseitigen Akt der Übersetzung mehr oder minder passiver Objekte sowie deren Mobilisierung für die eigenen Zwecke. Dies ist immer wieder als ein macchiavellistisches Konzept kritisiert worden, das „andere Akteure wie auch den prägenden Einfluss bestehender Kontexte ignoriert" (Geels 2002: 33, ähnlich Bruun/Hukkinen 2003: 104, Elam 1999: 3). Latour betone, so die Kritik von Ingo Schulz-Schaeffer, zu stark den voluntaristischen Konstruktionsakt und berücksichtige hingegen zu wenig die Stabilität bereits geschaffener Fakten (2000a: 207). Das Wechselspiel von Struktur und Prozess werde zu einseitig in Richtung Prozess aufgelöst, als ob keine stabilen Strukturen existierten, sondern alles im Fluss sei und stets nach Belieben wieder bei Null angefangen werden könne. Die „empirischen Asymmetrien" einer Gesellschaft kämen, so Birgit Peuker (2006:89), auf diese Weise nicht in den Blick.

Auch bei Callon/Law werden sozio-technische Netzwerke von omnipotenten Systemkonstrukteuren geschaffen, deren Setzungen von den anderen widerspruchslos akzeptiert werden (1989: 58, 60). Es gibt keine einzige Fallstudie, in der diese Vernetzungsprozesse von Aktanten getragen werden. Die ANT hat sich auch nie mit avancierter Technik (z.B. mit Agentensystemen) befasst, der man eine gewisse Autonomie und Handlungsfähigkeit unterstellen könnte; die einzige Ausnahme bildet Latours Fallstudie zum intelligenten Transportsystem Aramis, die jedoch überraschenderweise in konventioneller, organisationssoziologischer Manier präsentiert wird (Latour 1998b: 57ff., 1998a, 1996a).

Die von der ANT verfochtene Ausweitung der Handlungsträgerschaft auf „non-humans" hat zudem eine – von den Vertretern dieser Richtung nicht thematisierte – Rückwirkung auf die Handlungsfähigkeit der „humans". Denn die menschlichen Mitspieler werden, abgesehen von dem übermächtigen Zentralakteur, nicht als strategisch-intentional handelnde Akteure, sondern ebenfalls als passiv-reaktive Aktanten präsentiert, die ebenso wie ihre nicht-menschlichen „Kollegen" nach Belieben manipuliert werden können (vgl. Latour 1988: 308). Allein die häufige Verwendung des Begriffs „behaviour" anstelle von „action" verdeutlicht, dass die Akteure ebenfalls zu Aktanten und damit letztlich zu Statisten degradiert werden. Dies mag damit zusammenhängen, dass die ANT, wie oben bereits erwähnt, einen verkürzten Handlungsbegriff hat, der die Intentionen ausklammert und ausschließlich auf die Fähigkeit abzielt, Dinge erfolgreich zu verknüpfen (vgl. Bruun/Hukkinen 2003: 104, Schulz-Schaeffer 2000a, Weyer 2008b).

Waffen

In einem Essay über „technische Vermittlung" (1998b) konfrontiert Latour am Beispiel einer Schusswaffe den instrumentellen Technikbegriff mit dem Konzept der autonomen Technik. Ersterem zufolge ist eine Waffe ein „neutraler Träger" des Willens ihres Besitzers (der ohnehin morden würde), Letzterem zufolge besitzt die Waffe ihr eigenes „Skript" (32), d.h. sie macht aus dem unbescholtenen Bürger einen Mörder. Latour setzt diesen beiden Interpretationen sein Konzept des „Hybrid-Akteurs" (35) entgegen, den er als „neuen, dritten Agenten" begreift, welcher durch die „Fusion" (33) von Mensch und Waffe entsteht. Das „Ziel", das dieser „neue zusammengesetzte Agent" (33) verfolgt, entspricht „keinem der beiden ursprünglichen Handlungsprogramme mehr" (34). Latour verrät leider nicht, worin das neue Ziel besteht, das durch „Übersetzung" und „Verschiebung" (34) zustande gekommen ist; und er verschwendet auch keinen Gedanken auf die Frage, ob die Waffe vor ihrer Begegnung mit dem Bürger bereits ein eigenständiges Ziel hatte, das nun mit dem ihres Besitzers verschmilzt. Er verweist vielmehr darauf, dass der Mensch „von der Waffe modifiziert" wird (34), seine Identität also maßgeblich von den Beziehungen innerhalb des (hybriden) Netzwerks bestimmt wird. Das Argument der technischen Vermittlung beinhaltet hier also – ganz und gar einseitig sowie a-symmetrisch – die Modifikation des Menschen durch die „vermittelnde Rolle technischer Artefakte" (35). Ausführungen zum reziproken Vorgang, in dem die Technik Gegenstand von Vermittlungen durch den Menschen ist, sucht man bei Latour vergeblich.

Latours Ausführungen zur „Symmetrie von Akteur und Aktant" (36) vermögen nicht recht zu überzeugen; möglicherweise sind sie ein völlig unnötiger Umweg zu der eigentlich spannenden These, dass nämlich „Handeln … eine Eigenschaft verbundener Einheiten" ist (37) – was m.E. nicht zwingendermaßen einer Fundierung durch eine symmetrische Ontologie bedarf. Denn Latour erklärt die Handlungen von Hybrid-Akteuren aus der „Zusammensetzung der einzelnen Kräfte" (38), die sich nicht in die eine oder andere Richtung auflösen lässt, und er spricht von einer Aufteilung der „Verantwortung für ein Handeln unter den verschiedenen Aktanten" (36). Für ihn ist Handeln „kein Vermögen von Menschen, sondern die Fähigkeit einer Verbindung von Aktanten" (38), d.h. es handelt immer – in meiner Sprache – das Netzwerk von Akteuren und Aktanten oder – in Hughes' Terminologie – das sozio-technische System. Der Flug zum Mond wäre demnach nur als eine Kombination der Teilbeiträge der Astronauten, der NASA, der Saturn-Rakete, des Mondes usw. zu verstehen, also als ein Resultat der verteilten Handlungsträgerschaft in hybriden sozio-technischen Systemen, wie es Werner Rammert und Ingo Schulz-Schaeffer (2002) später formuliert haben (vgl. Kap. 10.4).

Mit der Frage, wie derartige Interaktionen zwischen menschlichen Akteuren und nicht-menschlichen Aktanten in verteilten Systemen konkret vonstattengehen, hat sich Latour jedoch nicht befasst (vgl. Rammert 2003: 307). Die von ihm betriebene *posthumanistische Wende* in der (Technik-) Soziologie kann somit als Provokation angesehen werden, die eine intensive Debatte angestoßen und den Blick für die nicht-menschlichen Mitspieler geöffnet, aber etliche Fragen offen gelassen hat. Der ANT fehlt insbesondere ein Instrumentarium für die Analyse und theoretische Modellierung der Interaktion von „humans" und „non-humans", wie sie beispielsweise in hochautomatisierten Systemen stattfindet, in denen die Technik tatsächlich in einer Weise aktiv wird, die für einen externen Beobachter kaum noch von menschlichen Handlungen zu unterscheiden ist (vgl. Kap. 10.4).

Fazit und Bewertung

Wenn man sich auf die ANT und ihren posthumanistischen Ansatz einlassen wird, bedeutet dies, einen radikalen Paradigmenwechsel zu vollziehen und die Welt des Sozialen aus einer völlig neuen Perspektive zu betrachten, die dazu zwingt, viele bislang gültige Erkenntnisse in Frage zu stellen (z.B. das Konzept der Intentionalität von Handlungen sowie der Emergenz sozialer Strukturen aus den Interaktionen der Akteure).

In vielen Punkten tritt die ANT allerdings als reines Sprachspiel auf, als eine metaphorisch garnierte und geschickt inszenierte Wiedererfindung bekannter Thesen (z.B. der These der Vernetzung heterogener Komponenten zu sozio-technischen Systemen). Einen echten Erkenntnisgewinn vermag ich hierin nicht zu entdecken, und es erscheint auch wenig sinnvoll, bewährte soziologische Konzepte über Bord zu werfen, wie Latour es immer wieder fordert.

Zudem vermitteln die Fallstudien eher das Bild eines fragmentarischen Flickenteppichs als eines zusammenhängenden Ganzen; es ist z.B. nicht nachvollziehbar, wieso die Bodenschwelle als Delegierte fungiert, die Waffe hingegen als Hybrid-Akteur. Es bleibt offen, warum es nicht auch umgekehrt sein kann: die Bodenschwelle als hybrider Akteur und die Waffe als Delegierte (vgl. auch Schulz-Schaeffer 2007).

Zumindest aus der Perspektive der Technikgeneseforschung ist der Beitrag der ANT eher gering. Den Transrapid als Akteur bzw. als Aktant zu interpretieren, wäre allenfalls in einem sehr metaphorischen Sinne akzeptabel; man würde schlicht die Erkenntnisse, die mit organisationssoziologischen und netzwerkanalytischen Ansätzen gewonnen wurden, actor-network-theoretisch reformulieren, ohne jedoch einen zusätzlichen Erkenntnisgewinn verbuchen zu können.

Konventionelle, nicht-adaptive technische Systeme lassen sich m.E. problemlos mit Hilfe eines instrumentellen Technikbegriffs analysieren (vgl. Kap. 2.4); und für die Erklärung des technischen Wandels reicht das akteur- bzw. organisationszentrierte Repertoire der Soziologie vollkommen aus. Latour ist es auch nicht gelungen, den Beweis für die Überlegenheit der ANT in puncto Beschreibung des technischen Wandels zu erbringen. Die Aramis-Studie (1998a, 1996a) ist neben der frühen Studie über Louis Pasteur (1983) die einzige Arbeit von Latour, in der er sich mit Fragen der Technikgenese befasst hat. Ähnlich wie in den oben bereits zitierten Fallstudien waren jedoch auch hier die „non-humans" nicht an den Aushandlungsprozessen über Technik beteiligt; zudem traten sie den „humans" nicht in symmetrischen Konstellationen gegenüber, sondern Technik fungierte als Gegenstand gesellschaftlicher Diskurse, die ausschließlich von sozialen Akteuren ausgetragen wurden.

Meines Erachtens besteht das fundamentale Missverständnis Latours (sowie großer Teile der Latour-Rezeption) in einer Ebenenverwechslung: Das unbestreitbare Aktiv-Werden von Technik auf der Mikro-Ebene der Mensch-Maschine-Interaktion wird in Eins gesetzt mit ihrer Fähigkeit, einen Akteurstatus in sozialen Aushandlungsprozessen auf der Meso-Ebene gesellschaftlicher Diskurse über Technik zu erlangen. Auf dieser Meso-Ebene der sozialen Konstruktion sozio-technischer Systeme (auch solcher mit avancierter Technik) gibt es m.E. jedoch *keine Handlungsträgerschaft von Technik*. Für die hier ablaufenden Prozesse sind die bekannten Theorien technischen Wandels nach wie vor ein bewährtes und geeignetes Instrument, das Erkenntnisse über Interessenkonstellationen, Entscheidungsprozesse, Pfadabhängigkeiten etc. generieren kann, zu denen man mit Hilfe der ANT nicht gelangt. Diese wichtige Theorietradition sollte man m.E. nicht leichtfertig aufgeben, sondern in Form eines differenzierten Mehrebenen-Modells (Mikro-Meso-Makro) mit den neuen Denkanstößen, die die ANT vermittelt hat, kombinieren.

8.8 Fazit

Der Überblick über die Ansätze der soziologischen Technikgeneseforschung zeigt einen weit reichenden Konsens dahingehend, den konkreten Verlauf der Technikentwicklung durch eine Analyse der ihm zugrunde liegenden sozialen Prozesse zu erklären. Dabei spielen evolutionäre Konzepte allenfalls eine randständige Rolle; die (Technik-)Soziologie vertraut vielmehr auf die spezifischen Stärken einer soziologischen Sichtweise, mit deren Hilfe der sozio-politische Prozess, der bei Tushman/Rosenkopf noch etwas diffus blieb, als Aushandlungsprozess zwischen strategisch handelnden Akteuren beschrieben werden kann. Damit werden die sozialen Mechanismen deutlich, die vor allem in Situationen der Offenheit und der Unsicherheit die Entscheidung über Alternativen prägen. Allen Ansätzen ist zudem das Interesse an einer Generalisierung ihrer Befunde gemeinsam, die über den engen Rahmen der Techniksoziologie hinausgeht und auf die allgemeine soziologische Theoriedebatte zielt.

Der Querschnitt durch die Technikgeneseforschung hat zugleich die unterschiedlichen Strömungen innerhalb der Techniksoziologie kenntlich gemacht, zwischen denen heftig um die „richtige" Perspektive gerungen wird. Insbesondere die Actor-Network Theory präsentiert sich als ein Alternativ-Konzept, das einen fundamentalen Bruch mit bisherigen Denkgewohnheiten verlangt, ohne jedoch überzeugend darlegen zu können, was der Gewinn dieses Perspektivwechsels wäre. Von ihrer Tendenz her führt die ANT aus der Soziologie heraus, zumindest wie man sie bisher in den Traditionen der soziologischen Klassiker definiert hat. Dies ist insofern riskant, als die Techniksoziologie Gefahr läuft, auf diesem Weg ihren Gegenstand aus den Augen zu verlieren.

Die beiden folgenden Kapitel befassen sich mit der Bewältigung der Risiken von Technik (Kap. 9) und insbesondere mit der Herausforderung smarter Technik (Kap. 10); dabei ergeben sich immer wieder Möglichkeiten, die Anwendbarkeit der in Kap. 7 und 8 diskutierten Konzepte zu reflektieren.

9. Technische Risiken und deren gesellschaftliche Beherrschung

Die sozialwissenschaftliche Risikoforschung thematisiert die gesellschaftlichen Prozesse der Erzeugung und der Bewältigung technischer Risiken. Sie setzt dabei auf unterschiedlichen Ebenen an:

- *Gesellschaftstheoretische* Analysen, beispielsweise von Ulrich Beck, versuchen, anhand der Dimension des Risikos einen Epochenbruch der Moderne zu diagnostizieren (Kap. 9.2).

- *Sozialtheoretische* Ansätze (Niklas Luhmann) fokussieren hingegen eher auf das Entscheidungshandeln der Akteure (Kap. 9.2).

- *Wissenschaftssoziologische* Konzepte befassen sich insbesondere mit den Realexperimenten, die sich als Folgen eines neuen Modus der Wissensproduktion ergeben (Kap. 9.3).

- In der Perspektive der *Organisationstheorie* (Charles Perrow, Todd LaPorte u.a.) steht vor allem der Umgang von Organisationen mit Risiken im Mittelpunkt (Kap. 9.4 und 9.5).

- Die *Fehlerforschung*, die wir nur gelegentlich streifen, weil sie eher der Psychologie zuzurechnen ist, sucht schließlich nach den Ursachen menschlichen Fehlhandelns („human error").

Wir beginnen mit einer kurzen Einbettung der sozialwissenschaftlichen Risikoforschung in den interdisziplinären Kontext (Kap. 9.1), um uns dann den verschiedenen Facetten dieser Forschungsrichtung zuzuwenden.

9.1 Einleitung: Die Grenzen des probabilistischen Kalküls

Die sozialwissenschaftliche Befassung mit technischen Risiken ist Bestandteil einer breit angelegten, interdisziplinären Risikoforschung, deren Ursprünge in der psychologischen Fehlerforschung, aber auch in der *technischen Sicherheitsforschung* liegen. Letztere ermittelt das Risiko technischer Anlagen mit Hilfe technisch-naturwissenschaftlicher Analysen und generiert so Entscheidungshilfen für die Verantwortlichen in Wirtschaft und Politik, etwa wenn es um die Zulassung und den Einsatz einer neuen Technologie geht. Das bewährte probabilistische Verfahren besteht darin, das mathematische Produkt von Eintrittswahrscheinlichkeit und Schadenshöhe zu bilden und so das Risiko als eine Kennziffer auszudrücken. Durch die Korrelation des Risikos mit dem erwarteten Nutzen kann man unterschiedliche

Handlungsoptionen bewerten und auf diese Weise Entscheidungen vorbereiten.

Historisch war der moderne Risikobegriff mit dem Beginn der Neuzeit in den oberitalienischen Städten des 12. und 13. Jahrhunderts entstanden (vgl. Kap. 6.2), als die Seefahrer begannen, die Risiken ihrer Handelsreisen abzuschätzen und ihre Fracht zu versichern (vgl. Luhmann 1991: 16-23, Bonß 1991, Bogner 2005a: 48-51). Der Risikobegriff hatte damals eine positive Konnotation: Risiko galt als ein rational kontrollierbares Wagnis, das man wegen der erhofften Vorteile einging, die sich aus einem Kosten-Nutzen-Kalkül ergaben. Die Frühmoderne vollzog damit eine Umstellung von Gefahr auf Risiko (vgl. Kap. 9.2): Die weite Fahrt über die Weltmeere galt nun nicht mehr als eine Gefahr, der man schicksalhaft ausgeliefert war; sie wurde vielmehr zu einem rational kalkulierbaren Risiko, das von eigenen Entscheidungen (und denen anderer Personen) abhängig war. Es war zweifellos riskant, nach Ostindien zu segeln, aber es nicht zu tun, beinhaltete auch ein Risiko (nämlich sich sagenhafte Gewinne entgehen zu lassen). Das technische Risikokalkül ermöglicht also eine rationale Begründung von Entscheidungen, weil es einen Maßstab für den quantitativen Vergleich unterschiedlicher Optionen bietet und damit zugleich Ansatzpunkte für Strategien der Risikominimierung aufzeigt.

So nützlich und unentbehrlich das versicherungsmathematische Risiko-Kalkül in vielen Bereichen ist, so deutlich zeigen sich aber auch dessen Grenzen. Angaben über die Eintrittswahrscheinlichkeit eines Schadenfalls basieren notwendigerweise auf bereits vorliegenden Erfahrungen mit dem praktischen Einsatz des zu versichernden Objekts. Wenn eine neue Technik eingeführt wird, liegen derartige Erfahrungswerte jedoch noch nicht vor, und es ist insbesondere bei radikalen Innovationen, die grundsätzlich neue Formen der Technikverwendung und –nutzung beinhalten, ausgeschlossen, diese Werte durch Schätzungen oder Extrapolationen auch nur annähernd zu bestimmen (vgl. Banse 1996: 37f.). Als mit dem Airbus A320 Ende der 1980er Jahre die Fly-by-wire-Technik in der zivilen Luftfahrt eingeführt wurde (vgl. Kap. 10.3), hatte man noch keinerlei Erfahrungen mit dieser Technik im alltäglichen Linienbetrieb; erst der praktische Einsatz im Dauerbetrieb lieferte die benötigten Informationen.

Zudem fließen in die Risikokalküle subjektive Bewertungen mit ein; denn was Schaden oder Nutzen ist, hängt oftmals von individuellen Wertvorstellungen ab, die sich nicht einfach nivellieren lassen. Das mathematisch ermittelte objektive Risiko hilft daher in vielen Fällen nicht weiter, wenn es um die subjektive Bewertung der Riskanz unterschiedlicher Ereignisse (bzw. unterschiedlicher Handlungsoptionen) geht. Das Vertrauen, das Laien einer Technik entgegenbringen, hängt immer von subjektiven Wahrnehmungen ab und lässt sich nicht auf ein mathematisches Kalkül reduzieren.

Akzeptanzprobleme

Auch die Akzeptanzprobleme wurden lange Zeit unterschätzt; sie traten mit der Verbreitung der zivilen Nutzung der Kernenergie und der in den 1970er Jahren einsetzenden Kontroverse über die Gefährdungspotenziale dieser Technik massiv und unerwartet auf und machten die Grenzen des probabilistischen Kalküls sichtbar. Gemäß den Prämissen der technisch-naturwissenschaftlichen Risikoforschung erschien die Kernkraft als unproblematisch: Vor dem GAU in Tschernobyl am 25. April 1986 galt das Risiko dieser Technik als vernachlässigbar gering, weil ein derartiger Unfall, statistisch gesehen, lediglich einmal pro eine Million Jahre zu erwarten war (Kollert 1993: 37). Der Rasmussen-Report von 1975, der die umfassendste vergleichende Risikoanalyse seiner Zeit beinhaltete, errechnete daraus für den einzelnen Bürger eine Wahrscheinlichkeit von 1 zu 500 Millionen, bei einem nuklearen GAU ums Leben zu kommen, was im Vergleich zu anderen Risiken, beispielsweise zu ertrinken oder im Straßenverkehr zu sterben, extrem gering war (38).

Wahrscheinlichkeitstheoretische Risikoanalysen können die Skepsis von Laien und die Ängste potenziell Betroffener nicht aus der Welt räumen. Allein in Tschernobyl starben jedoch nach Angaben der internationalen Atomenergiebehörde IAEA 4.000, anderen Schätzungen zufolge zwischen 30.000 und 60.000 Menschen (Kellerer 2006, vgl. FAZ 13.04.2006: 2). Eine Wahrscheinlichkeit von 1 zu 1 Million kann folglich immer auch bedeuten, dass der Unfall bereits morgen passiert; sie sagt also „nie etwas über den Einzelfall aus" (Ropohl 1991: 68, vgl. Banse 1996: 37). Zudem unterscheidet sich die Kernkraft aufgrund ihres Katastrophenpotenzials von anderen Techniken: Nicht nur die unmittelbaren Schäden einer Kernschmelze, sondern auch die Langzeitfolgen der nuklearen Verseuchung sind schwer abschätzbar, liegen aber möglicherweise in Dimensionen, die es inakzeptabel erscheinen lassen, ein noch so geringes Risiko in Kauf zu nehmen. Hier versagt offenbar das mathematische Risiko-Kalkül, und es greift eher eine *Präventionsethik*, der zufolge ein unannehmbar hoher Schaden – auch bei noch so geringer Wahrscheinlichkeit seines Eintretens – in jedem Fall zu vermeiden ist, und sei es um den Preis des Verzichts auf die betreffende technologische Option (Ropohl 1991: 67 unter Bezug auf Jonas' „Prinzip Verantwortung" [1979]).

Mit der Akzeptanzkrise der Kernkraft in den 1970er und 1980er Jahren geriet auch die Risikoforschung unter Druck; ihre Prämissen wurden zunehmend in Frage gestellt, und sie begann daher, sich gegenüber den Sozialwissenschaften zu öffnen, um die sozialen Ursachen von Akzeptanz zu ergründen.

Eine Gruppe von Psychologen um Paul Slovic zeigte, warum kein gradliniger Weg von der technisch-naturwissenschaftlichen Risikoabschätzung zur gesellschaftlichen Risikoakzeptanz führt (vgl. Jungermann/Slovic 1993).[77] Mittels Einstellungsuntersuchungen versuchte man, die subjektive Risikowahrnehmung nicht-wissenschaftlicher Laien zu erfassen. Dabei stellte sich heraus, dass qualitative Faktoren wie das „Katastrophenpotenzial" und die „Unbekanntheit von Risiken" zentral für die laienspezifische Risikowahrnehmung und -akzeptanz sind und dass demzufolge die Kernenergie als das höchste Risiko eingestuft wird. Für Laien macht es einen Unterschied, ob bei einem Ereignis tausend Personen oder bei tausend Ereignissen jeweils eine Person ums Leben kommen. Zudem spielt der Faktor „Freiwilligkeit" eine wichtige Rolle, aber auch die Aktualität von Katastrophen, was auf die Rolle der Medien für die Risikowahrnehmung von Laien verweist.

Einen anderen Ansatz verfolgte Brian Wynne, der in den 1980er Jahren soziologische Fallstudien zum Vertrauen in Institutionen durchführte und dabei herausfand, dass die Bewertung von Risiken durch Laien in hohem Maße von der Einschätzung der zuständigen politisch-administrativen, wirtschaftlichen und wissenschaftlichen Institutionen abhängt (Wynne 1983). Dabei identifizierte er drei Variablen: a) die wahrgenommene Fairness der Verfahren, b) die Zuschreibung institutioneller Kompetenz, die von früheren Erfahrungen bei der institutionellen Problembewältigung abhängt, sowie c) die institutionelle Transparenz der Prozesse, der Strukturen, aber auch des Informationsflusses.

Sowohl die sozialpsychologischen Studien als auch die stärker institutionell fokussierten Arbeiten der Soziologie nährten die Skepsis gegenüber der Hoffnung, dass (a) die Experten- und die Laienperspektive miteinander vereinbar seien und (b) es in Risikofragen einen gesamtgesellschaftlichen Konsens geben könne. Daher schlug die sozialwissenschaftliche Risikoforschung in der Folgezeit andere Wege ein.

9.2 Von der Risikogesellschaft zur Theorie reflexiver Modernisierung

Unter dem Label „Risikogesellschaft" firmiert seit den 1980er Jahren ein Ansatz, der die Risiko-Thematik in gesellschafts- und modernisierungstheoretische Überlegungen einbettet. Ausgangspunkt war Ulrich Becks Buch „Risikogesellschaft. Auf dem Weg in eine andere Moderne", das 1986 kurz nach dem Tschernobyl-Unfall erschien und großes Aufsehen erregte. Mit dem Begriff „Risikogesellschaft" brachte Beck die vorhandene „diffuse

---

77 Dieser Abschnitt rekurriert auf eine ältere Publikation (Krücken/Weyer 1999: 227-229).

Fortschrittsangst" auf den Punkt und etablierte das Risiko als „Basiskategorie der gesellschaftlichen Selbstwahrnehmung" (Bogner 2005a: 43).[78] Er diagnostizierte eine krisenhafte Modernisierungsdynamik, in der die bislang bewährte Strategie der Rationalisierung des Risikos (vgl. Kap. 9.1) zunehmend versagt hatte, und bezeichnete daher die Risikogesellschaft als „Entwicklungsstufe moderner Gesellschaften, in der die Nebenfolgen zur geschichtstreibenden Kraft werden" (ebd.). Durch die unvermutete Rückkehr der Natur verwandele sich die Klassengesellschaft in eine (postindustrielle) Gefahrengemeinschaft, in der eine Sozialisierung des Risikos stattfinde, das über alle Klassen hinweg wirke. Die Gesellschaft – so Beck weiter in dezidierter, aber spielerischer Verwendung Marxscher Denkfiguren – zerbreche daher an ihren inneren Widersprüchen.

Alexander Bogner kritisiert zu Recht, dass das Beck'sche Konzept der Risikogesellschaft begrifflich wenig präzise, dafür aber hoch-suggestiv ist. Eine theoretische Klärung des Begriffs „Risikogesellschaft" findet man in Becks Buch lediglich in Ansätzen; es ist wohl eher der historische Zufall Tschernobyl gewesen, der zu der Titelgebung führte. Denn Beck führt unter dem Label „Risikogesellschaft" drei auf den ersten Blick kaum miteinander zusammenhängende Entwicklungstendenzen zusammen, und zwar:

- die Prozesse gesellschaftlicher Individualisierung,
- die Verflüssigung etablierter Grenzziehungen zwischen Wissenschaft und Politik sowie
- die Entstehung riskanter Großtechnologien.

Unter Berücksichtigung neuerer Arbeiten Becks macht Bogner mittlerweile folgende vier Facetten des Begriffs „Risikogesellschaft" aus:

- Zum einen meint Beck damit die *ökologische Selbstgefährdung*, die er als „nicht-intendierte Nebenfolge der Modernisierung" (44f.) versteht, und zwar derart, dass die Entzauberung der Natur in Umweltzerstörung umschlägt. Die Natur, von der sich die Industriegesellschaft scheinbar emanzipiert hatte, kann nun nicht mehr länger ausgegrenzt werden; Naturkatastrophen, der Klimawandel und andere Phänomene deuten vielmehr eine Invasion der Natur in die Gesellschaft an, die eine potenziell systemverändernde Dynamik besitzt.
- Der Begriff „Risiko" umfasst zudem Prozesse der *Individualisierung*, für die Beck und andere die Begriffe „Risikobiografie" bzw. „Bastelexistenz" geprägt haben (Hitzler/Honer 1994, vgl. Beck 1991: 152). Die Men-

---

78 Beck war es damit erstmals gelungen, die Suche nach einem Begriff für die neue Epoche begrifflich zuzuspitzen; ältere Etikettierungen wie „postindustrielle Gesellschaft", oder „Postmoderne" grenzten sich lediglich negativ von der Industriegesellschaft ab. Der folgende Abschnitt stützt sich auf die gelungene Zusammenfassung des umfangreichen Beckschen Werks durch Alexander Bogner (2005a: 42-48), teils auch auf die ursprüngliche, ausführlichere Version des Dissertations-Manuskripts.

schen lösen sich in ihren individuellen Biografien zunehmend aus traditionellen Mustern (Klassen, Wohlfahrtsstaat, Normalarbeitsverhältnis, bürgerliche Kleinfamilie etc.), womit es zu einer Diversifizierung der Lebenswege kommt, die insofern riskant ist, als der Verlauf einer Biografie nunmehr weniger von der schicksalhaften Verankerung in Herkunftsmilieus etc. abhängt, sondern von eigenen (riskanten) Entscheidungen.

- Der neuartige Charakter der Risikogesellschaft zeigt sich zudem in einer Politik jenseits der Institutionen, die durch eine „Entgrenzung der Politik" (Beck 1986: 304) sowie den Bedeutungsverlust traditioneller Institutionen zugunsten einer *„Alltagspolitik"* gekennzeichnet ist (vgl. Bogner 2005a: 47). Das Beispiel der Gentechnik zeigt, dass selbst die Privatsphäre immer mehr politisiert wird und neuartige, konfliktbehaftete Bereiche riskanten Entscheidens entstehen, die auch einen wachsenden Bedarf an Regulierung mit sich bringen.

- Riskant ist zudem der Verlust an Gewissheiten, der mit der *„Selbstentzauberung der Wissenschaft"* einhergeht (Bogner 2005a: 46). Galt die Wissenschaft einst als Garant eindeutiger Wahrheiten, so ist dies im Zuge der „Sekundärverwissenschaftlichung" (Beck 1982: 10) verloren gegangen, weil die Produkte der Wissenschaft ihrerseits in zunehmendem Maße einer wissenschaftlichen Reflexion unterzogen werden. So prüft die Sicherheitsforschung die Produkte der Ingenieurwissenschaften, und die Klimaforschung analysiert die Folgeprobleme vielfältiger Praktiken der wissenschaftlich-technischen Zivilisation. Durch Unfälle und selbst verursachte Gefährdungen wird zudem der Mythos der Rationalität der Wissenschaft entzaubert; und nicht zuletzt führt die Konfrontation konkurrierender Experten-Meinungen zu einer Relativierung wissenschaftlichen Wissens, zu einer Geltungskrise und schließlich zu einem Autoritätsverlust der Wissenschaft.

Theorie reflexiver Modernisierung

Ulrich Beck hat das Konzept der Risikogesellschaft im Lauf der letzten 20 Jahre zunehmend durch den Begriff der reflexiven Modernisierung bzw. der zweiten Moderne ersetzt (erste Ansätze schon in Beck 1982, vgl. Beck 1993, Beck et al. 2001, Beck/Lau 2005, siehe auch Bogner 2005a: 57-66). Reflexiv meint in diesem Zusammenhang, dass der Prozess der Modernisierung auf sich selbst zurückverweist, weil die „Modernisierung immer mehr mit der Bewältigung selbstgeschaffener Probleme beschäftigt ist" (Beck/ Lau 2005: 108), was zugleich auch bedeutet, dass die ursprünglichen Ideen der Moderne (z.B. der Befreiung des Menschen vom Naturzwang) aufgrund der Dynamik der Nebenfolgen fragwürdig werden. Beck und seine Mitstreiter Wolfgang Bonß, Christoph Lau und andere betrachten die erste Moderne als eine halbierte, weil nationalstaatlich verfasste und halbdemokratische Industriemoderne. Die zweite Moderne hingegen, an deren Schwelle wir

uns nach Auffassung der Autoren befinden, setzt die verschütteten Versprechen und blockierten Entwicklungspotenziale der Moderne frei und ermöglicht damit deren Vollendung. Dies geschieht, so Beck, allerdings ohne ein
revolutionäres Subjekt, das diesen Transformationsprozess – wie beispielsweise bei Marx – aktiv vorantreibt; er spricht vielmehr von einem sukzessiven „Verfall der Institutionen" der ersten Moderne und der „objektiven Ge-
genmacht der Gefahr" (1988: 638, 636).

Als Indizien für den diagnostizierten Epochenübergang benennen Beck,
Bonß und Lau die Umstellung vom „Prinzip des Entweder-Oder" zu dem
des „Sowohl-als-auch" (2004: 16), das sich z.B. in den Bereich Krieg/Frie-
den, Wissen/Nicht-Wissen, Natur/Gesellschaft oder Organisation/Markt
feststellen lasse (14-16, Beck/Lau 2005: 110). Sie sprechen daher von
„Entgrenzungen", die einerseits Entscheidungen erzwingen (Beck/Bonß/
Lau2004: 15), andererseits aber auch neue Hybridformen wie etwa die neue
„Frieden-durch-Krieg-Weltpolitik der USA" oder die „postfamilialen Fami-
lien" hervorbringen (2005: 114). Sie wehren sich aber – in Frontstellung zu
Latour (vgl. Kap. 8.7) – gegen eine vollständige Grenzauflösung, und zwar
mit der bemerkenswert normativen Feststellung, dass „dann keine Verantwortung mehr zugeschrieben werden könnte" (126). Hier sprechen sie sogar
vom „Erfordernis, Grenzen zu ziehen … um überhaupt entscheiden zu können" (126). Diese Wendung ist schwer nachzuvollziehen, denn eigentlich
hätte sich der Latour'sche Posthumanismus nahtlos in die Theorie der zweiten Moderne einfügen lassen; und es fragt sich, warum deren Vertreter so
defensiv auf diese Option reagieren.

Ohnehin bleibt das Konzept der reflexiven Modernisierung sehr vage; es ist
vor allem deshalb schwer zu greifen, weil es zwar wortgewaltig daherkommt
und „grundlegende kategoriale Neuorientierungen" (Beck/Lau 2005: 109)
fordert, sich jedoch ausschließlich negativ, d.h. durch Abgrenzung von der
ersten Moderne, definiert und dabei nur sporadisch auf Empirie rekurriert.
Zudem kann der zitierte Aufsatz von Beck/Lau als Relativierung und partielle Rücknahme der ursprünglich sehr weit reichenden These eines Epo-
chenbruchs (108f.) verstanden werden. Denn hier findet sich neben dem
Verweis auf eine Kontinuität der Basisprinzipien (z.B. der Staatlichkeit, der
rationalen Begründung von Aussagen etc., 115) auch die Behauptung, dass
kein radikaler Bruch stattfinde, sondern das Neue sich an das Alte assimi-
liere (131).

Transformation von Gefahren in Risiken

Während Beck zunächst mit einem wenig differenzierten Risikobegriff ope-
rierte, der den „Begriff des Risikos als Gegenbegriff zu Sicherheit zu
bestimmen" versuchte (Luhmann 1991: 28), plädierte Niklas Luhmann für
eine Umstellung auf die „Unterscheidung von Risiko und Gefahr" (30), mit
der die Entscheidungsabhängigkeit von Risiken in den Blick kommt (vgl.

Kap. 4.4). Damit lässt sich die Risiko-Problematik zugleich besser in der Soziologie verankern als in der Beck'schen Variante, die eher sozialphilosophische Züge hat. Luhmann unterscheidet zwischen extern zugerechneten Gefahren, denen man „ausgesetzt" ist (32), und auf Entscheidungen zugerechneten Risiken (30f.). Er differenziert damit zwischen der Perspektive des Entscheiders und der des Betroffenen, d.h. ein und dasselbe Ereignis – ein herunter fallender Dachziegel, ein Flugzeugabsturz – kann sowohl Gefahr als auch Risiko sein. Ein Risiko entsteht also immer nur dann, wenn eine Entscheidung im Sinne einer Auswahl zwischen echten Alternativen stattfindet (32).

Die von Luhmann gewählten Beispiele zeigen allerdings auch, wie schwierig es ist, eine saubere begriffliche Abgrenzung zwischen Gefahr und Risiko zu treffen, denn weder den Schaden durch den herunter fallenden Dachziegel (man hatte schließlich die Wahl gehabt, einen anderen Weg zu gehen) noch den des Flugzeugabsturzes (man hätte eine andere Airline wählen können) akzeptiert er als Risiko, und zwar mit der Begründung, dass „die Alternativen sich in Bezug auf die Möglichkeit von Schäden erkennbar unterscheiden" müssen (32). Zudem bleibt in den Beispielen unklar, wer der Entscheider ist, der Fußgänger, der Hausbesitzer oder gar der Dachdecker. Je nachdem, welche Perspektive man wählt, gelangt man zu völlig anderen Modellen des Entscheidens bzw. der Betroffenheit.

Auch wenn vieles kategorial unscharf bleibt, so öffnet Luhmanns Risikobegriff doch den Blick dafür, dass im Zuge der gesellschaftlichen Evolution die Zukunft zunehmend in Form des Risikos von Entscheidungen erlebt wird, die in der Gegenwart getroffen werden müssen (und können), und zwar in Form von Entscheidungen unter Unsicherheit. Politische Kontroversen über neue Technologien sind somit ein sichtbarer Ausdruck der Tatsache, dass es hier nicht um schicksalhafte Gefahren geht, sondern um Risiken, die auf Entscheidungen und damit auch auf Entscheider zugerechnet werden können. Das Konfliktpotential neuer Technologien ergibt sich somit insbesondere aus der Konfrontation von Entscheidern, die ein Risiko eingehen, weil sie sich einen potenziellen Nutzen versprechen, und Betroffenen, die im Zweifelsfalle den Schaden zu tragen haben.

Mit der Zurechnung des Risikos auf Entscheidungen, die Beck sich später zu eigen gemacht hat, ist es Luhmann also gelungen, die Risikodebatte in die Soziologie hinein zu holen, wobei, wie oben bereits erwähnt, anzumerken bleibt, dass die Luhmann'sche Risikosoziologie ein handlungstheoretisches Fundament hat und Bezüge zur Systemtheorie vermissen lässt.

9.3 Realexperimente in der Risikogesellschaft

Gesellschaft als Labor

Die Arbeiten, die unter dem Label „Gesellschaft als Labor" bzw. „Realexperimente" seit den 1980er Jahren in Bielefeld stattfanden (Krohn/Weyer 1989, Weyer 1991, Groß et al. 2003, 2005, Krohn 2007a), waren u.a. von dem Bestreben geprägt, das Konzept der Risikogesellschaft mit empirischen Materialien aus dem Bereich technologischer Risiken zu unterfüttern und damit zugleich zu einer konzeptionellen Weiterentwicklung beizutragen.

Die zentrale These lautet, dass Wissenserzeugung zunehmend in Anwendungskontexten stattfindet, und zwar in Form von Experimenten „mit der gesamten Gesellschaft als Versuchsobjekt" (Krohn 2007a: 343). Gemäß dem konventionellen Bild von Wissensproduktion wird neues Wissen in den Forschungslabors der Universitäten und in Industrielaboren geschaffen; damit geht die Unterstellung einher, dass die Freisetzung neuen Wissens (in Form innovativer technischer Produkte) erst dann geschieht, wenn ihre Sicherheit und Zuverlässigkeit durch Experimente und Tests hinreichend überprüft worden ist (vgl. Tab. 11). Michael Gibbons et al. (1994) haben für diese Konstellation später den Begriff „Mode 1" verwendet.

Empirische Studien belegen jedoch, dass sich in vielen Bereichen ein neuer Modus der Erzeugung von Wissen in praktischen Anwendungskontexten herausgebildet hat („Mode 2"). Als Ursache lässt sich u.a. die Verkürzung der Innovationszyklen ausmachen, die zu einer enormen Beschleunigung der Entwicklungsarbeiten geführt hat, was immer wieder zur Folge hat, dass halb fertige Produkte auf den Markt gebracht werden, die dann gemäß dem Bananen-Prinzip („Reifen bei den Anwendern") unter Realbedingungen getestet werden. Dies gilt z.B. für den Bereich der Software-Entwicklung, aber auch immer stärker für den Bau von Straßenfahrzeugen (vgl. etwa die in Kap. 2.4 erwähnten Beispiele ACC oder Einparkassistent).

In diesen Fällen hätten die Entwickler im Prinzip die Möglichkeit gehabt, anders zu handeln, d.h. die neue Technik unter Laborbedingungen hinreichend zu testen. Instruktiver, weil theoretisch folgenreicher, sind daher die Fälle, in denen es aus systematischen Gründen nicht möglich ist, unter Laborbedingungen ein fertiges, d.h. in allen Aspekten getestetes Produkt zu generieren. Die Einführung der Koedukation als innovative Erziehungstechnik in den 1960er Jahren konnte sich zwar auf plausible wissenschaftliche Theorien stützen; ihre praktische Umsetzung war jedoch ihr eigener Test. Aber auch die Entwicklung eines neuen Verkehrsflugzeugs erweist sich bei genauerer Betrachtung als ein Prozess, der zwar umfangreiche Labortests beinhaltet, aber mit der „Freisetzung" der neuen Technik längst nicht beendet ist. Denn die Erkenntnisse, die mit dem praktischen Einsatz im weltweiten Linienbetrieb unter z.T. „unsauberen" Randbedingungen generiert werden, sind mindestens genauso wertvoll wie die Ergebnisse der Laborversuche. Wir haben deshalb den Begriff der „experimentellen Implementation" (Krohn/Weyer 1989: 359) verwendet, um zu verdeutlichen, dass für die Entwicklung moderner Technik Feldversuche immer unentbehrlicher werden.[79]

Dabei haben wir vier Typen von „Realexperimenten" unterschieden (vgl. Krohn/Weyer 1989: 360-367):

1. Lernen aus Unfällen: Der Absturz einer Boeing 737 am 8. Januar 1989 förderte beispielsweise überraschende Erkenntnisse über die Funktionsweise des CFM-56-3 Triebwerks, aber auch über Wissenslücken der Ingenieure zutage – und verdeutlichte damit zugleich, dass der Realbetrieb faktisch den Charakter eines Feldversuchs besitzt.

2. Verbesserung von Prototypen: Die Leistungsfähigkeit des Schiffsabwehrsystems „Aegis", das an Bord amerikanischer Kriegsschiffe installiert ist und einen wirksamen Schutz gegen eine Vielzahl von Angreifern liefern sollte, konnte nur unter Ernstfallbedingungen ermittelt werden – allerdings mit der fatalen Konsequenz des Abschusses eines vollbesetzten iranischen Airbus am 4. Juli 1988, der gravierende Fehler in der Konstruktion des sozio-technischen Systems offenlegte (vgl. auch Rochlin 1991).

3. Langzeit- und Akkumulationseffekte: Die Freisetzung künstlicher Stoffe wie Dioxin oder DDT, aber auch Strahlenexperimente mit Menschen, wie sie in den USA noch in den 1960er Jahren durchgeführt wurden, sind Beispiele für – illegitime, teils sogar illegale – Realexperimente, die im Labor nicht durchgeführt werden könnten, deren Design sich jedoch nicht grundlegend von dem der Laborforschung unterscheidet.

4. Nichtlineare und rekursive Effekte: Daneben gibt es eine Reihe von Fällen (wie beispielsweise den „nuklearen Winter" oder die Klimaveränderung), bei denen die Wissenschaftler „Huckepack-Forschung" betreiben, d.h. sie können ihre Daten nur gewinnen, wenn andere Akteure Handlungen durchführen, die durch ihre Einbindung in wissenschaftliche Forschungsprogramme faktisch den Status von Realexperimenten gewinnen.

Die Produktion wissenschaftlicher Erkenntnisse findet also, dies war unser Fazit, zunehmend außerhalb des Labors statt, weil die Wirkungsweise komplexer Technologien, vor allem aber deren Interaktion mit der realen Umwelt, nicht im Labormaßstab untersucht werden kann (Krohn/Weyer 1989: 368). Die Methoden der Forschung unterscheiden sich kaum von de-

---

79 Eine systematische wissenschafts- und erkenntnistheoretische Abgrenzung von Labor- und Realexperiment findet sich bei Krohn, welche insbesondere auf zwei Faktoren abzielt: (a) die Isolation des Experiments von lebensweltlichen Kontexten und (b) die vollständige Kontrolle der Prozesse (2007a: 349f.).

nen der Laborforschung, nur dass andere Akteure hinzutreten und die Real-experimente mit gestalten (z.B. das US-Militär im Falle von Aegis), womit die Wissenschaftler die Kontrolle über die Durchführung der Experimente partiell verlieren (vgl. Weyer 1991). Der Experimentator kann nicht mehr exklusiv entscheiden, ob und wann Forschung stattfinden kann, weil andere Akteure außerhalb des Wissenschaftssystems in diesen Prozess involviert sind (vgl. Krohn 2007a: 353, Groß et al. 2003: 246).

Die beteiligten Akteure sind dabei wechselseitig voneinander abhängig: Die Forscher benötigen einen Krieg, um ihre Technik testen zu können, die Politiker und Militärs hingegen das Versprechen funktionierender Technik, um das Wagnis eines Krieges eingehen zu können. Inwiefern unter diesen Bedingungen ein systematischer Lernprozess möglich ist, der ja typischer-weise die Wiederholung von Experimenten unter kontrollierten Randbedin-gungen vorsieht, muss eine offene Frage bleiben, die sich nur am jeweiligen Einzelfall beantworten lässt. Die Risiko-Bereitschaft steigt allerdings, wenn eine neue, erprobte Technologie von derartigen Akteur-Netzwerken imple-mentiert wird. Dabei nehmen die beteiligten Wissenschaftler vor allem das Erkenntnisrisiko auf sich, während Militärs und Politiker mit anders gela-gerten systemischen Risiken konfrontiert sind, etwa einen Krieg oder die nächste Wahl zu verlieren (vgl. Weyer 1991).

Tab. 11: Zwei Modi der Wissenserzeugung

	traditioneller Modus	neuer Modus
Wissensproduktion	wissenschaftsintern	in Anwendungskontexten
Logik der Forschung	erst Validierung, dann Anwendung (Popper)	erst Anwendung, dann Validierung (inverse Logik)
Ort der Tests	Labor	Gesellschaft
Methode	reduktionistisch	interdisziplinär (komplexe Systeme)
Probleme	kognitive	politisch-normative
Resultate	reversibel	z.T. irreversibel
Risiko	für Theorie	für Gesellschaft (Nutzer)
Qualitätskontrolle, Steuerung	exklusiv durch die Scientific Community	durch diverse Akteure (Netzwerke), konkurrierende Rationalitäten
Freisetzung von	validem Wissen	partiell unsicherem Wissen

Quelle: Krohn/Weyer 1989 (modifiziert)

Es wäre somit irreführend, die von uns analysierten Beispiele als ungeplan-te und unvorhergesehene Zwischenfälle einzustufen. Meist liegt nämlich ein Experimentaldesign vor (auch wenn es manchmal kriminalistischer Recherchen bedarf, es aufzudecken), d.h. die singulären Ereignisse lassen sich als Bestandteil von Versuchsreihen interpretieren, die in Kenntnis der möglichen Folgen durchgeführt werden, weil man sich von der Auswertung der dabei anfallenden Daten wertvolle Erkenntnisse verspricht, die man auf anderem Wege nicht hätte generieren können (vgl. Cicero 2007).

Les Levidow und Susan Carr haben in einer Studie zur Regulation der Freisetzung gentechnisch veränderter Nutzpflanzen nachgewiesen, dass der Einstieg in deren kommerzielle Nutzung in Europa bewusst als Realexperiment (mit klaren Regeln für alle Beteiligten) konzipiert worden war. Sie interpretieren dies als eine „behutsame Methode, das Wissen für eine Risikoabschätzung zu gewinnen" (2007: 426), was nur auf dem Wege über die kontrollierte Freisetzung dieser Pflanzen möglich war. Dass diese experimentelle Strategie und nicht das traditionelle Verfahren der Implementation neuer Technik eingeschlagen wurde, beschreiben sie als Reaktion auf den massiven Protest von Bürgern und Betroffenen, die u.a. das Nicht-Wissen über die Konsequenzen unkontrollierter Freisetzungen als mögliche Quelle von Risiken thematisiert hatten.

Im Gegensatz zur traditionellen Laborforschung, die nur das wissenschaftsinterne Erkenntnisrisiko kennt und deren Fehlschläge prinzipiell reversibel sind (man macht einfach einen neuen Versuch), belasten Realexperimente die Gesellschaft mit Risiken. Dies führt zu der Frage der Legitimität derartiger Forschung. Ein vollbesetztes Zivilflugzeug nur zu Versuchszwecken in eine brenzlige Situation (übermüdete Crew, nasse Landebahn, defekter Umkehrschub etc.) zu bringen, wäre unter normalen Umständen ethisch-moralisch inakzeptabel. Es gibt jedoch zum einen Ausnahmesituationen (wie den Krieg), zum anderen eine erhöhte Risiko-Bereitschaft der Beteiligten (z.B. Linienflüge bei jedem Wetter), die es ermöglichen, derartige Experimente durchzuführen.

Dies führt zu der Frage nach Alternativen, d.h. nach Möglichkeiten einer Gestaltung sozio-technischer Innovationen, die die Gesellschaft nicht mit den Risiken von Realexperimenten belastet. Unserer Auffassung nach ist eine Rückkehr zum traditionellen Modus der Wissenserzeugung, in dem die Wissenschaft der Gesellschaft valides Wissen übergibt, kaum vorstellbar. Vermutlich werden wir uns daran gewöhnen müssen, dass die Modernisierung moderner Gesellschaften nur mit Hilfe von Realexperimenten erfolgen kann (vgl. Krohn 2007a: 343f., 354). Denn auch positiv konnotierte Innovationen wie beispielsweise die Einführung regenerativer Energien oder die Gleichstellung der Geschlechter können nur experimentell implementiert werden, d.h. in einem bewusst gestalteten Prozess, der Erkenntnisse aus Feldversuchen inkrementell in die Verbesserung der Konzepte einspeist. Erfolgversprechend sind insbesondere Realexperimente, die offen gestaltet werden, d.h. nicht hinter dem Rücken der Betroffenen, sondern unter den

Bedingungen des „informed consent" bzw. sogar mit aktiver Beteiligung der Nutzer stattfinden, die damit von Betroffenen zu Beteiligten werden (355). Dazu muss aber in der Gesellschaft ein Bewusstsein dafür geschaffen werden, dass jede/r Bürger/in Teil riskanter Experimente mit ungewissem Ausgang ist. Nur dann lässt sich illegitime Undercover-Forschung ausgrenzen. Wenn man hingegen jegliche Form von Realexperimenten unterbindet, legt man die gesellschaftliche Dynamik still und macht sozialen Wandel unmöglich.

Typologie der Realexperimente

Wolfgang Krohn hat das „Gesellschaft-als-Labor"-Konzept sukzessive zu einer allgemeinen Theorie der Realexperimente weiterentwickelt, die symmetrisch angelegt ist, weil sie jenseits der moralischen Codierung der Experimente ansetzt (Krohn 2007a). Anhand von Beispielen aus der Stadtentwicklung und der ökologischen Renaturierung bringt er den Nachweis, dass Realexperimente ein geradezu ubiquitärer Mechanismus der Zukunftsgestaltung moderner Gesellschaften sind (vgl. auch meine Kommentare in Weyer 2007). Er unterscheidet zudem neuerdings vier Typen von Realexperimenten, die sich durch eine Kreuztabellierung der beiden Dimensionen „Nomothetik" und „Ideografie" ergeben: Dem Interesse an einer Generalisierung der in Experimenten gewonnenen Erkenntnisse einerseits (Beispiel: Freisetzung gentechnisch veränderter Organismen), dem Ziel der Gestaltung des jeweils konkreten Einzelfalls andererseits (Beispiel: ökologische Restauration). Dabei verweist er auf das Spannungsverhältnis zwischen diesen beiden Polen, weil „immer beide Orientierungsmuster im Spiel sind" (Krohn 2007a: 354).

The new production of knowledge („Mode 2")

Die Frage nach dem Stellenwert von Wissenschaft und Forschung in der modernen Gesellschaft wurde von einer Autorengruppe um Michael Gibbons und Helga Nowotny zur Mode 2-These zugespitzt. In dem viel beachteten Buch „The new production of knowledge" (1994) charakterisieren sie die Mode 2-Forschung durch die Anwendungsnähe der Wissensproduktion sowie die Verankerung in transdisziplinären Zusammenhängen (in Abgrenzung zur disziplinären Verortung der Mode 1-Forschung). Weitere Kennzeichen sind die Heterogenität der beteiligten Akteure sowie der Organisationsformen, die immer häufiger netzwerk- oder projektförmig sind (1994: 3-11). Auf diese Weise „multiplizieren sich die Orte der Wissensproduktion und verändern sich auch die Maßstäbe, nach denen Wissen letztlich beurteilt wird" (Böschen 2004: 126); denn in derartigen Netzwerken gibt es eine Vielzahl von Maßstäben zur Bewertung des Wissens (vgl. auch Bender 2001).

Die Mode 2-These beinhaltet also stärker als das „Gesellschaft-als-Labor"-Modell die Vorstellung einer tendenziellen *Entdifferenzierung* von Wissenschaft und Gesellschaft.[80] Mit ihrer Orientierung auf wissens- und wissenschaftssoziologische Fragen geht sie jedoch über den Rahmen der hier verfolgten technik- und risikosoziologischen Themen hinaus, weswegen sie hier nicht weiter vertieft werden kann (vgl. dazu Hirsch-Kreinsen 2005: 211ff.). Zudem hat sich die Debatte der letzten Jahre vor allem mit der Beziehung der beiden Modi zueinander beschäftigt, also mit der Frage, ob „Mode 2" den „Mode 1" ablöst oder ob umgekehrt „Mode 2" nicht immer schon „integraler Bestandteil der Wissensproduktion gewesen sei" (Böschen 2004: 127). Schließlich sind auch nach über zehn Jahren viele kategoriale Probleme ungeklärt, was den Eindruck erweckt, dass hier lediglich mit modischen Schlagworten „alter Wein in neue Schläuche" gefüllt wurde (Weingart 1997, Bammé 2004: 115-144).

Die Kategorie des Risikos ist zwar in der Techniksoziologie allgegenwärtig (siehe z.B. Lyall/Tait 2005); seit dem „Hype" der 1990er Jahre hat es jedoch kaum noch Versuche gegeben, den Risikobegriff systematisch in die soziologische Theorie einzubauen. Das Thema ist in gewisser Weise diffundiert, z.B. in die Theorie reflexiver Modernisierung, die (Wissens-)Soziologie des Nicht-Wissens (vgl. u.a. Bogner 2005b, Beck/Lau 2004) oder in die Mode 2-Debatte. Das weitgehende Desinteresse der Soziologie an *theoretisch-konzeptionellen* Fragen der Risikoforschung mag aber auch dadurch bedingt sein, dass aktuelle Strömungen wie die Actor-Network Theory keinerlei systematische Anknüpfungspunkte für die Kategorie des Risikos haben. Denn diese Theorie konzentriert sich auf den Prozess der Vernetzung von Aktanten und öffnet somit keine Möglichkeit, die – möglicherweise riskanten – Effekte derartiger Übersetzungen zu beobachten.

Lediglich in einem Bereich der Risikoforschung, der sich mit dem Management komplexer Systeme befasst, kann man eine gewisse Kontinuität der Debatte seit den 1980er Jahren konstatieren. Nach dem Überblick über unterschiedliche Ansätze der sozialwissenschaftlichen Risikoforschung in den vorangegangenen Kapiteln soll daher nun die organisationssoziologische Perspektive ausführlicher dargestellt werden.

9.4 Die Risiken komplexer technischer Systeme

Ein wichtiger Impuls für die soziologische Risikoforschung war das Buch „Normale Katastrophen" (1987, engl. 1984), dessen Autor, Charles Perrow, sich mit der Frage befasst, wie das Management der Risiken komplexer technischer Systeme funktioniert und wo die Grenzen der Beherrschbarkeit

---

80 Peter Weingart stellt dem die These entgegen, dass die strukturellen Kopplungen und Wechselwirkungen „nicht gleichbedeutend (sind) mit der Aufhebung der Differenz zwischen der Wissenschaft und anderen Funktionssystemen" (2001: 34).

derartiger Systeme liegen. Ähnlich wie bei Beck war auch hier ein Atomunfall der Auslöser gewesen, und zwar der Beinahe-GAU im amerikanischen AKW Three Mile Island im Jahre 1979.

Perrow geht es in seinem Buch um die Entwicklung einer organisationssoziologischen Perspektive auf das Thema „Risiken der Großtechnik"; provozierend ist seine These, dass Unfälle in komplexen technischen Systemen unvermeidlich sind. Die großen Katastrophen der 1980er Jahre (vgl. Kap. 1.5) lieferten die offenkundige empirische Bestätigung für diese These. Mehrfach hat die Menschheit, folgt man Perrow, Glück im Unglück gehabt: Wäre nicht die Raumfähre Challenger im Januar 1986 explodiert, sondern der darauf folgende Flug mit der Raumsonde Galileo, so wäre es womöglich zu einer noch größeren Katastrophe gekommen, denn Galileo hätte 21 kg Plutonium an Bord gehabt – ein hochgiftiger Stoff, der bereits in Milligramm-Mengen tödlich ist (vgl. Perrow 1987: 5). Die zuvor durchgeführte Risikoabschätzung war jedoch zu dem Ergebnis gekommen, dass die Gefahr vernachlässigbar gering sei.

Auch andere Beispiele wie der Untergang des malaysischen Öltankers „Seledang Ayu" vor der Küste Alaskas am 8. Dezember 2004 mit 1,8 Mio. Litern Öl und Diesel an Bord deuten darauf hin, dass es offenbar risikobehaftete technische Systeme gibt, die nur schwer beherrschbar sind; denn der Unfallort befand sich ganz in der Nähe der Stelle, an der die Exxon Valdez am 24. März 1989 havariert war und die schlimmste Ölpest in der Geschichte der USA ausgelöst hatte.

Perrow unternimmt in seinem Buch den Versuch, die Risiken komplexer technischer Systeme wie der Seeschifffahrt auf *organisationale Faktoren* zu beziehen, statt es bei dem üblichen Verweis auf menschliches oder technisches Versagen zu belassen. Nach Perrow liegen die Ursachen für Katastrophen vielmehr in den Systemstrukturen, und er versucht, die Aufmerksamkeit der Unfallforscher von den Ausfallwahrscheinlichkeiten einzelner Komponenten auf das Design des Gesamtsystems und die Interaktionen der Systemkomponenten zu lenken. Er illustriert seine Thesen mit einer Reihe hochinteressanter Fallstudien, die leider oftmals eher essayistischen Charakter haben und nicht immer so systematisch durchgearbeitet sind, dass sie sich direkt auf sein theoretisches Modell beziehen lassen.

Perrow benutzt zwei Indikatoren zur Vermessung der Risiken komplexer technischer Systeme, die (lineare bzw. komplexe) Interaktion der Systemkomponenten sowie deren (lose bzw. enge) Kopplung, um auf diese Weise zu einer Beschreibung der *systemischen* Unfallursachen zu gelangen.

Lineare bzw. komplexe Interaktion der Systemkomponenten

Mit linearer Interaktion beschreibt Perrow einen Operationsmodus, in dem der künftige Zustand eines technischen Systems aus den Ausgangsbedingungen abgeleitet werden kann (1987: 107, 115). Das beste Beispiel ist das Fließband: Die Abläufe sind erwartbar, Fehler sind leicht zu lokalisieren, und das System ist insgesamt leicht zu durchschauen. In komplexen Systemen treten hingegen unerwartete und undurchschaubare Interaktionen auf. Perrow benennt folgende Ursachen von Komplexität:

- Erstens verweist er auf Mehrfachfunktionen („common mode"), in denen eine Komponente mehrere Prozesse zugleich bedient, was im Falle einer Störung zu unerwarteten Interaktionen führen kann. Eine Heizvorrichtung, die ein Gas in einem Tank aufheizt und zugleich als Wärmetauscher dient, der die überschüssige Wärme eines chemischen Reaktors ableitet (108), ist ein Beispiel für ein derartiges komplexes System, dessen Funktionsweise für den Betrachter kaum durchschaubar ist.
- Als zweite Ursache von Komplexität nennt er Rückkopplungen im System (111f.), also Prozesse, in denen die Ergebnisse wiederum zum Input werden, was zu unerwarteten Ereignissen führen kann. Unkontrollierbare Selbstverstärkungen und Kettenreaktionen in Chemieanlagen oder Kernkraftwerken sind bekannte Beispiele für diesen Sachverhalt.
- Drittens beschreibt er die Komplexitätssteigerung als Resultat einer Sicherheitsstrategie, die durch zusätzliche Redundanzen und Sekundärsysteme die Sicherheit einer Anlage steigern will, faktisch aber deren Undurchschaubarkeit erhöht (108f.).

Tab. 12: Risiko-Indikator „Komplexität"

komplexe Systeme	lineare Systeme
enge Nachbarschaft	räumliche Trennung
Common-mode-Verknüpfungen	festgelegte Verknüpfungen
verknüpfte Subsysteme	getrennte Subsysteme
Rückkopplungsschleifen	wenig Rückkopplungsschleifen
interagierende Kontrollinstrumente mit Mehrfachfunktionen	unabhängige Kontrollinstrumente mit nur einer Funktion
indirekte Information	direkte Information
beschränkte Kenntnis	umfassende Kenntnis

Quelle: Perrow 1987: 129

Das Verhalten komplexer Systeme ist also schwer durchschaubar und nur partiell vorhersehbar – u.a. weil die Operateure meist nur über indirekte Informationen über den Zustand des Systems verfügen. Dies erschwert die Steuerung und Kontrolle eines komplexen Systems zusätzlich; insbesondere im Störfall führt dies oftmals zu einer unangemessenen Störfallbekämpfung.

Perrow verwendet den Begriff der Komplexität nahezu synonym mit dem Begriff der *Undurchschaubarkeit*. Zudem identifiziert er offenbar zwei Ursachen von Komplexität: zum einen das Systemdesign (vgl. 112), zum anderen die Fähigkeiten der Operateure bzw. die ihnen zur Verfügung stehenden Möglichkeiten, den Zustand des Systems adäquat zu diagnostizieren (vgl. 120, 122). So plausibel Perrows Argument auf den ersten Blick erscheinen mag, so deutlich bleibt doch der Eindruck, dass die Kategorie „Komplexität" nicht präzise definiert ist, weil sie teils ein objektives Faktum, teils ein subjektives Konstrukt meint (vgl. Weyer 2008a). Dies gilt in ähnlicher Weise auch für die zweite Kategorie.

Lose bzw. enge Kopplung der Systemkomponenten

Lose Kopplung meint, dass im System Puffer bzw. Spielräume für alternative Verhaltensweisen existieren; das beste Beispiel ist das Postamt, in dem ein Brief einen Tag liegen bleiben kann, ohne dass das gesamte System zusammenbricht. In eng gekoppelten Systemen laufen hingegen die Prozesse sehr schnell ab. Es gibt wenig Flexibilität, und die Betriebsabläufe sind derart vorprogrammiert, dass Abweichungen und Verzögerungen nur begrenzt möglich sind. Der Schienenverkehr ist hierfür ein instruktives Beispiel, wo Verspätungen eines Zuges lawinenartig das gesamte System aus dem Takt bringen können. Enge Kopplung lässt sich also als Unausweichlichkeit oder *Zwangsläufigkeit* der Abläufe interpretieren.

Tab. 13: Risiko-Indikator „Kopplung"

	enge Kopplung	lose Kopplung
Verzögerungen des Betriebsablaufs	nicht möglich	möglich
Abläufe	unveränderbar	veränderbar
Produktionsziel	nur mit einer Methode realisierbar	alternative Methoden möglich
Spielraum bei Betriebsstoffen, Ausrüstung und Personal	gering	mehr oder weniger großer Spielraum verfügbar
Puffer und Redundanzen	konstruktiv vorgeplant	durch zufällige Umstände verfügbar
Substitution von Betriebsstoffen, Ausrüstung und Personal	begrenzt und vorgeplant	je nach Bedarf möglich

Quelle: Perrow 1987: 136

Eng gekoppelte Systeme besitzen eine hohe Effizienz und sind daher in vielen Bereichen unverzichtbar. Sie sind aber auch störanfälliger als lose gekoppelte Systeme, vor allem schaukeln sich Störfälle rasch auf, und die

Systeme regenerieren sich nach Störfällen nur sehr schwer. Der Deutschen Bahn gelingt es beispielsweise oftmals erst in den ohnehin ruhigen Nachtstunden, einen außer Takt geratenen Fahrplan wieder in Ordnung zu bringen. Bei loser Kopplung ist es möglich zu improvisieren (und auf diese Weise das System zu regenerieren); bei enger Kopplung ist dies nahezu ausgeschlossen.

Systemtypologie

Perrows Anliegen besteht darin nachzuweisen, dass

"Hochrisiko-Systeme ... einige spezielle Eigenschaften auf(weisen), die unabhängig von ihren manifesten Gefahren (Giftigkeit, Explosivität etc.) Systemausfälle zu etwas Unausweichlichem, zu nachgerade ,normalen' Unfällen machen" (1987: 16).

Er will also die Risikoproblematik aus der Systemperspektive betrachten, d.h. die Sicherheit technischer Systeme nicht auf die Qualität der Einzelkomponenten beziehen, sondern auf die "Art und Weise, wie die Teile ineinander greifen und interagieren" (410). Perrow kreuztabelliert daher die beiden Risikofaktoren und kommt so zu folgender Systemtypologie:

Tab. 14: Systemtypologie

		Interaktionen	
		linear	komplex
Kopplung	eng	Staudämme, Kraftwerke, Schienen- und Schiffstransport	Kernkraftwerke, Rüstung, Gentechnologie, großchemische Anlagen, Flugzeuge, Raumflüge
	lose	verarbeitende Industrie, Handelsschulen, Postamt	Bergwerke, Sozialbehörden, Universitäten

Quelle: Perrow 1987: 387

Diese Typologie führt Perrow zu folgender Risikobewertung: Wenn enge Kopplung und komplexe Interaktion zusammentreffen (rechter oberer Quadrant), dann besteht das höchste Risiko, nämlich das einer durch einen Systemunfall verursachten Katastrophe (384f.). Er fordert daher, derartige Systeme grundlegend zu verändern oder – wo dies nicht möglich ist – ganz auf sie zu verzichten. Er führt dabei allerdings unter der Hand ein weiteres Kriterium hinzu, nämlich das der Kosten alternativer Lösungen (402), das die y-Achse der Abbildung 16 bildet.

So plausibel diese These klingen mag, die größte Schwäche seines Ansatzes besteht darin, dass er das Katastrophenpotenzial eines Systems nicht anhand objektiver Indikatoren identifiziert, sondern allein aufgrund seiner subjektiven Einschätzung (402), der zufolge Gentechnik, Atomkraft und Kernwaffen das höchste Katastrophenpotenzial besitzen (403). Die von Perrow entwickelte „grobe Randordnung" (400) basiert aber auf einer reichlich willkürlichen Bewertung bereits stattgefundener Unfälle, die insofern zirkulär ist, als sie ex post von manifesten Effekten auf strukturelle Systemeigenschaften und damit auf das Katastrophenpotenzial schließt (vgl. 401), statt systemimmanente Eigenschaften oder Mechanismen zu benennen, mit deren Hilfe eine Ex-ante-Bewertung der Systeme möglich wäre. Auf dieses methodische Problem haben Perrows Kritiker immer wieder hingewiesen (Pidgeon 1997, Hopkins 1999, Rijpma 2003).

Abb. 16: Politische Empfehlungen

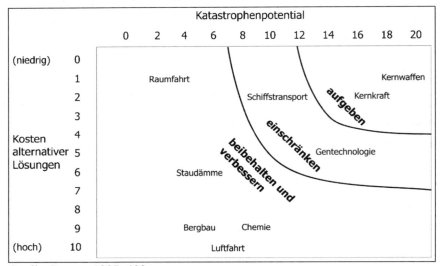

Quelle: Perrow 1987: 408

Perrow verfügt also nicht über präzise definierte und vor allem unabhängige Kriterien. Er operiert stattdessen mit dem Konzept der „Common-mode-Fehler" (1987: 108f.), was bedeutet, dass eine „enge Nachbarschaft" (124) kritischer Komponenten zu unerwarteten Effekten führen kann. Dies hat jedoch theoriebautechnisch insofern eine merkwürdige Konsequenz, als die von Perrow antizipierten katastrophalen Effekte nicht im normalen Systembetrieb auftreten, sondern nur gelegentlich und, wie das Beispiel des explodierten Mississippi-Tankers zeigt (109f.), meist durch externe Ereignisse bzw. Störungen ausgelöst werden.

Ein an sich lineares System wird also nur durch eine zufällige Interaktion mit seiner Umwelt (in diesem Fall ein unzureichend kartiertes Wrack im Mississippi) zu einem komplexen System, was bedeutet, dass graduelle Übergänge zwischen diesen beiden Systemtypen existieren und es sich nicht um zwei analytisch distinkte Typen handelt.

Komplexität ist für Perrow offenbar kein fixer Sachverhalt, da es Verfahren gibt, mit deren Hilfe sich ein komplexes System linearisieren und damit weniger störanfällig gestalten lässt. In seiner Analyse des Luftverkehrs verweist er darauf, dass „Komplexität und Kopplung durch technische Neuerungen reduziert" (175) und so die Risiken minimiert werden können (vgl. 199). Zudem erklärt er – in gewissem Widerspruch dazu – den Zuwachs an Sicherheit in der Luftfahrt damit, dass durch Realexperimente „unter realistischen und häufig extremen Bedingungen" eine „enorme Erfahrung" (188) angesammelt wurde, die der Sicherheit des Gesamtsystems zugute kommt, obwohl sich an der Komplexität und der engen Kopplung des Systems nichts grundlegend geändert hat. Damit verlässt er aber seinen Ausgangspunkt, weil nunmehr die Verortung eines Systems innerhalb der beiden Pole „linear – komplex" nicht mehr fix, sondern dynamisch ist und zudem der subjektive Faktor (die Erfahrung und Kompetenz der Bedienmannschaft etc.) eine wesentlich größere Rolle spielt als zuvor (vgl. auch Weyer 2008a).

Kritik an Perrow und Alternativkonzepte

Die Kritik an Perrow hat neben diesen methodischen Mängeln auch auf andere Schwachstellen seines Ansatzes verwiesen. Andrew Hopkins merkt beispielsweise an, dass etliche der von Perrow gewählten Beispiele (Challenger, Bhopal, Tschernobyl) keine Systemunfälle im strengen Sinne, sondern lediglich Komponentenunfälle seien, was bedeutet, dass die Normal-Accidents-Theorie (NAT) „zu den größten Katastrophen unserer Zeit nichts zu sagen hat" (1999: 95). Jos Rijpma stellt zudem fest, dass die meisten Unfälle *nicht* durch eine Kombination der beiden Risikofaktoren enge Kopplung und komplexe Interaktionen gekennzeichnet waren. Katastrophen geschähen vielmehr auch in Systemen, die keine Hochrisikosysteme sind, wie beispielsweise im Fall der 1987 vor Zeebrügge verunglückten Ro-Ro-Fähre „Herald of Free Enterprise"; dieses Unglück war zwar durch enge Kopplung mit verursacht, aber das System wies nur eine geringe Komplexität auf (2003: 37).

Als Alternativen zu Perrow bieten sich im Wesentlichen drei Ansätze an: Barry Turners „Man-Made Disasters"-Modell (MMD, Turner/Pidgeon 1997), das Konzept der „latent errors" von James Reason (1990, 1997) sowie die Theorie der „high-reliability organizations" (LaPorte, Rochlin und andere, vgl. Kap. 9.5). Alle drei Ansätze fokussieren auf die Sicherheitskultur von Organisationen; die Technik und das Systemdesign spielen, anders als bei Perrow, hingegen eine weit geringere Rolle.

Gemäß dem MMD-Modell geht Unfällen eine lange „Inkubationszeit" (Pidgeon 1997: 2) voraus, in der das Problem nicht richtig verstanden wird und sich daher kleine Fehler verstärken, bis es schließlich zu spät ist (Turner/Pidgeon 1997: 151). Die Verantwortung für derartige Prozesse sehen

Turner und Nick Pidgeon in der begrenzten Rationalität von Organisationen (156), die zu mangelhaften Formen der Problembewältigung führt („ill-structured", Pidgeon 1997: 3). Auf diese Weise kann ein „Widerspruch zwischen der (organisations-)kulturellen Wahrnehmung von Gefahren und dem tatsächlichen Zustand der Welt" entstehen (1997: 4, vgl. auch Weick 1987) – wie etwa bei der NASA im Vorfeld der Columbia-Katastrophe geschehen (vgl. Columbia Accident Investigation Board 2003). Unfälle entstehen daher als Resultat dieser Divergenzen; und das MMD-Modell definiert sie nicht über ihre physischen Auswirkungen, sondern in soziologischer Perspektive „als einen signifikanten Zusammenbruch der bestehenden kulturellen Überzeugungen und Normen" (Pidgeon 1997: 2).

Auch bei Reason spielen „latente Bedingungen" (1997: 233) eine Rolle, also Faktoren, die im normalen Alltag der Organisation ignoriert werden, dann aber durch Unfälle plötzlich manifest werden (236) – wie beispielsweise die Tatsache, dass im Falle des Flugzeugunglücks über dem Bodensee (vgl. Kap.10.5) der Kontrollraum der Schweizer Flugsicherung Skyguide nachts üblicherweise nur mit einem Fluglotsen besetzt war. Menschliches Fehlhandeln sieht Reason lediglich als eine Konsequenz, als ein „Symptom, welches das Vorhandensein latenter Bedingungen im Gesamtsystem sichtbar macht" (1997: 226). Ansatzpunkte für die Verbesserung komplexer Systeme sieht Reason daher in der rechtzeitigen Identifizierung und Eliminierung dieser Schwachstellen (237).

Obwohl die beiden Alternativkonzepte hier nur knapp dargestellt werden konnten, wird der Unterschied zu Perrow deutlich, denn beide Ansätze richten ihr Augenmerk insbesondere auf Aspekte der Sicherheitskultur und auf Dissonanzen („mismatch") zwischen den kognitiven Modellen und der Wirklichkeit, also letztlich doch auf subjektive Fehleinschätzungen und individuelle Fehlhandlungen des Bedienpersonals – selbst wenn diese ihre Ursache in einer Fehlkonstruktion des Systems haben. Dabei geraten das Design des sozio-technischen Systems sowie die Interaktion der technischen und sozialen Systemkomponenten aus dem Blick, also die Aspekte, die das spezifisch Innovative des Perrow'schen Ansatzes ausmachten. Die „High-reliability Theory" hingegen knüpft nahtlos an Perrows Thesen an, kommt allerdings zu gänzlich anderen Schlussfolgerungen bezüglich der Möglichkeiten eines erfolgreichen Managements von Hochrisikosystemen.

9.5 High-reliability organizations

Perrows Modell zufolge stellen Hochrisikosysteme widersprüchliche Anforderungen an das Management und produzieren damit einen unlösbaren Konflikt: Während ein eng gekoppeltes System eine straffe, zentrale Organisation erfordert, lässt sich ein komplexes System am besten mit dezentralen Strukturen steuern (vgl. Hopkins 1999: 98).[81] Eine Gruppe von Organisationssoziologen um Todd LaPorte und Gene Rochlin behauptet hingegen, dass es einen bestimmten Typus von „high-reliability organizations" (HRO)[82] gibt, der in der Lage ist, diesen Konflikt erfolgreich zu bewältigen und komplexe, eng gekoppelte Systeme zu managen und Spitzenlasten unter Zeitdruck zu bewältigen, ohne dass es zu Katastrophen kommt (vgl. LaPorte/Consolini 1991, Clarke/Short 1993, Roberts 1993, Sagan 1993, vgl. auch Weick 1987). Derartige perfekte Organisationen seien zwar – zumindest aus der Perspektive herkömmlicher Organisationstheorien – *theoretisch* unmöglich, sie funktionierten aber *in der Praxis* recht gut. Im Gegensatz zu fehlertoleranten Organisationen, die durch Versuch und Irrtum lernen, müssten „high-reliability organizations" nahezu fehlerfrei arbeiten, da die Kosten von Irrtümern nicht akzeptabel seien. Die Luftverkehrskontrolle, die Operationen eines Flugzeugträgers und der Betrieb eines Energieversorgungssystems dienen als empirische Belege für hochkomplexe Systeme, in denen es so gut wie nie zu Katastrophen kommt. Damit stellen LaPorte, Rochlin und andere die Perrow'sche These der Unvermeidbarkeit von Systemunfällen in Frage.

„High-reliability organizations" können als geschlossene, rationale Systeme charakterisiert werden. Denn es herrscht ein großer Konsens über die Ziele, es existieren formale Prozeduren (die sog. „standard operation procedures"), und – der wichtigste Punkt – es findet ein intensives Training aller erdenklichen Situationen statt. Vor allem das regelmäßige Durchspielen des Ernstfalls unter realistischen Bedingungen versetzt die Organisation in die Lage, mit Störungen flexibel umzugehen und diese souverän zu meistern. Der eigentliche „Trick" von „high-reliability organizations" besteht allerdings darin, dass sie über verschiedene Operationsmodi verfügen, zwischen denen sie je nach Situation wechseln können: den Routine-, den Hochleistungs- und den Notfall-Modus.

- Der *Routine-Modus* ist durch bürokratische Verfahren gekennzeichnet; d.h. die Organisation folgt den Standardprozeduren, die sich in hierarchischen Entscheidungsketten und diszipliniertem Verhalten der Mitarbeiter niederschlagen.
- Dies ändert sich im *Hochleistungsmodus*, etwa bei Spitzenlasten im Luftverkehr oder bei dicht gestaffelten Landungen auf einem Flugzeugträger. Die Hierarchien flachen sich zugunsten eines mehr teamförmigen Arbeitsstils ab. In Situationen, in denen rasches Reagieren erforderlich ist, werden die Entscheidungen dezentralisiert, und das Fachwissen zählt mehr als der formale Rang. Es bilden sich spontan Gruppen von Mitarbeitern, die ihre Tätigkeiten selbständig koordinieren und auf diese Weise zur Bewältigung der Spitzenlasten beitragen.

---

81 Der folgende Abschnitt lehnt sich eng an Krücken/Weyer 1999: 232-234 an.
82 Der Begriff ist kaum zu übersetzen, evtl.: Organisationen, die ein hohes Maß an Zuverlässigkeit und Betriebssicherheit gewährleisten.

- Dies ändert sich nochmals im *Notfall-Modus*, in den die Organisation wechselt, wenn eine bedrohliche Situation entsteht. Dann greifen wiederum vorprogrammierte Szenarien, die jedem Mitarbeiter bestimmte Rollen eindeutig zuweisen. Diese Szenarien werden sorgfältig einstudiert und regelmäßig trainiert. (Dies unterscheidet „high-reliability organizations" von fehlertoleranten Organisationen.)

Die hohe Priorität von Sicherheit und die Fähigkeit zur Flexibilität betrachten LaPorte, Rochlin und andere als die entscheidenden Faktoren, die dazu beitragen, dass „high-reliability organizations" Katastrophen vermeiden.

Wie das mehrschichtige System unterschiedlicher Operationsmodi genau funktioniert, lassen die Autoren allerdings offen. Unbeantwortet bleibt beispielsweise die Frage, wie das Umschalten von einem Modus in den anderen vor sich geht und woher die Mitarbeiter wissen, in welchem Modus sie sich gerade befinden. Problematisch bleibt auch das Verhalten der Organisation in nicht-antizipierten Störfällen; denn erst in nicht erwarteten und nicht zuvor einstudierten Situationen beweist sich die Fähigkeit einer Organisation, ein effizientes Krisenmanagement zu gewährleisten. Ausgerechnet Rochlin (1991) liefert in seiner Studie zum Abschuss eines iranischen Airbus durch das US-Kriegsschiff Vincennes zudem den Beleg, dass die Strategie der präventiven Fehlervermeidung zum Auslöser von Katastrophen werden kann.

Tab. 15: Vergleich von NAT und HRO

Normal Accidents Theory	High Reliability Theory
Unfälle unvermeidbar wegen Komplexität und Kopplung	Unfälle vermeidbar durch Management
konkurrierende Ziele	hohe Priorität von Sicherheit
Redundanz erhöht Komplexität	Redundanz erhöht Sicherheit
widersprüchliche Anforderungen (zentrale/dezentrale Organisation)	Flexibilität durch Dezentralisierung
militärisches Modell unvereinbar mit Demokratie	Kultur der Zuverlässigkeit erhöht Sicherheit
nicht antizipierbare Fälle nicht trainierbar	permanentes Training erhöht Sicherheit

Quelle: Sagan 1993: 46 (reduziert)

Perrow merkt in seiner Replik (1994) daher auch an, dass die von seinen Kritikern analysierten Systeme nur im Training fehlerfrei operieren; so habe beispielsweise noch kein Flugzeugträger der US-Navy den Ernstfall erlebt, für den er konstruiert wurde. Zudem stellt Perrow die Qualität der empirischen Beispiele in Frage. Für ihn sind die Operationen des Luftverkehrs durch lineare und nicht durch komplexe Interaktionen gekennzeichnet, weswegen es ihn auch nicht überrascht, dass es in diesem Bereich – von

Komponentenunfällen (z.B. Flugzeugabstürzen) abgesehen – noch nicht zum GAU, also zur Selbstzerstörung des Systems gekommen ist.

Die bis heute ungelöste Kontroverse der beiden Positionen (vgl. Rijpma 2003) spitzt sich also auf ein methodisches Problem zu, das man folgendermaßen pointieren könnte:

- Perrow warnt vor hypothetischen Ereignissen (Super-GAU), die so selten eintreten, dass ihm die harten empirischen Beweise für seine Behauptungen fehlen.

- LaPorte, Rochlin und andere liefern empirische Belege für perfekte Sicherheit am Beispiel von Organisationen, die sich noch nie im Ernstfall bewähren mussten.

Eine Konsenslinie zwischen den konkurrierenden Denkansätzen deutet Perrow an, wenn er eingesteht, dass die Sicherheit komplexer Systeme durch organisationale Maßnahmen verbessert werden kann: Ob ein System fehlervermeidende oder fehlerverstärkende Eigenschaften habe, hinge demnach von verschiedenen Faktoren ab, u.a. den bereits gesammelten Betriebserfahrungen, der Art und Weise des Umgangs mit Fehlern oder der Qualität der Beziehung zwischen dem System und seiner sozialen Umwelt.

Eine perfekte Lösung zur Vermeidung von Systemunfällen ist also noch nicht gefunden; aber die Kontroverse zwischen den beiden Schulen der organisationssoziologischen Risikoforschung deutet wichtige Perspektiven an, die vor allem das Design der Organisation in den Mittelpunkt rücken, welche das technische System betreibt. Die Fähigkeit der Operateure, das System auch im Ernstfall zu beherrschen und eine krisenhafte Zuspitzung zu vermeiden, wird damit zum Schlüssel für das Problem der Sicherheit. Flexibilität, Partizipation und Dezentralisierung sind somit Eigenschaften, die die Sicherheit komplexer Technologien positiv beeinflussen, weil sie die Systeme überschaubar, kontrollierbar und beherrschbar machen, indem sie Eingriffsmöglichkeiten erhalten bzw. schaffen.

Weiterentwicklungen des HRO-Konzepts

Trotz seiner Prominenz im angelsächsischen Raum rekurrieren die deutsche und die europäische (Organisations-)Soziologie nur gelegentlich auf das HRO-Konzept (z.B. Grote et al. 2004, Bourrier 2005, Potthast 2007). Einzige Ausnahme ist eine niederländische Forschergruppe von der Universität Delft, die sich mit dem „Paradox" befasst, dass ein „erfolgreiches Management" von Hochrisikosystemen „unter Bedingungen möglich ist, in denen die Theorie das genaue Gegenteil erwarten lässt" (Schulman et al. 2004: 14f.). Im Zentrum steht dabei die Frage, ob die strukturellen Veränderungen, die durch Deregulierung und Privatisierung insbesondere im Bereich der Energieversorgung entstanden sind, zu einer Verschlechterung der Fähigkeit zum Management komplexer Systeme in kritischen Situationen geführt haben. Die überraschende Antwort lautet, dass trotz „institutioneller Fragmentierung" keine negativen Effekte festzustellen seien; allerdings operierten die Infrastruktursysteme dichter am Limit als zuvor („closer to the edge", de Bruijne/van Eeten 2007: 20). Zudem seien mehr Improvisation und Realexperimente („real-life simulation exercises", 25) festzustellen, als es in der ursprünglichen Version der HRO-Theorie zulässig erschien (Schulman et al. 2004: 23). Schließlich ergänzen die niederländischen Forscher die drei Operations-Modi des HRO-Konzepts durch einen vierten Modus für den absoluten Notfall, eine Art Backup-Modus, der sich durch eine Rezentralisierung der Entscheidungswege und ein koordiniertes, schrittweises Herunterfahren des Gesamtsystems auszeichnet. Dieser kommt als Ultima ratio zur Vermeidung eines Super-GAUs zum Einsatz, wie beispielsweise bei der geordneten Schließung des Luftraums über den USA am 11. September 2001 geschehen (Schulman et al. 2004: 19-23, vgl. Lorenz 2007).

9.6 Fazit

Das gemeinsame Anliegen der unterschiedlichen Ansätze der sozialwissenschaftlichen Risikoforschung besteht darin, die Prozesse der Entstehung, Wahrnehmung und Bewältigung von Risiken zu beschreiben, die sich in modernen Gesellschaften, aber auch in Organisationen, die komplexe technische Systeme betreiben, beobachten lassen. In Abgrenzung zur technischen Sicherheitsforschung, aber auch zur individualpsychologischen Analyse menschlichen Fehlhandelns geht es der Soziologie also um die *sozialen* Dimensionen der Risiken moderner Technik. Dabei lassen sich unterschiedliche Perspektiven identifizieren: Während Ulrich Beck auf gesellschaftstheoretischer Ebene einen Epochenbruch identifiziert, der mit neuen Formen der Bewältigung von Risiken einhergeht, verwendet Niklas Luhmann einen eher entscheidungstheoretischen Risikobegriff, der die unterschiedlichen Rollen der Mit-Handelnden beschreibt. Hier ergeben sich Anschlüsse zu sozialpsychologischen Konzepten, die sich mit Fragen der Risikobewertung durch Laien sowie der Risikoakzeptanz befassen.

Die wissenschaftssoziologische Perspektive fokussiert hingegen auf einen Ausschnitt der Risikogesellschaft, nämlich die Praxis der Realexperimente, die als ein systematischer Lernprozess außerhalb des Labors beschrieben werden. Die organisationssoziologischen Konzepte befassen sich schließlich mit dem Management komplexer Systeme und zeigen Wege zur Minimierung von Risiken auf, nämlich zum einen den Verzicht auf Hochrisikosysteme (Perrow), zum anderen die Konstruktion flexibler Organisationsstrukturen, die ihren Mitgliedern nicht nur die Kompetenzen für das Störfallmanagement vermitteln, sondern ihnen durch eine Mehrebenen-Konstruktion auch die entsprechenden Handlungsspielräume eröffnen (LaPorte/Rochlin et al. sowie Schulman/de Bruijne et al.).

10. Smarte Technik und hochautomatisierte Systeme

Das folgende Kapitel versucht, einige Konturen der technischen Zivilisation der Gegenwart zu beschreiben, für die sich der Begriff der Wissensgesellschaft eingebürgert hat (Kap. 10.1). Dabei fällt in techniksoziologischer Perspektive vor allem die Durchdringung der Gesellschaft mit hochautomatisierten Systemen in den Blick (Kap. 10.2/10.3). Ein aktueller Trend ist die zunehmende Verbreitung smarter, autonomer Technik (Kap. 10.4), die die Frage nach dem Mit-Handeln der Technik aufwirft, welche das – von der ANT ohnehin erschütterte – Grundverständnis der Soziologie berührt und schließlich zur Problematik der Steuerung komplexer, (teil-)autonomer Systeme führt (Kap. 10.5), die hier nur angerissen, nicht aber abschließend behandelt werden kann. In diesem Kapitel werden wir immer wieder auf die Risiko-Thematik zurückkommen.

10.1 Die Wissensgesellschaft

Die ersten Versuche, das Spezifikum der modernen Gesellschaft an der Schwelle zum 21. Jahrhundert zu beschreiben, bedienten sich des Präfix „post" und definierten die postindustrielle bzw. postmoderne Gesellschaft vor allem durch die mit ihr einhergehende Überwindung der industriellen Gesellschaft, für die als Indikator beispielsweise das Wachstum des tertiären Sektors der Ökonomie (Dienstleistungssektor) auf Kosten des sekundären Sektors (industrielle Produktion) herangezogen wurde (vgl. Kap. 1.2). Erste Ansätze einer genuin eigenständigen Definition der neuen Qualität der gegenwärtigen Gesellschaft nutzten Begriffe wie „Dienstleistungsgesellschaft", „Risikogesellschaft", „Informationsgesellschaft" oder „Weltgesellschaft" (zur Begriffsgeschichte siehe u.a. Weingart 2001: 11f.).

Ausgehend von der bahnbrechenden Arbeit von Daniel Bell „The Coming of the Post-Industrial Society" aus dem Jahre 1973 (1985) hat sich jedoch seit etwa zehn Jahren der Begriff der „Wissensgesellschaft" durchgesetzt, deren Konturen u.a. der US-amerikanische Managementtheoretiker Peter Drucker (1993) weiter ausgeleuchtet hat. Ikurijo Nonaka und Hirotaka Takeuchi zufolge sieht Drucker „das Besondere der ‚Wissensgesellschaft' darin, dass das Wissen nicht nur eines von mehreren traditionellen Produktionsmitteln – wie Arbeitskraft, Kapital, Grundbesitz –, sondern die einzige wichtige Ressource darstellt" (1997: 17). Auch Helmut Willke spricht von einer neuen Form der „Wissensarbeit", die dadurch gekennzeichnet ist,

„dass das relevante Wissen (1) kontinuierlich revidiert, (2) permanent als verbesserungsfähig angesehen, (3) prinzipiell nicht als Wahrheit, sondern als Ressource betrachtet wird und (4) untrennbar mit Nichtwissen gekoppelt ist, sodass mit Wissensarbeit spezifische Risiken verbunden sind" (1998: 161).

Wissen wird somit „zu einer Produktivkraft" (ebd.), und Willke verwendet zur Beschreibung der sozialen Gruppe der Wissensarbeiter – in assoziativer Anknüpfung an Marx'sche Terminologie – den Begriff „Kognitariat" (162). Denn das Wissen existiert nicht mehr nur als Wissensvorrat in den Köpfen einzelner Experten, sondern zunehmend als „verteiltes Wissen" (162) in organisierten Sozialsystemen (vgl. 166); und die stete Produktion neuen Wissens basiert vor allem auf der Fähigkeit derartiger Organisationen, das vorhandene Wissen effizient zu koordinieren und als Ressource für die Generierung neuen Wissens zu nutzen. Willke spricht daher von „organisierter Wissensarbeit" (162) als ein Charakteristikum der Wissensgesellschaft und deutet damit an, dass die Quelle von Innovationen sich immer stärker von gebildeten und kreativen Individuen zu „intelligenten Organisationen" (164) verschiebt, die über „systemische Intelligenz" (165) verfügen.

Die technische Grundlage dieser neuartigen Form der organisierten Wissensarbeit sind neue Informations- und Kommunikationstechnologien, insbesondere die Vernetzung von Rechnern über das Internet. Die Industriegesellschaft kannte die Massenkommunikation (Zeitung, Radio, Fernsehen), die zumeist nach dem One-to-many-Konzept funktionierte: Ein „Sender" versorgte viele „Adressaten" (vgl. Monse/Weyer 1999). Interaktive Formen der Kommunikation ermöglichte vor allem das Telefon, allerdings lediglich in Form der One-to-one-Kommunikation (vgl. Schrape 2002: 133).

Datennetze wie das Internet hingegen eröffnen vielfältige Formen der interaktiven Kommunikation, die nach dem Many-to-many-Konzept funktionieren: Eine große Zahl von Teilnehmern agiert als „Sender" und als „Adressat" zugleich; vor allem aber werden die Inhalte, die das Internet bietet, von den Nutzern mit erzeugt, z.B. in Form von Kaufempfehlungen, die auf dem Verhalten anderer Nutzer basieren (vgl. Monse/Weyer 1999). Dies eröffnet völlig neue Geschäftsmodelle des E-Business, aber auch neuartige Formen der kooperativen Erzeugung von Wissen durch technisch vermittelte Interaktivität.

Ein weiteres Kennzeichen der Wissensgesellschaft besteht in der Mitwirkung der „non-humans" (vgl. Kap. 8.7): War das Internet in den 1970er und 1980er Jahren noch ein Kommunikationsmedium für Wissenschaftler, bei dem der Austausch von *Mensch zu Mensch* erfolgte (vgl. Mattern 2003b: 2f., vgl. Kap. 1.4), so hat mit der Server-Architektur des World Wide Webs, vor allem aber mit der Browser-Technologie der 1990er Jahre der Anteil der *Mensch-Maschine*-Kommunikation erheblich zugenommen. Einkäufe bei eBay, Reiseauskünfte bei der Bahn oder Suchanfragen bei Google werden von Maschinen beantwortet, und wir haben uns mittlerweile an diese neuartige Form der Kommunikation mit Maschinen gewöhnt, welche die rasante Kommerzialisierung des Internets (E-Commerce) möglich machte.

Tab. 16: Evolution des Internets

Zeit-raum	Charakterisierung	dominante Anwendung	Kommunikationstyp
1970er	Experimentier- und Forschungsnetz	remote login und Dateitransfer	
1980er	Kommunikationsmedium für Wissenschaftler	E-Mail	Mensch-Mensch
1990er	WWW, Server-Architektur (Kommerzialisierung)	Browser	Mensch-Maschine
2000ff.	WWW (Automatisierung)	mobiler Zugriff (WAP, i-mode, W-LAN, UMTS)	Maschine-Maschine

Quelle: Mattern 2003: 2f.

Mittlerweile existieren jedoch „intelligente" technische Geräte, die derartige Anfragen automatisch durchführen, sodass ein neuartiger Typ der *Maschine-Maschine*-Kommunikation entsteht. Man muss nicht den oft zitierten Kühlschrank bemühen, der automatisch Milch nachbestellt; realistischer sind vielmehr Diagnosesysteme an Bord moderner Flugzeuge, die Informationen über den Zustand des Flugzeugs und seiner Komponenten automatisch und in Echtzeit an die Service-Zentrale weiterleiten, sodass Wartungs- und Reparaturarbeiten optimal geplant werden können. Die automatische Erfassung smarter, mit RFID-Chips ausgestatteter Objekte (beispielsweise in der Logistik), aber auch automatische Software-Updates, die moderne Computer hinter dem Rücken des Nutzers durchführen, sind weitere Beispiele für diese neue Qualität der Maschine-Maschine-Kommunikation, die das „Internet der Dinge" (Fleisch/Mattern 2005) möglich erscheinen lässt. Bemerkenswert in diesem Zusammenhang ist insbesondere, dass es aufgrund neuer Technologien der drahtlosen Kommunikation in immer stärkerem Maße möglich ist, mobil auf das Netz zuzugreifen und – umgekehrt – mobile Einheiten des Systems in laufende Prozesse (wie beispielsweise das Fuhrparkmanagement von Speditionen) zu integrieren. So kann ein Fahrzeug beispielsweise von unterwegs permanent auf das Netz zugreifen; es kann allerdings auch in Echtzeit überwacht und in Zukunft möglicherweise sogar von der Zentrale aus ferngesteuert werden (vgl. Herrtwich 2003).

Die Wissensgesellschaft ist also in einem bislang unbekannten Maße durch eine Vernetzung von Daten und Wissensbeständen, durch eine Beschleunigung aller Prozesse bis hin zur Echtzeitkommunikation sowie durch computergestützte Interaktionen geprägt, die eine Substitution des menschlichen Operateurs denkbar machen, wie sich beispielsweise in fahrerlosen Transportsystemen in der Logistik oder in pilotenlosen Flugzeugen andeutet. Eine derartige Grenzverschiebung berührt nicht nur unser humanistisches Selbstverständnis, für das Mensch als Entscheider und Handelnder im Mittelpunkt steht; es stellt auch den gewohnten instrumentellen Technikbegriff in Frage, wenn technische Geräte nunmehr als Mithandelnde auftreten.

Im Folgenden wird daher weniger das Thema der Wissensschaffung in der Wissensgesellschaft im Mittelpunkt stehen (vgl. dazu u.a. Nonaka/Takeuchi 1997), sondern das Thema Automationsarbeit, also die Arbeit in wissensbasierten Systemen. Im Blickpunkt werden dabei auch die Transformationen stehen, die der Einsatz hochautomatisierter Systeme in Fragen der Arbeitsgestaltung mit sich bringt.[83]

10.2 Hochautomatisierte Systeme

Mit dem Begriff Automationsarbeit wird ein neuer Typus von Arbeit in hochautomatisierten technischen Systemen (beispielsweise in Produktionsanlagen der chemischen Industrie) beschrieben, dessen Inhalt vor allem die Prozesskontrolle informationstechnisch vernetzter Anlagen und dessen zentrales Charakteristikum der Umgang mit Unsicherheit in komplexen Situationen ist (vgl. hierzu ausführlich Weyer 1997a).

Typischerweise findet diese Arbeit in Leitständen statt, die sich in einer gewissen räumlichen Distanz vom eigentlichen Ort des Geschehens befinden und von denen aus die Produktion (fern-)gesteuert wird. Das Beispiel des Schienenverkehrs ist instruktiv: Noch vor 100 Jahren, als sämtliche Tätigkeiten wie das Schließen einer Bahnschranke oder das Stellen einer Weiche manuell durchgeführt werden mussten, befand sich der Bahnwärter direkt am Ort des Geschehens (vgl. Gerhart Hauptmanns Novelle „Bahnwärter Thiel").

Mit der Entwicklung der Stellwerke vollzog sich eine zunehmende Zentralisierung von Funktionen: Das Stellwerk des 19. Jahrhunderts ermöglichte eine mechanische Fernsteuerung der Außenanlagen (mit entsprechend hohem Kraftaufwand und geringer Reichweite); der Fahrdienstleiter benötigte daher einen direkten Blick auf das Geschehen, was bis weit ins 20. Jahrhundert durch die Architektur der Stellwerke unterstrichen wurde: Sie befanden sie sich direkt über oder neben den Gleisanlagen und hatten große Fenster. Das Relaisstellwerk, das Mitte des 20. Jahrhunderts eingeführt wurde und eine elektronische Steuerung der Anlagen ermöglichte, führte erstmals zu einer räumlichen Konzentration der Operationen, die mit einer

---

83 Gemäß der Typologie von Sabine Pfeiffer (vgl. Kap. 10.4) geht es also im Folgenden um den Typus der „informatisierten Produktionsarbeit" (2001: 250).

erheblichen Personaleinsparung, aber auch mit einer zunehmenden Distanzierung vom Geschehen einherging (vgl. Schulte 1997: 17-25, unter Bezug auf Preuß 1994, Pottgießer 1988). Denn die elektronische Übertragung der Kommandos an die Elektromotoren in den Weichen und Signalen konnte nunmehr über eine Entfernung von bis zu 6,5 Kilometern vorgenommen werden.

Mittlerweile erlaubt die elektronische Steuerung der Systemkomponenten und die elektronische Signalübertragung eine räumliche Distanzierung derart, dass die Operateure weit entfernt vom Geschehen in Leitständen sitzen, von wo aus sie den Schienenverkehr ganzer Regionen fernsteuern.[84] Da die Arbeit vor Computern und riesigen Displays stattfindet, sind diese Leitstände abgedunkelt und meist fensterlos. Die Übertragung der relevanten Informationen erfolgt in beide Richtungen über Datennetze, und die Operationen sind rechnergestützt, d.h. die Operateure können auf Datenbanken zugreifen (statt in dicken Kursbüchern blättern zu müssen), und sie werden bei ihren Entscheidungen in zunehmendem Maße von elektronischen Assistenzsystemen unterstützt, die z.B. automatisch ganze Fahrstraßen stellen (von der Einfahrt in den Bahnhof bis zur Ausfahrt) und so Konflikte vermeiden helfen (vgl. Schulte 1997: 25-34).

In Zukunft rückt der autonome Fahrbetrieb immer näher: Güterwagen, die im Rangierbahnhof autonom operieren und beispielsweise die Weichen selbsttätig stellen, sind keine Fiktion mehr. Zudem ist der menschliche Operateur bei Geschwindigkeiten von 300 km/h, wie sie vom ICE im normalen Betrieb erreicht werden, ohne elektronische Assistenzsysteme ohnehin überfordert, denn bei einem Bremsweg von mehreren Kilometern Länge kann der Triebfahrzeugführer die Signalanzeigen, aber auch Hindernisse auf den Schienen (wie etwa einen liegengebliebenen Waggon) nicht mehr rechtzeitig erkennen; hier hilft nur die „elektronische Sicht", ein virtuelles Lagebild, welches aus den im System verfügbaren Daten generiert wird.[85]

Die Automatisierung ehemals vom Menschen durchgeführter Operationen bewirkt also eine Entlastung von schwerer manueller Tätigkeit; zugleich erhöht sich die Sicherheit, weil menschliche Fehlerquellen ausgeschaltet werden, was oftmals jedoch zur Folge hat, dass das Bedienpersonal durch Maschinen ersetzt wird. Diese Rationalisierungsgewinne schlagen sich auf Seiten des Gesamtsystems in einer enormen Leistungssteigerung nieder, die für die verbleibenden Operateure allerdings auch eine Leistungsverdichtung

---

84 Die Disposition des gesamten Schienenverkehrs der Deutschen Bahn AG wird von einer Netzleitzentrale in Frankfurt/M. vorgenommen; für die operative Steuerung sind sieben Betriebszentralen zuständig.

85 Einen guten Überblick über den aktuellen Stand der Steuerungstechnologie der Bahn sowie die damit verbundenen Möglichkeiten einer vollautomatischen Zugsteuerung bietet der Artikel „Linienzugbeeinflussung" in Wikipedia (http://de.wikipedia.org/wiki/Linienzugbeeinflussung, 31.08.2007).

darstellt: War der Bahnwärter früher für einen einzigen Bahnübergang zuständig, so steuert eine einzige Mitarbeiterin im Leitstand heute den gesamten Schienenverkehr eines Bezirks.

Zur Charakterisierung dieses neuen Typus von Arbeit eignen sich Begriffe wie „Gewährleistungsarbeit" bzw. „Deutungsarbeit" (vgl. Sauer/Döhl 1994: 209, Böhle 1994: 189): Die Aufgaben der Operateure bestehen im Wesentlichen darin, vollautomatische Abläufe einer komplexen Maschinerie zu beobachten, die im Normalfall nach vorprogrammierten Routinen funktioniert; Eingriffe des Bedienungspersonals sind lediglich erforderlich, wenn Störfälle oder andere unvorhergesehene Ereignisse auftreten. Die Operateure legen also nicht mehr selbst Hand an, sondern *gewährleisten* im Wesentlichen die Funktionsfähigkeit und Sicherheit des Systems. Vom traditionellen Bild der Produktionsarbeit unterscheidet sich dieser neue Typus allein schon dadurch, dass die Anlage (z.B. ein Flugzeug, ein Elektrizitätsnetzwerk) nicht begehbar ist, also eine direkte Beobachtung von Prozessen bzw. ein unmittelbarer Eingriff in das Geschehen nicht mehr möglich ist. Alle Informationen über den Zustand der Anlage müssen indirekt ermittelt werden, und zwar über die Interpretation digitalisierter Informationen, die auf den Computerdisplays erscheinen. Und umgekehrt erfolgen die Eingriffe wiederum über die Aktivierung von Prozeduren am Rechner.

Für die Bewältigung der damit einhergehenden Unsicherheiten ist eine Menge *Deutungsarbeit* erforderlich, d.h. hier kommt es auf die Fähigkeit der Operateure an, aus den verfügbaren Signalen ein adäquates Lagebild zu generieren und entsprechende Maßnahmen einzuleiten. Damit steigen die Anforderungen vor allem hinsichtlich planerischer und überwachender Tätigkeiten; und es bedarf einer gehörigen Portion Erfahrung, um eine derartige Deutungsarbeit kompetent leisten zu können, sowie eines gewissen Gespürs für die Anlage (vgl. Böhle/Rose 1992, Weyer 1997a, Cvetnic 2006). Denn es ist nicht immer leicht herauszufinden, was die Anzeigen bedeuten und ob der gegenwärtige Zustand der Anlage der Normalfall oder der Störfall ist. Oftmals handelt es sich ja lediglich um einen Fehlalarm oder um defekte Anzeigegeräte.

Der Einsatz hochautomatisierter Systeme ermöglicht also, bestehende Risiken (wie beispielsweise eines Zugunglücks aufgrund falsch gestellter Weichen) weitgehend zu minimieren; die Strategie der Hochautomatisierung ist jedoch ihrerseits nicht ohne Risiken.

10.3 Die Risiken der Automationsarbeit

Obwohl Automationsarbeit ein Verständnis für die (räumlich entfernten) Vorgänge in einer komplexen technischen Anlage erfordert und damit eine hochqualifizierte Tätigkeit darstellt, ist der Arbeitsalltag der Operateure weitgehend von monotoner Routine geprägt. Piloten auf Langstreckenflügen in modernen Verkehrsflugzeugen haben, sobald der Autopilot einge-schaltet ist, im Prinzip wenig zu tun; der Autopilot fliegt das Flugzeug na-hezu die gesamte Zeit, und dem Piloten kommt lediglich die Aufgabe der Überwachung des Systems zu (vgl. Weyer 2008d). Ähnlich geht es Lkw-Fahrern in modernen Trucks, die mit Tempomat, Abstandsautomat und demnächst auch Spurverlassenswarner und Bremsassistent ausgestattet sind. Das Vigilanzproblem, also das Problem, wach und konzentriert zu bleiben, ist daher mittlerweile Gegenstand intensiver Forschung, ohne dass bislang befriedigende Lösungen gefunden werden konnten (vgl. Haertel/Weyer 2005). Routine, Monotonie und ein restringiertes Aufgabenprofil sind eine geradezu zwangsläufige Folge der Automation und produzieren damit neu-artige Gefahren und Risiken; denn kein Mensch schafft es, ohne eine sinn-volle Beschäftigung über längere Zeiträume im Zustand höchster Konzen-tration zu bleiben.[86]

Zudem führt die automatische Prozess-Steuerung einer Anlage, die gegen menschliche Eingriffe „verriegelt" (Weißbach/Poy 1993: 2) ist, zu einer schrittweisen Dequalifikation des Bedienpersonals. Denn die Fertigkeiten zur manuellen Steuerung der Anlage, die im Notfall dringend benötigt wer-den, gehen immer mehr verloren, wenn sie nicht systematisch, d.h. im all-täglichen Normalbetrieb erprobt und trainiert werden. Je weniger manuelle Eingriffe eine Anlage zulässt, umso mehr verschärft sich das Problem. Und die Undurchschaubarkeit komplexer technischer Systeme – Piloten spre-chen hier oftmals von einer Blackbox – verursacht zusätzliche Irritationen, insbesondere da ein direkter Zugang zur Anlage meist unmöglich ist und die Informationen ausschließlich in Form digitaler Anzeigen vorliegen. Teilweise handelt es sich um Kinderkrankheiten wie etwa im Fall schlecht ablesbarer Anzeigen oder mangelhaft konstruierter Eingabegeräte. So hatte beispielsweise der Airbus A320 eine schwer bedienbare und zudem un-günstig platzierte alphanumerische Tastatur (also nicht QWERTY, sondern ABCDE, vgl. van Beveren 1995). Hier bestand anfangs eine große Gefahr von Verwechslungen und Fehlbedienungen, was erst nach einer Serie von Abstürzen des A320 Schritt für Schritt geändert wurde. Digital angezeigte Daten sind oftmals schlecht abzulesen oder vermitteln gar in trügerischer Präzision falsche Werte; vor allem aber präsentieren sie nicht auf einen Blick die gewünschte Information.

Problematisch wird es, wenn derartige Anzeige- und Bedienprobleme zu „mode confusion" führen, denn im Gegensatz zu ihren konventionellen Vorläufern verfügen moderne, computergesteuerte Flugzeuge über eine Viel-

---

86 Es gibt unterschiedliche Strategien zum Umgang mit dem Problem, sei es der „Tot-Mann-Schalter" in Triebfahrzeugen der Bahn, der alle 90 Sekunden betätigt werden muss, weil ansonsten eine Zwangsbremsung ausgelöst wird, sei es der regelmäßige Rundgang durch die Anlage beispielsweise in der chemischen Industrie (Böhle/Rose 1992: 105, Weyer 1997a: 246).

zahl vorprogrammierter Betriebsmodi, z.B. für den Steigflug oder den Reiseflug, die über multifunktionale Menüs abgerufen werden und nicht mehr, wie früher im analogen „Uhrencockpit", über Schalter und Knöpfe. Für Piloten, die im modernen Glasscockpit arbeiten, ist es oftmals nur schwer nachvollziehbar, in welchem Modus sie sich gerade befinden; etliche Unglücke der 1980er und 1990er Jahre sind auf dieses Problem zurückzuführen.

Oftmals bedeutete die Computerisierung auch einen Verlust an Informationsqualität, der erst nach einer langen Phase des Lernens und Experimentierens wieder behoben werden konnte. So gilt das Gleisbildstellwerk, das bei der Deutschen Bahn ab 1950er Jahren weit verbreitet war und ein realistisches Abbild des tatsächlichen Geschehens liefert (Pottgießer 1988: 205ff.), nach wie vor als unübertroffen übersichtlich und optimal in der Handhabung, während die Darstellung auf mehreren Computerbildschirmen nebeneinander im elektronischen Stellwerk der 1990er Jahre anfänglich sehr unbefriedigend war und erst Schritt für Schritt durch ein ergonomisches Design ersetzt wurde.

Ein neuartiger Risikofaktor ist die diskontinuierliche Abfolge von Routine und Stress; denn im Störfall ist ein abruptes Umschalten erforderlich, um blitzschnell die Ursache der Störung zu diagnostizieren und ggf. einzugreifen. Dazu braucht man jedoch einen Gesamtüberblick über die aktuelle Lage, der sich in komplexen Anlagen nicht ad hoc generieren lässt. Wenn ein Mensch in einer derartigen Situation einen Fehler macht (wie geschehen am 1. Juli 2002 beim Zusammenstoß zweier Flugzeuge bei Überlingen, vgl. Kap. 10.5), dann ist dies oftmals Resultat einer derartigen Konstellation, in der Fehlhandlungen geradezu vorprogrammiert sind. Wie Gene Rochlin (1991) herausgefunden hat, ist die Generierung eines Lagebildes („bubble formation") ein aufwändiger Prozess, der eine intensive Kommunikation innerhalb eines Teams über einen längeren Zeitraum erfordert. Wenn dies nicht geschieht, ist fehlendes Situationsbewusstsein („situational awareness") und daraus folgendes menschliches Fehlhandeln („human error") geradezu vorprogrammiert.

Die Rolle des Menschen bei der Steuerung hochautomatisierter Systeme ist also ambivalent: Auf der einen Seite wird er – im Vertrauen auf die vermeintlich unfehlbare Technik – zum passiven Systembeobachter degradiert, der möglichst die Finger von der Anlage lassen soll, was heute immer mehr auch mit dem Argument der ökonomischen und ökologischen Effizienz begründet wird, die der Autopilot weit besser zu garantieren imstande ist als der menschliche Pilot (vgl. Weyer 2008d). Auf der anderen Seite richten sich an ihn jedoch hohe Erwartungen bzgl. des Störfallmanagements, denn in kritischen Situationen soll und muss er eingreifen, um den GAU, also den Flugzeugabsturz, zu verhindern. In gewisser Weise kann man von einem Automationsparadox sprechen, denn im Störfall kommt es zu einem

„Reentry" des Menschen in das System, dessen Funktion es eigentlich sein sollte, menschliche Entscheidungen zu ersetzen.[87] Im Störfall geht es aber nicht mehr um die Frage, ob sich ein anderes Flugzeug auf Kollisionskurs befindet, sondern darum, ob die elektronischen Systeme, die vor einer Konfliktsituation warnen, korrekt operieren und welchem der unterschiedlichen Systeme Folge zu leisten ist. Dies kann man als eine Entscheidung unter Unsicherheit zweiter Ordnung bezeichnen (Weyer 1997a: 250), die nun doch wieder den Menschen als Problemlöser erfordert und zu neuartigen Konflikten und Risiken führt.

Tab. 17: Typen von Automationsarbeit

	zeitunkritische Systeme	sicherheitskritische Echtzeitsysteme
Unterbrechung des Betriebsablaufs	möglich	nicht möglich
Störungsbehebung	sequenziell	simultan
Zugang zur Störquelle	direkt	indirekt
verfügbare Sensorien	visuell, akustisch, taktil	weitgehend visuell (über Anzeigegeräte)
Unsicherheit	1. Ordnung	2. Ordnung (Meta-Entscheidungen)
Katastrophenpotenzial	gering	hoch
Beispiel	Automobilbau	Luftfahrt

Quelle: Weyer 1997a: 249f.

Hinzu kommt ein hoher Zeitdruck, denn sicherheitskritische „Echtzeitsysteme" kann man im Gegensatz zu „zeitunkritischen Systemen" (Schier/Wichmann 1993: 254f.) nicht anhalten und in Ruhe inspizieren, sondern das Störfallmanagement muss simultan zum Betrieb der Anlage erfolgen. Dies führt zu einer erheblichen Dramatisierung des Störfalls, dessen Bewältigung auch dadurch erschwert wird, dass Informationen aus der Anlage nahezu ausschließlich indirekt, nämlich in Form optischer Anzeigen vermittelt werden und andere (visuelle, taktile, akustische) Möglichkeiten der Störfalldiagnose weitgehend entfallen.

Schließlich sei noch auf die unterschiedlichen Denk- und Handlungslogiken der Systementwickler (Ingenieure) auf der einen und der Systemanwender

---

87 Gudela Grote (2005, 2008) konfrontiert die Systementwickler daher mit der Forderung, die Automation konsequent zu Ende zu führen und sich nicht darauf zu verlassen, dass der Mensch, dem die Ressourcen für ein effektives Krisenmanagement genommen wurden, dann doch als letzte Eingriffsreserve zur Verfügung steht – was eine geradezu paradoxe Konstellation ist, die den Menschen systematisch überfordert.

(Piloten) auf der anderen Seite hingewiesen (vgl. Gras et al. 1994, Weyer 1997a). Generell sind Ingenieure eher am technischen Fortschritt orientiert, vor allem wenn das Unternehmen, für das sie arbeiten, sich im Wettbewerb befindet; Anwender wie beispielsweise Piloten hingegen schätzen erprobte und bewährte Systeme. Ingenieure arbeiten mit idealen, hypothetischen Modellen, denen sie sich in aller Ruhe widmen können; zudem wird die riskante Entscheidung honoriert, einen Schritt in Richtung Innovation zu wagen. Piloten befinden sich hingegen oftmals in komplexen Situationen, die nicht dem idealen Modell entsprechen, und müssen dann aber rasch reagieren, möglichst unter Rückgriff auf Erfahrungswissen und bewährte Routinen; zudem gebietet es ihr professionelles Ethos, Risiken um jeden Preis zu vermeiden.

Tab. 18: Inkompatible Handlungslogiken

	Ingenieur (Systementwickler)	Pilot (Systemanwender)
Leitbild	mechanischer Vogel	Ikarus
Zeit	hinreichend verfügbar	Zeitdruck/Stress
Bedingungen	ideal, hypothetisch, isoliert	ungünstig, komplex
Problemlösung	präventiv	situationsadäquat
Rationalität	perfekt	begrenzt
Wissen	Expertenwissen	Erfahrungswissen
Orientierung an	Fortschritt	Problemen der Praxis
Risiko	attraktiv	ausgeschlossen
Mensch/Technik	technikzentriert	nutzungszentriert

Quellen: Gras et al. 1994, Weyer 1997a

Die Informatisierung sozio-technischer Systeme wie der Luftfahrt verstärkte diesen Konflikt, weil die beiden Kulturen der Informationstechnik und der Luftfahrt aufeinander trafen. Das Bestreben, die Systeme zu verbessern, vor allem aber sicherer zu machen, folgte dem Leitbild des automatischen Fliegens („mechanischer Vogel"), was zur Folge hatte, den Menschen als potenzielle Störquelle auszuschalten. Dahinter steckte die Vorstellung, dass sich totale Sicherheit durch eine perfekte Kontrolle aller Komponenten eines informationstechnisch vernetzten Systems erreichen lasse. Eine derartige Strategie bedeutet jedoch, dass die Ingenieure ein präventives Störfallmanagement betreiben müssen, d.h. sie müssen *vor* dem praktischen Einsatz der Technik alle nur erdenklichen Eventualitäten antizipieren und in entsprechenden Software-Routinen hinterlegen, die teils automatisch, teils durch den menschlichen Bediener aktiviert werden. Dies impliziert jedoch eine „Automatisierung von Deutungsarbeit" (Weißbach 1993: 72), weil die

Lösungen für die Probleme, die sich im praktischen Betrieb ergeben können, hier bereits vorweg genommen werden müssen; und dies degradiert den Piloten letztlich zum „Erfüllungsgehilfen eines allmächtigen Bordrechners" (van Beveren 1995: 94).

Riskant sind dabei nicht nur Fehler im Systemdesign, z.B. in Form von fehlerhafter Software; riskant ist auch die Einschränkung der Möglichkeiten des flexiblen Reagierens, die für die situationsgerechte Bewältigung von Störfällen unentbehrlich ist. Den Airbus A320, der am 14. September 1993 in Warschau verunglückte (s.u.), hätte beispielsweise ein routinierter Pilot sicher zur Landung gebracht; aber Airbus hatte im Vertrauen auf die vermeintlich perfekte Technik das Flugzeug so konstruiert, dass selbst in einer Notlage ein flexibles Krisenmanagement nicht möglich war. Zwei Menschen bezahlten dies mit ihrem Leben.

Bei den geschilderten Problemen handelt es sich teils um sog. „Kinderkrankheiten" aus der Frühphase technischer Innovationen, die im Laufe der Zeit identifiziert und überwunden werden können; so ist bei digitalen Anzeige- und Steuerungsgeräten mittlerweile eine Rückkehr zu bewährten, ergonomischen Designkonzepten festzustellen, denen zufolge beispielsweise ein Autoradio einen Drehknopf für die Senderwahl und die Lautstärkeregulierung haben sollte. Auch das Benutzerinterface im Pkw – wie beispielsweise das iDrive von BMW – hat mittlerweile neben multifunktionalen Menüs auch wieder fest belegte Tasten für die wichtigsten Funktionen wie Radio, Telefon etc. (vgl. Herrtwich 2003: 70). Hinzu kommt eine gewisse Normalisierung und Gewöhnung an die neue Technik (van den Daele 1989: 207), die auch mit einer Anpassung des Menschen einhergeht – nicht nur in Form des „Um-Lernens" von Routinen, sondern auch in Form des Heranwachsens einer neuen Generation von Anwendern, die mit der neuen Technik groß geworden ist. Daneben gibt es allerdings nach wie vor Risiken der Hochautomation wie etwa das Monotonie- oder das Vigilanzproblem, für die bislang keine Lösungen in Sicht sind; hier ist sogar mit der weiteren Verbreitung „intelligenter" Assistenzsysteme eine Verschärfung der Probleme zu erwarten.

Wie sich ein derartiger experimenteller Prozess der Einführung einer neuen Technik vollzieht, soll im Folgenden anhand einer Fallstudie zum A320 beschrieben werden.

Fallstudie Airbus A320

Der Airbus A320, dessen Erstflug am 22. Februar 1987 stattfand, kann als eine radikale Innovation betrachtet werden; denn er war das erste Verkehrsflugzeug mit dem revolutionär neuen Glascockpit, welches nicht nur das Zeitalter der computergestützten Fliegerei – und damit den Abschied von der „Knöpfchenfliegerei" – einläutete, sondern auch die Cockpit-Besatzung auf die heute gängige Zahl von zwei Piloten reduzierte, da die dritte Position des Navigators eingespart wurde. Dessen Funktionen wurden weitgehend vom Flight Management System (FMS, auch „Autoflight" genannt) übernommen. Ferner wurden mechanische und hydraulische Verbindungen zwischen dem Cockpit und den Steuerflächen (z.B. Quer- und Höhenruder) durch elektrische Verbindungen ersetzt („Fly-by-wire"), was Gewicht und Kosten sparte; der Pilot gibt seine Steuerbefehle nunmehr über einen Joystick-ähnlichen Sidestick statt über das Steuerhorn ein. Diese Befehle werden vom Bordrechner interpretiert und in Steuersignale für die mechanischen Komponenten umgesetzt. So entfällt z.B. das manuelle Trimmen des Flugzeugs; im „Atari-Flieger" bewegt der Pilot den Sidestick einfach nach rechts, und der Bordcomputer erledigt den Rest (vgl. Mensen 1990: 205ff., Ziegler/Benz 2005: 86f.).

Damit eröffnen sich neuartige Optionen, beispielsweise der automatischen Flugführung in einem vorgewählten Betriebsmodus, die in Verbindung mit der Flugwegsteuerung durch das FMS einen weitgehend automatischen Flug vom Start bis zur Landung möglich macht. Eine weitere Option ist die Korrektur fehlerhafter Piloten-Eingaben durch den Bordcomputer. Wenn beispielsweise ein Pilot das Flugzeug in eine zu starke Schräglage von mehr als 66 Grad bringt, greift die „Alpha Protection" ein und korrigiert das Kommando (Ziegler/Benz 2005). Gemäß der technophilen Airbus-Philosophie, der sich Konkurrent Boeing nicht anschloss, hatte das Electronic Flight Control System (EFCS), auch „Autopilot" genannt, zunächst die oberste Autorität, d.h. der Pilot war nicht in der Lage, den Autopiloten zu überstimmen. Aufgrund einiger Zwischenfälle, in denen es zum Konflikt zwischen Pilot und Autopilot kam – mit z.T. tragischen Konsequenzen (s.u.) –, modifizierte Airbus die Software derart, dass der Pilot nun über mehr Eingriffsmöglichkeiten verfügt und z.B. den Grad der Kontrolle durch das System wählen kann.[88] Den Wendepunkt markierte der Unfall des Lufthansa-Jets in Warschau 1993, aber auch der Absturz eines A330 in Toulouse 1994, bei dem der Chefpilot von Airbus ums Leben kam, vermutlich weil auch er die Funktionsweise des vermeintlich unfehlbaren Flugzeugs nicht verstanden hatte.

Der 1987 eingeläutete Systemwechsel zum „intelligenten" Flugzeug wurde öffentlichkeitswirksam in einer Weise vermarktet, die auf ein überzogenes Vertrauen in die Technik schließen ließ. So hieß es beispielsweise: „Das denkende Flugzeug verzeiht Pilotenfehler." (FAZ 14.10.1987) Dies ließ jegliche Sensibilität dafür vermissen, dass gerade in einem hochautomatisierten System das Zusammenspiel von Mensch und Technik reibungslos

---

88 Aber auch in der neusten Version der „Alpha Protection" ist immer noch eine letzte Sicherung eingebaut, die verhindern soll, dass ein Pilot einen Airbus mutwillig zum Absturz bringt.

funktionieren muss; Airbus hingegen nutzte den revolutionären Sprung der Technik, um den Aufwand für die Pilotenausbildung zu reduzieren.

Tab. 19: Unfälle des Airbus A320 (und Nachfolgemodelle)

Datum	Ort	Land	Airbus-Typ		Airline	Todes-opfer
26.06.1988	Mulhouse	Frankreich	320		Air France	3
14.02.1990	Bangalore	Indien	320		Indian Airlines	92
20.01.1992	Straßburg	Frankreich	320		Air Inter	87
14.09.1993	Warschau	Polen	320		Lufthansa	2
30.06.1994	Toulouse	Frankreich		330	(Testflug)	7
10.03.1997	Abu Dhabi	UAE	320		Gulf Air	0
22.03.1998	Bacolod	Philippinen	320		Philippine Airlines	0
23.08.2000	Manama	Bahrein	320		Gulf Air	143
24.08.2001	Lajes	Portugal		330	Air Transat	0
02.08.2005	Toronto	Kanada		340	Air France	0
03.05.2006	Sotschi	Russland	320		Armavia	113
17.07.2007	Sao Paulo	Brasilien	320		TAM	186

Quellen: www.airsafe.com, www.airdisaster.com

Die „Lehrjahre" von Airbus 1988 bis 1994 sind durch eine beispiellose Unfallserie geprägt, bei der fünf Airbus-Flugzeuge verunglückten und insgesamt 191 Menschen ums Leben kamen. Bereits vor der Aufnahme des Linienbetriebs verunglückte ein A320 am 26. Juni 1988 bei einer Flugschau im Elsass, als der Pilot ein gewagtes Manöver mit extrem geringer Geschwindigkeit knapp über dem Boden flog, das man mit keinem anderen Flugzeug (und erst recht nicht mit Passagieren an Bord) riskiert hätte. In maßloser Selbstüberschätzung vertraute er offenbar blind den Versprechungen, dass man einen Airbus nicht zum Absturz bringen könne – ein typischer Fall des Titanic-Syndroms, bei dem vermeintlich perfekte Technik die Operateure dazu bewegt, neue und größere Risiken einzugehen als zuvor (vgl. Brauner 1988).

Am 20. Januar 1992 verunglückte ein A320 beim nächtlichen Landeanflug auf Straßburg, weil er eine falsche Anflugroute gewählt hatte, die ihn mitten in den Vogesen zerschellen ließ. Der Unfall ist – wie immer in derartigen Fällen – auf eine Verkettung unglücklicher Umstände zurückzuführen, u.a. die Wetterbedingungen, den kurzfristigen Wechsel der Landebahn, die mangelhafte Koordination der Cockpit-Crew, das Fehlen des Bodenabstand-Warngeräts GPWS, organisationsinterne Probleme bei der Fluggesellschaft etc. (vgl. Sparaco 1994). Der Hauptgrund war jedoch „mode confusion", denn die Piloten hatten versehentlich eine Sinkrate von 3.300 Fuß pro Minute anstelle eines Sinkwinkels von 3,3 Grad eingestellt, was nur 800 Fuß pro Minute entspricht. Die ungünstig platzierten und schlecht lesbaren Anzeigen in der Flight Control Unit unterhalb des Primary Flight Displays unterschieden sich jedoch nur marginal, nämlich „V/S -33" sowie „FPA -3.3" (vgl. die Abbildung in van Beveren 1995: 109); diese Fehlkonstruktion wurde von Airbus nach dem Unglück behoben.

Der Unfall in Warschau am 14. September 1993 weist ähnliche Charakteristika auf; auch hier spielte eine Reihe von Faktoren wie die kurzfristige Änderung der Landebahn, starker Regen sowie eine fehlerhafte Windvorhersage eine Rolle. Zudem hatte man beim A320 auf eine „Notbremse" verzichtet und aus Gründen der Triebwerksschonung den Umkehrschub auf 71 Prozent der maximalen Leistung gedrosselt, womit eine wichtige Sicherheitsreserve aufgegeben wurde. Hauptursache für das Unglück war jedoch eine von Airbus eingebaute Sicherung, die verhindern sollte, dass die Störklappen, die den Auftrieb des Flugzeugs vernichten, ausgefahren werden, bevor das Flugzeug sicher gelandet ist. (Auf diese Weise sollte vermieden werden, dass ein Pilot die Störklappen in 10.000 Meter Höhe versehentlich oder gar mutwillig betätigt.)

Aufgrund widriger Wetterumstände raste der A320 in Warschau jedoch in leichter Schräglage neun Sekunden lang ungebremst über die Landebahn, weil nur einer der beiden in die Fahrwerke eingebauten Sensoren das geforderte Signal übermittelte. Selbst die Hersteller-Firma war über diesen Zusammenhang offenbar nicht richtig informiert (van Beveren 1995: 135). Auch in diesem Fall ist das Unglück durch die von Airbus verfolgte technophile Produktphilosophie mit verursacht; und es kommt einem klammheimlichen Eingeständnis des Scheiterns dieser Strategie gleich, dass Airbus nach diesen Unfällen wesentliche Features änderte.

Der Airbus A320 ist mittlerweile ein sicheres und zuverlässiges Flugzeug; mit einer Rate von 0,15 Todesfällen pro eine Million Flügen belegt es gemeinsam mit anderen Airbus-Modellen sowie der Boeing 737 den Spitzenplatz in den entsprechenden Statistiken.[89] Er ist zudem mittlerweile eines der meist verkauften Verkehrsflugzeuge, das sich großer Beliebtheit auch bei den Piloten erfreut. Das Konstruktionsprinzip des A320 (mit computergestützter Steuerung, Fly-by-wire-Technologie, einer Kommunalität der Systeme etc.), ist zudem inzwischen das *dominante Design* im Flugzeugbau, das auch vom Konkurrenten Boeing – mit gewissen Modifikationen – übernommen wurde. Wie bei anderen radikalen Innovationen vollzog sich diese Entwicklung als ein Lernprozess in Form von Realexperimenten in und mit der Gesellschaft (vgl. Kap. 9.3). Dabei wurde das hypothetische

---

89 Vgl. www.airsafe.com/events/models/rate_mod.htm (05.03.2008).

Modell der Mensch-Maschine-Interaktion, das dem Menschen lediglich die Rolle eines passiven Beobachters zuschreibt, widerlegt, womit zugleich gewisse Grenzen der Automation aufgezeigt wurden.

Die Airbus-Fallstudie ist insofern lehrreich, als die dort entwickelte und erprobte Technologie seit einiger Zeit auch in andere Verkehrsbereiche vordringt, beispielsweise in den Straßenverkehr, wo z.zt. etwa mit „Drive-by-wire"-Konzepten experimentiert wird. Zudem steht in der Luftfahrt in naher Zukunft bereits die nächste Einführung einer revolutionären Technologie an, nämlich der Einsatz pilotenloser Flugzeuge – wobei im Cockpit kommerzieller Verkehrsflugzeuge vermutlich noch eine Person als Akzeptanzbeschaffer und Eingriffsreserve für Notfälle sitzen wird (vgl. Weyer 2006b, 2008d). Der Fall des A320 steht für die Risiken einer Innovationsstrategie, welche die Technik einseitig auf Kosten anderer Komponenten des soziotechnischen Systems optimiert; insofern bleibt abzuwarten, nach welchem Muster die Durchsetzung der Innovation des „autonomen Fliegens" erfolgen wird. Die folgenden Abschnitte befassen sich mit den autonomen Systemen der Zukunft.

10.4 Autonome Technik

Ein neuer Typus von Technik dringt scheinbar unaufhörlich in alle Bereiche der Arbeits- und Lebenswelt vor: Technik, die autonom agiert, die sich mit anderen Systemkomponenten vernetzt und mit ihnen Informationen austauscht, die zudem kontextsensitiv ist, d.h. mit Inputs operiert, die sie mittels Sensoren selbsttätig aus ihrer Umwelt gewinnt (wie beispielsweise die Veränderung der Lichtverhältnisse, der chemischen Zusammensetzung der Luft etc.). Derartige Geräte können beispielsweise ein Fahrzeug so steuern, dass eine Kollision mit einem anderen Fahrzeug vermieden wird. „Intelligente" Technik ist damit in der Lage, Effekte zu erzielen, die für einen externen Beobachter nicht mehr von den Effekten menschlichen Handelns unterscheidbar sind.

Autonome Systeme haben mittlerweile eine enorme Leistungsfähigkeit gewonnen, und ihr Automatisierungs- und Rationalisierungspotenzial wird hoch eingeschätzt. Gerade bei komplexen und sicherheitsrelevanten Prozessen z.B. im Bereich des Verkehrswesens deutet sich die Perspektive an, den Menschen als eine Quelle von Unsicherheit komplett auszuschalten und durch „intelligente" Technik zu ersetzen. Das Militär und die Luftfahrt spielten bei diesen Entwicklungen die Vorreiterrolle (vgl. Kap. 10.3); seit etlichen Jahren kann man jedoch eine Diffusion smarter Technik in andere Verkehrsbereiche (vgl. Grell 2003, Vašek 2004, Ottens et al. 2006), aber auch in die Produktion und Logistik sowie neuerdings auch in den Alltag und die private Lebenswelt beobachten (vgl. u.a. Locquenghien 2006).

Ein wesentlicher Unterschied zwischen der Automationstechnik der 1980er Jahre, für die beispielsweise der A320 steht, und der autonomen Technik des 21. Jahrhunderts, ist die Adaptivität der Technik, die sie in die Lage versetzt, ad hoc situationsgerechte Lösungen zu generieren (wie etwa die Vermeidung einer Kollision mit anderen Fahrzeugen).

Prinzipiell gibt es zwei Strategien der Entwicklung „intelligenter" Technik: Entweder man versucht, in den Traditionen der klassischen KI-Forschung stehend, die Rechenleistung von Computern derart zu steigern, dass eines Tages Systeme machbar sind, die über menschenähnliche Eigenschaften verfügen und dem Menschen in Bezug auf ihre Intelligenz ebenbürtig sind (vgl. Esposito 1993: 345). Hans Moravec (2000) prognostiziert beispielsweise in seinen utopischen Szenarien für das Jahr 2050 die Substitution des Menschen durch Roboter, ja sogar die Ablösung der menschlichen Spezies durch eine neue, überlegene Art: intelligente, humanoide Roboter.

Oder man setzt auf das Konzept der verteilten Intelligenz (VKI) in Multi-Agenten-Systemen, in denen sich eine Vielzahl von Agenten dezentral ko-ordiniert. Erstaunlicherweise erbringen derartige Systeme bereits heute be-merkenswerte Leistungen, die sich mit dem traditionellen KI-Modell der antizipativen Planung (und der Kodifizierung dieser Planung in Form von Software-Programmen) nicht erreichen ließen. Ein konventioneller Roboter mit einer funktionsorientierten Architektur, der nach einem vorgefertigten Weltbild operiert und seine Bewegungen vorab planen muss, scheitert oft-mals, wenn er sich durch ein reales Weltszenario bewegen soll, vor allem wenn sich dieses permanent verändert. Ein „dummer" Laufroboter mit einer verhaltensorientierten Architektur, der lediglich auf die Inputs seiner Senso-ren reagiert, ist ihm hingegen in vielen Punkten überlegen (zu diesem Para-digmenwechsel in der KI-Forschung siehe u.a. Brooks 2002, Christaller et al. 2001). Multi-Agenten-Systeme erlauben es also, auf antizipative Pla-nung partiell zu verzichten und sich zunehmend auf die Selbststeuerungsfä-higkeit der Systeme zu verlassen, selbst wenn es um die Generierung von Problemlösungen für komplexe Aufgaben geht.

Ob der Mensch eine aussterbende Spezies ist und die Zukunft den Robotern gehört, soll hier nicht diskutiert werden. Denn keines der gegenwärtig in Entwicklung befindlichen Konzepte autonomer Technik kommt ganz ohne den Menschen aus, sei es als Software-Entwickler, der weit reichende Ent-scheidungen trifft, wenn er Routinen und Prozeduren in das Programm ein-schreibt, sei es als Anwender, der das korrekte Funktionieren des Systems überwachen muss. Zum Teil ergeben sich dabei absurde Konstellationen wie beispielsweise bei Adaptive Cruise Control (ACC), das in seiner ur-sprünglichen Version die Geschwindigkeit von Pkws zwar automatisch an-passte, jedoch „keinen zuverlässigen Schutz gegen Auffahrunfälle" (Hack 2004) bot, weil es den Wagen nicht vollständig zum Stillstand brachte. Dies leistet erst ACCplus, das seit 2008 verfügbar ist, jedoch ebenfalls nicht ohne ein aktives Mitdenken des Fahrers sowie gelegentliche beherzte Eingriffe auskommt (Hack 2008). Hier zeigt sich einmal wieder das Dilemma der Automation, die den Menschen mit einer kaum lösbaren Aufgabe konfrontiert, nämlich das automatische System zu überwachen, im Notfall aber blitzschnell zu entscheiden, ob der automatisch eingeleitete Bremsvorgang ausreicht, um eine Kollision zu vermeiden, oder ob der Fahrer doch manuell eingreifen muss. Die dafür verfügbare Zeit ist jedoch erheblich kürzer als bisher, und es verlangt eine hohe Aufmerksamkeit, die jedoch in dem Maße schwindet, in dem der Fahrer sich auf das Funktionieren elektronischer Assistenzsysteme verlässt – ein wahrer Teufelskreis.

Technisch vermitteltes Handeln bleibt also auch im Falle autonomer Technik *verteiltes Handeln*, das aus Teilsequenzen besteht, die in unterschiedlichem Maße von menschlichen Akteuren und von technischen Agenten durchgeführt werden. Eine vollständige Delegation der Handlung an die Technik ist schwer vorstellbar, zumindest wenn man den Blick vom isolierten Artefakt auf die sozialen Handlungsvollzüge wendet, also vom Hammer auf den Prozess des Nagel-Einschlagens oder vom Telefon(-Gerät) auf den Prozess des Telefonierens (vgl. Kap. 2.3). Bestimmte Bereiche sind delegierbar, andere nicht, und die Grenzen zwischen dem, was wir bereitwillig delegieren wollen (die Signalübertragung über elektrische Leitungen), und dem, worum wir kämpfen werden (die Worte, die wir wählen), markieren den Stand der Technisierung und der Automatisierung. Dennoch ändert sich nichts daran, dass Technik in soziologischer Perspektive stets ein soziotechnisches System darstellt, das eine Mensch-Maschine-Schnittstelle enthält. Diese lässt sich in die eine oder andere Richtung verschieben, aber nicht vollständig eliminieren.[90] Was wir momentan in vielen Bereichen der Gesellschaft erleben, sind Prozesse der Hybridisierung, also der Entstehung „hybrider Konstellationen, die von menschlichen Akteuren und (teil-)autonomen Maschinen bevölkert sind, die nebeneinander, miteinander, teils aber auch gegeneinander agieren" (Weyer 2005a).

Der Techniksoziologie kommt daher die Aufgabe zu, diese neuartigen Konstellationen zu analysieren, um die in ihnen ablaufenden Prozesse verstehen zu lernen. Denn mit dem Hinzutreten handlungsfähiger technischer Systeme verändert sich das Verhältnis Mensch-Technik insofern, als der menschliche Bediener einer Maschine nicht mehr davon ausgehen kann, dass diese als ein willfähriges Instrument fungiert, welches sich durch Anweisungen und Programme präzise steuern lässt. Aus einem instrumentellen Verhältnis zur Technik wird vielmehr schrittweise ein *interaktives Verhältnis*, das die Technik zu einem Partner und Mitentscheider in kooperativen Prozessen macht, die sich in verteilten, hybriden Systemen abspielen (Rammert/Schulz-Schaeffer 2002, s.u.). Es ist also zu vermuten, dass sich

---

90 Ich bin Ingo Schulz-Schaeffer dankbar, dass er mich dabei unterstützt hat, diesen Gedanken klarer zu konturieren.

nicht nur unser Verständnis von Interaktion, sondern auch unser Konzept von System-Steuerung grundlegend verändern wird, wenn avancierte Technik im Spiel ist (vgl. Kap. 10.5).

Exkurs: Die Probleme der Arbeitssoziologie mit der Informationsarbeit

Man sollte annehmen, dass die geschilderten Entwicklungen und deren arbeitssoziologische Implikationen innerhalb der Arbeits- und Industriesoziologie intensiv diskutiert werden. Ein Blick in aktuelle Publikationen (Baukrowitz et al. 2006, Dunkel/Sauer 2007, auch Hirsch-Kreinsen 2005) zeigt jedoch, dass die noch in den 1980er Jahren lebhaft geführte Debatte über das Thema „Arbeit und Technik" faktisch zum Erliegen gekommen ist. Offenbar ist dieser Teildisziplin der Soziologie nicht nur das Thema „Arbeit", sondern auch das Thema „Technik", von wenigen Ausnahmen abgesehen, abhanden gekommen. Viele Studien befassen sich aus Managementperspektive mit der Reorganisation von Unternehmen; zudem hat die Industriesoziologie das Internet als Forschungsgegenstand entdeckt, das als ein „globaler Informationsraum" interpretiert wird, der neue, global vernetzte Produktionskonzepte möglich werden lässt (Baukrowitz 2006). Daneben findet man – selbst in einer einschlägigen Fachpublikation mit dem Titel „Informatisierung der Arbeit" – immer wieder Studien, die sich mit dem Surfen im Internet und den damit verbundenen Problemen der Datensicherheit und der informationellen Selbstbestimmung befassen (Kuhlen 2006). Innerhalb der Industriesoziologie ist eine Makroperspektive weit verbreitet, die sich mit gesellschaftlichen Umbrüchen und unternehmerischen Reorganisationsstrategien befasst und das arbeitende Individuum allenfalls abstrakt über die daraus deduzierten Widersprüche des Kapitalismus erfasst (Schmiede 2006, Boes et al. 2006).

Mit der Mikroperspektive der Informationsarbeit, etwa in Form der Mensch-Maschine-Interaktion in hochautomatisierten Systemen, befassen sich nur einige wenige ArbeitssoziologInnen, vor allem eine Münchener Forschungsgruppe um Fritz Böhle und Sabine Pfeiffer (Bauer et al. 2002, Böhle et al. 2004). Von Letzterer stammt eine instruktive Typologie von Informationsarbeit, die zwischen der (1) informatisierten Produktionsarbeit, (2) informatisierten Wissensarbeit mit Produktionsbezug, (3) informatisierten Informationsarbeit, (4) informatisierenden Informationsarbeit sowie der (5) informatisierenden Innovationsarbeit unterscheidet (Pfeiffer 2001: 250ff.). Von ihr stammt aber auch die Klage über die „Enthaltsamkeit" in Sachen Technik seitens der Arbeitssoziologie, die sich „fast ausschließlich mit Forschungsfeldern jenseits der Arbeitswelt" (240) befasse (ähnlich Boes et al. 2006: 496, 508). Ihre Texte sind zudem die einzigen, in denen ich das Wort „Multi-Agenten-Systeme" habe finden können, aber auch den Hinweis, dass deren Einsatz zu einer „Virtualisierung des Arbeitsvermögens" führe, und zwar in Form einer „(partiellen) Ersetzung dispositiver und kommunikativer Aspekte des Arbeitshandelns", also einer „Sphäre, die bislang überwiegend als nicht automatisierbar galt" (Pfeiffer 2001: 242).

Dies steht in deutlichem Kontrast zu dem geradezu programmatischen Perspektivwechsel, etwa bei Andrea Baukrowitz, die eine Wandlung der Rolle von IT konstatiert, und zwar „von einer Technologie der Automatisierung hin zur Entwicklung eines globalen Informationsraums, der zu einem notwendigen Komplement neuer Produktionskonzepte wird" (2006: 98). Wenn sie dann noch behauptet, dass die „Arbeit im Informationsraum ... grundsätzlich von der Arbeit als Maschinenbediener am Großrechnersystem zu unterscheiden" (112) ist, verstärkt dies den Eindruck, dass die konkrete Arbeitspraxis in hochautomatisierten Anlagen aus dem Blick gerät und der Gegenstand „Technik und Arbeit" sich in den Weiten des weltumspannenden Netzes verflüchtigt. Das Gros der IndustriesoziologInnen hat dieses wichtige Feld offenbar weitgehend den Arbeitswissenschaftlern und Psychologen überlassen. Und mit der neuen Qualität der Informationsarbeit, die sich durch das Vordringen smarter, (teil-)autonomer Technik ergibt, hat sich die Industriesoziologie, sieht man von Pfeiffer ab, bislang nicht auseinandergesetzt.

Die folgenden Abschnitte werden sich mit den Auswirkungen befassen, die autonome Technik auf die Lebens- und Arbeitswelt hat.

Pervasive Computing – Die Vision Mark Weisers

In den Szenarien des allgegenwärtigen, in Alltagsgegenstände eingebetteten Computers, für die sich Begriffe wie „Pervasive Computing", „Ubiquitous Computing" oder „Ambient Intelligence" eingebürgert haben, spielt eine frühe Vision eine prominente Rolle, die der damalige Leiter des Palo-Alto-Forschungszentrums der Firma Xerox, Mark Weiser, im Jahr 1991 unter dem Titel „Computer for the 21st century" entwickelt hatte. Der Aufsatz beginnt mit folgender Feststellung:

> „Die folgenreichsten Technologien sind jene, die man schließlich so gut wie nicht mehr wahrnimmt: Sie haben sich so stark mit dem täglichen Leben verwoben, daß man sie nicht mehr von der übrigen gewohnten Umgebung zu unterscheiden vermag." (Weiser 1991: 92 – hier zitiert nach der deutschen Version)

Weiser nennt als Beispiel die Schrift, die im Alltag allgegenwärtig ist, aber als Technik an sich nicht mehr auffällt (92), aber auch die Elektromotoren, deren Wirken im Hintergrund wir kaum noch wahrnehmen (94); und er drückt die Hoffnung aus, dass auch der Computer eines Tages „zu einem integralen, unsichtbaren Bestandteil des Alltags werden" (92) und „unauffällig mit dem Hintergrund verschmelzen" (94) könne, was er als einen Schritt zur Befreiung des Menschen begreift. Die Visionen, die einen großen Teil des Textes ausmachen, kennen wir mittlerweile aus den Konzepten des „smart home" oder des „intelligenten Verkehrs": Die Kaffeemaschine, die durch Sensoren automatisch aktiviert wird, interaktive Gegenstände (z.B. Fensterscheiben), die Informationen über Nutzer und Passanten elektronisch speichern, die dynamische Verkehrsnavigation etc. – all das sind Ideen, die im Jahr 1991 noch einigermaßen futuristisch gewirkt haben mögen, mittlerweile aber weitgehend den Stand der Technik markieren.

Interessanterweise setzt Weiser sich auch mit den „sozialen Konflikten und Risiken" (100) auseinander, die das Unsichtbarwerden des Computers mit sich ziehen könnte, und er benennt vor allem Probleme des Datenmissbrauchs und des Datenschutzes: Wenn hunderte miteinander vernetzter Computer den Menschen überwachen, erscheine „jedes frühere totalitäre Systeme … als stümperhaft" (ebd.). Aber er benennt auch Chancen, die sich aus der „Humanisierung des Computers" (101) ergeben, z.B. das Aufbrechen sozialer Isolation durch elektronische Vernetzung. Und er drückt seine Hoffnung aus, dass eines Tages der Gebrauch von Computern „so anregend wie ein Waldspaziergang" (ebd.) sein könne.

Weisers Vision hat das neue Forschungsfeld des „Pervasive Computing" (PvC) eröffnet, das sich mit smarten, miniaturisierten Gegenständen befasst, die in den Alltag eingebettet und untereinander vernetzt sind und so situationsangepasste Lösungen generieren (vgl. Mattern 2003a, TA-Swiss 2003b). Folgende Anwendungsfelder haben sich in den letzten Jahren herauskristallisiert:

- Wohnen: Das „smarte Haus" soll durch Vernetzung vielfältiger Haushalts-Funktionen den Alltag erleichtern und die Sicherheit erhöhen; unter dem Label „assisted living" hat man dabei vor allem die Zielgruppe der Älteren im Blick, die man durch elektronische Assistenz und Netzwerke von Dienstleistungen rund um das Wohnen in die Lage versetzen will, möglichst lange selbständig zu leben.

- Gesundheit und Sicherheit: Sensoren am Körper des Patienten und die elektronische Übertragung der Daten erlauben eine lückenlose Ferndiagnose; „intelligente" Medizin („smart drugs") ermöglicht zudem maßgeschneiderte Therapien. „Intelligente" Kleidung („smart wearables") eröffnet darüber hinaus die Option einer Überwachung beispielsweise von Kindern.

- Produktion und Logistik: Die lückenlose Verfolgung von Waren, aber auch die Dokumentation sämtlicher Schritte der Produktion ist inzwischen Standard in der Industrie; „intelligente" Technik macht mittlerweile Logistiksysteme möglich, die auf dem Prinzip der Selbstorganisation basieren (Scholz-Reiter/Hinrichs o.J. [2006]).

- Handel und Konsum: Das berührungslose Auslesen von Produktinformationen mittels RFID-Chips ermöglicht neuartige Formen der Abwicklung von Bezahlvorgängen, der Inventur, des Diebstahlschutzes, aber auch des

Recyclings, wobei sich jedoch durch die Verlängerung der Informationskette bis in die Privatsphäre hinein massive Datenschutzprobleme ergeben.

• Verkehr: Das „intelligente" Fahrzeug ist nicht nur ein Schritt auf dem Weg zur aktiven Sicherheit, sondern eröffnet durch seine Vernetzung mit anderen Verkehrsteilnehmern sowie der Verkehrszentrale auch neuartige Optionen der „intelligenten" Verkehrssteuerung.[91]

Das smarte Haus (vgl. u.a. Meyer et al. 2001, Rohracher 2006) verfügt beispielsweise über eine „intelligente" Temperatur- und Lichtregulierung, welche die Heizung automatisch runterregelt, wenn niemand im Haus ist (was durch Sensoren in den Räumen, aber auch durch eine Identifikation der Hausbewohner mittels RFID-Chips geschieht); eine halbe Stunde vor Eintreffen der Hausbewohner können dann die Räume wieder auf die Wunschtemperatur aufgeheizt werden (was eine drahtlose Kommunikation z.B. zwischen den Fahrzeugen und der Heizung voraussetzt). Die Haustür öffnet sich zudem nur für autorisierte Nutzer (die Bewohner); aber auch Handwerker könnten für ein bestimmtes Zeitfenster eine Zugangsberechtigung erhalten, die der Hausbesitzer bei Bedarf von seinem Arbeitsplatz aus via Internet oder Handy freischalten kann (wobei er dem Handwerker während dessen Arbeit via Webcam über die Schulter schauen kann). Zwei Voraussetzungen müssen allerdings erfüllt sein: Erstens müssen alle Objekte und Personen zweifelsfrei identifiziert werden können; und zweitens müssen alle Elemente des Systems in Echtzeit miteinander kommunizieren können, z.B. durch Verfahren der drahtlosen Kommunikation (zu den technologischen Grundlagen von PvC-Systemen siehe u.a. Mattern 2003b).

Da alle Aktionen lückenlos protokolliert werden können, besitzt das smarte Haus einen hohen Sicherheitsstandard, dessen Kehrseite allerdings die totale Kontrolle und Überwachung ist. Obwohl die fundamentalen Probleme des Datenschutzes des PvC mittlerweile erkannt sind, bieten sich keine einfachen Lösungen an (vgl. Bohn et al. 2004, Langheinrich 2005); vielmehr gibt es einen offenbar unlösbaren Zielkonflikt zwischen Datenschutz und Effizienz: Je effizienter ein automatisches Überwachungssystem (z.B. für die Einhaltung der Höchstgeschwindigkeit in Wohngebieten) operiert, um so mehr leidet der Datenschutz. Und umgekehrt: Je mehr die Belange des Datenschutzes berücksichtigt werden, d.h. je mehr Personen sich aus dem System ausloggen, umso geringer wird dessen Effizienz.

Neben der Unsichtbarkeit der PvC-Systeme sind es also vor allem die technische Autonomie und Selbstregulation sowie die technische Interaktivität, die das Spezifikum dieses neuen Typus von Technik ausmachen. Dabei ergibt sich die Leistungsfähigkeit derartiger Systeme nicht aus der puren Re-

---

91 Für einen Überblick siehe u.a. Hilty 2003, TA-Swiss 2003b, Fleisch/Mattern 2005, Mattern 2007, speziell zur Datenschutzproblematik insb. Langheinrich 2005.

chenkraft, denn die einzelnen Komponenten sind vergleichsweise simpel und „dumm"; sie ergibt sich auch nicht aus den menschenähnlichen Qualitäten der Technik, wie es beispielsweise in der Debatte um humanoide Roboter und die von ihnen ausgehende Gefahr der Verdrängung des Menschen oftmals behauptet wird (s.o.). Die Leistungsfähigkeit von PvC-Systemen resultiert vielmehr aus der totalen Durchdringung der realen Welt (dies war Weisers Vision) sowie aus der umfassenden Vernetzung der Komponenten; und für dieses Phänomen hat sich der bereits erwähnte Begriff der „verteilten Intelligenz" (Rammert 2002, 2003) eingebürgert. Die Informationen, die ein Bewegungssensor generiert, sind an sich wertlos, aber ein Netz derartiger Sensoren kann ein lückenloses Bewegungsprofil einer Person erstellen. Damit eröffnen sich zugleich neuartige Formen der Steuerung komplexer Systeme, wie sie vor allem im Verkehrsbereich derzeit erprobt werden (vgl. Kap. 10.5).

Verteiltes Handeln in hybriden Systemen[92]

Die Mitwirkung autonomer technischer Artefakte steigert die Optionen und damit die Komplexität eines Systems. Zudem wird damit das bisherige Monopol des Menschen tangiert, Entscheidungen zu fällen, d.h. Handlungen zu planen, auszuführen und zu bewerten. Es gibt mittlerweile eine Vielzahl von Konstellationen, in denen Menschen und technische Geräte Entscheidungen gemeinsam durchführen. Klaus-Peter Timpe und andere haben am Berliner „Zentrum Mensch-Maschine-Systeme" eine Taxonomie entwickelt, die von der manuellen Kontrolle bis zur Voll-Automation reicht und interessante Zwischenstufen verteilten Handelns enthält, z.B. den Modus 5 „Entscheidungsunterstützung", in dem der Computer den Vorschlag ausführt, wenn der Mensch ihn bestätigt, oder den Modus 6 „Gemischte Entscheidung", in dem der Mensch durch sein Veto eine automatische Ausführung verhindern kann (Hauß/Timpe 2002: 47f.).

Menschen und Maschinen wirken also bei der Generierung von Entscheidungen zusammen, sodass im Einzelfall kaum noch unterscheidbar ist, wer ein Auto steuert (der Mensch, das ESP-System oder beide gemeinsam) oder wer ein Flugzeug fliegt (der Pilot, der Autopilot oder beide gemeinsam, vgl. Rammert 2002). Effekte wie das erfolgreiche Meistern eines Störfalls (z.B. Glatteis in der Kurve) können nicht mehr eindeutig dem Menschen bzw. der Technik zugerechnet werden, sondern ergeben sich aus dem Zusammenspiel der beiden Teile (vgl. Herrtwich 2003).

Muss man der Technik folglich Akteurstatus zuschreiben (und konsequenterweise die soziologischen Theorien umschreiben)? Oder lässt sich das

---

92 Die folgenden Abschnitte bis zum Schluss des Kapitels basieren weitgehend auf eigenen Arbeiten; sie lehnen sich dabei eng, z.T. wörtlich, an Passagen aus anderen Texten an (u.a. Weyer 2007a, 2008b, d, Cramer/Weyer 2007).

konzeptionelle Repertoire der Soziologie auf hybride Systeme übertragen? Gibt es eine „Sozialität mit Objekten" (Knorr Cetina 1997) oder gar eine „Interaktion ohne Gegenüber" (Ayaß 2005)?

Diese Fragen haben wir teilweise schon im Kontext der Actor-Network Theory behandelt (vgl. Kap. 8.7), teilweise führen sie auch über den Rahmen eines einführenden Lehrbuchs hinaus, sodass hier lediglich auf ein weiteres Modell verwiesen werden soll, das Modell gradualisierter Handlungsträgerschaft in verteilten Systemen von Werner Rammert und Ingo Schulz-Schaeffer (2002). Die beiden Autoren stellen fest, dass die Koordination zwischen den – menschlichen und technischen – Komponenten eines hybriden sozio-technischen Systems sich immer mehr „den Mustern zwischenmenschlicher Verhaltensabstimmung" (17) annähert. Sie sprechen daher von einer „verteilten Agency zwischen Menschen und Sachen" (21), also von Handlungen, die im Verbund menschlicher Akteure und (teil-)autonomer technischer Systeme durchgeführt werden. Das Problem der Handlungsträgerschaft lösen sie jedoch nicht ontologisch (wie Latour), sondern attributionstheoretisch, indem sie die sozialen Prozesse der Zuschreibung von „agency" zu technischen Objekten rekonstruieren. Sie gelangen damit zu einer dreistufigen Taxonomie, der zufolge Handeln definiert werden kann als:

a) „das Bewirken von Veränderungen (Kausalität)",

b) die Möglichkeit „des Auch-anders-handeln-Könnens (Kontingenz)" sowie

c) die Fähigkeit zur „Steuerung und/oder Deutung des fraglichen Verhaltens (Intentionalität)" (48).

Kausale Wirkungen schreiben wir jeglicher Form von Technik zu, also auch konventioneller Technik wie dem Hammer; zu kontingenten „Entscheidungen", ob es regnet und daher der Scheibenwischer am Auto ein- oder ausgeschaltet werden muss, ist hingegen nur avancierte Technik fähig, wie wir sie mittlerweile etwa in Form von Fahrerassistenzsystemen kennen. Bezüglich der heiklen Frage, ob wir eines Tages darüber hinaus der Technik auch Intentionalität zuschreiben werden, vermeiden die beiden Autoren jegliche Festlegung und verweisen vielmehr auf die „gesellschaftlichen Praktiken der Verwendung intentionaler Begriffe bei der Steuerung und Interpretation menschlichen wie technischen Verhaltens" (47). Intentionen werden diesem Ansatz zufolge typischerweise vom Beobachter (re-)konstruiert und den handelnden Personen unterstellt bzw. mit den von diesen ausgelösten Effekten verknüpft. Derartige Zuschreibungen von Handlungsfähigkeit sind historisch wandelbar, und es ist durchaus denkbar, dass sich neue Zuschreibungen stabilisieren. Die Autoren machen es also zu einer empirisch zu erforschenden Frage, ob und wie der Technik (aber auch den handelnden menschlichen Akteuren) Handlungsfähigkeit durch externe Beobachter zugeschrieben wird.

Dieser Ansatz stellt zweifellos einen Fortschritt gegenüber Latours „flacher" und normativer Ontologie dar. Über den Entwurf der Taxonomie hinaus haben die beiden Autoren sich mit der Beschreibung und Modellierung der konkreten *Interaktion* von Menschen und „intelligenter" Technik allerdings nicht befasst. Zudem blendet der Ansatz die Frage der Risiken derartiger verteilter Systeme vollständig aus, die sich als Folge spezifischer Verteilungen von Handlungsträgerschaft ergeben können. Diese Themen stehen nicht im Fokus des Modells von Rammert/Schulz-Schaeffer (vgl. meine Kritik in Weyer 2004b, 2006b); sie sind Gegenstand des nächsten Abschnitts.

10.5 Risiken autonomer Technik und neue Governance-Modi

Die zunehmende Verbreitung autonomer Technik bringt teils bekannte, teils aber auch neuartige Risiken mit sich. Die bekannten Probleme hochautomatisierter Anlagen wie die Monotonie der Arbeit, das Vigilanzproblem, das fehlende Situationsbewusstsein, der abrupte Wechsel zwischen Normal- und Störfall, vor allem aber die Gleichzeitigkeit von Über- und Unterforderung des Bedienpersonals machen sich auch in hybriden Systemen deutlich bemerkbar (vgl. Kap. 10.3). Das Problem der Entscheidungen zweiter Ordnung verschärft sich ebenfalls, und zwar in Form der Erwartung an das Bedienpersonal, in Situation großen Zeitdrucks blitzschnell zu entscheiden, ob die automatischen Prozeduren der Gefahrenbewältigung ausreichen oder ob manuell eingegriffen werden muss (vgl. das in Kapitel 10.4 erwähnte Beispiel ACC).

Ein weiteres Problem ist der Grad an Autonomie, den man smarten Objekten einräumen will, und, damit verbunden, die Frage der Verantwortung für die Aktionen und Transaktionen, die von Agentensystemen eigenständig getätigt werden. Dies betrifft beispielsweise das sogenannte „silent commerce", z.B. die Abbuchung von Gebühren ohne ausdrückliche Einwilligung des Nutzers (z.B. beim Besteigen eines Busses), oder das „dynamic pricing", die kurzfristige, dynamische Anpassung von Preisen je nach Angebots- und Nachfragesituation (z.B. bei Online-Tickets, vgl. Skiera 2000), schließlich auch die Verhandlungen von Preisen im Internet durch Biet-Agenten. Ein nicht zu leugnendes Risiko derartiger innovativer Geschäftsmodelle ist der Verlust von Vertrauen, der sich ergibt, wenn die Transaktionen nicht mehr nachvollzogen werden können, wenn also das Flugticket schließlich doch mehr kostet als ursprünglich angenommen, man aber die Verantwortung übernehmen muss, weil man den Biet-Agenten autorisiert hat, das Geschäft autonom abzuwickeln. Die durch smarte Technik verursachte Erosion des Vertrauens ist ein gravierendes Problem, denn Vertrauen ist der „Kitt" moderner Gesellschaften, die ein stabiles Fundament von „Erwartungssicherheit" benötigen, das schwer zu etablieren, aber leicht zu zerstören ist (vgl. Schimank 1992).

Neben den bereits thematisierten Problemen des Datenschutzes (Langheinrich 2005) und der Überwachung bis hin zur totalitären Kontrolle (Mattern 2003b) stellt der Verlust an Lernfähigkeit und Handlungskompetenz ein weiteres Risiko dar, das die Gesellschaft auf sich nimmt, wenn sie sich immer mehr auf smarte Technik verlässt (Rochlin 1997). Wenn ein Learning by Doing, vor allem aber ein Trial-and-Error-Lernen nicht mehr möglich ist, was ja beinhaltet, Fehler zu machen, aus diesen aber lernen zu können, dann verkümmert die eigene Handlungskompetenz. Nutzern von Navigationsgeräten ist dieses Phänomen bekannt: Man verlässt sich auf die Technik und ist im wahrsten Sinne des Wortes verlassen, wenn sie nicht wie erwartet funktioniert. Zudem wird die Welt, in der wir leben, in Zukunft immer mehr durch virtuelle Informationen angereichert, sei es durch Night-Vision-Systeme im Auto, sei es durch Location-based-Services beim Stadtbummel. Die Nutzer derartiger Systeme verlieren immer mehr die Kontrolle, da die Technik ihnen eine virtuelle Welt vorspielt, die sich ständig verändert – in Abhängigkeit von der Verkehrslage, der Uhrzeit, den sich ändernden Marketingstrategien lokaler Pizzerien oder sonstigen Eingriffen in die Datenbestände, aus denen die virtuellen Weltsichten generiert werden. Die Versuchung, auf diese Weise in die wirkliche Welt steuernd einzugreifen, dürfte wachsen; und es gibt durchaus einige Szenarien, etwa das Verkehrsmanagement nach einem Unfall, bei denen dies auch akzeptabel erscheint (TA-Swiss 2003a).

Dennoch macht gerade das letzte Beispiel die Befürchtung von Gene Rochlin plausibel, dass wir uns in eine wachsende Abhängigkeit von hochautomatisierten, sich selbst steuernden technischen Systemen begeben und dass auf diese Weise die Verletzlichkeit der modernen Gesellschaft zunimmt. Rochlin spricht von einer Falle, in die uns der Computer lockt („computer trap"), was er als unintendierte Folge der Computerisierung vieler Prozesse in Wirtschaft und Gesellschaft beschreibt: Zunächst aus Gründen der Prozessvereinfachung eingeführt, entwickeln viele computergestützte Systeme eine Eigendynamik, die zum Sachzwang gerinnt und – ähnlich wie schon in der Phase der Industrialisierung – den Menschen immer mehr zur Anpassung seiner Verhaltensweisen an den vorgegebenen Takt zwingt. Zudem gehen diese Entwicklungen, so Rochlin weiter, mit einer Dekonstruktion bestehender sozialer Institutionen einher, die für das Funktionieren der Gesellschaft unentbehrlich sind (1997: 56, 88-90, 208f.).

Hybride Systeme verteilten Handelns beinhalten also spezifische Risiken, die die Gesellschaft vermutlich in einem experimentellen Lernprozess bewältigen wird, bei dem sie sich jedoch – wie bereits bei der Einführung anderer radikaler Innovationen – erheblich anpassen und wandeln wird. Die Debatte greift aber zu kurz, wenn sie sich einzig auf die Risikothematik beschränkt. Ein Fallbeispiel aus der Luftfahrt soll zeigen, dass das Vordringen smarter Technik viel grundlegendere Transformationen mit sich bringt, die sich vor allem auf der Ebene des Managements und der Steuerung komplexer Systeme niederschlagen werden. Dies führt auch zu der – sozialtheoretisch spannenden – Frage, wie soziale Ordnung in hybriden Gesellschaften entsteht.

Fallstudie TCAS

Die Steuerung des Luftverkehrs basierte seit den 1960er Jahren auf einem hierarchischen Modus der zentralen Kontrolle, der vom Fluglotsen exekutiert wurde und die Piloten dazu verpflichtete, den Anweisungen des Fluglotsen blind zu folgen (Deuten 2003). Blind im wahrsten Sinne des Wortes, denn ein Pilot hatte bis zur Einführung des Kollisionsvermeidungssystems TCAS (Traffic Alert and Collision Avoidance System) an Bord des Flugzeugs keinerlei Instrumente, mittels derer er sich ein eigenes Bild der Lage in dem ihn umgebenden Luftraum hätte verschaffen können.

Vor dem Hintergrund einer Zunahme der Beinahe-Kollisionen in überfüllten Lufträumen sowie einiger tragischer Unglücke in den USA in den 1970er Jahren wurde eine Art Nahbereichs-Kollisionsschutz für Flugzeuge entwickelt, der unter dem Namen TCAS seit 1994 in den USA und seit 2000 in Europa zur Pflichtausstattung von Verkehrsflugzeugen gehört und die Piloten immer dann warnt, wenn eine gefährliche Annäherung droht. TCAS verschafft dem Piloten also erstmals ein unabhängiges Lagebild (wenn auch nur für einen beschränkten Radius); es ist deshalb bei den Piloten sehr beliebt. TCAS erlaubt nunmehr eine dezentrale Koordination zwischen zwei Flugzeugen im Luftraum, die ihre Ausweichmanöver autonom miteinander abstimmen und dabei den Fluglotsen ignorieren.[93] Die Einführung von TCAS kann daher als ein Schritt zu einer grundlegenden Transformation des Luftverkehrs interpretiert werden. TCAS ist ein hochentwickeltes technisches Agentensystem, das insofern *autonom* operiert, als es durch Koordination mehrerer Agenten automatisch einen Vorschlag zur Konfliktlösung generiert. Zugleich ist es jedoch Teil eines hybriden Systems *verteilten* Handelns, das den Piloten bei der Wahl einer Handlungsalternative unterstützt, ihm die Ausführung der Handlung aber nicht abnimmt.

In der Nacht des 1. Juli 2002 stießen über dem Bodensee bei Überlingen zwei Flugzeuge zusammen, die beide mit der modernsten Version des

---

93 Es gibt bislang keine automatische Datenübertragung, die dem Fluglotsen die TCAS-Informationen übermittelt; dies geschieht meist per Sprechfunk – ein Kommunikationskanal, der vor allem in Stress-Situationen unzuverlässig ist.

TCAS-Systems ausgerüstet waren, das derartige Zwischenfälle eigentlich zuverlässig hätte vermeiden sollen. Neben einer Reihe menschlicher Fehler, unverantwortlicher Schlampereien, organisationaler Versäumnisse etc., die Ähnlichkeiten mit anderen Unfällen aufweisen, stellte sich als eine zentrale Unglücksursache bei den folgenden Untersuchungen heraus, dass die Piloten der russischen Maschine widersprüchliche Anweisungen erhalten hatten: Während das TCAS-System, das sich automatisch mit der anderen Maschine koordinierte, empfahl, in den Steigflug zu gehen, gab der Fluglotse am Boden genau das entgegengesetzte Kommando, nämlich eine Sinkflug-Anweisung. Der tiefere Grund für diese Verwirrung am nächtlichen Himmel waren widersprüchliche Governance-Strukturen, für die in dem extrem knappen Zeitraum von lediglich 50 Sekunden, die dem Fluglotsen und der Crew für das Störfallmanagement blieben, keine Lösungen gefunden werden konnten (vgl. ausführlich Weyer 2006b).

Die in amerikanischen Flugzeugen praktizierte Sicherheitskultur sah vor, dass in einer Notsituation, die durch die Aktivierung von TCAS entstanden ist, der Pilot blind den Anweisungen des technischen Systems folgt und die Kommandos des Fluglotsen ignoriert, weil man unterstellt, dass TCAS nur aktiv wird, wenn der Fluglotse eine kritische Annäherung übersehen hat. An Bord russischer Flugzeuge existierte hingegen eine andere Sicherheitskultur: Hier hatte der Fluglotse die oberste Autorität, weil er den Überblick über den kompletten Luftraum besitzt; TCAS hingegen galt als unzuverlässig und lückenhaft, weil beispielsweise Frachtflugzeuge oder kleinere Passagierflugzeuge nicht verpflichtet waren, dieses System als Standardausrüstung an Bord zu haben, man also immer davon ausgehen musste, dass sich weitere Flugzeuge im Luftraum befinden könnten, die von TCAS nicht entdeckt werden konnten.

Ohne hier auf weitere Details eingehen zu können, wird deutlich, dass die Implementation eines neuen Sicherheitssystems (TCAS) parallel zu dem bestehenden System der traditionellen Flugsicherung neuartige Unsicherheiten produziert hat. Diese resultieren zum einen daraus, dass TCAS nicht störungsfrei funktioniert, sondern immer wieder Fehlalarme produziert, was den Piloten zu erhöhter Aufmerksamkeit zwingt. Zum anderen ist ein neues Risiko derart entstanden, dass nunmehr im Luftraum zwei miteinander nicht vernetzte Sicherheitssysteme im Einsatz sind, die nach völlig unterschiedlichen Steuerungslogiken operieren: dem Modus der zentralen Kontrolle bzw. dem der dezentralen Selbstkoordination.[94]

Dieses unkoordinierte Nebeneinander zweier technischer Systeme, die unterschiedliche Sicherheitsphilosophien enthalten, produziert also wiederum

---

94 Blickt man zurück in die Geschichte von TCAS, so waren die ursprünglichen Visionen darauf gerichtet, die Flugsicherung ganz abzuschaffen und die TCAS-Kommandos automatisch an den Autopiloten zu übertragen. Aus Kostengründen wurde dann aber eine halbherzige Lösung geschaffen.

die oben bereits erwähnten neuartigen Entscheidungen zweiter Ordnung; denn der Pilot muss nunmehr die Entscheidung fällen, welchem der beiden technischen Systeme, die ihn vor einer möglichen Kollision waren, er vertrauen soll.

Der sich gegenwärtig vollziehende radikale Wechsel der Sicherheitsarchitektur in der Luftfahrt führt zu schwer lösbaren Konflikten, die sich vermutlich in dem Maße verschärfen werden, wie weitergehende Konzepte des „free flight" umgesetzt werden, in denen der Pilot die volle Zuständigkeit für die Navigation und die Kollisionsvermeidung übernimmt und der Fluglotse nur noch eine Art Monitoring-Funktion besitzt. Aber auch das weitere Vordringen unbemannter Flugzeuge in den zivilen Luftraum wirft Fragen nach der zukünftigen Systemarchitektur des Systems Luftverkehr, vor allem aber nach zukunftsfähigen Formen des Managements und der Steuerung eines derart komplexen Systems auf (vgl. Weyer 2008d).

Neue Governance-Modi?

Der Fall TCAS lässt sich einerseits unter der Risikoperspektive betrachten; aber das haben wir in diesem Buch bereits ausgiebig getan. Hier soll vielmehr abschließend die Governance-Perspektive im Mittelpunkt stehen, also die Frage, zu welchen neuen Systemarchitekturen der verbreitete Einsatz autonomer Technik führen wird. Denn die flächendeckende Nutzung von TCAS hat zu einer Dekonstruktion bestehender sozialer Institutionen geführt, indem es die Autorität des Fluglotsen im Rahmen eines hierarchisch organisierten Systems der *zentralen Steuerung* des Luftverkehrs unterminiert und die Rollen zwischen Pilot und Fluglotsen in einer Weise neu verteilt hat, die nunmehr auch eine *dezentrale Koordination* der Komponenten des Systems ermöglicht.

Von Gene Rochlin (1997) sei daher die Idee übernommen, dass die Vernetzung autonomer Systeme neuartige Optionen der System-Steuerung eröffnet, die jenseits der bekannten Modi von Hierarchie und Selbstorganisation liegen. Avancierte Technik ist insofern gestaltungsoffen, als sie unterschiedliche Steuerungsarchitekturen denkbar macht, sobald sämtliche Teilnehmer eines Netzwerks in der Lage sind, in Echtzeit elektronisch miteinander zu kommunizieren:

• Eine *zentrale Koordination* und Steuerung versucht, ein Gesamtoptimum dadurch zu erreichen, dass aus den verfügbaren Daten, insbesondere aus den Handlungsabsichten der Teilnehmer (z.B. Fahrtzeiten und Fahrziele), ein Szenario entwickelt wird, das die Gesamtauslastung des Systems erhöht und die Ressourcen möglichst optimal einsetzt. Unerwünschte Effekte wie beispielsweise Staus im Straßenverkehr oder Verspätungen in der Luftfahrt ließen sich so weitgehend vermeiden, allerdings unter der

Einschränkung, dass die individuellen Akteure bereit sind, den Vorgaben zu folgen.

- Eine *dezentrale Selbstkoordination* würde es hingegen den Teilnehmern überlassen, durch individuelle Optimierung (z.b. durch Verwendung eines Navigationssystems mit dynamischer Routenplanung) bzw. durch Aushandlungsprozesse vor Ort (z.b. in Form der Nutzung von TCAS) brauchbare Lösungen zu generieren, ohne dass dabei die Frage nach dem globalen Optimum berücksichtigt werden müsste. Die Problematik dieses Governance-Modus der Selbstkoordination besteht allerdings darin, dass die selbstorganisierte Abstimmung individueller, nutzenmaximierender Akteure zu unvorhersehbaren, emergenten systemischen Effekten führen kann, die nicht-intendierte Folgen nach sich ziehen können (z.B. die Verlagerung des Straßenverkehrs in Wohngebiete). Zudem ist es zurzeit eine offene Frage, ob auch in sicherheitskritischen Bereichen Lösungen gefunden werden können, die zumindest das gleiche Niveau an Sicherheit gewährleisten wie bisher (vgl. Cramer/Weyer 2007).

Die Analysen zu aktuellen Trends in der Luftfahrt verweisen allerdings darauf, dass die künftige Steuerungs-Architektur des Luftverkehrs sich vermutlich nicht in einem Schema des Entweder-Oder entwickeln wird, sondern eher in Formen eines „mixed-governance" (Weyer 2008d), also in Mischformen der beiden bekannten Governance-Modi, die jedoch höchst voraussetzungsvoll (und noch weitgehend unerprobt) sind.

TCAS und andere Fälle autonomer Technik werfen etliche Fragen nach dem künftigen Verhältnis von Technik und Gesellschaft auf. Dies gibt Anlass, die Rolle des Staates in Prozessen der Technikgestaltung zu thematisieren, also zu fragen, inwiefern die Politik in der Lage ist, die Technikentwicklung in einer Weise zu steuern, dass angestrebte Ziele erreicht und unerwünschte Folgen vermieden werden. Dieses Thema soll im abschließenden Kapitel dieses Buches behandelt werden.

11. Technologiepolitik und Techniksteuerung

Im letzten Kapitel dieses Buches soll nunmehr die Frage diskutiert werden, welche Rolle der Staat bei der Entwicklung neuer Technik spielen soll und kann. Dies verweist zum einen auf die *politisch-normative Frage,* ob ein *Steuerungsbedarf* besteht, ob der Staat sich also in den Prozess der Technikentwicklung in Wissenschaft und Industrie einmischen soll, um auf dem Weg über die Förderung innovativer Technologieprojekte beispielsweise wirtschaftspolitische Ziele wie die Stärkung des Wirtschaftsstandorts oder auch umweltpolitische Ziele wie die Schonung der natürlichen Ressourcen zu erreichen.

Zum anderen geht es um das Problem der *Steuerungsfähigkeit* des Staates, das in der Ungewissheit besteht, ob staatliche Akteure, wenn sie steuern wollen bzw. sollen, überhaupt über die Eingriffsmöglichkeiten verfügen, die (a) für eine zielgerichtete Beeinflussung des Kurses der Technikentwicklung sowie (b) für die damit einhergehende Erzeugung gesellschaftlicher, wirtschaftlicher oder ökologischer Effekte erforderlich sind.

Tab. 20: Paradigmen der Technologiepolitik

Zeit-raum	Akzent	Politikmuster	soziale Organisation
1940ff.	Staatstechnik, Großforschung	interventionistisch, Forschungsplanung	klientelistische Netzwerke
1975ff.	zivilindustrielle Zukunftstechnolo-gien für den Weltmarkt	Steuerungs-Verzicht, Deregulierung	korporatistische Netzwerke
1990ff.	öffentliche Güter, gesellschaftliche Nachfrage	interaktiv, partizipativ	pluralistische Netzwerke

in Anlehnung an Weyer 1997: 334

Diese beiden, eng miteinander verzahnten Fragen sind im Laufe der Geschichte des noch jungen Politikfeldes „Forschungs- und Technologiepolitik" sowohl von Praktikern als auch von Theoretikern auf unterschiedliche Weise beantwortet worden. Man kann daher drei typische Politikstile sowie mit ihnen assoziierte steuerungstheoretische Paradigmen unterscheiden: das Modell der Forschungsplanung (1940-1970), die Konzeption eines Steuerungsverzichts (1975-1990) sowie das Modell des interaktiven, kooperativen Staates (seit 1990, vgl. Tab. 20). Die Genese dieser Paradigmen soll im Folgenden in Form eines historischen Abrisses rekonstruiert werden.[95]

Zuvor soll allerdings der Gegenstand durch zwei Definitionen eingegrenzt werden. Eine politisch-institutionelle Definition beschreibt Technologiepolitik folgendermaßen:

„Technologiepolitik umfasst die staatlichen Programme und Institutionen, deren Zweck die Förderung und Steuerung der Technikentwicklung ist. Diese können politischen, militärischen, ökonomischen, aber auch ökologischen Zielsetzungen dienen." (Weyer 1997b: 480)

In steuerungstheoretischer Perspektive würde man hingegen Technologiepolitik „über das Handeln von Akteuren in Organisationen des politischen Systems" definieren, „die wissenschaftliche Ressourcen mit der Absicht mobilisieren, beeinflussen oder lenken, um auf diese Weise politisch verwertbare Effekte zu erzielen" (Weyer 1993a: 42).

11.1 Forschungsplanung und staatliche Förderung von Großtechnik

Geschichte/Genese

Die staatliche Förderung und Steuerung von Technik ist ein relativ junges Feld staatlichen Handelns, das erst in den 1930/40er Jahren entstand. Dabei waren zwei Großprojekte prägend: Die Konstruktion der ersten Fernraketen im Nazideutschland durch das Team um Wernher von Braun sowie der Bau der Atombombe in den USA (das sog. Manhattan Project). In beiden Fällen wurde die Wissenschaft erstmals im Großmaßstab für politische Zwecke mobilisiert, wobei die planmäßige Erzeugung einer technischen Innovation im Mittelpunkt stand. Trotz einiger Vorläufer etwa bei der Entwicklung des Giftgases im Ersten Weltkrieg markieren diese beiden Großprojekte den Beginn einer dauerhaft institutionalisierten politischen Steuerung von Wissenschaft und Technik (Butos/McQuade 2006).[96]

Die Mobilisierung aller Ressourcen für den „Ernstfall" bildete den Hintergrund dieser institutionellen Innovation; denn erstmals maßte der Staat sich an, unter seiner Regie planmäßig neue Techniken zu generieren. In diesem Kontext wurden neuartige Konzepte der Forschungsplanung entwickelt und

---

95 Die folgenden Ausführungen basieren zum Teil auf früheren Arbeiten, u.a. Weyer et al. 1997, Weyer 1993b, 1997b, 1999, 2004a, 2005b, 2006a, 2008c.

96 Helmuth Trischler bezeichnet hingegen bereits den Ersten Weltkrieg als den „Katalysator", der die „gegenseitige Durchdringung von Staat, Wirtschaft und Wissenschaft" in Gang setzte (2002: 26f.).

erprobt, die ursprünglich dem Arsenal sozialistischer Planwirtschaften entstammten. Die Legitimation für diese Abkehr vom marktwirtschaftlichen Paradigma ergab sich durch die Ausnahmesituation des Krieges (vgl. u.a. McDougall 1985).

Diese institutionelle Innovation manifestierte sich in der Entstehung eines neuen Typus von Forschung, der staatlich gesteuerten Großforschung (vgl. Szöllösi-Janze/Trischler 1990). Die Heeresversuchsanstalt Peenemünde (gegr. 1935) wie auch das Atomforschungszentrum in Los Alamos (gegr. 1942) waren die ersten Prototypen außeruniversitärer, staatlicher Großforschungszentren, die eigens zum Zwecke der Entwicklung machtpolitisch nutzbarer Staatstechnik etabliert und in denen alle Kräfte „unter einem Dach" konzentriert wurden (Weyer 1999: 30).

Das neue Verhältnis von Wissenschaft und Politik fand seinen Ausdruck zudem in der Einrichtung spezieller Dienststellen (später dann auch Ministerien), die für die Forschungsförderung und -planung zuständig waren und die Arbeiten in den Großforschungszentren nicht nur finanzierten, sondern auch engmaschig steuerten. Dabei galten für die Forscher andere Spielregeln als zuvor, nämlich eine Ausrichtung ihrer Forschungsarbeiten auf den (militärischen) Auftrag, verbunden mit einer strikten Geheimhaltung. Mit dieser Orientierung auf politisch-militärische Ziele unterschied sich der neue Forschungstypus grundlegend von der akademischen Grundlagenforschung (vgl. Jungk 1985, Herbig 1976, Neufeld 1997).

Das während des Zweiten Weltkriegs geschaffene neue institutionelle Arrangement blieb auch nach dem Krieg erhalten. Aufgrund der raschen „Erfolge", die das neue Modell der Interaktion von Wissenschaft und Politik mit dem Bau der V-2-Rakete sowie der Atombombe hervorgebracht hatte, wurde dieses Modell von vielen entwickelten Industriestaaten adaptiert, was im Kontext der globalen Systemauseinandersetzung zu einer nahezu ausschließlichen Fixierung auf die Entwicklung prestigehaltiger und machtpolitisch nutzbarer Staatstechnik führte, deren ziviler oder kommerzieller Nutzen eher fraglich war.

Neben der Militärforschung, die durch den Kalten Krieg einen neuen Auftrieb erhielt, entstanden zudem zivile Parallelprogramme, z.B. in der bemannten Raumfahrt oder der friedlichen Nutzung der Kernkraft. Der Wettbewerb um die Führerschaft in Spitzentechnologien ersetzte zunehmend das Streben nach militärischer Überlegenheit: Der Wettlauf ins All, den Amerikaner und Russen sich ab den 1950er Jahren bis zur Mondlandung 1969 lieferten, ist ein bekanntes Beispiel für diesen Mechanismus der Zivilisierung einer ehemals militärischen Großtechnik. Das dominante Muster blieb die staatliche Förderung von Großprojekten, in denen *nicht-marktförmige Techniken* mit hohem *politisch-symbolischem Wert* entwickelt wurden. Bis in die 1970er Jahre floss in allen Ländern ein großer Teil der staatlichen Fördermittel in die Atom- und die Raumfahrttechnik.[97]

„Marktversagen" – Das Modell der Forschungsplanung

Mit den Großprojekten des Zweiten Weltkriegs war ein neues Paradigma einer interventionistischen Technologiepolitik entstanden, welches auf der zentralen Annahme basiert, dass staatliche Interventionen in den Prozess der Erzeugung neuen Wissens und neuer Technik nicht nur nötig, sondern auch möglich sind und zudem positive Folgen haben. Dieses Technology-push-Modell der Forschungsplanung sieht Technikgenese als einen linear-sequentiellen Prozess, der durch entsprechende Angebote vorangetrieben und beschleunigt werden kann (vgl. Kap. 7.2). Zudem ist es von einem Planungsoptimismus geprägt, demzufolge die Aufgabe des Staates darin besteht, den technologischen Wandel voranzutreiben und damit Modernisierungsprozesse in Wirtschaft und Gesellschaft anzustoßen. Seiner Rolle als Technologietreiber wird der Staat dieser Konzeption zufolge gerecht, wenn er Großprojekte initiiert und fördert und auf diese Weise Innovationen zum Durchbruch verhilft. Die bevorzugte Organisationsform dieser Form staatlicher Forschungspolitik waren zumeist klientelistische Netzwerke, die aus dem zentralstaatlichen Akteur (in der Regel dem Forschungsministerium), den staatlichen Großforschungseinrichtungen sowie wenigen, eng mit dem Staat verbundenen Großunternehmen im Bereich strategischer Schlüsselindustrien bestanden.

In der Ausnahmesituation des Krieges war die Notwendigkeit eines staatlichen Eingreifens noch relativ leicht begründbar; in Friedenszeiten waren hingegen andere Legitimationsfiguren erforderlich. Staatliche Eingriffe wurden und werden seither in der Regel mit Modernisierungsdefiziten (z.B. Rückständen in bestimmten Technologiegebieten gegenüber wichtigen Konkurrenten) sowie mit der These des Marktversagens begründet (vgl. Weyer 1993a: 17-26).

Das Argument des *Marktversagens* rekurriert zum einen auf negative Externalitäten unternehmerischen Handelns – etwa im Hinblick auf ökologische Folgewirkungen –, welche den Staat zum Eingreifen nötigen, aber auch auf Defizite vor allem im Bereich öffentlicher Güter (Gesundheit, Umwelt, Bildung, Mobilität und insbesondere Infrastruktur), die nicht im

---

97 Die Entwicklung ziviler Technik entlastete zwar das Gewissen der beteiligten Forscher; ein großer Teil der zivilen Ersatztechniken ist jedoch auch für militärische Zwecke nutzbar. Diese Dual-use-Technik ist daher ein Risikofaktor, der auch die internationalen politischen Beziehungen immer wieder belastet. Etliche Staaten haben sich auf dem Umweg über zivile Großprojekte in der Atom- oder Raumfahrttechnik waffentechnisch nutzbares Know-how angeeignet (etwa die Bundesrepublik Deutschland) bzw. dies in Rüstungsprogramme umgesetzt (etwa der Irak unter Saddam Hussein).

Fokus der Unternehmen liegen und deren Bereitstellung daher eine genuine Staatsaufgabe ist, die u.a. durch die Förderung technischer Innovationen geleistet werden kann (vgl. u.a. Meyer-Krahmer/Kuntze 1992: 111). Im Fall des europäischen Satellitennavigations-Systems Galileo wird beispielsweise – seit dem Ausstieg der Industrie aus diesem Projekt, das ursprünglich als Public-Private-Partnership betrieben werden sollte – das alleinige staatliche Engagement mit der Daseinsvorsorge des Staates im Bereich der Infrastruktursysteme begründet (vgl. Weyer 2008c, f).

Ein Marktversagen liegt zum anderen aber auch vor, wenn der Planungshorizont der Unternehmen zu kurz und ihre Risikobereitschaft zu gering ist; dem Staat wird daher, sofern er Innovationen anstrebt, die Aufgabe zugeschrieben, die unternehmerischen Risiken durch Subventionen zu mindern und so dazu beitragen, dass neue Märkte entstehen (vgl. Eickhoff 1997: 18-25). Da der Staat gemäß dem Modell der Forschungsplanung gezielt zu steuern beabsichtigt, ist das Standardinstrument dieses Ansatzes die *direkte* Projektförderung, d.h. die Subventionierung konkreter Technologievorhaben wie etwa der Internationalen Raumstation oder des Satellitennavigations-Systems Galileo. Es ist sehr unwahrscheinlich, dass derartige Großtechnikprojekte aus unternehmerischer Eigeninitiative entstehen würden; der Staat übernimmt daher, getragen von der Erwartung, neue Technikfelder und damit neue Märkte erschließen zu können, eine Vorreiterrolle, d.h. er betreibt eine angebotsorientierte Industriepolitik.

Kritische Würdigung

Ein Hauptargument gegen das Theorem des Marktversagens und die aus ihm abgeleitete Notwendigkeit einer interventionistischen Technologiepolitik ist das Prognoseproblem; denn es ist eine offene Frage, wieso der Staat gerade in Fragen der Technikentwicklung ein besseres Wissen als die Unternehmen haben sollte (vgl. Eickhoff 1997, Dohse 2001). Die staatliche Technologiepolitik, die mit dem Instrument der direkten Projektförderung operiert, geht also immer ein hohes Risiko des Scheiterns ein. Zudem gibt es für die Unternehmen, die von staatlichen Technologieprogrammen profitieren, faktisch keinen Anreiz, den Staat über den möglichen Unsinn seiner Fördermaßnahmen aufzuklären. Otto Keck (1984, 1988) hat sich auf Basis seiner Studien zum Schnellen Brüter mit dem Problem der Informationsasymmetrie befasst und ist dabei zu dem Ergebnis gelangt, dass derartige Fehlschläge nur zu vermeiden sind, wenn die Unternehmen sich mit einem substanziellen Beitrag an den Projekten beteiligen müssen.

Die Kritik am Interventionsstaat verweist zudem darauf, dass die Großprojekte, welche die Identität des Politikfeldes schufen und den Stil der Technologiepolitik der meisten Industriestaaten bis in die 1970er Jahre prägten, überwiegend gescheitert sind: Sowohl in der Atomkraft als auch in der Raumfahrt häuften sich die Fehlschläge (Krieger 1987: 264f.). Als Beispiele seien genannt der Schnelle Brüter in Kalkar, der niemals in Betrieb genommen wurde, und die Internationale Raumstation (ISS), die ursprünglich bereits 1992 mit 30 Mann Besatzung im All sein sollte und nunmehr seit 1998 aufgebaut wird und bislang eine Dauer-Besatzung von nur drei Mann hat, die jedoch überwiegend mit Wartungs- und Reparaturarbeiten beschäftigt sind. Ihre Zukunft ist seit dem amerikanischen Ausstieg aus dem Shuttle-Programm, der im Jahr 2004 verkündet und bereits 2010 wirksam werden soll, mehr als ungewiss (vgl. Weyer 2004a, 2006a).

Die Bilanz der Phase der Forschungsplanung der 1960/70er Jahre ist ernüchternd, denn den immensen Kosten der Großprojekte steht nur ein geringer, allenfalls indirekter volkswirtschaftlicher Nutzen gegenüber, der zudem mit Sicherheitsproblemen und langfristigen gesellschaftlichen Folgekosten erkauft wurde – man denke nur an das Problem der Proliferation der Nuklear- und Raketentechnik. Dies wirft die Grundsatzfrage nach Sinn und Unsinn staatlicher Technologiepolitik auf.

Angesichts der offenkundigen Irrationalität staatlichen Handelns taucht in der Literatur daher oftmals das Argument des Staatsversagens bzw. Politikversagens („policy failure", Logsdon 1986) auf – des komplementären Falls zum Marktversagen (vgl. Bruzelius et al. 2002 sowie Kap. 11.2). Viele Autoren verweisen auf die ökonomische Unvernunft politischer Entscheidungen im Bereich der Technologieförderung, lassen damit aber die Frage offen, warum es immer wieder zu eklatanten Fehlentscheidungen kommt.

Zu einer befriedigenden Antwort auf die Frage nach der Logik staatlichen Handelns gelangt man erst, wenn man institutionalistisch denkt und die *politische* Rationalität des Handelns staatlicher Akteure berücksichtigt. Denn ein langfristig wirksamer, bleibender Effekt der Technologieförderung seit den 1940er Jahren war der Auf- und Ausbau der institutionellen Struktur dieses Politikfelds – in (West-)Deutschland beispielsweise in Form des 1962 gegründeten Bundesforschungsministeriums sowie der von ihm geförderten staatlichen Großforschungseinrichtungen. Trotz etlicher Fehlschläge einzelner Projekte hat die Förderung technologischer Großprojekte dazu beigetragen, eine staatliche Domäne im Bereich der Technologieförderung zu etablieren und dauerhaft zu stabilisieren (vgl. Stucke 1993b, Weyer 1993b). Folgt man Renate Mayntz (2001), so kann man in dieser Koevolution staatlicher Strukturen und technologischer Großprojekte sogar ein Wesensmerkmal moderner Gesellschaften sehen; die Geschichte der Eisenbahn ist ein Beispiel, das diesen Mechanismus überzeugend demonstriert. Offenkundig eignen sich technologische Großprojekte in besonderem Maße für den Aufbau von Machtpositionen im politischen System (dazu ausführlich Weyer 2005b, 2008f).

Der (west-)deutsche Sonderweg

Allerdings ist (West-)Deutschland nach 1945 einen Sonderweg gegangen, weil wegen der alliierten Forschungsverbote in der Nachkriegszeit ein nahtloses Anknüpfen an die Großtechnikprojekte des Faschismus unmöglich war. Aufgrund der föderalen Struktur der Bundesrepublik lagen zudem die Kompetenzen für Bildung und Forschung bei den Bundesländern.

Der Prozess der Rezentralisierung der Technologiepolitik sowie der Etablierung einer Bundesdomäne für Forschung und Technik vollzog sich jedoch innerhalb eines recht kurzen Zeitraums. Dies ist im Wesentlichen auf das Wirken von Franz-Josef Strauß zurückzuführen, der als Verteidigungsminister in den 1950er Jahren massiv das Konzept einer interventionistischen Industriepolitik gegen die damals vorherrschende ordo-liberale Schule um Ludwig Erhard propagierte. Um das neue Paradigma einer planwirtschaftlichen Förderung von Großtechnologien mit hohem politisch-symbolischen Gehalt zu etablieren, wich er in eine von der marktwirtschaftlich ausgerichteten Wirtschaftspolitik nicht besetzte Nische aus, nämlich die Förderung der Luft- und Raumfahrtindustrie, deren Wiederentstehen im Wesentlichen Strauß' Verdienst ist. Neben der zivilen Nutzung der Kernenergie war die zivile (wie auch die militärische) Luft- und Raumfahrt das Experimentierfeld, auf dem der Staat das neue Modell der Forschungsplanung erprobte und erfolgreich institutionalisierte: 1962 wurde das damalige Atomministerium um eine weitere Abteilung für Weltraumfragen erweitert und damit zum Bundesministerium für wissenschaftliche Forschung (BMwF) aufgewertet (vgl. ausführlich Weyer 1993a, 2006a). Diese Schlüsselentscheidung hat den Stil der bundesdeutschen Forschungs- und Technologiepolitik nachhaltig geprägt und ist bis in die Gegenwart wirksam (vgl. Weyer 2008e).

Sowohl in den USA als auch in der Bundesrepublik führten die Fehlschläge der staatlichen Forschungsplanung in den 1970er Jahren jedoch zu einem deutlichen Legitimationsverlust staatlicher Politik, der sich zum einen in Technikkritik und Technikkontroversen niederschlug, zum anderen aber ein ordnungspolitisches Gegenmodell aufkommen ließ, das den Rückzug des Staates aus der direkten Projektförderung forderte.

11.2 Deregulierung und Steuerungsverzicht

Geschichte/Genese

Spätestens mit der Mondlandung 1969 machte sich eine gewisse Enttäuschung und Ratlosigkeit breit (vgl. auch Mayntz 1987: 96). Die vielen Milliarden, die man für dieses Projekt investiert hatte, schienen angesichts der drängenden Probleme auf der Erde regelrecht im Weltall verschleudert worden zu sein. Ohnehin waren in den 1960er Jahren im Zeichen der Entspannung zwischen Ost und West und des sozialreformerischen Aufbruchs neue Themen ins Zentrum des öffentlichen Interesses gerückt wie etwa Umwelt, Verkehr, Gesundheit, Erziehung; und die wirtschaftliche Unvernunft kostspieliger Mammutprojekte, für die es keine Absatzmärkte gab, wurde immer offenkundiger.

Mit den Schlagworten „Bildungskatastrophe" und „technologischer Rückstand" wurde daher eine Umorientierung der Technologiepolitik eingeläutet (Krieger 1987: 262ff.), die mit der Förderung zivil-industrieller Zukunftstechnologien einen zweiten, eigenständigen Pfad der Technologiepolitik entwickelte, der neben die Förderung der Staatstechnik trat. Ziel war es nunmehr, eine „aktive Strukturpolitik" (Hauff/Scharpf 1975: 14) zu betreiben und so den Strukturwandel von Wirtschaft und Gesellschaft zu beschleunigen. Dazu wurden ab den 1970er Jahren Programme zur Entwicklung weltmarktfähiger Spitzentechnologien in den Bereichen Mikroelektronik, Gentechnik, Werkstoffe sowie Luftfahrt aufgelegt; daneben schritt allerdings der Ausbau der Mega-Projekte der ersten Phase (Atomkraft, Raumfahrt) voran – und verschlang gerade in dieser Zeit erhebliche Mittel, was die Handlungsfähigkeit des Forschungsministeriums erheblich einschränkte (vgl. Stucke 1993a).

Die Förderung zivilindustrieller Zukunftstechniken sollte vorrangig mit indirekten Mitteln erfolgen, also eher mit steuerlichen Anreizen als auf dem Wege der direkten Bezuschussung einzelner Projekte. Diese Kehrtwende hatte konsequenterweise den gewollten Verzicht auf eine zielgerichtete, programmatische Steuerung von Forschung und Technik zur Folge (vgl. Mayntz/Scharpf 2005). Dazu mussten jedoch neue Instrumente entwickelt und erprobt werden, denn die bekannten Verfahren der Förderung staatlicher Großtechnik ließen sich nicht auf die neuen Förderbereiche übertragen.

Die Neuausrichtung der Technologiepolitik auf weltmarktfähige Hochtechnologien und den internationalen Wettbewerb in den 1970er Jahren führte daher zu einer schrittweisen „Zurücknahme ... (des) politischen Gestaltungsanspruchs" (Rilling 1994: 63).[98] In den 1980er Jahren wurde die sozialdemokratische Planungs- und Steuerungsrhetorik dann endgültig von der neoliberalen Deregulierungsdiskussion abgelöst, die den „Steuerungsverzicht" und das „liberalistische Laissez-faire" (Mayntz 1987: 99) zum Programm erhob und die Zieldefinition und die Programmformulierung vollends an korporatistische Interessenkartelle delegierte, in denen der Staat nur noch ein Mitspieler unter vielen war. Das Ende der Planungseuphorie ging also mit der Forderung nach einem weitgehenden Rückzug des Staates einher.

---

98 Vgl. auch die Kritik von Jörg Huffschmid (2005) an den negativen binnenwirtschaftlichen Effekten einer exportorientierten Technologiepolitik.

Es ist jedoch eine zweifelhafte Strategie, Entscheidungen über Zukunfts-technologien in die Privatwirtschaft zu verlagern; denn auch die Unterneh-men kämpfen angesichts von Planungsunsicherheiten in international ver-flochtenen Märkten mit ähnlichen Prognoseproblemen wie der Staat (vgl. Grande 1994). Gestützt auf international vergleichende Analysen begann man daher, erfolgreiche Strategien der Technologieförderung (beispielswei-se in Japan) zu identifizieren, um auf diese Weise neue Orientierungen zu gewinnen. Diese „Picking-the-winners"-Bewegung war jedoch selbst mit ausgefeilten Instrumenten lediglich in der Lage, die Gewinner von gestern zu identifizieren, nicht aber die von morgen (vgl. Freeman 1987, Klodt 1995). Das Problemlösungspotential dieser Variante von Technologiepoli-tik blieb somit ebenfalls beschränkt.

Nicht nur in der Rückschau stellt sich allerdings die Frage, inwiefern sich die neoliberale Wende in der praktischen Politik tatsächlich niedergeschla-gen hat. Offenbar hat sie weitgehend im Bereich der Rhetorik stattgefun-den, wo vollmundig der Rückzug des Staates propagiert wurde, ohne dass sich an der Politik der Förderung von Großprojekten und Welt-Konzernen etwas Grundlegendes geändert hat. Ein Blick auf die Budgets des Bundes-forschungsministeriums lässt jedenfalls keine Einschnitte bei staatlichen Großprojekten erkennen; das neue Politikmodell wurde vielmehr in Form einer zweiten Schicht hinzuaddiert (vgl. das Schalenmodell von Bräun-ling/Maas 1988, hier zit. n. Meyer-Krahmer/Kuntze 1992: 99ff.).

„Staatsversagen" – Das Modell der Deregulierung der Forschungsförderung

Die Annahme, dass staatliche Interventionen generell schädlich für die Wirtschaft sind, bildet einen Eckpfeiler des neoliberalen Denkens; die Em-pirie dafür liefern vor allem die Fehlschläge der staatlichen Förderung von Großtechnikprojekten, teils aber auch international vergleichende Analysen, die beispielsweise in den 1980er Jahren den Blick dafür öffneten, dass es Unterschiede zwischen Ländern mit einer auf Staatstechnik fixierten Politik (wie den USA), und Staaten mit einer eher an kommerziellen Märkten aus-gerichteten Technikförderung (wie Japan) gibt (vgl. u.a. Klodt 1987, Bruze-lius et al. 2002, Klodt 2004, Butos/McQuade 2006). Da staatliche Interven-tionen wettbewerbsverzerrend seien, zudem Fehlallokationen bewirkten, die im günstigen Fall lediglich Verschwendung, im ungünstigen aber sogar öko-nomisch kontraproduktiv seien, weil sie die Unternehmen vor dem Selekti-onsdruck des Marktes schützen, fordern neoliberale Theoretiker einen gene-rellen Steuerungsverzicht. Die Wettbewerbsfähigkeit der Luft- und Raum-fahrtindustrie sei beispielsweise trotz hoher Subventionsquoten erheblich geringer als die der Automobil- oder Chemieindustrie, die nur in geringem Maße von den Segnungen der staatlichen Technologiepolitik profitierten (vgl. Klodt 1995, Schmoch 1993).

Das neoliberale Modell operiert also mit dem – spiegelbildlich zum Theorem des Marktversagens (vgl. Kap. 11.1) angelegten – Konzept des Staatsversagens, aus dem sich nahezu zwangsläufig ein Steuerungspessimismus ergibt (vgl. Mayntz 1987: 89f. sowie die weitergehende These eines bewussten Steuerungsverzichts in Mayntz/Scharpf 2005). Die Unternehmen, so das Modell, wüssten letztlich am Besten, in welche Zukunftstechniken man investieren solle, und der Staat könne derartige Entwicklungen allenfalls durch „weiche" Maßnahmen flankieren. Neben der Förderung der Grundlagenforschung und dem Ausbau des Bildungswesens – beides wird auch von neoliberalen Konzepten für akzeptabel und sinnvoll gehalten – solle der Staat allenfalls mit Mitteln der indirekten Projektförderung operieren, die nicht das technologische Ziel festlegt, sondern lediglich ein bestimmtes Verhalten steuerlich begünstigt (z.B. die Einstellung von Ingenieuren oder die Beteiligung an EU-Projekten). Eine derartige Anreizpolitik, die sich am Subsidiaritätsprinzip orientiere, sei eher geeignet, ein breites Reservoir neuer technischer Optionen zu schaffen, als direkte staatliche Interventionen. Die Einführung des Katalysators für Pkws ab den 1980er Jahren gilt als ein Paradebeispiel einer derartigen „dezentralen Kontextsteuerung" (Willke 1984, 1997, 2007), die es den Akteuren überlässt, den Weg zur Erreichung des politisch gewünschten Ziels nach eigenen Vorstellungen zu beschreiten.

Kritische Würdigung

So sehr die Kritik der Neoliberalen an den Fehlschlägen der staatlichen Förderung von Großtechnik einleuchtet, so wenig plausibel erscheint jedoch ihr Gegenmodell. Zum einen kann man – spitzfindig – einwenden, dass auch die neoliberale Schule offenbar an die Steuerungsfähigkeit des Staates glaubt, allerdings eher im Sinne eines negativen Einflusses staatlicher Aktivitäten auf die Leistungsfähigkeit bestimmter Unternehmen bzw. Branchen, was für die Branchen, die vom staatlichen Aktivismus verschont bleiben, demnach von Vorteil sein müsste (Weyer 1993a).

Zum anderen ist fraglich, ob man mit indirekter Förderung überhaupt eine Steuerungswirkung erzielen kann, vor allem wenn man sich an Schwerpunkten orientiert, die die Industrie ohnehin setzt; denn auf diese Weise erzielt man letztlich kaum Lenkungswirkungen, sondern verstärkt lediglich laufende Aktivitäten (mit dem zusätzlichen Risiko von Mitnahme-Effekten). Zudem führt der von den Neoliberalen propagierte Steuerungsverzicht faktisch zu einer Delegation der Projektauswahl an die Mittelnehmer. Damit macht sich der Staat jedoch tendenziell überflüssig; und dies wirft die Frage auf, ob eine derartige Konzeption staatlichen Nicht-Handelns den Anforderungen einer modernen Wissensgesellschaft gerecht wird.

Die Gegenüberstellung der beiden Modelle „Forschungsplanung" und „Steuerungsverzicht" offenbart ein schwer lösbares Dilemma, in dem sich staatliches Handeln verstrickt, das die Wirkungen politischer Maßnahmen maximieren, zugleich aber deren Risiken minimieren will:

Tab. 21: Das Dilemma der Technologiepolitik

	direkte Steuerung	indirekte Steuerung
Wirkung	+	-
Risiko	+	-

Eine direkte Steuerung verspricht zwar eine große Wirkung, sei sie nun positiv oder negativ, geht aber ein ebenso hohes Risiko des Fehlschlags ein; eine indirekte Steuerung kann zwar die Risiken minimieren, aber nur auf Kosten des Anspruchs, Wirkungen erzielen zu wollen.

11.3 Partizipative Technikgestaltung und interaktiver Staat

Geschichte/Genese

Als Reaktion auf die Fehlschläge einer technikzentrierten Innovationsstrategie, aber auch auf die kontroversen Debatten über die Risiken technischer Innovationen vor allem in der Atom- und der Gentechnik entstand in den 1980er Jahren ein neues Modell einer interaktiven, partizipativen Technikgestaltung, das als eine Art „dritter Weg" zwischen Forschungsplanung und Steuerungsverzicht angesehen werden kann. Die technologiepolitische Streitkultur der 1970er Jahre hatte nicht nur die Wissenschaft in zwei Lager von Pro- und Contra-Experten gespalten, die in der Bewertung technischer Risiken oftmals zu konträren Ergebnissen kamen. Sie hatte darüber hinaus auch eine neuartige Konfrontation von Experten und Laien mit sich gebracht, deren Wissensbestände, aber auch Bewertungsmaßstäbe erheblich differierten (vgl. Kap. 9.1). Zudem beanspruchten Laien und Betroffene sowie die von ihnen getragenen sozialen Bewegungen nunmehr verstärkt ein Mitspracherecht in Fragen der Technikgestaltung, wobei sie sich oftmals auch auf wissenschaftliche Expertisen stützten.

Diese Entwicklungen führten nicht nur zu einem Legitimationsverlust des Staates; sie stellten auch die Autorität und Legitimität der Wissenschaft nachhaltig in Frage, da diese nicht mehr in der Lage war, das Bedürfnis der Laien nach (end-)gültigen Wahrheiten zu befriedigen, sondern stets neues Wissen und damit zugleich neues Unwissen generierte. Vor dem Hintergrund dieser zunehmenden Politisierung, Fragmentierung und Pluralisierung des Politikfelds „Technologiepolitik" entstanden in den 1980/90er Jahren folgende neue Instrumente der Technikgestaltung.

Technikfolgenabschätzung

Eine Reaktion auf die beschriebenen Tendenzen war die Einrichtung von Organisationen der parlamentarischen Technikfolgenabschätzung, die als eine Form der Prozeduralisierung von Technikkonflikten betrachtet werden können. Das nach langen Debatten im Jahr 1992 gegründete Büro für Technikfolgenabschätzung beim Deutschen Bundestag (TAB) hat beispielsweise die Aufgaben der Technikvorausschau („Foresight") und der Politikberatung. Es stützt sich dabei auf wissenschaftliche Expertisen, auf deren Basis es alternative Szenarien der Technikentwicklung generiert. Bei der Bewertung der Potenziale und Risiken neuer Technik, bei der Abschätzung ihrer gesellschaftlichen Folgen sowie bei der Entwicklung von Szenarien der Technikgestaltung bedient sich das TAB der Methode der „komplementären Partialanalyse" (Paschen/Petermann 1991: 34); d.h. es bezieht Experten aus unterschiedlichen Fachrichtungen mit ein, um so ein möglichst vielschichtiges und umfassendes Bild zu generieren. Man kann diesen Ansatz als eine expertokratische Form der Austragung von Technikkontroversen betrachten; denn Laien spielen in diesem Modell keine Rolle.

Partizipative Verfahren

Die Einbeziehung von Laien hatte sich vor allem bei der Lösung von Problemen auf lokaler bzw. regionaler Ebene bewährt, beispielsweise bei der Stadt- und Verkehrsplanung oder bei der Entwicklung neuer Verfahren der Abfallentsorgung (Herbold et al. 1991). Die Grundidee des Partizipationsmodells besteht darin, dass eine Bottom-up-Planung unter Berücksichtigung der Interessen von Laien und Betroffenen („Runde Tische") zu stabileren Lösungen führt als eine Top-down-Planung. Denn in derartigen Prozessen wird das spezifische Wissen potenzieller Anwender und Betroffener mobilisiert, was zum einen eine Quelle von Inspirationen sein kann, zum anderen aber auch dazu beiträgt, Schwachstellen der Planung rechtzeitig zu identifizieren (vgl. z.B. Rath 1993: 291).[99] Beteiligungsorientierte, diskursive Verfahren haben zudem den Effekt, dass die Betroffenen zu Mit-Planern werden und somit im Prozess der Aushandlung konsensfähige Lösungen entstehen, mit denen sich möglichst viele Interessenpositionen identifizieren können.[100] Man nimmt also das „soziale Risiko des Aushandelns … bewusst in Kauf" (Weyer et al. 1997: 329), um die Durchsetzungschancen innovativer Projekte zu erhöhen und spätere Risiken zu vermeiden. Diese Form der „Rückkopplung zwischen Technikanwendern und Technikerzeugern" lässt somit Produkte entstehen, „die sich auf einen breiten Konsens

---

99 In der Industrie sind derartige Verfahren unter Labeln wie „Kundenorientierung" oder „Lead-User-Ansatz" weit verbreitet (vgl. u.a. Spath 2003).

100 Dass dies in der Praxis nicht immer so reibungslos funktioniert wie im Modell, sei hier keineswegs verschwiegen; vgl. u.a. das Verfahren zur Technikfolgenabschätzung bei herbizidresistenten Pflanzen (van den Daele et al. 1996).

stützen können und somit eine größere Realisierungschance haben" (ebd.). Die Bezüge dieses Konzepts zum Habermas'schen Konsens-Modell des herrschaftsfreien Diskurses sind deutlich erkennbar (vgl. Kap. 3.4.).

Technikgestaltung vollzieht sich gemäß diesem Ansatz also in offenen, pluralistischen Aushandlungsprozessen, die eine gewisse Offenheit für Alternativen besitzen und weniger von einer Technology-push-Orientierung geprägt sind (wie das traditionelle Modell der Forschungsplanung), sondern von einer Nachfrage- und Bedarfsorientierung („demand pull"), die den Innovationsprozess von seinem Ende her denkt und auf die Entdeckung bzw. Erfindung neuer Märkte ausgerichtet ist (Meyer-Krahmer 2005: 16).

Die neue Rolle des Staates als Moderator

Die (partielle) Umstellung der Technologiepolitik auf prozedurale Verfahren, die Öffnung für neue Mitspieler, aber auch die zunehmende Pluralisierung und Fragmentierung des Politikfelds wirft die Frage nach der veränderten Rolle des Staates auf; denn das traditionelle Bild eines Technologietreibers, der technologische Durchbrüche organisiert, erweist sich angesichts der neuen Strukturen des Politikfelds als zunehmend inadäquat (vgl. auch Braun 1997).

In der Literatur wird vielfach das Bild eines „sukzessiven Rückzugs des Staates aus der großtechnologischen Forschungsförderung" (Dolata 2004: 26) gezeichnet. Technologiepolitik, so Uli Dolata, vollziehe sich heute eher als aktive Mitgestaltung denn als gezielte Steuerung, denn der Staat beschränke sich „mehr denn je darauf ..., Rahmen zu setzen für in weiten Teilen selbstorganisierte und eigendynamische, durch außerstaatliche Akteure geprägte" Projekte (23). Dieses neue Paradigma des „interaktiven Staates" (Simonis 1995) beinhaltet eine Rücknahme des Gestaltungsanspruchs zugunsten einer Initiierung und Moderation von Prozessen, die sich weitgehend in selbstorganisierten Netzwerken vollziehen. In diesem Modell, das man als eine Art „dritten Weg" zwischen Markt und Staat bezeichnen kann, zieht sich der Staat aus der thematischen Feinsteuerung von Technik heraus und konzentriert sich darauf, die Rahmenbedingungen für dezentrale Lernprozesse in Netzwerken zu schaffen, welche die Entwicklung innovativer Technologien sowie die Entstehung neuer Leitmärkte vorantreiben (Meyer-Krahmer 2005). Seit Mitte der 1990er Jahre wurde dieses neue Paradigma in Innovations-Wettbewerben (Bio-Regio, Inno-Regio, Mobilität in Ballungsräumen) erprobt, die vom Bundesforschungsministerium ausgerichtet wurden und dezidiert die Vernetzung der Akteure aus Wirtschaft, Wissenschaft und Politik innerhalb einer Region sowie die gemeinsame Entwicklung innovativer Lösungen in den Bereichen Biotechnologie, aber auch Mobilität und Verkehrssteuerung zum Ziel hatten (Dohse 2001, 2005). Hier ging es nicht um die Entwicklung singulärer Technologien, sondern um die Konstruktion komplexer Systeme, deren praktische Erprobung und schließlich deren Einführung am Markt; der Staat hat dabei die dezentrale Suche nach angepassten Lösungen unterstützt, sich aber nicht in die Details der Entscheidungsprozesse eingemischt.

Regulation als neue Staatsaufgabe

Der Wandel vom Interventions- zum Verhandlungsstaat hat also nicht zu einem vollständigen Rückzug des Staates aus der Technikgestaltung geführt, sondern zu neuen Formen der Techniksteuerung, die jenseits der Dichotomie von Forschungsplanung und Steuerungsverzicht liegen, indem sie intelligente Formen der „weichen" Steuerung verwenden.

Allerdings sind gerade im Bereich der großen, netzförmigen Infrastruktursysteme auch neuartige Staatsaufgaben entstanden, und zwar vor allem in Fragen der Koordination und Regulierung. Gerade in liberalisierten Märkten entsteht, so Raymund Werle (2001), ein neuer Bedarf an Regulierung, die von den Marktteilnehmern selbst nicht geleistet werden kann. Bei der Standardisierung von Schnittstellen in Telekommunikationsnetzen geraten die Akteure aus der Privatwirtschaft beispielsweise leicht in Selbstblockaden, die sich nur auflösen lassen, wenn der Staat die Rolle des Moderators übernimmt, der die Bedingungen für eine funktionierende Selbstkoordination der Akteure schafft. So kann der Staat den Marktteilnehmern etwa verbindliche Regeln für Ausgleichszahlungen auferlegen, um diejenigen Akteure zu entschädigen, die beim Wechsel auf einen gemeinsamen Standard Nachteile in Kauf nehmen müssen. Auch die Risikoregulierung (zur Vermeidung negativer Externalitäten) sowie die Marktregulierung (zur Vermeidung von Monopolen) sind laut Werle vornehmliche Aufgaben des Staates, die der Markt selbst nicht leisten kann und deren Bedeutung eher zu- als abnimmt.

Kritische Würdigung

Das Konzept des interaktiven Staates kann als eine intelligente Kombination der beiden zuvor geschilderten Strategien angesehen werden, das deren Stärken nutzt und deren Schwächen meidet: Der Staat nutzt die Eingriffsmöglichkeiten von Politik, ohne jedoch den Akteuren verbindliche Vorgaben zu machen; und er hält sich andererseits aus konkreten Fragen der Technikgestaltung heraus, ohne jedoch gänzlich auf steuernde Eingriffe zu verzichten.

Wie bereits in Kapitel 7.9 im Rahmen der Diskussion über „technology forcing" und „niche management" angesprochen, bleibt jedoch die Frage offen, inwiefern die Politik, wenn sie sich auf die Rolle des Moderators und Koordinators selbstorganisierter Lernprozesse beschränkt, überhaupt zielgerichtet steuern kann. Denn ob die Förderung regionaler Netzwerke dazu beiträgt, gewünschte Wirkungen zu erzielen und somit Steuerungsintentionen umzusetzen (wie beispielsweise die Verminderung des CO_2-Ausstoßes durch Einsatz moderner Technologien), lässt sich mit diesen Politikansatz ebenso wenig sicherstellen wie mit den beiden anderen Paradigmen der Technologiepolitik.

Ein weiterer Aspekt kommt hinzu: Zwar hat auf programmatischer Ebene seit den 1990er Jahren ein Paradigmenwechsel in der Technologiepolitik stattgefunden, der sich auch in etlichen Förderprogrammen niederschlägt; von einem Rückzug des Staates aus der Förderung von Großtechnik, wie es etwa Dolata behauptet (s.o.), kann jedoch insgesamt keine Rede sein. Wie die Beispiele der Internationalen Raumstation oder des Satellitennavigations-Systems Galileo zeigen, erfreut sich der traditionelle interventionistische Politikstil im Gegenteil nach wie vor großer Beliebtheit (vgl. u.a. Weyer 2005b, 2008c). Man kann eher ein Nebeneinander unterschiedlicher Programme und Paradigmen diagnostizieren, denn neben der Förderung von Großprojekten in der Raumfahrt und der Energietechnik findet man beispielsweise in der Hightech-Strategie der Bundesregierung von 2006 auch Programme zur Förderung industrieller Spitzentechnologien (Biotechnologie, Informationstechnik, Neue Werkstoffe etc.) sowie schließlich, wenngleich in geringem Umfang, auch den neuen Typus der Förderung von Wettbewerben, regionalen Clustern, Kooperationen etc. (BMBF 2006). Diese Koexistenz von – historisch gewachsenen – Politikstilen erweckt eher den Eindruck eines bunten Gemischtwarenladens als einer klaren Ausrichtung auf ein einziges Paradigma.

11.4 Technologiepolitik am Beginn des 21. Jahrhunderts

Versucht man, die gegenwärtige Situation der Technologiepolitik in Deutschland (und Europa) zu charakterisieren, so kann man zunächst eine neue Unübersichtlichkeit konstatieren, die vor allem daraus resultiert, dass politisches Handeln auf mehreren miteinander verflochtenen Ebenen stattfindet:

- Die *Regionalisierung* der Technologiepolitik ist Folge eines neuen Selbstbewusstseins der Bundesländer, aber auch der Regionen und Kommunen, welche die Förderung von Wissenschaft und Technik als Element einer Standortpolitik begreifen, die auf den Wettbewerb der Regionen in einer globalen Ökonomie ausgerichtet ist.
- Die *Europäisierung* der Technologiepolitik vollzieht sich seit Jahren in Form einer schrittweisen Verlagerung von Kompetenzen zur EU-Kommission, der es – nach etlichen weniger erfolgreichen Versuchen in der Vergangenheit – mit dem 7. Rahmenprogramm (2008-2013) nunmehr gelungen ist, ihr Budget und ihren Aufgabenbereich erheblich auszuweiten (Edler/Kuhlmann 2005, Prange 2003).

- Der unaufhaltsame Trend der *Globalisierung* macht sich u.a. an der Tatsache fest, dass Träger der Technikentwicklung in zunehmendem Maße global operierende, transnational verflochtene Konzerne sind, bei deren Entscheidungen nationalstaatliche Interessen oder Standort-Bindungen meist nur eine untergeordnete Rolle spielen. Auch global koordinierte Maßnahmen der Techniksteuerung, etwa im Bereich der Umwelt- und Klimapolitik, lassen sich als Indikatoren für diesen Trend deuten.

Ob diese Entwicklungen auf eine „Erosion des staatlichen Steuerungspotenzials in der Forschungs- und Technologiepolitik" schließen lassen, wie Edgar Grande (1994) es mit Blick auf die Politikverflechtung im Mehrebenen-System und den damit einhergehenden schwindenden Einfluss des Nationalstaats behauptet hat, mag dahin gestellt sein; denn der Nationalstaat bleibt nach wie vor ein wichtiges Referenzsystem der Politik (Dolata 2004, Weyer 2005b). Zudem ist eine kohärente europäische Forschungspolitik erst in Ansätzen erkennbar.

Dennoch ist Bewegung in ein Politikfeld gekommen, dessen institutionelle Basis nahezu 50 Jahre lang stabil gewesen war. Mit dem Neuzuschnitt der Ressorts nach der Bundestagswahl 2005 musste das Bundesforschungsministerium einen Großteil seiner Kompetenzen im Bereich der Förderung von Zukunftstechnologien an das Wirtschaftsministerium abgeben; zudem wurde mit der Föderalismusreform des Jahres 2006 die Position der Länder zu Lasten des Bundes gestärkt (dazu ausführlich Weyer 2008f). Dies kann als ein deutliches Zeichen einer Schwächung der Position des Bundesforschungsministeriums angesehen werden – und zugleich als ein Indiz für eine Transformation von einer eher forschungspolitisch motivierten zu einer stärker industriepolitisch ausgerichteten und in außen- und sicherheitspolitische Kalküle eingebetteten Technologiepolitik.

11.5 Theorien der Techniksteuerung

Allen bislang diskutierten Ansätzen ist gemein, dass sie eine normative Begründung von Technologiepolitik besitzen, die auf der impliziten Prämisse basiert, dass der Staat, wenn er – aus welchen Motiven auch immer – steuernd in den Prozess der Technikentwicklung eingreifen will, dazu tatsächlich in der Lage ist und mit seinen Interventionen auch spürbare Wirkungen erzielen kann. Darin sind sich die Steuerungsoptimisten, die auf positive Effekte staatlicher Steuerung verweisen, und die Pessimisten einig, welche eher die negativen Auswirkungen betonen – und damit die praktische Wirksamkeit von Steuerungshandeln ebenfalls (zumindest implizit) akzeptieren. Die Begründung derartiger Thesen einer Steuerbarkeit von Technik wird allerdings zumeist in Form eines Verweises auf die Praxis der politischen Techniksteuerung und weniger in Form eines Rekurses auf theoretische Modelle der Interaktion von Politik und Wissenschaft geliefert. Wendet man jedoch den Blick in die steuerungs*theoretische* Literatur, so erscheint diese Prämisse der Steuerungsfähigkeit des Staates durchaus fraglich.

Den Ausgangspunkt für die Debatte um die Steuerung der Wissenschaft bildete die in den 1920/30er Jahren einsetzende offenkundige Instrumentalisierung der Forschung durch den Sozialismus sowjetischer Prägung sowie den deutschen Faschismus. In diesem Kontext wurde das seit 1660, also seit Gründung der Royal Society (vgl. Kap. 6.3), gültige normative Ideal der *autonomen* Wissenschaft explizit ausformuliert, (wissenschafts-)theoretisch fundiert und zudem mit dem dezidierten Anspruch verknüpft, dass das Wissenschaftssystem nur unter den Bedingungen einer Selbststeuerung der Forschung funktionieren könne.

Karl Popper entwickelte 1934 in seiner „Logik der Forschung" (1966) die Forderung nach intersubjektiver Überprüfbarkeit und Falsifizierbarkeit von Theorien als eine Norm, deren Einhaltung für das Funktionieren eines autonomen, d.h. sich selbst regulierenden Wissenschaftssystems unentbehrlich sei. In ähnlicher Weise formulierte Robert K. Merton 1942 – unter dezidiertem Verweis auf die damaligen Angriffe auf die Integrität der Wissenschaft – das Ethos der Wissenschaft, das auf vier institutionellen Imperativen basiert: dem Universalismus (i.e. der Zulässigkeit von Geltungsansprüchen unabhängig von der jeweiligen Person), dem Kommunismus (i.e. dem gemeinschaftlichen Eigentum am wissenschaftlichen Wissen), der Uneigennützigkeit der Wissenschaftler sowie schließlich dem organisierten Skeptizismus (vgl. Merton 1972). Das Ideal der Gelehrtenrepublik, die nach festgelegten Spielregeln agiert und autonom über die Gültigkeit von Theorien entscheidet, wurde hier also in Anbetracht der Herausforderungen durch Sozialismus und Faschismus, welche die Autonomie der Forschung erstmals radikal in Frage stellten, bekräftigt und kodifiziert. Man kann diese Versuche einer Explizierung der Normen, die das Wissenschaftssystem konstituieren, jedoch auch als erstes Indiz für eine Erosion eben dieser Normen betrachten.

In den 1970er Jahren stellten dann neomarxistische Analysen das Bild einer sich selbst regulierenden Gelehrtenrepublik massiv in Frage, indem sie auf die „Instrumentalisierung der Wissenschaft entsprechend den Imperativen kapitalistischer Akkumulation" (Schimank 1995: 103) verwiesen. Sowohl die Industrieforschung in Unternehmen als auch die Eingriffe des Staates in die anderen Forschungssektoren wurden als Indizien für eine derartige Indienstnahme der Forschung für Zwecke der Kapitalverwertung und eine damit einhergehende Außerkraftsetzung der Autonomie der Forschung angesehen.

Es ist das Verdienst der Finalisierungstheorie (Böhme et al. 1973), eine Vermittlung zwischen dieser pauschalen und wenig differenzierten These einer kapitalistischen Instrumentalisierung von Forschung und dem traditionellen, aber offenkundig nicht mehr zeitgemäßen Modell der autonomen Gelehrtenrepublik vorgenommen zu haben. Gestützt auf theoretische und historische Analysen kamen die Autoren zu dem Schluss, dass die Möglichkeiten einer *externen* Beeinflussung der Wissenschaft (z.B. durch die Politik) von deren Entwicklungsgrad abhängt: Eine Steuerung von Forschung ist demnach vor allem in der prä- und in der postparadigmatischen Phase möglich, während in der paradigmatischen Phase die Wissenschaftler vorrangig mit theorie*internen* Problemen befasst sind. Wenn die Wissenschaft durch Abschluss eines Paradigmas – beispielsweise der Newton'schen Mechanik (vgl. Kap. 6.3) – eine gewisse Reife erreicht hat, ist sie somit offen für Alternativen. Durch diese Phaseneinteilung versöhnte die Finalisierungstheorie die beiden konkurrierenden Positionen: Das Modell der autonomen Wissenschaft wurde relativiert, indem dessen Gültigkeit auf eine von drei Phasen der Wissenschaftsentwicklung eingeschränkt wurde; und die Idee einer Steuerung der Wissenschaft wurde zwar akzeptiert, aber von simplen Vorstellungen eines mechanischen Intervenierens befreit.

Spätere Arbeiten wie etwa das Konzept der „Selbstorganisation der Wissenschaft" (Krohn/Küppers 1989) entwickelten diese Gedanken weiter zu einem Modell, das Forschungssteuerung als Wechselspiel strategisch handelnder Akteure versteht. Auch der akteurzentrierte Institutionalismus (vgl. Kap. 11.6) knüpfte hier an und machte die „Grenzen forschungspolitischer Steuerung" (Schimank 1995: 106) deutlich. Er richtete den Blick zudem auf die Tatsache, dass die konkreten institutionellen Formen der Forschungsförderung „das Ergebnis machtpolitischer Auseinandersetzungen" (Braun 1997: 373) zwischen den beteiligten Akteuren sind.

Vor diesem Hintergrund war es eine Art „Paukenschlag", als Niklas Luhmann im Jahr 1981 die traditionelle Autonomie-These bekräftigte, indem er die Wissenschaft als ein gesellschaftliches Teilsystem charakterisierte, das autonom und selbstreferenziell operiert und durch seine Umwelt zwar irritiert, aber nicht gesteuert werden kann (vgl. Kap. 4). Damit stand die Soziologie wieder einmal vor der Herausforderung, die reale Praxis der Forschungssteuerung in einer Weise in die soziologische Theorie zu integrieren, die sich auf gleicher Augenhöhe mit der Luhmann'schen Systemtheorie befand. Diese Leistung vollbrachten vor allem Renate Mayntz und Fritz Scharpf, die ab Mitte der 1980er Jahre ein großangelegtes Programm der empirischen Erforschung staatsnaher Sektoren (in den drei Bereichen Gesundheitswesen, Forschungssysteme und Telekommunikation) durchführten und dies mit einem theoretischen Konzept unterfütterten, das sie später mit dem Label „Akteurzentrierter Institutionalismus" versahen (vgl. Mayntz/ Scharpf 1995a).

11.6 Akteurzentrierter Institutionalismus

Mayntz und Scharpf akzeptieren zwar die Diagnose einer funktional ausdifferenzierten Gesellschaft, grenzen sich aber in ihren steuerungstheoretischen Schlussfolgerungen deutlich von Luhmann ab. So bestreitet Renate

Mayntz beispielsweise, dass die „real existierenden Steuerbarkeitsprobleme" (1987: 101), die sie ähnlich wie Luhmann erkennt, mit der operativen Geschlossenheit autopoietischer Systeme zusammenhängen. Sie verweist vielmehr auf die grundlegende Differenz zwischen der basalen Selbstreproduktion sozialer Systeme (die Mayntz zufolge niemand von außen zu steuern beansprucht) und den lenkenden Eingriffen in das Handeln von Akteuren, die erforderlich seien, um Funktionsstörungen oder negative Folgewirkungen zu vermeiden (welche sie durchaus für möglich hält).[101] Und sie hält Luhmann vor, dass er die Möglichkeit einer derartigen „intersystemischen Kommunikation" ignoriere, weil er

> „nach dem Prinzip der Dame ohne Unterleib soziale Systeme auf bloße Kommunikation verkürzt und sie damit ihres realen Substrats und aller faktischen Antriebskräfte beraubt" (102).

Die „unbestrittene Resistenz gesellschaftlicher Regulierungsfelder gegen staatliche Steuerung" (102) resultiert Mayntz zufolge vor allem aus der „Fähigkeit zur Selbststeuerung" (103) sozialer Teilsysteme, die mit den wachsenden Machtressourcen, aber auch der „kollektiven Handlungs- und daher auch Widerstandsfähigkeit hochgradig institutionalisierter und organisierter sozialer Teilsysteme" (103) zusammenhänge und nicht, wie Luhmann behauptet, mit der selbstreferentiellen Operationsweise dieser Systeme.

Empirische Untersuchung funktioneller Teilsysteme

Die Gegenposition zu Luhmanns Systemtheorie, die Mayntz (und Scharpf) beziehen (vgl. Mayntz/Scharpf 2005), basiert also auf einer Verknüpfung des allgemeinen Modells der funktionalen Ausdifferenzierung von Gesellschaft mit akteurtheoretischen Konzepten, die dazu beitragen sollen, konkrete Interaktionsprozesse zu beschreiben und Steuerungsprobleme zu erklären. Mayntz richtet daher ihr Augenmerk – anders als Luhmann, der Systeme als Globalphänomene ohne innere Differenzierung begreift – auf die „Binnenstruktur" (Mayntz 1988a: 23) gesellschaftlicher Teilsysteme, also auf die Organisationen und die Akteure. Zudem befasst sie sich mit „funktionellen Teilsystemen" (15) wie beispielsweise der Forschungspolitik, die sie als Sub-Systeme begreift, die durch weitere Ausdifferenzierung der gesellschaftlichen Teilsysteme Luhmannscher Prägung entstehen und durch spezifische Leistungen geprägt sind, die sie für die Gesellschaft erbringen. Diese „realen gesellschaftlichen Strukturen" (37) lassen sich, so Mayntz, allerdings nicht theoretisch deduzieren, sondern nur empirisch identifizieren (19). Mit diesem Fokus auf die Binnenstrukturen gesellschaftli-

---

101 An anderer Stelle unterscheidet sie zwischen der invarianten systemischen „Funktion von Politik" im Sinne Luhmanns und den wandelbaren „Handlungslogiken" der Akteure (Mayntz 1988a: 19).

cher Systeme verschiebt sich auch die steuerungstheoretische Perspektive; denn „Probleme politischer Steuerbarkeit" ergeben sich für Mayntz vor allem aus der zunehmenden „Verselbständigung funktioneller Teilsysteme", die aufgrund ihrer hohen Autonomie in der Lage sind „externe Einflüsse besser abzuwehren" (36). Dieser Ansatz hat zwei Konsequenzen:

(a) Zum einen macht er die von Luhmann apodiktisch postulierten Thesen zu empirisch untersuchbaren Fragen; Mayntz spricht dezidiert von einer „empirischen Wende" (1988a: 19), die sich in einer Reihe von Studien z.B. zur Industrieforschung (Grande/Häusler 1994) oder zur außeruniversitären staatlichen Forschung (Hohn/Schimank 1990) manifestiert hat, welche auf breiter empirischer Grundlage die Akteurkonstellationen, vor allem aber die Rolle der staatlichen und der nicht-staatlichen Akteure im Prozess der Steuerung gesellschaftlicher Systeme ausgeleuchtet haben. Dabei stellte sich, wie Uwe Schimank es später formulierte, heraus, dass sich die Frage nach der Steuerung der Forschung

> „nicht mehr mit einer einfachen theoretischen Formel beantworten (lässt), sobald man sich ernsthaft empirisch fundiert mit den institutionellen Gegebenheiten und den darin angesiedelten Akteurkonstellationen befasst" (1995: 133).

Es gebe vielmehr eine große „Varianz und Variabilität institutioneller Strukturen und darin eingebetteter Akteurkonstellationen" (133). Typisch sei insbesondere die schrittweise Entstehung „institutioneller Gleichgewichte" (135) in den untersuchten Sektoren, die vor allem vom Bemühen der Akteure geprägt seien, derartige Gleichgewichtszustände herzustellen. Die Prozesse, die dorthin führten, ließen sich in der Regel als pfadabhängige Dynamiken beschreiben, die von zufälligen Ereignissen angestoßen und getrieben würden. Schimank spricht daher von „koinzidentiellen ... und ... vergangenheitsdeterminierten Dynamiken" (135); in diesem Zusammenhang kommen dann auch die Akteure sowie deren Eigeninteresse am Erhalt und am Ausbau ihrer Domänen in den jeweiligen Teilsystemen in den Blick (vgl. Stucke 1993a).

Verhandlungssysteme und Policy-Netzwerke

(b) Zum anderen ermöglicht es die Verknüpfung von System- und Akteurtheorie, den „Spieß" in gewisser Weise „umzudrehen", indem aus der Handlungsmächtigkeit organisierter Akteure auf ihre Fähigkeit zur *Mit-Steuerung* geschlossen wird – ein Gedanke, der aus der Korporatismustheorie stammt und über die traditionelle Dichotomie von Selbst- und Fremdsteuerung hinausweist. Mayntz und Scharpf richten ihren Blick daher verstärkt auf „Verhandlungssysteme" (Mayntz 1987: 105, Scharpf 1993, 1988), in denen staatliche und nicht-staatliche Akteure interagieren und auf diese Weise an Problemlösungen mitwirken (vgl. auch Mayntz 2004: 3).

Mayntz postuliert daher – gegen Luhmann – sogar einen „positiven Zusammenhang zwischen Selbstorganisationsfähigkeit, organisierter Verhandlungsfähigkeit und Steuerbarkeit eines gesellschaftlichen Teilsystems" (1987: 104). Dieses spannungsreiche Zusammenspiel von gesellschaftlicher Selbstregelung und politischer Steuerung bildet den programmatischen Kern des akteurzentrierten Institutionalismus und das Leitmotiv der empirischen Studien zu unterschiedlichen gesellschaftlichen Teilbereichen (vgl. Mayntz/Scharpf 1995b).

Das Konzept der Policy-Netzwerke (Mayntz 1993b, Knill 2000) baut auf diesen Gedanken auf. Derartige „interorganisatorische Netzwerke … schließen sowohl öffentliche wie private korporative Akteure (Organisationen)" (Mayntz 1993b: 40) ein, die bei der Erreichung ihrer Ziele wechselseitig voneinander abhängig sind (45) und daher in „Verhandlungen mit dem Ziel einer gemeinsamen Entscheidung" (47) führen, auch wenn das Ergebnis oftmals nicht mehr als ein Kompromiss ist, den alle Beteiligten akzeptieren können. Eine Pointe dieses Ansatzes ist jedoch die These, dass Policy-Netzwerke dazu beitragen können, eine „systemrationale Problemlösung" (48) zu generieren, die mehr ist als lediglich ein Interessenausgleich zwischen den Beteiligten.[102] Dies sei, so Mayntz, allerdings nur möglich, wenn die Akteure ihre „spontanen Neigungen verantwortungsvoll … zügeln" (49), also ihr „Nutzenstreben" (51) zugunsten der „Lösung von Systemproblemen" (50) zurückstellen. Mit dieser Unterordnung der Akteure unter das „Systeminteresse" (52) bzw. das Gemeinwohl entsteht jedoch, wie ich an anderer Stelle kritisch angemerkt habe (Weyer et al. 1997: 78ff.), ein Bild, das dem Staat als Wahrer des Systeminteresses letztlich doch wieder eine zentrale Position in derartigen Policy-Netzwerken zuschreibt. Die Scharpf'sche Formel von „Verhandlungen im Schatten hierarchischer Autorität" (Scharpf 1993: 71) verdeutlicht diese Akzentverschiebung gegenüber einer pluralistischen Konzeption von Verhandlungssystemen.

Akteure und Institutionen

Das Konzept des akteurzentrierten Institutionalismus, das hier nicht in all seinen Facetten behandelt werden kann, stellt einen Versuch dar, die unterschiedlichen Theoriefragmente in ein theoretisches Gesamtkonzept einzubetten. Im Mittelpunkt steht das Interesse, „das Handeln von Individuen auf der Mikroebene zu erklären" (Mayntz/Scharpf 1995a: 44), und zwar unter Rückgriff auf die institutionellen Strukturen, die das Handeln der Akteure prägen. Mayntz/Scharpf zufolge legen Institutionen „Handlungskorridore fest, innerhalb derer rational gewählt werden kann", was den Akteuren gewisse „Handlungsspielräume" (52) belässt, die sie jedoch nicht nur „zur

---

102 Vgl. dazu die Unterscheidung von positiver Koordination (Maximierung von Wohlstandseffekten) und negativer Koordination (Vermeidung von Störungen), die Fritz Scharpf entwickelt hat (2000, 1993).

Maximierung des eigenen Nutzens" verwenden, sondern auch in ein Verhalten umsetzen können, das als „institutionell angemessen" (52) von ihnen erwartet werden kann.

Bereits diese Zitate machen deutlich, dass das Wechselspiel von Akteuren und Institutionen bei Mayntz/Scharpf einseitig in eine Richtung aufgelöst wird. Die Perspektive einer Beeinflussung der Institutionen durch das Handeln der Akteure kommt in ihrem Ansatz, der – trotz gegenteiliger Behauptungen (Mayntz 2004: 3) – eine klare Top-down-Ausrichtung besitzt, kaum in den Blick. So ist es nur konsequent, wenn sie das methodische Postulat vertreten, dass „man nicht akteurbezogen erklären muß, was institutionell erklärt werden kann" (Mayntz/Scharpf 1995a: 66), weil das Handeln der Akteure durch typische Akteurkonstellationen oder Koordinationsformen (wie beispielsweise Verhandlung, Abstimmung, hierarchische Entscheidung) erklärt werden könne (61, Scharpf 2000: 87ff.).

In steuerungstheoretischen Fragen finden sich im Konzept des akteurzentrierten Institutionalismus keine über die vorherigen Thesen hinausgehenden Argumente. Erst in jüngerer Zeit hat Renate Mayntz wieder an ihre steuerungstheoretischen Überlegungen angeknüpft und im Rahmen der Governance-Debatte einen Perspektivwechsel „von Steuerung zu Governance" (2004: 3) propagiert, der den Blick auf eine „fragmentierte ... Regelungsstruktur" (4) richtet, in der „eine übergeordnete souveräne Instanz fehlt" (5). Im Gegensatz zum Modell des Policy-Netzwerks scheint das Modell der Governance also – zumindest programmatisch – stärker die gleichberechtigte „Mitwirkung zivilgesellschaftlicher Akteure" (5) zu berücksichtigen. Allerdings oszilliert die Debatte noch zwischen einem Konzept, das auf die distinkten Qualitäten von Governance (im Vergleich zu anderen, älteren Formen von Steuerung) abhebt, und einer formalen Definition, die unter Governance „das Gesamt *aller* nebeneinander bestehenden Formen der kollektiven Regelung gesellschaftlicher Sachverhalte" (Mayntz 2003, zit. n. Mayntz 2004: 5) versteht.

Empirische Erträge

Die Leistung des akteurzentrierten Institutionalismus besteht also weniger darin, eine in sich geschlossene Groß-Theorie mit generalisierenden Aussagen entwickelt zu haben, wie Luhmann dies getan hat, sondern eher darin, mit Hilfe von Konzepten mittlerer Reichweite ein Forschungsprogramm angestoßen zu haben, das eine detaillierte empirische Durchleuchtung realer Phänomene gesellschaftlicher Differenzierung ermöglicht. Dabei geraten vor allem die Akteure in den Blick, deren strategische Interessen sowie die Spiele, welche reale Akteure spielen,[103] um ihre Interessen durchzusetzen,

---

103 Vgl. u.a. den englischen Titel „Games real actors play" des Buches „Interaktionsformen" von Fritz Scharpf (2000).

um andere Akteure zu mobilisieren und um Strukturen zu schaffen, die der langfristigen Durchsetzung ihrer Interessen förderlich sind. Hans-Willy Hohn und Uwe Schimank kommen in ihrer Studie zur außeruniversitären Forschung beispielsweise zu dem Ergebnis, dass das Eigeninteresse der forschungspolitischen Akteure am Aufbau einer „eigenen Hausmacht" (1990: 396) ein wichtiger Faktor zur Erklärung des spezifischen Verlaufs der Institutionalisierung der Großforschung in (West-)Deutschland und damit der Ausdifferenzierung des Forschungssystems war. Zudem verweisen sie auf gewisse Grenzen der Steuerung von Forschung, die sich daraus ergeben, dass angesichts der Autonomie funktioneller Teilsysteme Steuerungsambitionen nur dann eine Chance haben, wenn sie nicht brachial gegen den Willen des Steuerungsadressaten durchgesetzt werden. So kann selbst der „freiwillige Steuerungsverzicht" (417) funktional für die Durchsetzung der Interessen und Ziele der forschungspolitischen Akteure sein, wenn man berücksichtigt, dass diese nicht nur substanzielle Ziele (wie die Förderung der Atomtechnik), sondern mindestens gleichgewichtig auch das Interesse am Aufbau und an der Wahrung eigener Domänen verfolgen (vgl. auch Weyer 1993a, Braun 1997). Letztlich, so konstatieren Hohn und Schimank, verläuft Steuerung somit immer in Form von Verhandlungen und Abstimmungsprozessen unter gleichberechtigten Partnern:

> „Keine von beiden Seiten kann die andere dominieren; ein Forschungsthema muß sowohl von den Einrichtungen als auch vom forschungspolitischen Akteur akzeptiert werden, um bearbeitet werden zu können." (1990: 419)

Große technische Systeme

Auch die Arbeiten zu großen technischen Systemen, die Renate Mayntz, Thomas Hughes und andere in den 1980/90er Jahren durchgeführt haben, sind von dem Interesse geprägt, die Systemperspektive auf funktionelle Teilsysteme anzuwenden, die unterhalb der Ebene der Luhmann'schen Systeme liegen, jedoch, so Mayntz, gewisse „Gemeinsamkeiten mit anderen Teilsystemen" aufweisen (1988b: 234, vgl. 239f.). Technische Infrastruktursysteme wie etwa die Energieversorgung, die Verkehrssysteme oder die Kommunikationsnetze lassen sich mit Hilfe der Luhmann'schen Systemtheorie allein deshalb nicht untersuchen, weil die Technik in seiner Theorie lediglich „die Rolle eines externen Einflußfaktors" (236) spielt und damit ihr Beitrag zur Konstitution eines sozio-technischen Systems nicht in den Blick kommt (vgl. Kap. 4). Mayntz zufolge sind die technischen Komponenten jedoch „integrale Bestandteile", ohne die sich „das Spezifikum der modernen Infrastruktursysteme nicht adäquat erfassen lässt" (236, vgl. 1993a: 99ff.). Und die Konsequenz dieser Überlegungen war wiederum, das Forschungsfeld mit Hilfe umfangreicher empirischer Studien sorgfältig auszuloten (Mayntz/Schneider 1988, Schneider 1992, Schneider/Mayntz 1995).

Neben anderen Aspekten, die hier nicht im Detail behandelt werden können, sei hier vor allem auf die „aktive Rolle" (1988a: 248) verwiesen, die Mayntz dem Staat beim Aufbau und der Entwicklung technischer Infrastruktursysteme wie beispielsweise der Eisenbahn oder des Telefonnetzes zuschreibt. Mayntz spricht gar von einer symbiotischen Verflechtung von modernem Interventionsstaat und Infrastruktursystemen:

„Dabei haben sich der moderne Zentralstaat und die großen technischen Systeme wechselseitig in ihrem Wachstum stimuliert und in ihrer Zentralisierung gefördert." (1993a: 105, vgl. 2001: 15)

Hier ist also weniger von Steuerung die Rede, sondern von einer engen Wechselwirkung von technischer, gesellschaftlicher und staatlicher Entwicklung, von einer Art Koevolution, welche durch den Auf- und Ausbau netzgebundener Infrastruktursysteme die Entwicklung eines spezifischen Typus hierarchischer Organisationen begünstigte. Nicht nur die privaten Monopole, die in diesem Kontext entstanden, sondern auch der Staatsapparat haben von dieser Tendenz zur Zentralisierung profitiert.

Während Mayntz auf aktuelle Tendenzen der Deregulierung und damit der „Erosion" (2001: 16) dieses Musters der symbiotischen Koevolution von Staat und Infrastrukturtechnik verweist (1993a: 106f.), habe ich nachzuzeichnen versucht, dass ungeachtet dieser nicht zur leugnenden Entwicklungen in der gegenwärtigen Forschungspolitik – sowohl auf nationaler wie auch auf europäischer Ebene – dennoch immer wieder auf das traditionelle Muster der staatlichen Förderung von Großtechnik zurückgegriffen wird, beispielsweise im Fall des Satellitennavigations-Systems Galileo, weil es offenbar ein probates Mittel zum Machterhalt bzw. zum Ausbau von Domänen innerhalb der forschungspolitischen Arena darstellt (Weyer 2005b, 2008c, f, vgl. Kap. 11.3).

Kritische Würdigung

Das Konzept des akteurzentrierten Institutionalismus beantwortet die Frage nach der Steuerbarkeit gesellschaftlicher Teilsysteme auf eine andere Weise als die Luhmann'sche Systemtheorie: Während Luhmann – auf Basis einer in sich geschlossenen Großtheorie – sich des Problems mit wenigen Setzungen entledigt (vgl. Kap. 4), haben Mayntz, Scharpf und andere sich auf Basis einer Theorie mittlerer Reichweite der Mühe unterzogen, empirische Fälle mit Blick auf typische Akteurkonstellationen und die darin enthaltenen Steuerungsprobleme zu untersuchen. Man mag kritisch einwenden, dass das Mayntz'sche Systemkonzept nicht so fein ausgearbeitet ist wie das Luhmannsche; zudem wird beispielsweise nicht hinreichend deutlich, ob der akteurzentrierte Institutionalismus den Anspruch einlösen kann, funkti-

onelle Teilsysteme begrifflich analog zu funktional ausdifferenzierten Teilsystemen Luhmannscher Prägung zu behandeln. Denn letztlich entfernen
sich die empirischen Studien weit von der orthodoxen Systemtheorie und
stützen sich vorwiegend auf akteur- und organisationstheoretische Konzepte, aber auch auf Elemente aus der Spieltheorie, die der Systemtheorie völlig fremd ist.

Die Frage nach dem Ertrag des akteurzentrierten Institutionalismus lässt
sich somit nicht widerspruchsfrei beantworten: Während die orthodoxe Systemtheorie möglicherweise eine verunglückte Adaption der Systemtheorie
diagnostizieren wird, bilden die Fallstudien und die aus ihnen abgeleiteten
Generalisierungen mittlerer Reichweite für die empirische Sozialforschung
eine reichhaltige Fundgrube, und zwar nicht nur empirischer Fakten, sondern auch theoretischer Erkenntnisse über die faktischen Prozesse der Interaktion von Staat und Gesellschaft, welche die Systemtheorie aus systematischen Gründen nicht in den Blick bekommen kann.

In steuerungstheoretischer Perspektive besteht der Ertrag im Wesentlichen
darin, dass aus Sicht des akteurzentrierten Institutionalismus der Staat gar
nicht so dezidiert steuert, wie es Luhmann stets behauptet (der damit faktisch den falschen Gegner bekämpft hat), sondern eher Entwicklungen begünstigt, von denen er selbst (d.h. die Akteure und Organisationen des politischen Systems) profitiert. Sowohl die Fallstudien zur außeruniversitären
Forschung, von deren Aufbau in den 1960/70er Jahren der Bund maßgeblich profitiert hat, als auch die Studien zur Entwicklung großer technischer
Infrastruktursysteme sprechen in dieser Hinsicht eine klare Sprache. Steuerung erscheint hier als ein interaktiver Prozess, der in Verhandlungssystemen bzw. Netzwerken stattfindet, an denen eine Vielzahl gleichberechtigter
Akteure beteiligt ist, die jeweils genuin eigene Interessen vertreten, welche
sich aus ihrer Zugehörigkeit zu einem bestimmten gesellschaftlichen Teilsystem, aber auch aus ihren spezifischen Akteurstrategien ergeben (vgl.
auch Weyer 1989, 1993b). Wenn man Steuerung als interaktiven Prozess
begreift, dann geht es also immer auch um die Mobilisierung anderer Akteure, um auf diese Weise Rückwirkungen zu erzeugen, die im eigenen Interesse sind oder – systemtheoretisch formuliert – die in dem System, in
dem jeweilige Akteur operiert, selektiv anschlussfähig sind (vgl. auch Krohn/
Küppers 1989). Trotz aller Kritik im Detail ist es zweifellos eines der blei-
benden Verdienste des akteurzentrierten Institutionalismus, diese Brücke
zwischen System- und Handlungstheorie geschlagen zu haben.

Tabellen und Abbildungen

Literatur

Ammon, Ursula/Maria Behrens (Hg.), 1998: Dialogische Technikfolgenabschätzung in der Gentechnik: Bewertung von ausgewählten Diskurs- und Beteiligungsverfahren. Münster: Lit Verlag.

ARD/ZDF, 2007: Onlinestudie 2007, www.br-online.de/br-intern/medienforschung/ onlinenutzung/onlinestudie (17.09.2007).

Arthur, Brian W., 1990: Positive Feedback in the Economy. In: Scientific American 262 (Febr.): 92-99.

Asdonk, Jupp/Udo Bredeweg/Uli Kowol, 1991: Innovation als rekursiver Prozeß. Zur Theorie und Empirie der Technikgenese am Beispiel der Produktionstechnik. In: Zeitschrift für Soziologie 20: 290-304.

Ayaß, Ruth, 2005: Interaktion ohne Gegenüber? In: Michael Jäckel/Manfred Mai (Hg.), Online-Vergesellschaftung? Mediensoziologische Perspektiven auf neue Kommunikationstechnologien, Wiesbaden: VS-Verlag, 33-49.

Bacon, Francis, 1982: Neu-Atlantis (1624). Stuttgart: Reclam.

Bammé, Arno, 2004: Gesellschaft (re-)interpretieren. Zur Relevanz von Akteur-Netzwerk-Theorie, „Mode 2 Knowledge Production" und selbstgesteuertem Lernen. München: Profil Verlag.

Banse, Gerhard, 1996: Herkunft und Anspruch der Risikoforschung. In: ders. (Hg.), Risikoforschung zwischen Disziplinarität und Interdisziplinarität. Von der Illusion der Sicherheit zum Umgang mit Unsicherheit, Berlin: edition sigma, 15-72.

Basalla, George, 1988: The Evolution of Technology. Cambridge/Mass.: Cambridge University Press.

Bauer, Hans et al., 2002: Hightech-Gespür. Erfahrungsgeleitetes Arbeiten und Lernen in hoch technisierten Arbeitsbereichen (Schriftenreihe des Bundesinistituts für Berufsbildung, Bd. 253). Bonn.

Baukrowitz, Andrea, 2006: Informatisierung und Reorganisation. Zur Rolle der IT jenseits der Automatisierung. In: Andrea Baukrowitz et al. (Hg.), Informatisierung der Arbeit – Gesellschaft im Umbruch, Berlin: edition sigma, 98-115.

Baukrowitz, Andrea et al. (Hg.), 2006: Informatisierung der Arbeit – Gesellschaft im Umbruch. Berlin: edition sigma.

Beck, Ulrich, 1982: Folgeprobleme der Modernisierung und die Stellung der Soziologie in der Praxis. In: Ulrich Beck (Hg.), Soziologie und Praxis. Erfahrungen, Konflikte, Perspektiven (Sonderband 1 der Sozialen Welt), Göttingen: Otto Schwartz, 3-23.

Beck, Ulrich, 1986: Risikogesellschaft. Auf dem Weg in eine andere Moderne. Frankfurt/M.: Suhrkamp.

Beck, Ulrich, 1988: Die Selbstwiderlegung der Bürokratie. In: Merkur 42 (H. 8): 630-646.

Beck, Ulrich, 1991: Politik in der Risikogesellschaft. Essays und Analysen. Frankfurt/M.: Suhrkamp.

Beck, Ulrich, 1993: Die Erfindung des Politischen. Zu einer Theorie reflexiver Modernisierung. Frankfurt/M.: Suhrkamp.

Beck, Ulrich/Wolfgang Bonß/Christoph Lau, 2001: Die Modernisierung der Moderne. Frankfurt/M.: Suhrkamp.

Beck, Ulrich/Wolfgang Bonß/Christoph Lau, 2004: Entgrenzung erzwingt Entscheidung: Was ist neu an der Theorie reflexiver Modernisierung? In: Ulrich Beck/Christoph Lau (Hg.), Entgrenzung und Entscheidung. Was ist neu an der Theorie reflexiver Modernisierung?, Frankfurt/M.: Suhrkamp, 13-62.

Beck, Ulrich/Christoph Lau (Hg.), 2004: Entgrenzung und Entscheidung. Was ist neu an der Theorie reflexiver Modernisierung? Frankfurt/M.: Suhrkamp.

Beck, Ulrich/Christoph Lau (Hg.), 2005: Theorie und Empirie reflexiver Modernisierung. Von der Notwendigkeit und den Schwierigkeiten, einen historischen Gesellschaftswandel innerhalb der Moderne zu beobachten und zu begreifen. In: Soziale Welt 56: 107-135.

Bell, Daniel, 1985: Die nachindustrielle Gesellschaft (1973). Frankfurt/M.: Campus.

Bender, Gerd (Hg.), 2001: Neue Formen der Wissenserzeugung. Frankfurt/M.: Campus.

Berger, Peter L./Thomas Luckmann, 1980: Die gesellschaftliche Konstruktion der Wirklichkeit. Eine Theorie der Wissenssoziologie. Frankfurt/M.: Fischer.

Bernal, John Desmond, 1970: Sozialgeschichte der Wissenschaften, Bd. 2: Die Geburt der modernen Wissenschaft – Wissenschaft und Industrie. Reinbek b. Hamburg: Rowohlt.

Bernal, John Desmond, 1986: Die soziale Funktion der Wissenschaft. Berlin: Akademie Verlag.

Berthold, Peter, 2001: Vogelzug als Modell der Evolutions- und Biodiversitätsforschung. In: Max-Planck-Gesellschaft (Hg.), Jahrbuch, 27-48.

Bianchi, Luca, 2002: Physik der Bewegung. Der Pfeil des Aristoteles. In: Forschung und Technik im Mittelalter Spektrum der Wissenschaft Spezial (2/2002): 34-37.

Bitkom, 2007a: Markt & Statistik: Mobilkommunikation, www.bitkom.org/de/markt_statistik/46261_38544.aspx (17.09.2007).

Bitkom, 2007b: Markt & Statistik: Weltweite Informationsinfrastrukturen, www.bitkom.org/de/markt_statistik/46261_38550.aspx (17.09.2007).

Bloch, Alexander, 2006: Nah dran. In: auto motor sport 24: 72-78.

BMBF (Hg.), 2006: Die High-Tech-Strategie für Deutschland. Bonn.

Boeing Commercial Airplanes, 2007: Statistical Summary of Commercial Jet Airplane Accidents Worldwide Operations 1959 – 2006, www.boeing.com/news/techissues/pdf/statsum.pdf (10.09.2007).

Boes, Andreas/Sabine Pfeiffer/Rudi Schmiede, 2006: Informatisierung der Arbeit – Arbeitsforschung im Umbruch? In: Andrea Baukrowitz et al. (Hg.), Informatisierung der Arbeit – Gesellschaft im Umbruch, Berlin: edition sigma, 493-515.

Bogner, Alexander, 2005a: Grenzpolitik der Experten. Vom Umgang mit Ungewissheit und Nichtwissen in pränataler Diagnostik und Beratung. Weilerswist: Velbrück.

Bogner, Alexander, 2005b: How Experts Draw Boundaries. Dealing with Non-Knowledge and Uncertainty in Prenatal Testing. In: Science, Technology & Innovations Studies 1: 17-37, www.sti-studies.de.

Bogumil, Jörg/Josef Schmid, 2001: Politik in Organisationen. Organisationstheoretische Ansätze und praxisbezogene Anwendungsbeispiele. Opladen: Leske + Budrich.

Böhle, Fritz, 1994: Negation und Nutzen subjektivierenden Arbeitshandelns bei neuen Formen qualifizierter Produktionsarbeit. In: Niels Beckenbach/Werner van Treeck (Hg.), Umbrüche gesellschaftlicher Arbeit (Soziale Welt – Sonderband 9), Göttingen: Otto Schwartz, 183-206.

Böhle, Fritz et al., 2004: Der gesellschaftliche Umgang mit Erfahrungswissen – Von der Ausgrenzung zu neuen Grenzziehungen. In: Ulrich Beck/Christoph Lau (Hg.), Entgrenzung und Entscheidung – Was ist neu an der Theorie reflexiver Modernisierung?, Frankfurt/M.: Suhrkamp, 95-122.

Böhle, Fritz/Helmuth Rose, 1992: Technik und Erfahrung – Arbeit in hochautomatisierten Systemen. Frankfurt/M.: Campus.

Böhme, Gernot/Wolfgang van den Daele/Wolfgang Krohn, 1973: Die Finalisierung der Wissenschaft. In: Zeitschrift für Soziologie 2: 128-144.

Bohn, Jürgen et al., 2004: Living in a World of Smart Everyday Objects – Social, Economic, and Ethical Implications. In: Journal of Human and Ecological Risk Assessment 10: 763-786.

Bonß, Wolfgang, 1991: Unsicherheit und Gesellschaft. Argumente für eine soziologische Risikoforschung. In: Soziale Welt 42: 258-277.

Bonß, Wolfgang/Rainer Hohlfeld/Regine Kollek, 1992: Risiko und Kontext. Zur Unsicherheit in der Gentechnik. In: Gotthard Bechmann/Werner Rammert (Hg.), Großtechnische Systeme und Risiko. (Technik und Gesellschaft, Jahrbuch 6), Frankfurt: Campus, 141-174.

Böschen, Stefan, 2004: Science Assessment: Eine Perspektive der Demokratisierung der Wissenschaft. In: Stefan Böschen/Peter Wehling (Hg.), Wissenschaft zwischen Folgenverantwortung und Nichtwissen. Aktuelle Perspektiven der Wissenschaftsforschung, Wiesbaden: VS-Verlag, 107-182.

Bourrier, Mathilde, 2005: The Contribution of Organizational Design to Safety. In: European Management Journal 23 (1): 98-104.

Braun, Dietmar, 1997: Die politische Steuerung der Wissenschaft. Ein Beitrag zum kooperativen Staat. Frankfurt/M.: Campus.

Brauner, Christoph, 1988: Perfekte Technik macht überheblich. Wir wiegen uns in falscher Sicherheit. In: Bild der Wissenschaft 11 (Nov.): 130-146.

Brooks, Rodney, 2002: Menschmaschinen. Wie uns die Zukunftstechnologien neu erschaffen. Frankfurt/M.: Campus.

Bruun, Henrik/Janne Hukkinen, 2003: Crossing Boundaries: An Integrative Framework for Studying Technological Change. In: Social Studies of Science 33: 95-116.

Bruzelius, Nils/Bent Flyvejerg/Werner Rothengatter, 2002: Big decisions, big risks. Improving accountability in mega projects. In: Transport Policy 9: 143-154.

Buchholz, Klaus, 2007: Science – or not? The status and dynamics of biotechnology. In: Biotechnology Journal 2: 1154-1168.

Büllingen, Franz, 1997: Die Genese der Magnetbahn Transrapid. Soziale Konstruktion und Evolution einer Schnellbahn. Wiesbaden: Deutscher Universitäts-Verlag.

Bundesnetzagentur, 2007: Marktbeobachtung Mobilfunkdienste, www.bundesnetzagentur.de/enid/8869cc200da22a883119951da02a5063,0/Marktbeobachtung/Mobilfunkdienste_vw.html#mobiltelefondienst_teilnehmerentwicklung.

Butos, William N./Thomas J. McQuade, 2006: Government and Science: A Dangerous Liaison? In: The Independent Review XI (2, Fall 2006): 177-208.

Callon, Michel, 1991: Techno-economic networks and irreversibility. In: John Law (Hg.), A Sociology of Monsters: Essays on Power, Technology and Domination, London: Routledge, 132-161.

Callon, Michel/John Law, 1989: On the Construction of Sociotechnical Networks: Content and Context Revisited. In: Knowledge and Society: Studies in the Sociology of Science Past and Present 8: 57-83.

Canzler, Weert, 1998: Telematik und Auto: Renn-Reiselimousine mit integrierter Satellitenschüssel. In: Mitteilungen des Verbunds sozialwissenschaftliche Technikforschung 20: 107-127.

Christaller, T. et al., 2001: Robotik. Perspektiven für menschliches Handeln in der zukünftigen Gesellschaft. Berlin: Springer.

Christensen, Clayton M., 1997: The Innovator's Dilemma. When New Technologies Cause Great Firms to Fail,. Boston/Mass.: Harvard Business School Press.

Cicero, Roger, 2007: Das Experiment. In: ders. (Hg.), Beziehungsweise, Unterföhring: Starwatch.

Clark, Kenneth, 1969: Leonardo da Vinci. Reinbek: Rowohlt.

Clarke, Lee/James F. Short, 1993: Social Organization and Risk: Some Current Controversy. In: American Review of Sociology 19: 375-399.

Columbia Accident Investigation Board 2003: Report, Volume I. www.caib.us/news/report/chapters.html.

Cramer, Stephan/Johannes Weyer, 2007: Interaktion, Risiko und Governance in hybriden Systemen. In: Ulrich Dolata/Raymund Werle (Hg.), Gesellschaft und die Macht der Technik. Sozioökonomischer und institutioneller Wandel durch Technisierung, Frankfurt/M.: Campus, 267-286.

Cvetnic, Tanja V., 2006: Technisierung im Flugverkehr und die Tätigkeit von Piloten – Eine Untersuchung unter besonderer Berücksichtigung erfahrungsgeleiteten-subjektivierenden Handelns (Diplomarbeit), Augsburg.

Dachs, Dietmar, 1987: Handkuß? Episoden aus dem Alltag eines Bielefelder Systemtheoretikers. In: die tageszeitung 12. Dez. 1987: 20.

David, Paul A., 1985: Clio and the Economics of QWERTY. In: The American Economic Review 75: 332-337.

de Bruijne, Mark/Michel van Eeten, 2007: Systems that Should Have Failed: Critical Infrastructure Protection in an Institutionally Fragmented Environment. In: Journal of Contingencies and Crisis Management 15 (1): 18-29, www.blackwell-synergy.com/doi/abs/10.1111/j.1468-5973.2007.00501.x.

Degele, Nina, 2002: Einführung in die Techniksoziologie. München: W. Fink.

Deuten, J. Jaspar, 2003: Cosmopolitanising Technologies. A Study of Four Emerging Technological Regimes. Twente: Twente University Press.

Dickopf, Daniel, 2004: Früher. In: Wise Guys (Hg.), Wo der Pfeffer wächst, Bergisch-Gladbach: Pavement.

Dierkes, Meinolf, 1987: Technikgenese als Gegenstand sozialwissenschaftlicher Forschung – erste Überlegungen. In: Verbund Sozialwissenschaftliche Technikforschung. Mitteilungen 1/1987: 154-170.

Dierkes, Meinolf, 1989: Technikgenese in organisatorischen Kontexten. Neue Entwicklungslinien sozialwissenschaftlicher Technikforschung. Berlin: WZB (FS II 89-104).

Dierkes, Meinolf et al., 1984: Memorandum zur sozialwissenschaftlichen Technikforschung in der Bundesrepublik Deutschland. Stand, Aufgaben, künftige Forschungen. o.O.

Disco, Cornelis/Barend van der Meulen, 1998a: Getting Case Studies Together: Conclusions on the Coordination of Sociotechnical Order. In: dies. (Hg.), Getting New Technologies Together. Studies in Making Sociotechnical Order, Berlin: de Gruyter, 323-351.

Disco, Cornelis/Barend van der Meulen, 1998b: Getting New Technologies Together. Studies in Making Sociotechnical Order. Berlin: de Gruyter.

Dohse, Dirk, 2001: Technologiepolitik auf neuen Pfaden. Einige Anmerkungen zur regionenorientierten Innovationspolitik der Bundesregierung. In: Raumforschung und Raumordnung 59: 446-455.

Dohse, Dirk, 2005: Clusterorientierte Technologiepolitik in Deutschland: Konzepte und Erfahrungen. In: Technikfolgenabschätzung – Theorie und Praxis 14 (Nr. 1/März 2005): 33-41.

Dolata, Ulrich, 2001: Risse im Netz – Macht, Konkurrenz und Kooperation in der Technikentwicklung und -regulierung. In: Georg Simonis/Renate Martinsen/Thomas Saretzki (Hg.), Politik und Technik. Analysen zum Verhältnis von technologischem, politischem und staatlichem Wandel am Anfang des 21. Jahrhunderts, Wiesbaden: Westdeutscher Verlag, 37-54.

Dolata, Ulrich, 2004: Unfassbare Technologie, internationale Innovationsverläufe und ausdifferenzierte Politikregime. Perspektiven nationaler Technologie- und Innovationspolitiken (artec-paper Nr. 110). Bremen.

Dolata, Ulrich/Raymund Werle, 2007: „Bringing technology back in": Technik als Einflussfaktor sozioökonomischen und institutionellen Wandels. In: dies. (Hg.), Gesellschaft und die Macht der Technik. Sozioökonomischer und institutioneller Wandel durch Technisierung, Frankfurt/M.: Campus, 15-43.

Dosi, Giovanni, 1982: Technological Paradigms and Technological Trajectories. In: Research Policy 11: 147-162.

Drexler, Eric, 1986: Engines of creation. The Coming Era of Nanotechnology. New York: Anchor Books.

Drösser, Christoph, 1997: Moderne Mythen: Die QWERTY-Tastatur und die Macht des Standards. In: Die Zeit,
http://zeus.zeit.de/text/archiv/1997/04/qwerty.txt.19970117.xml (15.05.2006).

Drucker, Peter F., 1993: Die postkapitalistische Gesellschaft. Düsseldorf: Econ.

Dubiel, Helmut 1992: Kritische Theorie der Gesellschaft – Eine einführende Rekonstruktion von den Anfängen im Horkheimer-Kreis bis Habermas. Weinheim und München: Juventa.

Dunkel, Wolfgang/Dieter Sauer (Hg.), 2007: Von der Allgegenwart der verschwindenden Arbeit – Neue Herausforderungen für die Arbeitsforschung. Berlin: edition sigma.

Edler, Jakob/Stefan Kuhlmann, 2005: Towards One System? The European Research Area Initiative of Research Systems and the Changing Leeway of National Policies. In: Technikfolgenabschätzung – Theorie und Praxis 14 (Nr. 1/ März 2005): 59-68.

Eickhoff, Norbert, 1997: Die Forschungs- und Technologiepolitik der Bundesrepublik und der Europäischen Union. Herausforderungen, Maßnahmen und Beurteilung. Universität Potsdam, Wirtschafts- und Sozialwissenschaftliche Fakultät (Diskussionsbeitrag 16).

Eisfeld, Rainer, 1996: Mondsüchtig. Wernher von Braun und die Geburt der Raumfahrt aus dem Geist der Barbarei. Reinbek: Rowohlt.

Elam, Mark, 1999: Living Dangerously with Bruno Latour in a Hybrid World. In: Theory, Culture & Society 16 (4): 1-24.

Erker, Paul, 1990: Die Verwissenschaftlichung der Industrie. Zur Geschichte der Industrieforschung in den europäischen und amerikanischen Elektrokonzernen 1890-1930. In: Zeitschrift für Unternehmensgeschichte 35: 73-94.

Esposito, Elena, 1993: Der Computer als Medium und Maschine. In: Zeitschrift für Soziologie 22: 338-354.

Esser, Hartmut, 1991: Alltagshandeln und Verstehen. Zum Verhältnis von erklärender und verstehender Soziologie am Beispiel von Alfred Schütz und ‚Rational Choice‘. Tübingen: Mohr.

Esser, Hartmut, 1993: Soziologie. Allgemeine Grundlagen. Frankfurt/M.: Campus.

Faber, Gerhard, 2005: System Awareness im Glass Cockpit – Wie weit müssen Piloten die Subsysteme ihres Flugzeugtyps verstehen? (Ms.).

Falkenburg, Brigitte, 2004: Wem dient die Technik? Eine wissenschaftstheoretische Analyse der Ambivalenzen technischen Fortschritts. Baden-Baden: Nomos.

Feindt, Peter H. et al. (Hg.), 1996: Konfliktregelung in der offenen Bürgergesellschaft. Dettelbach: Verlag J.H. Röll.

Fleisch, Elgar/Friedemann Mattern (Hg.), 2005: Das Internet der Dinge. Ubiquitous Computing und RFID in der Praxis: Visionen, Technologien, Anwendungen, Handlungsanleitungen. Berlin: Springer.

Follett, Ken, 1992: Die Säulen der Erde. Bergisch-Gladbach: Lübbe.

Freeman, Christopher, 1987: Technology policy, and economic performance. Lessons from Japan. London: Pinter Publishers.

Frenken, Koen/Loet Leydesdorff, 2000: Scaling Trajectories in Civil Aircraft (1913-1997). In: Research Policy 29: 331-348.

Freyer, Hans, 1931: Revolution von rechts. Jena: Diederichs.

Fuchs, Peter, 1992: Die Erreichbarkeit der Gesellschaft. Zur Konstruktion und Imagination gesellschaftlicher Einheit. Frankfurt/M.: Suhrkamp.

Garancy, Jürgen, 2005: Fahrerassistenz. Das Auto bekommt Augen. In: Pictures of the Future (Herbst 2005): 46-50.

Garud, Raghu/Peter Karnøe, 2001: Path Creation as a Process of Mindful Deviation. In: dies. (Hg.), Path Dependence and Creation, Mahwah: Lawrence Erlbaum Associates, 1-38.

Garud, Raghu/Peter Karnøe, 2003: Bricolage versus breakthrough: distributed and embedded agency in technology entrepreneurship. In: Research Policy 32: 277-300.

Geels, Frank, 2002: Understanding the Dynamics of Technological Transitions. Twente: Twente UP.

Gehlen, Arnold, 1957: Die Seele im technischen Zeitalter. Sozialpsychologische Probleme in der industriellen Gesellschaft. Hamburg: Rowohlt.

Gerdsen, Peter, 2000: Im Zeichen des zweischneidigen Schwertes. Analyse und Deutung des deutschen Zeitgeistes. Books on Demand.

Gibbons, Michael et al., 1994: The New Production of Knowledge. The Dynamics of Science and Research in contemporary Societies. London: Sage.

Grande, Edgar, 1994: Die Erosion des staatlichen Steuerungspotentials in der Forschungs- und Technologiepolitik. In: Werner Fricke (Hg.), Jahrbuch Arbeit und Technik (Schwerpunktthema: Zukunftstechnologien und gesellschaftliche Verantwortung), Bonn: J.H.W. Dietz, 243-253.

Grande, Edgar/Jürgen Häusler, 1994: Industrieforschung und Forschungspolitik. Staatliche Steuerungspotentiale in der Informationstechnik. Frankfurt/M.: Campus.

Granovetter, Mark, 1985: Economic Action and Social Structure: The Problem of Embeddedness. In: American Journal of Sociology 91: 481-510.

Gras, Alain et al., 1994: Faced with Automation. The Pilot, the Controller and the Engineer. Paris: Publications de la Sorbonne.

Grell, Detlef, 2003: Rad am Draht. Innovationslawine in der Autotechnik. In: c't 14/2003: 170-183, www.heise.de/ct/03/14/170/default.shtml (15.09.2004).

Groß, Matthias/Holger Hoffmann-Riem/Wolfgang Krohn, 2003: Realexperimente: Robustheit und Dynamik ökologischer Gestaltungen in der Wissensgesellschaft. In: Soziale Welt 54: 241-258.

Groß, Matthias/Holger Hoffmann-Riem/Wolfgang Krohn,, 2005: Realexperimente. Ökologische Gestaltungsprozesse in der Wissensgesellschaft. Berlin: transcript.

Grote, Gudela, 2005: Menschliche Kontrolle über technische Systeme – ein irreführendes Postulat. In: Katja Karrer/Boris Gauss/Christiane Steffens (Hg.), Beiträge zur Mensch-Maschine-Systemtechnik aus Forschung und Praxis, Düsseldorf: Symposion Publishing, 65-78.

Grote, Gudela, 2008: Die Grenzen der Kontrollierbarkeit komplexer Systeme. In: Ingo Schulz-Schaeffer/Johannes Weyer (Hg.), Management komplexer Systeme (in Vorb.), München: Oldenbourg.

Grote, Gudela et al., 2004: Setting the Stage: Characteristics of Organizations, Teams and Tasks Influencing Team Processes. In: Rainer Dietrich/Traci Michelle Childress (Hg.), Group Interaction in High Risk Environments, Aldershot: Ashgate, 111-139 und 274-276.

Grotelüschen, Frank, 2004: Himmelsstürmer. In: Technology Review 1/2004: 89-92.

Grundmann, Reiner, 1994: Gibt es eine Evolution der Technik? Überlegungen zum Automobil und zur Evolutionstheorie. In: Werner Rammert (Hg.), Technik und Gesellschaft, Jahrbuch 7: Konstruktion und Evolution von Technik, Frankfurt/M.: Campus, 13-39.

Grupp, Hariolf, 1997: Messung und Erklärung des Technischen Wandels. Grundzüge einer empirischen Innovationsökonomik. Berlin: Springer.

Grupp, Hariolf, 2007: Innovationsökonomische Perspektiven der Wissensgesellschaft. Konferenz „Die europäische Wissensgesellschaft – Leitbild europäischer Technologie-, Innovations- und Wachstumspolitik", Frankfurt/M., 27./28. Juli 2007.

Guicciardini, Niccolò (Hg.), 2001: Newton. Ein Naturphilosoph und das System der Welten (Spektrum Biographie). Heidelberg: Spektrum der Wissenschaft Verlag.

Habermas, Jürgen, 1968: Technik und Wissenschaft als Ideologie. Frankfurt/M.: Suhrkamp.

Habermas, Jürgen, 1981a: Theorie des kommunikativen Handelns. Bd. 1: Handlungsrationalität und gesellschaftliche Rationalisierung. Frankfurt/M.: Suhrkamp.

Habermas, Jürgen, 1981b: Theorie des kommunikativen Handelns. Bd. 2: Zur Kritik der funktionalistischen Vernunft. Frankfurt/M.: Suhrkamp.

Habermas, Jürgen, 2002: Die Zukunft der menschlichen Natur. Auf dem Weg zu einer liberalen Eugenik. Frankfurt/M.: Suhrkamp.

Hack, Gert, 2004: Auf Distanz. Technik im Detail: Unterwegs im BMW 530d mit aktiver Geschwindigkeitsregelung. In: Frankfurter Allgemeine Zeitung 09.11.2004: T3.

Hack, Gert, 2008: Der siebte Sinn des Menschen wird nie überflüssig. Die Assistenzsysteme bei BMW erfassen den Nahbereich und, helfen beim Stop-and-go. In: Frankfurter Allgemeine Zeitung 08.01.2008: T3.

Hack, Lothar, 1988: Die Vollendung der Tatsachen. Die Rolle von Wissenschaft und Technologie in der dritten Phase der Industriellen Revolution. Frankfurt/M.: Fischer.

Hack, Lothar/Irmgard Hack, 1985: Die Wirklichkeit, die Wissen schafft. Zum wechselseitigen Begründungsverhältnis von ‚Verwissenschaftlichung der Industrie‘ und ‚Industrialisierung der Wissenschaft‘. Frankfurt/M.: Campus.

Haertel, Tobias/Johannes Weyer, 2005: Technikakzeptanz und Hochautomation. In: Technikfolgenabschätzung – Theorie und Praxis 14 (Nr. 3, Dez. 2005): 61-67.

Haken, Hermann/Arne Wunderlin, 1986: Synergetik: Prozesse der Selbstorganisation in der belebten und unbelebten Natur. In: Andreas Dress/Hubert Hendrichs/Günter Küppers (Hg.), Selbstorganisation. Die Entstehung von Ordnung in Natur und Gesellschaft, München: Piper, 36-60.

Halfmann, Jost, 1996: Die gesellschaftliche Natur der Technik. Eine Einführung in die soziologische Theorie der Technik. Opladen: Leske + Budrich.

Hanke, Harald, 2005: Unfallstatistiken – was sagen sie aus? 9. FHP-Symposium „Sicherheit durch Qualifikation – Erhöhte Flugsicherheit durch besser ausgebildete Piloten“, Rhumspringe, 7.-9. April 2005: 81-93.

Hans, Tobias, 2005: Innovationsmanagement und disruptive Technologien: Das Fallbeispiel des Mobiltelefons (Diplomarbeit), Dortmund.

Hauff, Volker/Fritz W. Scharpf, 1975: Modernisierung der Volkswirtschaft. Technologiepolitik als Strukturpolitik. Frankfurt: EVA.

Hauß, Yorck/Klaus-Peter Timpe, 2002: Automatisierung und Unterstützung im Mensch-Maschine-System. In: Klaus-Peter Timpe/Thomas Jürgensohn/Harald Kolrep (Hg.), Mensch-Maschine-Systemtechnik. Konzepte, Modellierung, Gestaltung, Evaluation, Düsseldorf: Symposion Publishing, 41-62.

Hejl, Peter M., 1987: Konstruktion der sozialen Konstruktion: Grundlinien einer konstruktivistischen Sozialtheorie. In: Siegfried J. Schmidt (Hg.), Der Diskurs des radikalen Konstruktivismus, Frankfurt/M.: Suhrkamp, 303-339.

Hellige, Hans Dieter, 1993: Von der programmatischen zur empirischen Technikgeneseforschung: Ein technikhistorisches Analyseinstrument für die prospektive Technikbewertung. In: Technikgeschichte 60: 186-223.

Hellige, Hans Dieter, 2006: Die Geschichte des Internet als Lernprozess (stark erweiterte Neubearbeitung von artec-paper 107, Nov. 2003). Bremen: artec – Forschungszentrum Nachhaltigkeit, artec-paper (138), www.artec.uni-bremen.de/ files/papers/paper_138.pdf.

Herbig, Jost, 1976: Kettenreaktion. Das Drama der Atomphysiker. München: dtv.

Herbold, Ralf/Wolfgang Krohn/Johannes Weyer, 1991: Technikentwicklung als soziales Experiment. In: Forum Wissenschaft 8 (4): 26-32.

Herrtwich, Ralf G., 2003: Fahrzeuge am Netz. In: Friedemann Mattern (Hg.), Total vernetzt. Szenarien einer informatisierten Welt (7. Berliner Kolloquium der Gottlieb Daimler- und Karl Benz-Stiftung), Heidelberg: Springer, 63-83.

Hesse, Günter/Lambert T. Koch, 1997: Volkswirtschaftliche Theorie wirtschaftlichen Wandels. In: Rolf Walter (Hg.), Wirtschaftswissenschaften. Eine Einführung, Paderborn: Schöningh, 499-536.

Hilty, Lorenz et al., 2003: Das Vorsorgeprinzip in der Informationsgesellschaft. Auswirkungen des Pervasive Computing auf Gesundheit und Umwelt. Bern: TA-Swiss (TA 46A/2003),
www.ta-swiss.ch/a/info_perv/2003_46_pervasivecomputing_d.pdf.

Hirsch-Kreinsen, Hartmut, 2002: Unternehmensnetzwerke – revisited. In: Zeitschrift für Soziologie 31: 106-124.

Hirsch-Kreinsen, Hartmut, 2005: Wirtschafts- und Industriesoziologie. Grundlagen, Fragestellungen, Themenbereiche. Weinheim und München: Juventa.

Hitzler, Ronald/Anne Honer, 1994: Bastelexistenz. Über subjektive Konsequenzen der Individualisierung. In: Ulrich Beck/Elisabeth Beck-Gernsheim (Hg.), Riskante Freiheiten. Individualisierung in modernen Gesellschaften, Frankfurt/M.: Suhrkamp, 307-315.

Hohn, Hans-Willy/Uwe Schimank, 1990: Konflikte und Gleichgewichte im Forschungssystem. Akteurkonstellationen und Entwicklungspfade der staatlich finanzierten außeruniversitären Forschung. Frankfurt/M.: Campus.

Hopkins, Andrew, 1999: The limits of normal accident theory. In: Safety Science 32: 93-102.

Horkheimer, Max, 1988: Traditionelle und Kritische Theorie (1937). In: ders. (Hg.), Gesammelte Schriften, Bd. 4: Schriften 1936-1941, Frankfurt/M.: Fischer, 162-216.

Horkheimer, Max/Theodor W. Adorno, 1977: Dialektik der Aufklärung. Philosophische Fragmente (1944). Frankfurt/M.: Fischer.

Hörning, Karl H., 2001: Experten des Alltags. Die Wiederentdeckung des praktischen Wissens. Weilerswist: Velbrück.

Huffschmid, Jörg, 2005: Wozu brauchen wir eine neue Industriepolitik? In: Technikfolgenabschätzung – Theorie und Praxis 14 (1/März 2005): 42-50.

Hughes, Thomas P., 1979: The Electrification of America. The System Builders. In: Technology and Culture 20: 124-161.

Hughes, Thomas P., 1986: The Seamless Web: Technology, Science, Etcetera, Etcetera. In: Social Studies of Science 16: 281-292.

Hughes, Thomas P., 1987: The Evolution of Large Technological Systems. In: Wiebe E. Bijker/Thomas P. Hughes/Trevor J. Pinch (Hg.), The Social Construction of Technological Systems. New Directions on the Sociology and History of Technology, Cambridge/Mass.: MIT Press, 51-82.

Jansen, Dorothea, 2000: Netzwerke und soziales Kapital. Methoden zur Analyse struktureller Einbettung. In: Johannes Weyer (Hg.), Soziale Netzwerke. Konzepte und Methoden der sozialwissenschaftlichen Netzwerkforschung, München: Oldenbourg, 35-62.

Jay, Martin, 1976: Dialektische Phantasie. Die Geschichte der Frankfurter Schule und des Instituts für Sozialforschung 1923-1950. Frankfurt/M.: Fischer.

Jenner, Thomas, 2004: Kundenorientierung bei Innovationen. Market Driven vs. Market Driving. In: Das Wirtschaftsstudium 33: 486-492.

Joerges, Bernward, 1989: Soziologie und Maschinerie – Vorschläge zur einer „realistischeren" Techniksoziologie. In: Peter Weingart (Hg.), Technik als sozialer Prozeß, Frankfurt/M.: Suhrkamp, 44-89.

Joerges, Bernward, 1999: Die Brücken des Robert Moses. Stille Post in der Stadt- und Techniksoziologie. In: Leviathan 26: 43-63.

Jokisch, Rodrigo (Hg.), 1982: Techniksoziologie. Frankfurt/M.: Suhrkamp.

Jung, Matthias, 2003: Ist der Humanismus am Ende? In: Psychologie Heute 30 (4): 64-69.

Jungermann, Helmut/Paul Slovic, 1993: Charakteristika individueller Risikowahrnehmung. In: Wolfgang Krohn/Georg Krücken (Hg.), Riskante Technologien: Reflexion und Regulation. Einführung in die sozialwissenschaftliche Risikoforschung, Frankfurt/M.: Suhrkamp, 79-100.

Jungk, Robert, 1985: Heller als tausend Sonnen. Das Schicksal der Atomforscher. Reinbek: Rowohlt.

Kauffman, Stuart A., 1995: Technology and Evolution. Escaping the red queen effect. In: The McKinsey Quarterly 1: 118-129.

Keck, Otto, 1984: Der Schnelle Brüter. Eine Fallstudie zu Entscheidungsprozessen über Großtechnik. Frankfurt/M.: Campus.

Keck, Otto, 1988: A theory of white elephants: Asymmetric information in government support for technology. In: Research Policy 17: 187-201.

Keck, Otto, 1993: The National System of Technical Innovation in Germany. In: Richard R. Nelson (Hg.), National Innovation Systems. A Comparative Analysis, Oxford: Oxford University Press, 115-157.

Kellerer, Albrecht M., 2006: Die Bestie ließ sich nicht mit bloßer Hand zähmen. Zwanzig Jahre nach der nuklearen Katastrophe von Tschernobyl – Blick zurück ins Inferno. In: Frankfurter Allgemeine Zeitung 26.04.2006: N1.

Kern, Horst, 1982: Empirische Sozialforschung. Ursprünge, Ansätze und Entwicklungslinien. München: C.H. Beck.

Kieser, Alfred, 2002: Organisationstheorien (5. Aufl.). Stuttgart: Kohlhammer.

King, Ross, 2003: Das Wunder von Florenz. Architektur und Intrige: Wie die schönste Kuppel der Welt entstand. München: btb bei Goldmann.

King, Ross, 2004: Michelangelo und die Fresken des Papstes. München: btb bei Goldmann.

Kirchner, Ulrich, 1997: Das Airbus-Projekt. Genese, Eigendynamik und Etablierung am Markt. In: Johannes Weyer (Hg.), Technik, die Gesellschaft schafft. Soziale Netzwerke als Ort der Technikgenese, Berlin: edition sigma, 101-146.

Kirchner, Ulrich/Johannes Weyer, 1997: Die Magnetbahn Transrapid (1922-1996). Ein Großprojekt in der Schwebe. In: Johannes Weyer (Hg.), Technik, die Gesellschaft schafft. Soziale Netzwerke als Ort der Technikgenese, Berlin: edition sigma, 227-275.

Kitschelt, Herbert, 1980: Kernenergiepolitik. Arena eines gesellschaftlichen Konflikts. Frankfurt/M.: Campus.

Klodt, Henning, 1987: Mehr Sternschnuppen als Sternstunden. Eine kritische Bilanz der staatlichen Forschungsförderung. In: Frankfurter Allgemeine Zeitung 31.10.1987: 15.

Klodt, Henning, 1995: Grundlagen der Forschungs- und Technologiepolitik. München: Franz Vahlen.

Klodt, Henning, 2004: Alte Industriepolitik in neuen Schläuchen. Deutschland braucht keine neuen Subventionsprogramme für Schlüsseltechnologien. In: Frankfurter Allgemeine Zeitung 22.01.2004: 10.

Knie, Andreas, 1989: Das Konservative des technischen Fortschritts: Zur Bedeutung von Konstruktionstraditionen, Forschungs- und Konstruktionsstilen in der Technikgenese. Berlin: WZB (FS II 89-101).

Knie, Andreas, 1991: Generierung und Härtung technischen Wissens: Die Entstehung der mechanischen Schreibmaschine. In: Technikgeschichte 58: 101-126.

Knie, Andreas, 1994a: Gemachte Technik. Zur Bedeutung von „Fahnenträgern", „Promotoren" und „Definitionsmacht" in der Technikgenese. In: Werner Rammert (Hg.), Technik und Gesellschaft, Jahrbuch 7, Frankfurt/M.: Campus, 41-66.

Knie, Andreas, 1994b: Wankel-Mut in der Autoindustrie. Anfang und Ende einer Betriebsalternative. Berlin: edition sigma.

Knie, Andreas/Michael Hård, 1993: Die Dinge gegen den Strich bürsten. De-Konstruktionsübungen am Automobil. In: Technikgeschichte 60: 224-242.

Knill, Christoph, 2000: Policy-Netzwerke. In: Johannes Weyer (Hg.), Soziale Netzwerke. Konzepte und Methoden der sozialwissenschaftlichen Netzwerkforschung, München: Oldenbourg, 111-133.

Knorr Cetina, Karin, 1997: Sociality with Objects: Social Relations in Postsocial Knowledge Societies. In: Theory, Culture & Society 14: 1-30.

Kollert, Roland, 1993: Systematische Unterbewertung von Katastrophenrisiken – Zur Anwendung des Risikobegriffs in nuklearen Risikoanalysen. In: Gotthard Bechmann (Hg.), Risiko und Gesellschaft. Grundlagen und Ergebnisse interdisziplinärer Risikoforschung, Opladen: Westdeutscher Verlag, 25-57.

König, Wolfgang (Hg.), 1997: Propyläen Technikgeschichte (5 Bde.). Berlin: Ullstein.

Krieger, Wolfgang, 1987: Technologiepolitik und Forschungsförderung in der Bundesrepublik. In: Vierteljahreshefte für Zeitgeschichte 35: 247-271.

Krohn, Wolfgang, 1977: Die „Neue Wissenschaft" der Renaissance. In: Gernot Böhme/Wolfgang van den Daele/Wolfgang Krohn (Hg.), Experimentelle Philosophie. Ursprünge autonomer Wissenschaftsentwicklung, Frankfurt/M.: Suhrkamp, 13-128.

Krohn, Wolfgang, 1978: Thomas Alva Edisons Erkenntnistheorie. Zur Entstehung der Industriewissenschaften (Ms.).

Krohn, Wolfgang, 1985a: Wissenschaft und Technik im Mittelalter. In: Deutschland – Portrait einer Nation, Bd. 5: Bildung, Wissenschaft, Technik, Gütersloh: Bertelsmann: 156-164.

Krohn, Wolfgang, 1985b: Wissenschaft und Technik in der Renaissance. In: Deutschland – Portrait einer Nation, Bd. 5: Bildung, Wissenschaft, Technik, Gütersloh: Bertelsmann: 167-172.

Krohn, Wolfgang, 1988: Die Verschiedenheit der Technik und die Einheit der Techniksoziologie. In: Düsseldorfer Debatte. Zeitschrift für Politik und Kunst (H. 4): 17-38.

Krohn, Wolfgang (Hg.), 1990: Francis Bacon. Neues Organon. Lat.-dt. herausgegeben und eingeleitet von W. Krohn (2 Bände). Hamburg: Meiner.

Krohn, Wolfgang, 2004: Francis Bacon. In: Dieter Hoffmann/Hubert Laitko/Staffan Miller-Wille (Hg.), Lexikon der bedeutenden Naturwissenschaftler, Heidelberg: Spektrum Verlag, 94-97.

Krohn, Wolfgang, 2007a: Realexperimente – Die Modernisierung der ‚offenen Gesellschaft' durch experimentelle Forschung. In: Erwägen Wissen Ethik: 343-356.

Krohn, Wolfgang, 2007b: Technische Sozialität – Eine Einführung in die Soziologie der Technik (Ms.).

Krohn, Wolfgang/Günter Küppers, 1989: Die Selbstorganisation der Wissenschaft. Frankfurt/M.: Suhrkamp.

Krohn, Wolfgang/Günter Küppers/Rainer Paslack, 1987: Zur Genese und Entwicklung einer wissenschaftlichen Revolution. In: Siegfried J. Schmidt (Hg.), Der Diskurs des radikalen Konstruktivismus, Frankfurt/M.: Suhrkamp, 441-476.

Krohn, Wolfgang/Johannes Weyer, 1989: Gesellschaft als Labor. Die Erzeugung sozialer Risiken durch experimentelle Forschung. In: Soziale Welt 40: 349-373.

Krücken, Georg/Johannes Weyer, 1999: Risikoforschung. In: Stefan Bröchler/Georg Simonis/Karsten Sundermann (Hg.), Handbuch Technikfolgenabschätzung (3 Bde.), Berlin: edition sigma, 227-235.

Krupp, Helmar, 1997: Schumpeter-Dynamik zwischen Risiko und Gefahr. Skizze einer systemtheoretischen großen Erzählung. In: Toru Hijikata/Armin Nassehi

(Hg.), Riskante Strategien. Beiträge zur Soziologie des Risikos, Opladen: Westdeutscher Verlag, 65-97.

Kuhlen, Rainer, 2006: Autonomiegewinne oder Autonomieverluste durch Wandel von Informationsarbeit. In: Andrea Baukrowitz et al. (Hg.), Informatisierung der Arbeit – Gesellschaft im Umbruch, Berlin: edition sigma, 370-380.

Kuhn, Thomas S., 1976: Die Struktur wissenschaftlicher Revolutionen. Frankfurt/M.: Suhrkamp.

Lakatos, Imre, 1974: Falsifikation und die Methodologie wissenschaftlicher Forschungsprogramme. In: Imre Lakatos/Alan Musgrave (Hg.), Kritik und Erkenntnisfortschritt, Braunschweig: Vieweg, 89-189.

Langheinrich, Marc, 2005: Die Privatsphäre im Ubiquitous Computing – Datenschutzaspekte der RFID-Technologie. In: Elgar Fleisch/Friedemann Mattern (Hg.), Das Internet der Dinge. Ubiquitous Computing und RFID in der Praxis: Visionen, Technologien, Anwendungen, Handlungsanleitungen, Berlin: Springer, 329-362.

LaPorte, Todd R./Paula M. Consolini, 1991: Working in Practice But Not in Theory: Theoretical Challenges of „High Reliability Organizations". In: Journal of Public Administration Research and Theory 1: 19-47.

Latour, Bruno, 1983: Give Me a Laboratory and I will raise the World. In: Karin Knorr-Cetina/Michael Mulkay (Hg.), Science Observed: Perspectives on the Social Study of Science, London: Sage, 141-170.

Latour, Bruno, 1988: Mixing Humans and Nonhumans Together: The Sociology of a Door-Closer. In: Social Problems 35: 298-310.

Latour, Bruno, 1995: Wir sind nie modern gewesen. Versuch einer symmetrischen Anthropologie. Berlin: Akademie Verlag.

Latour, Bruno, 1996a: Aramis or the Love of Technology. Cambridge/Mass.: Harvard University Press.

Latour, Bruno, 1996b: Der Berliner Schlüssel. Kleine Soziologie alltäglicher Gegenstände und andere Lektionen eines Liebhabers der Wissenschaften. Berlin: Akademie Verlag.

Latour, Bruno, 1996c: On actor-network theory. A few clarifications. In: Soziale Welt 47: 369-381.

Latour, Bruno, 1998a: Aramis – oder die Liebe zur Technik. In: Werner Fricke (Hg.), Innovationen in Technik, Wissenschaft und Gesellschaft (Forum Humane Technikgestaltung, Bd. 19), Bonn: Friedrich-Ebert-Stiftung, 147-164.

Latour, Bruno, 1998b: Über technische Vermittlung. Philosophie, Soziologie, Genealogie. In: Werner Rammert (Hg.), Technik und Sozialtheorie, Frankfurt/M.: Campus, 29-81.

Leib, Volker/Raymund Werle, 1997: Wissenschaftsnetze in Europa und den USA – Die Rolle staatlicher Akteure bei ihrer Bereitstellung. In: Raymund Werle/Christa Lang (Hg.), Modell Internet? Entwicklungsperspektiven neuer Kommunikationsnetze, Frankfurt/M.: Campus, 157-185.

Lenin, Wladimir I., 1964: Bericht über die Tätigkeit des Rats der Volkskommissare, 22. Dez. 1920. In: ders. (Hg.), Werke, Bd. 31 (April – Dezember 1920), Berlin: Dietz Verlag, 483-515.

Lenzen, Manuela, 2003: Evolutionstheorien in den Natur- und Sozialwissenschaften. Frankfurt/M.: Campus.

Lepsius, M. Rainer (Hg.), 1981: Soziologie in Deutschland und Österreich 1918-1945 (Sonderheft 23 der Kölner Zeitschrift für Soziologie und Sozialpsychologie). Opladen: Westdeutscher Verlag.

Levidow, Les/Susan Carr, 2007: GM crops on trial. Technological development as a real-world experiment. In: Futures 39: 408-431.

Liebowitz, Stan J./Stephen E. Margolis, 1990: The Fable of the Keys. In: Journal of Law, Economics and Organization 33 (No. 1, Apr. 1990): 1-25.

Liebowitz, Stan J./Stephen E. Margolis, 1995: Path Dependence, Lock-In, and History. In: Journal of Law, Economics and Organization 11: 205-226.

Liebowitz, Stan J./Stephen E. Margolis, 1996: Typing Errors, www.reason.com/news/show/29944.html (06.08.2007).

Locquenghien, Kerstin von, 2006: On the Potential Social Impact of RFID-Containing Every-day Objects. In: Science, Technology & Innovations Studies 2: 57-78, www.sti-studies.de.

Logsdon, John M., 1986: The Space Shuttle Program: A Policy Failure. In: Science (30 May 1986): 1099-1105.

Lomas, Robert, 2002: The Invisible College: The Royal Society, Freemasonry and the Birth of Modern Science. London: Headline Book Publishing.

Lorenz, Anja J., 2007: Management komplexer Systeme – Elektrizitätsnetzwerke in Deutschland (Diplomarbeit). Dortmund.

Luhmann, Niklas, 1981: Die Ausdifferenzierung von Erkenntnisgewinn: Zur Genese von Wissenschaft. In: Nico Stehr/Volker Meja (Hg.), Wissenssoziologie. Sonderheft 22 der Kölner Zeitschrift für Soziologie und Sozialpsychologie, Opladen: Westdeutscher Verlag, 102-139.

Luhmann, Niklas, 1984: Soziale Systeme. Grundriß einer allgemeinen Theorie. Frankfurt/M.: Suhrkamp.

Luhmann, Niklas, 1986: Ökologische Kommunikation. Kann die moderne Gesellschaft sich auf ökologische Gefährdungen einstellen? Opladen: Westdeutscher Verlag.

Luhmann, Niklas 1988: Die Wirtschaft der Gesellschaft. Frankfurt/M.: Suhrkamp.

Luhmann, Niklas, 1990: Die Wissenschaft der Gesellschaft. Frankfurt/M.: Suhrkamp.

Luhmann, Niklas, 1991: Soziologie des Risikos. Berlin: de Gruyter.

Luhmann, Niklas, 1997: Die Gesellschaft der Gesellschaft. Frankfurt/M.: Suhrkamp.

Luhmann, Niklas/Dirk Baecker (Hg.), 2004: Einführung in die Systemtheorie. Heidelberg: Cal-Auer.

Lundgreen, Peter et al., 1986: Staatliche Forschung in Deutschland 1870-1980. Frankfurt/M.: Campus.

Lyall, Catherine/Joyce Tait (Hg.), 2005: New Modes Of Governance: Developing An Integrated Policy Approach To Science, Technology, Risk And The Environment. Aldershot: Ashgate.

Mai, Manfred, 2004: Steuerungstheoretische Überlegungen über die veränderte Rolle des Staates bei technischen Infrastrukturen. In: Zeitschrift für Politik 51: 52-67.

Marx, Karl, 1844: Ökonomisch-philosophische Manuskripte, www.marxists.org/deutsch/archiv/marx-engels/1844/oek-phil/index.htm.

Marx, Karl, 1972: Das Kapital. Kritik der politischen Ökonomie. Erster Band. Buch I: Der Produktionsprozess des Kapitals (MEW 23). Berlin: Dietz Verlag.

Mattern, Friedemann (Hg.), 2003a: Total vernetzt. Szenarien einer informatisierten Welt (7. Berliner Kolloquium der Gottlieb Daimler- und Karl Benz-Stiftung). Heidelberg: Springer.

Mattern, Friedemann, 2003b: Vom Verschwinden des Computers – Die Vision des Ubiquitous Computing. In: Friedemann Mattern (Hg.), Total vernetzt. Szenarien einer informatisierten Welt (7. Berliner Kolloquium der Gottlieb Daimler- und Karl Benz-Stiftung), Heidelberg: Springer, 1-41.

Mattern, Friedemann (Hg.), 2007: Die Informatisierung des Alltags. Leben in smarten Umgebungen. Berlin: Springer.

Mautz, Rüdiger, 2007: The expansion of renewable energies – opportunities and restraints. In: Science, Technology & Innovation Studies 3: 113-131, www.sti-studies.de.

Mayntz, Renate, 1987: Politische Steuerung und gesellschaftliche Steuerungsprobleme – Anmerkungen zu einem theoretischen Paradigma. In: Thomas Ellwein et al. (Hg.), Jahrbuch zur Staats- und Verwaltungswissenschaft, 89-110.

Mayntz, Renate, 1988a: Funktionelle Teilsysteme in der Theorie sozialer Differenzierung. In: Renate Mayntz et al. (Hg.), Differenzierung und Verselbständigung. Zur Entwicklung gesellschaftlicher Teilsysteme, Frankfurt/M.: Campus, 11-44.

Mayntz, Renate, 1988b: Zur Entwicklung technischer Infrastruktursysteme. In: Renate Mayntz et al. (Hg.), Differenzierung und Verselbständigung. Zur Entwicklung gesellschaftlicher Teilsysteme, Frankfurt/M.: Campus, 233-260.

Mayntz, Renate, 1993a: Große technische Systeme und ihre gesellschaftstheoretische Bedeutung. In: Kölner Zeitschrift für Soziologie und Sozialpsychologie 45: 97-108.

Mayntz, Renate, 1993b: Policy-Netzwerke und die Logik von Verhandlungssystemen. In: Adrienne Héritier (Hg.), Policy-Analyse. Kritik und Neuorientierung (Sonderheft 24 der Politischen Vierteljahresschrift), Opladen: Westdeutscher Verlag, 39-56.

Mayntz, Renate, 2001: Triebkräfte der Technikentwicklung und die Rolle des Staates. In: Georg Simonis/Renate Martinsen/Thomas Saretzki (Hg.), Politik und Technik. Analysen zum Verhältnis von technologischem, politischem und staatlichem Wandel am Anfang des 21. Jahrhunderts, Wiesbaden: Westdeutscher Verlag, 3-18.

Mayntz, Renate, 2004: Governance Theory als fortentwickelte Steuerungstheorie?, www.mpifg.de/pu/workpap/wp04-1/wp04-1.html.

Mayntz, Renate/Fritz W. Scharpf, 1995a: Der Ansatz des akteurzentrierten Institutionalismus. In: dies. (Hg.), Gesellschaftliche Selbstregelung und politische Steuerung, Frankfurt/M.: Campus, 39-72.

Mayntz, Renate/Fritz W. Scharpf (Hg.), 1995b: Gesellschaftliche Selbstregelung und politische Steuerung. Frankfurt/M.: Campus.

Mayntz, Renate/Fritz W. Scharpf, 2005: Politische Steuerung – heute? In: Zeitschrift für Soziologie 34: 236-237.

Mayntz, Renate/Volker Schneider, 1988: The dynamics of system development in a comparative perspective: Interactive videotext in Germany, France and Britain. In: Renate Mayntz/Thomas P. Hughes (Hg.), The Development of Large Technical Systems, Frankfurt/M.: Campus, 263-298.

Mayr, Ernst, 2005: Das ist Evolution. München: Goldmann.

McDougall, Walter A., 1985: ... The Heavens and the Earth. A Political History of the Space Age. New York: Basic Books.

Mensen, Heinrich, 1990: Betriebsausrüstung. In: Ludwig Bölkow (Hg.), Ein Jahrhundert Flugzeuge, Düsseldorf: VDI-Verlag, 172-219.

Mertens, Herbert/Steffen Richter (Hg.), 1980: Naturwissenschaft, Technik und NS-Ideologie. Beiträge zur Wissenschaftsgeschichte des Dritten Reiches. Frankfurt/M.: Suhrkamp.

Merton, Robert K., 1972: Wissenschaft und demokratische Sozialstruktur (1942). In: Peter Weingart (Hg.), Wissenschaftssoziologie 1, Frankfurt/M.: Athenäum, 45-59.

Meyer-Krahmer, Frieder, 2005: Handlungsspielräume und Modernisierungserfordernisse nationaler Technologie- und Innovationspolitik. In: Technikfolgenabschätzung – Theorie und Praxis 14 (Nr. 1/März 2005): 12-17.

Meyer-Krahmer, Frieder/Uwe Kuntze, 1992: Bestandsaufnahme der Forschungs- und Technologiepolitik. In: Klaus Grimmer et al. (Hg.), Politische Techniksteuerung, Opladen: Leske + Budrich, 95-118.

Meyer-Thurow, Georg, 1982: The Industrialization of Invention: A Case Study From the German Chemical Industry. In: ISIS 73: 363-381.

Meyer, Axel, 2005: Alles Leben im Lichte der Evolution sehen. Ernst Mayr – der Apostel Darwins. Erkenntnisse zur Entstehung von Arten in isolierten Populationen. In: Frankfurter Allgemeine Zeitung 09.02.2005: N1.

Meyer, Sibylle et al., 2001: Vernetztes Wohnen – Die Informatisierung des Alltagslebens. Berlin: edition sigma.

Meyer, Uli/Cornelius Schubert, 2005: Die Konstitution technologischer Pfade. Überlegungen jenseits der Dichotomie von Pfadabhängigkeit und Pfadkreation. Berlin, TU Technology Studies (TUTS-WP-6-2005).

Meyer, Uli/Cornelius Schubert, 2007: Integrating path dependency and path creation in a general understanding of path constitution. The role of agency and institutions in the stabilisation of technological innovations In: Science, Technology & Innovations Studies 3: 23-44, www.sti-studies.de.

Mikl-Horke, Gertraude, 1992: Soziologie. Historischer Kontext und soziologische Theorie-Entwürfe. München: Oldenbourg.

Monse, Kurt/Johannes Weyer, 1999: Nutzerorientierung als Strategie der Kontextualisierung technischer Innovationen. Das Beispiel elektronischer Informationssysteme. In: Dieter Sauer/Christa Lang (Hg.), Paradoxien der Innovation. Perspektiven sozialwissenschaftlicher Innovationsforschung, Frankfurt/M.: Campus, 97-118.

Moravec, Hans, 2000: Die Roboter werden uns überholen. In: Spektrum der Wissenschaft Spezial: Forschung im 21. Jahrhundert (1/2000): 72-79.

Müller-Jung, Joachim, 2003: Übergenom. Der Lamarck-Code: Ein neues Humangenomprojekt beginnt. In: Frankfurter Allgemeine Zeitung 08.10.2003: N1.

Mumford, Lewis, 1984: Mythos der Maschine. Kultur, Technik und Macht. Frankfurt/M.: Fischer.

Münch, Richard, 1984: Die Struktur der Moderne. Grundmuster und differentielle Gestaltung des institutionellen Aufbaus der modernen Gesellschaften. Frankfurt/M.: Suhrkamp.

Nelson, Richard R./Sidney G. Winter, 1977: In search of useful theory of innovation. In: Research Policy 6: 36-76.

Neufeld, Michael, 1997: Die Rakete und das Reich. Wernher von Braun, Peenemünde und der Beginn des Raketenzeitalters. Berlin: Brandenburgisches Verlagshaus.

Nonaka, Ikurijo/Hirotaka Takeuchi, 1997: Die Organisation des Wissens – wie japanische Unternehmen eine brachliegende Ressource nutzbar machen. Frankfurt/M.: Campus.

O'Connor, John J./Edmund F. Robertson, 1997: English attack on the Longitude Problem, www-groups.dcs.st-and.ac.uk/~history/HistTopics/Longitude2.html (01.08.2007).

O'Connor, John J./Edmund F. Robertson, 2004: The Royal Society, www-groups.dcs.st-and.ac.uk/~history/Societies/RS.html (01.08.2007).

Ottens, Maarten et al., 2006: Modelling infrastructures as socio-technical systems. In: International Journal of Critical Infrastructures 2 (2/3): 133-145, www.inderscience.com/browse/index.php?journalID=58&year=2006&vol=2&issue=2/3.

Papcke, Sven (Hg.), 1986: Ordnung und Theorie. Beiträge zur Geschichte der Soziologie in Deutschland. Darmstadt: Wissenschaftliche Buchgesellschaft.

Parsons, Talcott, 1972: Das System moderner Gesellschaften (1971). München: Juventa.

Parsons, Talcott, 1986: Gesellschaften. Evolutionäre und komparative Perspektiven (1966). Frankfurt/M.: Suhrkamp.

Paschen, Herbert/Thomas Petermann, 1991: Technikfolgen-Abschätzung – Ein strategisches Rahmenkonzept für die Analyse und Bewertung von Technik. In: Thomas Petermann (Hg.), Technikfolgenabschätzung als Technikforschung und Politikberatung, Frankfurt/M.: Campus, 19-41.

Perrow, Charles, 1987: Normale Katastrophen. Die unvermeidbaren Risiken der Großtechnik. Frankfurt/M.: Campus.

Perrow, Charles, 1994: Accidents in High Risk Systems. In: Technology Studies 1: 1-20.

Peuker, Birgit, 2006: Alle sind gleich, nur manche sind gleicher – Anmerkungen zu einigen Asymmetrien in der Akteur-Netzwerk-Theorie. In: Martin Voss/Birgit Peuker (Hg.), Verschwindet die Natur? Die Akteur-Netzwerk-Theorie in der umweltsoziologischen Diskussion, Bielefeld: Transcript, 71-91.

Pfeiffer, Sabine, 2001: information@Work. Neue Tendenzen in der Informatisierung von Arbeit und vorläufige Überlegungen zu einer Typologie informatisierter Arbeit. In: Ingo Matuschek/Annette Henninger/Frank Kleemann (Hg.), Neue Medien im Arbeitsalltag. Empirische Befunde – Gestaltungskonzepte – Theoretische Perspektiven, Wiesbaden: VS-Verlag, 239-257.

Philipp, Klaus Jan, 2002: Himmelwärts. Bauen zum Lobe Gottes. In: Forschung und Technik im Mittelalter Spektrum der Wissenschaft Spezial (2/2002): 80-83.

Phoenix, Chris/Eric Drexler, 2004: Safe exponential manufacturing, www.iop.org/EJ/abstract/0957-4484/15/8/001/ (24.09.2004).

Pidgeon, Nick, 1997: The Limits to Safety? Culture, Politics, Learning and Man-Made Disasters. In: Journal of Contingencies and Crisis Management 5: 1-14.

Pinch, Trevor J./Wiebe E. Bijker, 1984: The Social Construction of Facts and Artefacts: Or How the Sociology of Science and the Sociology of Technology Might Benefit Each Other. In: Social Studies of Science 14: 399-441.

Popitz, Heinrich, 1995: Der Aufbruch zur Artifiziellen Gesellschaft. Zur Anthropologie der Technik. Tübingen: J.C.B. Mohr.

Popper, Karl R., 1966: Logik der Forschung (1934). Tübingen: J.C.B. Mohr.

Pottgießer, Hans, 1988: Sicher auf den Schienen. Fragen zur Sicherheitsstrategie der Eisenbahn von 1825 bis heute. Basel: Birkhäuser Verlag.

Potthast, Jörg, 2007: Netzwerk, Organisation, Panne. Moralökonomische Analysen zur Krise der Gepäckabfertigung. In: Stefan Kaufmann (Hg.), Vernetzte Steuerung. Soziale Prozesse im Zeitalter technischer Netzwerke, Zürich: Chronos, 109-129.

Powell, Walter W., 1990: Neither Market nor Hierarchy: Network Forms of Organization. In: Research in Organizational Behavior 12: 295-336.

Prange, Heiko, 2003: Technologie- und Innovationspolitik in Europa: Handlungsspielräume im Mehrebenensystem. In: Technikfolgenabschätzung – Theorie und Praxis 12 (2): 11-20.

Preuß, Erich, 1994: Tragischer Irrtum. Eisenbahnunfälle der 80er Jahre. Berlin: Transpress.

Radkau, Joachim, 1978: Kernenergie-Entwicklung in der Bundesrepublik: Ein Lernprozeß? Reinbek: Rowohlt.

Radkau, Joachim, 1988: Hiroshima und Asilomar. Die Inszenierung des Diskurses über Gentechnik vor dem Hintergrund der Kernenergie-Kontroverse. In: Geschichte und Gesellschaft 1988 (H. 3): 329-363.

Rammert, Werner, 1988: Technikgenese – Ein Überblick über Studien zum Entstehungszusammenhang neuer Techniken. In: Kölner Zeitschrift für Soziologie und Sozialpsychologie 40: 747-761.

Rammert, Werner, 1990: Telefon und Kommunikationskultur. Akzeptanz und Diffusion einer Technik im Vier-Länder-Vergleich. In: Kölner Zeitschrift für Soziologie und Sozialpsychologie 42: 20-40.

Rammert, Werner, 1992: Wer oder was steuert den technischen Fortschritt? Technischer Wandel zwischen Steuerung und Evolution. In: Soziale Welt 43: 7-25.

Rammert, Werner, 1993a: Der Anteil der Kultur an der Genese einer Technik. Das Beispiel des Telefons. In: ders. (Hg.), Technik aus soziologischer Perspektive. Forschungsstand – Theorieansätze – Fallbeispiele. Ein Überblick, Opladen: Westdeutscher Verlag, 230-238.

Rammert, Werner, 1993b: Konturen der Techniksoziologie. Begriffe, Entwicklungen und Forschungsfelder einer neuen soziologischen Teildisziplin. In: ders. (Hg.), Technik aus soziologischer Perspektive. Forschungsstand – Theorieansätze – Fallbeispiele. Ein Überblick, Opladen: Westdeutscher Verlag, 9-27.

Rammert, Werner, 1993c: Wer oder was steuert den technischen Fortschritt? Technischer Wandel zwischen Steuerung und Evolution. In: ders. (Hg.), Technik aus soziologischer Perspektive. Forschungsstand – Theorieansätze – Fallbeispiele. Ein Überblick, Opladen: Westdeutscher Verlag, 151-176.

Rammert, Werner (Hg.), 1994: Technik und Gesellschaft, Jahrbuch 7: Konstruktion und Evolution von Technik. Frankfurt/M.: Campus.

Rammert, Werner, 1997: Innovation im Netz. Neue Zeiten für technische Innovationen: heterogen verteilt und interaktiv vernetzt. In: Soziale Welt 48: 397-416.

Rammert, Werner, 1998: Technikvergessenheit der Soziologie? Eine Erinnerung als Einleitung. In: ders. (Hg.), Technik und Sozialtheorie, Frankfurt/M.: Campus, 9-28.

Rammert, Werner, 2002: Verteilte Intelligenz im Verkehrssystem. Interaktivitäten zwischen Fahrer, Fahrzeug und Umwelt. In: Zeitschrift für wirtschaftlichen Fabrikbetrieb 97 (7-8): 404-408.

Rammert, Werner, 2003: Technik in Aktion. Verteiltes Handeln in soziotechnischen Konstellationen. In: Thomas Christaller/Josef Wehner (Hg.), Autonome Maschinen – Perspektiven einer neuen Technikgeneration, Wiesbaden: Westdeutscher Verlag, 289-315.

Rammert, Werner/Ingo Schulz-Schaeffer, 2002: Technik und Handeln. Wenn soziales Handeln sich auf menschliches Verhalten und technische Abläufe verteilt. In: dies. (Hg.), Können Maschinen handeln? Soziologische Beiträge zum Verhältnis von Mensch und Technik, Frankfurt/M.: Campus, 11-64.

Rath, Alexander, 1993: Möglichkeiten und Grenzen der Durchsetzung neuer Verkehrstechnologien, dargestellt am Beispiel des Magnetbahnsystems Transrapid. Berlin: Duncker & Humblot.

Reason, James T., 1990: Human Error. Cambridge/Mass.: Cambridge University Press.

Reason, James T., 1997: Managing the risks of organizational accidents. Aldershot: Ashgate.

Reents, Edo, 2005: Das Ende vom Lied. Unüberhörbare Prostitution: Die Zukunft der Popmusik. In: Frankfurter Allgemeine Zeitung 06.05.2005: 33.

Rijpma, Jos A., 2003: From Deadlock to Dead End: The Normal Accidents-High Reliability Debate Revisited. In: Journal of Contingencies and Crisis Management 11: 37-46.

Rilling, Rainer, 1994: Der schwere Übergang. Forschungs- und Technologiepolitik im Umbruch. In: Georg Ahrweiler/Peter Döge/Rainer Rilling (Hg.), Memorandum Forschungs- und Technologiepolitik 1994/95. Gestaltung statt Standortverwaltung, Marburg: BdWi-Verlag, 44-105.

Rip, Arie/Johan W. Schot, 1999: Anticipating on Contextualization – Loci for Influencing the Dynamics of Technological Development. In: Dieter Sauer/Christa Lang (Hg.), Paradoxien der Innovation. Perspektiven sozialwissenschaftlicher Innovationsforschung, Frankfurt/M.: Campus, 129-146.

Rip, Arie/Johan W. Schot, 2002: Identifying Loci for Influencing the Dynamics of Technological Development. In: Knut H. Sørensen/Robin Williams (Hg.), Shaping Technology, Guiding Policy. Concepts, Spaces and Tools, Cheltenham: Edward Elgar, 155-172.

Rip, Arie/Henk van den Belt, 1991: Constructive Technology Assessment: Toward a Theory. International Workshop on Constructive Technology Assessment, Twente, 20-22 Sept. 1991.

Roberts, Karlene A. (Hg.), 1993: New Challenges to Understanding Organisations. New York: Macmillan.

Rochlin, Gene I., 1991: Iran Air Flight 655 and the USS Vincennes: Complex, Large-scale Military Systems and the Failure of Control. In: Todd La Porte (Hg.), Social Responses to Large Technical Systems. Control or Anticipation, Dordrecht: Kluwer, 99-125.

Rochlin, Gene I., 1997: Trapped in the net. The unanticipated consequences of computerization. Princeton: Princeton UP.

Rohracher, Harald, 2006: The Mutual Shaping of Design und Use. Innovations for Sustainable Buildings as a Process of Social Learning. München: Profil Verlag.

Ropohl, Günter, 1979: Eine Systemtheorie der Technik. Zur Grundlegung der Allgemeinen Technologie. München: Hanser.

Ropohl, Günter, 1988: Allgemeine Technologie der Netzwerke. In: Technikgeschichte 56: 153-162.

Ropohl, Günter, 1991: Ob man die Ambivalenzen des technischen Fortschritts mit einer neuen Ethik meistern kann? In: Hans Lenk/Matthias Maring (Hg.), Technikverantwortung. Güterabwägung – Risikobewertung – Verhaltenskodizes, Frankfurt/M.: Campus, 47-78.

Ropohl, Günter, 1998: Wie die Technik zur Vernunft kommt. Beiträge zum Paradigmenwechsel in den Technikwissenschaften. Amsterdam: GIB Verlag Fakultas.

Ropohl, Günter, 2002: Wider die Entdinglichung im Technikverständnis. In: Günter Abel/Hans-Jürgen Engfer/Christoph Hubig (Hg.), Neuzeitliches Denken. Festschrift für Hans Poser zum 65. Geburtstag, Berlin: de Gruyter, 427-440.

Roth, Gerhard, 1986: Selbstorganisation – Selbsterhaltung – Selbstreferentialität: Organisation der Lebewesen und ihre Folgen für die Beziehungen zwischen Organismus und Umwelt. In: Andreas Dress/Hubert Hendrichs/Günter Küppers (Hg.), Selbstorganisation. Die Entstehung von Ordnung in Natur und Gesellschaft, München: Piper, 149-180.

Sagan, Scott D., 1993: The Limits of Safety. Organizations, Accidents and Nuclear Weapons. Princeton: Princeton University Press.

Sauer, Manfred/Volker Döhl, 1994: Arbeit an der Kette. Systemische Rationalisierung unternehmensübergreifender Produktion. In: Soziale Welt 45: 197-215.

Schäfers, Berhard, 1993: Techniksoziologie. In: Hermann Korte/Bernhard Schäfers (Hg.), Einführung in Spezielle Soziologien (Einführungskurs Soziologie, Bd. IV), Opladen: Leske + Budrich, 167-190.

Scharpf, Fritz W., 1988: Verhandlungssysteme, Verteilungskonflikte und Pathologien der politischen Steuerung. In: Manfred G. Schmidt (Hg.), Staatstätigkeit. International und historische vergleichende Analyse (PVS-Sonderheft 19), Opladen: Westdeutscher Verlag, 61-87.

Scharpf, Fritz W., 1993: Positive und negative Koordination in Verhandlungssystemen. In: Adrienne Héritier (Hg.), Policy-Analyse. Kritik und Neuorientierung (Sonderheft 24 der Politischen Vierteljahresschrift), Opladen: Westdeutscher Verlag, 57-83.

Scharpf, Fritz W., 2000: Interaktionsformen. Akteurzentrierter Institutionalismus in der Politikforschung,. Opladen: Leske + Budrich.

Schelsky, Helmut, 1953: Wandlungen der deutschen Familie in der Gegenwart (2. Aufl. 1954). Stuttgart: Enke.

Schelsky, Helmut, 1957: Die skeptische Generation. Eine Soziologie der deutschen Jugend. Düsseldorf: Diederichs.

Schelsky, Helmut, 1965: Der Mensch in der wissenschaftlichen Zivilisation (1961). In: ders. (Hg.), Auf der Suche nach Wirklichkeit. Gesammelte Aufsätze, Düsseldorf: Eugen Diederichs, 439-480.

Schelsky, Helmut, 1977: Die Arbeit tun die anderen. Klassenkampf und Priesterherrschaft der Intellektuellen. München: DTV.

Scherer, F.M., 1992: Schumpeter and plausible capitalism. In: Journal of Economic Literature 30: 1416-1433.

Schier, Armin/Herbert Wichmann, 1993: Einige Aspekte technischer Zuverlässigkeit und menschlichen Gefährdungserlebens in der Großchemie. In: Hans-Jürgen Weißbach/Andrea Poy (Hg.), Risiken informatisierter Produktion. Theoretische und empirische Ansätze. Strategien zur Risikobewältigung, Opladen: Westdeutscher Verlag, 249-272.

Schimank, Uwe, 1992: Erwartungssicherheit und Zielverfolgung. Sozialität zwischen Prisoner's Dilemma und Battle of the Sexes. In: Soziale Welt 43: 182-200.

311

Schimank, Uwe, 1995: Politische Steuerung und Selbstregulation des Systems organisierter Forschung. In: Renate Mayntz/Fritz W. Scharpf (Hg.), Gesellschaftliche Selbstregelung und politische Steuerung, Frankfurt/M.: Campus, 101-139.

Schmidt, Johannes F.K., 1997: Der Personal Computer (1974-1985). Architektonische Innovation und vertikale Desintegration. In: Johannes Weyer (Hg.), Technik, die Gesellschaft schafft. Soziale Netzwerke als Ort der Technikgenese, Berlin: edition sigma, 147-226.

Schmidt, Siegfried J. (Hg.), 1987: Der Diskurs des Radikalen Konstruktivismus. Frankfurt/M.: Suhrkamp.

Schmiede, Rudi, 2006: Wissen und Arbeit im „Information Capitalism". In: Andrea Baukrowitz et al. (Hg.), Informatisierung der Arbeit – Gesellschaft im Umbruch, Berlin: edition sigma, 457-490.

Schmoch, Ulrich, 1993: Analyse von Spin-offs der Raumfahrtforschung mit Hilfe von Patentindikatoren. In: Johannes Weyer (Hg.), Technische Visionen – politische Kompromisse. Geschichte und Perspektiven der deutschen Raumfahrt, Berlin: edition sigma, 255-284.

Schmoch, Ulrich, 1996: Die Rolle der akademischen Forschung in der Technikgenese. In: Soziale Welt 47: 250-265.

Schneider, Volker, 1992: The structure of policy networks. A comparison of the 'chemicals control' and 'telecommunications' policy domains in Germany. In: European Journal of Political Research 21: 109-129.

Schneider, Volker/Renate Mayntz, 1995: Akteurzentrierter Institutionalismus in der Technikforschung. Fragestellungen und Erklärungsansätze. In: Jost Halfmann/Gotthard Bechmann/Werner Rammert (Hg.), Technik und Gesellschaft. Jahrbuch 8: Theoriebausteine der Techniksoziologie, Frankfurt/M.: Campus, 107-130.

Scholz-Reiter, Bernd/Uwe Hinrichs, o.J. [2006]: „Intelligente" Gegenstände im industriellen Alltag. In: acatech (Hg.), Computer in der Alltagswelt – Chancen für Deutschland? (acatech Symposium, Berlin, 28. Juni 2005), 46-52.

Schot, Johan W., 1992: Constructive Technology Assessment and Technology Dynamics: The Case of Clean Technologies. In: Science, Technology & Human Values 17: 36-56.

Schot, Johan W./Remco Hoogma/Boelie Elzen, 1994: Strategies for shifting technological systems. The case of the automobile system. In: Futures 26: 1060-1076.

Schrape, Klaus, 2002: Technologie und Gesellschaft: Evolutionäre Perspektiven. In: Jörg Eberspächer/Udo Hertz (Hg.), Leben in der e-Society. Computerintelligenz für den Alltag, Heidelberg: Springer, 129-143.

Schuh, Bernd, 2006: 50 Klassiker Erfindungen. Vom Faustkeil zum Internet. Hildesheim: Gerstenberg.

Schulman, Paul et al., 2004: High Reliability and the Management of Critical Infrastructures. In: Journal of Contingencies and Crisis Management 12: 14-28.

Schulte, Anja, 1997: Innovationsmanagement in hochautomatisierten technischen Systemen: Das Beispiel Deutsche Bahn AG (Ms.). Dortmund.

Schulz-Schaeffer, Ingo, 2000a: Akteur-Netzwerk-Theorie. Zur Koevolution von Gesellschaft, Natur und Technik. In: Johannes Weyer (Hg.), Soziale Netzwerke. Konzepte und Methoden der sozialwissenschaftlichen Netzwerkforschung, München: Oldenbourg, 187-209.

Schulz-Schaeffer, Ingo, 2000b: Sozialtheorie der Technik. Frankfurt/M.: Campus.

Schulz-Schaeffer, Ingo, 2007: Technik in heterogener Assoziation. Vier Konzeptionen der gesellschaftlichen Wirksamkeit von Technik. In: Georg Kneer/Markus Schroer/Erhard Schüttpelz (Hg.), Entgrenzung des Sozialen. Beiträge zu Bruno Latours Wissenschafts-, Technik-, Medien- und Sozialtheorie, Frankfurt/M.: Suhrkamp, 106-150.

Schulz-Schaeffer, Ingo, 2008: Technik. In: Nina Baur et al. (Hg.), Handbuch Soziologie, Wiesbaden: VS-Verlag (im Ersch.).

Schumpeter, Josef A., 1964: Theorie der wirtschaftlichen Entwicklung (1912). Berlin: Duncker & Humblot.

Schumpeter, Josef A., 1993: Kapitalismus, Sozialismus und Demokratie (1942). München: Francke.

Schwanitz, Dietrich, 2000: Die Geschichte Europas. Frankfurt/M.: Eichborn.

Simonis, Georg, 1995: Ausdifferenzierung der Technologiepolitik – vom hierarchischen zum interaktiven Staat. In: Georg Simonis/Renate Martinsen (Hg.), Paradigmenwechsel in der Technologiepolitik, Opladen: Leske + Budrich, 381-404.

Skiera, Bernd, 2000: Preispolitik und Electronic Commerce – Preisdifferenzierung im Internet. In: Christoph Wamser (Hg.), Electronic Commerce – Grundlagen und Perspektiven, München: Vahlen, 117-1300.

Sparaco, Pierre, 1994: Human Factors Cited in French A320 Crash. In: Aviation Week & Space Technology January 3, 1994: 30-31.

Spath, Dieter (Hg.), 2003: Integriertes Innovationsmanagement. Erfolgsfaktoren, Methoden, Praxisbeispiele. Stuttgart: Fraunhofer IRB-Verlag.

Specht, Günter, 1997: Einführung in die Betriebswirtschaftslehre. Stuttgart: Schäfer-Poeschel.

Statistisches Bundesamt, 2006: Datenreport 2006. Zahlen und Fakten über die Bundesrepublik Deutschland. Bonn: Bundeszentrale für politische Bildung.

Stieler, Wolfgang, 2007: Positiver Pragmatismus. Die Welt der Quanten ist voller Rätsel – und nützlich. In: Technology Review 2/2007: 60-65.

Stoiber, Edmund, 2006: Transrapid-Rede beim Neujahrsempfang der CSU am 12. Januar 2006, www.youtube.com/watch?v=f7TboWvVERU.

Stone, Irving, 1977: Michelangelo. Biografischer Roman (1961). Reinbek: Rowohlt.

Stucke, Andreas, 1993a: Die Raumfahrtpolitik des Forschungsministeriums: Domänenstrukturen und Steuerungsoptionen. In: Johannes Weyer (Hg.), Technische Visionen – politische Kompromisse. Geschichte und Perspektiven der deutschen Raumfahrt, 37-58.

Stucke, Andreas, 1993b: Institutionalisierung der Forschungspolitik: Entstehung, Entwicklung und Steuerungsprobleme des Bundesforschungsministeriums. Frankfurt/M.: Campus.

Szöllösi-Janze, Margit/Helmuth Trischler, 1990: Großforschung in Deutschland. Frankfurt/M.: Campus.

TA-Swiss, 2003a: Auf dem Weg zur intelligenten Mobilität. Kurzfassung des TA-Arbeitsdokumentes „Das vernetzte Fahrzeug". Bern (TA 43A/2003), www.ta-swiss.ch/www-remain/reports_archive/publications/2003/KF_Verkehrstelematik_d.pdf.

TA-Swiss, 2003b: Unser Alltag im Netz der schlauen Gegenstände. Kurzfassung der TA-Swiss-Studie „Das Vorsorgeprinzip in der Informationsgesellschaft" (TA 46A/2003). Bern, www.ta-swiss.ch/www-remain/reports_archive/publications/2003/TA_46A_2003_deutsch.pdf.

ten Horn-van Nispen, Marie-Louise, 1999: 400 000 Jahre Technikgeschichte. Von der Steinzeit bis zum Informationszeitalter. Darmstadt: PrimusTech.

Thomas, Peter, 2003: Ausrufezeichen der Architektur. Die Kombination der stabilisierenden Kräfte. In: Frankfurter Allgemeine Zeitung 11.02.2003: T6.

Treibel, Annette, 1993: Einführung in soziologische Theorien der Gegenwart. Opladen: Leske + Budrich.

Trischler, Helmut, 2002: Foresight aus der Retrospektive. In: Stifterverband für die Deutsche Wissenschaft (Hg.), Foresight. Prioritätensetzung in der Forschungsfinanzierung, Essen: Stifterverband, 25-37.

Turner, Barry A./Nick F. Pidgeon, 1997: Man-Made Disasters. Oxford: Butterworth-Heinemann.

Tushman, Michael L./Lori Rosenkopf, 1992: Organizational Determinants of Technological Change. Toward a Sociology of Technological Evolution. In: Research in Organizational Behavior 14: 311-347.

van Beveren, Tim, 1995: Runter kommen sie immer. Die verschwiegenen Risiken des Flugverkehrs. Frankfurt/M.: Campus.

Van de Ven, Andrew H. et al. (Hg.), 1999: The Innovation Journey. Oxford: Oxford UP.

van den Belt, Henk/Arie Rip, 1987: The Nelson-Winter-Dosi Model and Synthetic Dye Chemistry. In: Wiebe E. Bijker/Thomas P. Hughes/Trevor J. Pinch (Hg.), The Social Construction of Technological Systems. New Directions in the Sociology and History of Technology, Cambridge/Mass.: MIT Press, 135-158.

van den Daele, Wolfgang, 1977: Die soziale Konstruktion der Wissenschaft – Institutionalisierung und Definition der positiven Wissenschaft in der zweiten Hälfte des 17. Jahrhunderts. In: Gernot Böhme/Wolfgang van den Daele/Wolfgang Krohn (Hg.), Experimentelle Philosophie. Ursprünge autonomer Wissenschaftsentwicklung, Frankfurt/M.: Suhrkamp, 129-182.

van den Daele, Wolfgang, 1989: Kulturelle Bedingungen der Technikkontrolle durch regulative Politik. In: Peter Weingart (Hg.), Technik als sozialer Prozeß, Frankfurt/M.: Suhrkamp, 197-230.

van den Daele, Wolfgang/Wolfgang Krohn/Peter Weingart (Hg.), 1979: Geplante Forschung. Vergleichende Studien über den Einfluss politischer Programme auf die Wissenschaftsentwicklung. Frankfurt/M.: Suhrkamp.

van den Daele, Wolfgang/Alfred Pühler/Herbert Sukopp, 1996: Grüne Gentechnik im Widerstreit. Modell einer partizipativen Technikfolgenabschätzung zum Einsatz transgener herbizidresistenter Pflanzen. Weinheim: VCH.

Vašek, Thomas, 2004: Rechner auf Rädern. In: Technology Review 7/2004: 20-41.

Wagner, Gerald, 2000: Brücken gegen Schwarze und Arme. Technikgeschichte vom Hörensagen: Die New Yorker Parkways von Robert Moses und der politische Verdacht. In: Frankfurter Allgemeine Zeitung 15.03.2000: N 6.

Weber, Max, 1985: Wirtschaft und Gesellschaft. Grundriss der verstehenden Soziologie (1922). Tübingen: J.C.B. Mohr.

Wehling, Peter, 2005: Social Inequalities Beyond the Modern Nature-Society-Divide? The Cases of Cosmetic Surgery and Predictive Genetic Testing. In: Science, Technology & Innovations Studies 1: 3-15, www.sti-studies.de.

Weick, Karl E., 1987: Organizational Culture as a Source of High Reliability. In: California Management Review 29 (2): 112-127.

Weingart, Peter, 1976: Wissensproduktion und soziale Struktur. Frankfurt/M.: Suhrkamp.

Weingart, Peter, 1983: Verwissenschaftlichung der Gesellschaft – Politisierung der Wissenschaft. In: Zeitschrift für Soziologie 12: 225-241.

Weingart, Peter (Hg.), 1989: Technik als sozialer Prozeß. Frankfurt/M.: Suhrkamp.

Weingart, Peter, 1997: From Finalization to Mode 2: old wine in new bottles? In: Social Science Information 36: 591-613.

Weingart, Peter, 2001: Die Stunde der Wahrheit. Zum Verhältnis der Wissenschaft zu Politik, Wirtschaft und Medien in der Wissensgesellschaft. Weilerswist: Velbrück.

Weiser, Mark, 1991: Computer im nächsten Jahrhundert. In: Spektrum der Wissenschaft Nov. 1991: 92-101.

Weißbach, Hans-Jürgen, 1993: Kommunikative und kulturelle Formen der Risikobewältigung in der informatisierten Produktion. In: Hans-Jürgen Weißbach/Andrea Poy (Hg.), Risiken informatisierter Produktion. Theoretische und empirische Ansätze. Strategien zur Risikobewältigung, Opladen: Westdeutscher Verlag, 69-102.

Weißbach, Hans-Jürgen/Andrea Poy (Hg.), 1993: Risiken informatisierter Produktion. Theoretische und empirische Ansätze. Strategien zur Risikobewältigung. Opladen: Westdeutscher Verlag.

Werle, Raymund, 2001: Liberalisierung und politische Techniksteuerung. In: Georg Simonis/Renate Martinsen/Thomas Saretzki (Hg.), Politik und Technik. Analysen zum Verhältnis von technologischem, politischem und staatlichem Wandel am Anfang des 21. Jahrhunderts (PVS Sonderheft 31), Wiesbaden: Westdeutscher Verlag, 407-423.

Werle, Raymund, 2005a: Institutionelle Analyse technischer Innovation. In: Kölner Zeitschrift für Soziologie und Sozialpsychologie 57: 308-332.

Werle, Raymund, 2005b: Internetpolitik in Deutschland. In: Technikfolgenabschätzung – Theorie und Praxis 14 (Nr. 1, März 2005): 26-32.

Weyer, Johannes, 1984a: Erfinder von Kampfbegriffen in der Soziologie. Noch einmal Helmut Schelsky. In: Deutsche Volkszeitung 13 (30.03.1984): 15.

Weyer, Johannes, 1984b: Westdeutsche Soziologie 1945-1960. Deutsche Kontinuitäten und nordamerikanischer Einfluß. Berlin: Duncker & Humblot.

Weyer, Johannes, 1985: Chaos oder System? Überlegungen zur Wissenschaftspolitik des Faschismus. In: Forum Wissenschaft (H. 2): 31-35.

Weyer, Johannes, 1986: Der ‚Bürgerkrieg in der Soziologie'. Die westdeutsche Soziologie zwischen Amerikanisierung und Restauration. In: Sven Papcke (Hg.), Ordnung und Theorie. Beiträge zur Geschichte der Soziologie in Deutschland, Darmstadt: Wissenschaftliche Buchgesellschaft, 280-304.

Weyer, Johannes, 1989: „Reden über Technik" als Strategie sozialer Innovation. Zur Genese und Dynamik von Technik am Beispiel der Raumfahrt in der Bundesrepublik. In: Manfred Glagow/Helmut Wiesenthal/Helmut Willke (Hg.), Gesellschaftliche Steuerungsrationalität und partikulare Handlungsstrategien, Paffenweiler: Centaurus, 81-114.

Weyer, Johannes, 1991: Experiment Golfkrieg. Zur operativen Kopplung systemischer Handlungsprogramme von Politik und Wissenschaft. In: Soziale Welt 42: 405-426.

Weyer, Johannes, 1993a: Akteurstrategien und strukturelle Eigendynamiken. Raumfahrt in Westdeutschland 1945-1965. Göttingen: Otto Schwartz.

Weyer, Johannes, 1993b: System und Akteur. Zum Nutzen zweier soziologischer Paradigmen bei der Erklärung erfolgreichen Scheiterns. In: Kölner Zeitschrift für Soziologie und Sozialpsychologie 45: 1-22.

Weyer, Johannes, 1997a: Die Risiken der Automationsarbeit. Mensch-Maschine-Interaktion und Störfallmanagement in hochautomatisierten Verkehrsflugzeugen. In: Zeitschrift für Soziologie 26: 239-257.

Weyer, Johannes, 1997b: Technologiepolitik. In: Ulrich Albrecht/Helmut Volger (Hg.), Lexikon der internationalen Politik, München: Oldenbourg, 480-481.

Weyer, Johannes, 1997c: Vernetzte Innovationen – innovative Netzwerke. Airbus, Personal Computer, Transrapid. In: Werner Rammert/Gotthard Bechmann (Hg.), Innovationen – Prozesse, Produkte, Politik (Technik und Gesellschaft, Jahrbuch 9), Frankfurt/M.: Campus, 125-152.

Weyer, Johannes, 1999: Wernher von Braun. Reinbek b. Hamburg: Rowohlt.

Weyer, Johannes (Hg.), 2000: Soziale Netzwerke. Konzepte und Methoden der sozialwissenschaftlichen Netzwerkforschung. München: Oldenbourg.

Weyer, Johannes, 2004a: Innovationen fördern – aber wie? Zur Rolle des Staates in der Innovationspolitik. In: Manfred Rasch/Dietmar Bleidick (Hg.), Technikgeschichte im Ruhrgebiet – Technikgeschichte für das Ruhrgebiet, Essen: Klartext Verlag, 278-294.

Weyer, Johannes, 2004b: Von Innovations-Netzwerken zu hybriden soziotechnischen Systemen. Neue Perspektiven der Techniksoziologie. In: Lars Bluma/Karl Pichol/Wolfhard Weber (Hg.), Technikvermittlung und Technikpopularisierung. Historische und didaktische Perspektiven (Cottbuser Studien zur Geschichte von Technik, Arbeit und Umwelt, Bd. 23), Münster: Waxmann, 9-31.

Weyer, Johannes, 2005a: In der hybriden Gesellschaft. In: Frankfurter Allgemeine Zeitung 1. Sept. 2005: 6.

Weyer, Johannes, 2005b: Staatliche Förderung von Großtechnikprojekten. Ein dysfunktionaler Anachronismus im Zeitalter der Globalisierung? In: Technikfolgenabschätzung – Theorie und Praxis 14 (Nr. 1, März 2005): 18-25.

Weyer, Johannes, 2006a: Die Raumfahrtpolitik des Bundesforschungsministeriums. In: Peter Weingart/Niels C. Taubert (Hg.), Das Wissensministerium – Ein halbes Jahrhundert Forschungs- und Bildungspolitik in Deutschland, Weilerswist: Velbrück, 64-91.

Weyer, Johannes, 2006b: Modes of Governance of Hybrid Systems. The Mid-Air Collision at Ueberlingen and the Impact of Smart Technology. In: Science, Technology & Innovations Studies 2: 127-149, www.sti-studies.de.

Weyer, Johannes, 2006c: Path-Making by Actor Networks. The Case of the Winged Space Plane. EIASM Workshop „Organizing Paths – Paths of Organizing", Berlin, 3.-4. Nov. 2006.

Weyer, Johannes, 2007: Riskante Entscheidungen (Kritik des Beitrags „Realexperimente" von Wolfgang Krohn). In: Erwägen Wissen Ethik 18 (3): 419-421.

Weyer, Johannes, 2008a: Das Problem der Komplexität. Überblick über den Stand der Forschung in den Natur- und Sozialwissenschaften. In: Ingo Schulz-Schaeffer/Johannes Weyer (Hg.), Management komplexer Systeme (in Vorb.), München: Oldenbourg.

Weyer, Johannes, 2008b: Die Kooperation menschlicher Akteure und nicht-menschlicher Agenten. Ansatzpunkte einer Soziologie hybrider Systeme. In: Günter Getzinger/Wilhelm Berger (Hg.), Handlungsträgerschaft von Technik und partizipative Technikgestaltung (im Ersch.).

Weyer, Johannes, 2008c: Machtspiele im Weltall. Die politische Logik der staatlichen Förderung von Großtechnikprojekten. In: Christian Kleinschmidt/Erk Volkmar Heyen (Hg.), Verwaltung, Technik und Wirtschaft im 19. und 20. Jahrhundert (Jahrbuch für Europäische Verwaltungsgeschichte 20/2008, in Vorb.).

Weyer, Johannes, 2008d: Mixed Governance – Das Zusammenspiel von menschlichen Entscheidern und autonomer Technik im Luftverkehr der Zukunft. In: Günter Voß/Ingo Matuschek (Hg.), Take off: Arbeit, Organisation und Technologie im Luftverkehr (im Ersch.).

Weyer, Johannes, 2008e: Power games beyond the atmosphere. History and future plans of German space policy. In: Volker Schneider (Hg.), Innovation Policy for High Technology (im Ersch.).

Weyer, Johannes, 2008f: Transformationen der Technologiepolitik. Die Hightech-Strategie der Bundesregierung und das Projekt Galileo. In: Bertram Schefold/Thorsten Lenz (Hg.), Die europäische Wissensgesellschaft – Leitbild europäischer Technologie-, Innovations- und Wachstumspolitik (im Ersch.), Berlin: Akademie Verlag.

Weyer, Johannes et al., 1997: Technik, die Gesellschaft schafft. Soziale Netzwerke als Ort der Technikgenese. Berlin: edition sigma.

White, Lynn, 1940: Technology and Invention in the Middle Ages. In: Speculum 15 (No. 2, April): 141-159, http://links.jstor.org/sici?sici=0038-7134(194004)15% 3A2%3C141%3ATAIITM%3E2.0.CO%3B2-6.

White, Lynn, 1962: Mediaeval Technology and Social Change Oxford: At the Clarendon Press.

Wiegel, Michaela, 2005: Mythos mit platzendem Reifen. Ein Untersuchungsrichter will herausfinden, wie es zum Absturz der Concorde in Paris kam. In: Frankfurter Allgemeine Zeitung 19.10.2005: 9.

Wieser, Bernhard, 2006: Inescapable Decisions. Implications of New Developments in Prenatal Testing. In: Science, Technology & Innovations Studies 2: 41-56, www.sti-studies.de.

Wiggershaus, Rolf, 1986: Die Frankfurter Schule. Geschichte – Theoretische Entwicklung – Politische Bedeutung. München: Hanser.

Willke, Helmut, 1984: Gesellschaftssteuerung. In: Manfred Glagow (Hg.), Gesellschaftssteuerung zwischen Korporatismus und Subsidiarität, Bielefeld: AJZ Verlag, 29-53.

Willke, Helmut, 1989: Systemtheorie entwickelter Gesellschaften. Dynamik und Riskanz moderner gesellschaftlicher Selbstorganisation. Weinheim: Juventa.

Willke, Helmut, 1995: Systemtheorie III: Steuerungstheorie. Grundzüge einer Theorie der Steuerung komplexer Sozialsysteme. Stuttgart: Gustav Fischer.

Willke, Helmut, 1997: Supervision des Staates. Frankfurt/M.: Suhrkamp.

Willke, Helmut, 1998: Organisierte Wissensarbeit. In: Zeitschrift für Soziologie 27: 161-177.

Willke, Helmut, 2007: Smart Governance. Governing the Global Knowledge Society. Frankfurt/M.: Campus.

Winner, Langdon, 1985: Do Artifacts Have Politics? (1980). In: Donald MacKenzie/Judy Wajcman (Hg.), The Social Shaping of Technology. How the Refrigerator Got its Hum, Milton Keynes: Open University Press, 26-38.

Wynne, Brian, 1983: Technologie, Risiko und Partizipation. Zum gesellschaftlichen Umgang mit Unsicherheit. In: Jobst Conrad (Hg.), Gesellschaft, Technik und Risikopolitik, Berlin: Springer, 156-187.

Ziegler, J. Nicholas, 1999: Technologiepolitik. Innovationsstrategien in Deutschland und Frankreich. Frankfurt/M.: Campus.

Ziegler, Peter-Michael/Benjamin Benz, 2005: Fliegendes Rechnernetz. IT-Technik an Bord des Airbus A380. In: c't (H. 17): 84-91.

Zilsel, Edgar, 1976: Die sozialen Ursprünge der neuzeitlichen Wissenschaft (Hg.: Wolfgang Krohn). Frankfurt/M.: Suhrkamp.

Personenregister

Die kursiv gesetzten Seitenzahlen weisen auf zentrale Textpassagen zur jeweiligen Person bzw. zum jeweiligen Thema hin.

Adorno, Theodor W. 60, *69f.*
Aristoteles 119, 134, 138f.
Bacon, Francis *131-137*, 142-144, 184
Basalla, George 35, 159-161, 178
Beck, Ulrich 15, 27, 60, 70, 99, 212, *215-219*, 226, 236
Bijker, Wiebe E. *182*, 186, 194
Brunelleschi *125-127*
Callon, Michel 183, 202f., *205-207*
David, Paul 162, *172-174*, 185, 201
Dierkes, Meinolf 164, *184-186*, 194, 201
Dolata, Uli *194f.*, 278, 280
Edison, Thomas A. 18, 38, 111, 144, 158, 160
Esser, Hartmut 89, 157, 201
Galilei, Galileo 130f.
Gehlen, Arnold 12, 61, 62, 68
Habermas, Jürgen 25, 60, *70-81*, 82, 85, 87, 96, 108, 278
Hooke, Robert 17, *136f.*
Horkheimer, Max 61, 67, *69f.*, 78
Hughes, Thomas P. *37-39*, 143, *157-160*, 177, 179, 186, 206, 208, 288
Joerges, Bernward 33, 202
Knie, Andreas 174, *184-186*, 192
Krohn, Wolfgang 182, 221, 224
Kuhn, Thomas S. 163f., 167, 169, 180, 189
LaPorte, Todd R. 212, *233-235*
Latour, Bruno 36, 43, 46, *202-210*, 218, 259f.
Law, John 202, 205, 207
Leonardo da Vinci *125-128*

Luhmann, Niklas 26, 42, 49, 61, 74, 79, 81, *82-107*, 108, 194, 202, 212, 218f., 236, 283-285, 287-290
Marx, Karl 28, 42, 58, 63, 68, 70, 77, 140, 216, 218, 238, 282
Mayntz, Renate 158, 184, 271, *283-289*
Merton, Robert K. 181, 282
Nelson, Richard *162-167*, 171, 174, 179
Newton, Isaac *138f.*, 283
Parsons, Talcott 28, 84, 88f., 94
Pasteur, Louis 46, 111, 209
Perrow, Charles 27, 100, 107, 212, *225-236*
Pinch, Trevor *182*, 186, 194
Popitz, Heinrich 26, 64, *101-118*, 119, 145
Popper, Karl 96, 222, 282
Rammert, Werner 11, 37, 54, 159, 179, 186, 195, 208, *259f.*
Reason, James 231f.
Rochlin, Gene 27, 231, *234f.*, 244, 261, 264
Ropohl, Günter 37, 39, 70
Rosenkopf, Lori 162, *167-171*, 174, 181, 186f., 194, 210
Scharpf, Fritz W. *283-289*
Schelsky, Helmut 25, *60-69*, 77-79, 81, 96, 109
Schimank, Uwe 285, 288
Schmoch, Ulrich 150f.
Schulz-Schaeffer, Ingo 41, 206, 208, 253, 259f.
Schumpeter, Joseph A. 55, 146f., 149-151

Sachregister

Actor-Network-Theory 26, 43, 107, 185, *202-211*, 225, 237, 259
Agenten/Multi-Agenten-Systeme/Roboter 27, 40, 153, 202, 207, *252f.*, 254, 258, 260, 262
Akzeptanz (Technik-/Risiko-) 53, 181, 214f., 236, 251
Assistenzsysteme 19, 45, 241, 247, 253, 256, 259
    Adaptive Cruise Control 45, 220, 252
    Electronic Stability Program 16, 258
    TCAS 262-265
Atom-/Kernenergie (Atom-/Kernkraft) *21f.*, 31, 64f., 99, 115f., 214, 226f., 229f., 268-270, 272f., 276, 288
    Atombombe 21, 27, 69, 144, 267f.
    Tschernobyl 22, 97, 99, 214-216, 231
Automation/Hochautomation 45, 114-116, 144, 203, 208, *237-248*, *251-263*
Autonomie/autonome Technik 27, 43, 77, 158, 207, 237, 241, *251-265*
Diskurse über Technik 25, 31, 40, 50-54, 71f., 209f., 277f. (vgl. Partizipation)
Dominantes Design 26, 33, 54, 148, 162, 164, *167-169*, 171, 182, 193, 250
Eigendynamik/-logik, technische 32, 47, 78, 158, 172, 183, 186, 190, 261, 278 (vgl. Technikdeterminismus, Technokratie)
Eigensinnige Techniknutzung 40, 43, 46-48, 55, 204

Energietechnik/-versorgung 23, 113-117, 121, 132, 140, 143, 206, 233, 235, 280, 288
    Dampfmaschine 120f., 127, 138, 140f., 150
    Elektrizität/-snetzwerke 38f., 59, 113-115, 117, 242
Evolution (biologische/technische) 26, 34f., 96, 109, *146-180*, 182, 196, 200f., 239, 271, 289
Evolutionäre Ökonomie 26, 146, *151-153*, 162, 167, 177, 181, 184
Fehlhandlung/human error 212, 232, 236, 244
Forschungsministerium (BMwF/BMBF) 283, 286-288, 293, 295f.
Gentechnik/Biotechnologie 21f., 27, 31, 65, 71, 75, 95, 115f., 132f., 139, 156, 161, 195f., 217, 223f., 229f., 273, 276, 278, 280
Governance 194f., 263-265, 287,
Große technische Systeme/ Infrastruktursysteme 14, 23, 120, 236, 270, 279, 288-290
Großforschung/-technik/-projekte 27, 64, 142, 144, 226, 266-275, 280, 288f.
Hochrisikosystem 27, 100, 229, 231f., 235f.
Humanismus/Posthumanismus 123, 203, 208f., 218, 240
Informations- und Kommunikationstechnik 17, 27, 44, 47, 70, 115, 117, 189, 238, 240, 246, 254f., 279f., 288
    Buchdruck 48, 117, 129
    Computer/PC 13, 18-20, 24, 31, 36, 44, 46, 48f., 62, 104, 139, 144, 148f., 161, 169, 171f., 188, 190, 192f.,